21 世纪应用型本科土木建筑系列实用规划教材

工程经济学(第 2 版)

主　编　冯为民　付晓灵
副主编　梁前明　陈顺良
参　编　梁正伟　毛平文

内 容 简 介

本书根据土木工程专业的培养要求，详细介绍了工程经济学的基本原理、基础知识和相关应用方法，主要内容包括：资金的时间价值与资金等值计算、工程项目经济效益评价方法、工程项目的不确定分析、工程项目的财务评价、工程项目的国民经济评价、基本建设程序及工程项目的可行性研究、设备的经济分析、价值工程、项目后评价等。

本书可作为高等院校土木工程专业和其他工科专业工程经济学课程的教材，也可作为规划、设计和投资决策以及咨询等相关专业人员的学习参考用书。

图书在版编目(CIP)数据

工程经济学/冯为民，付晓灵主编. —2 版. —北京：北京大学出版社，2012.1
 (21 世纪应用型本科土木建筑系列实用规划教材)
 ISBN 978-7-301-19893-3

Ⅰ. ①工… Ⅱ. ①冯…②付… Ⅲ. ①工程经济学—高等学校—教材 Ⅳ. ①F062.4

中国版本图书馆 CIP 数据核字(2011)第 255835 号

书　　　　名：	工程经济学(第 2 版)
著作责任者：	冯为民　付晓灵　主编
策划编辑：	卢　东　吴　迪
责任编辑：	卢　东
标准书号：	ISBN 978-7-301-19893-3/TU・0206
出　版　者：	北京大学出版社
地　　　址：	北京市海淀区成府路 205 号　100871
网　　　址：	http://www.pup.cn　http://www.pup6.cn
电　　　话：	邮购部 010-62752015　发行部 010-62750672　编辑部 010-62750667　出版部 010-62754962
电子邮箱：	pup_6@163.com
印　刷　者：	北京虎彩文化传播有限公司
发　行　者：	北京大学出版社
经　销　者：	新华书店
	787 毫米×1092 毫米　16 开本　21.75 印张　507 千字
	2006 年 2 月第 1 版
	2012 年 1 月第 2 版　2021 年 1 月第 6 次印刷(总第 10 次印刷)
定　　　价：	42.00 元

未经许可，不得以任何方式复制或抄袭本书之部分或全部内容。
版权所有，侵权必究　　举报电话：010-62752024
　　　　　　　　　　　　电子邮箱：fd@pup.pku.edu.cn

第 2 版前言

工程经济学是从事土木工程管理、设计和施工的工程技术和管理人员必备的基础知识。该课程作为一门土木工程及工程管理专业的专业基础课,一般在培养方案中作为专业的学科平台课程,既具有相对的独立性,又与相关基础课和后续专业课程有密切联系。

本书自 2006 年出版以来,使用院校反映良好。随着国家《建设项目经济评价方法与参数》(第三版)的颁布实施,为了更好地开展教学,适应大学生学习的要求,我们对本书进行了修订。

这次修订主要做了以下工作。

(1) 依据《建设项目经济评价方法与参数》(第三版)修改了相关评价指标与内容。

(2) 增加了引例,便于学生学习和了解相关背景知识以及相关知识的衔接。

(3) 对本书前后相关的基础知识和概念进行了整理,同时精减了第 1 版教材中部分内容,如不确定性分析、财务评价等与其他课程重复的部分。

(4) 对本书的版式进行了全新的编排,增加了教学目标、教学要求、基本概念、本章小结等内容。

经修订,本书具有以下特点。

(1) 编写体例新颖。借鉴国内外优秀教材特点的编写思路、编写方法以及章节安排,重点突出,内容体系完整,教材内容丰富,素材广泛,知识面广,可方便教师根据不同层次的学生和教学目的,灵活选取教学内容,适合当代大学生和教师使用。

(2) 注重人文科技结合渗透。通过引例中相关知识的历史、实例、理论来源等的介绍,增强本书的可读性,提高学生的人文素养。

(3) 注重知识综合及与相关课程的关联融合。各章内容的编写注重相关理论方法的应用分析,注意分析最新评价方法的特征以及新旧方法之间的内在联系,明确知识点的重点和难点以及与其他课程的关联性,做到新旧知识内容的融合和综合运用。

(4) 注重知识体系实用有效。以学生就业所需的专业知识和操作技能为着眼点,在适度的基础知识与理论体系覆盖下,着重讲解应用型人才培养所需的内容和关键点,知识点讲解顺序与实际设计程序一致,突出实用性和可操作性,使学生学而有用,学而能用。

本书由冯为民、付晓灵主编并统稿。本书的具体编写分工为:第 1 章、第 4 章、第 7 章由武汉科技大学冯为民编写;第 2 章、第 3 章、第 8 章由中国地质大学付晓灵编写;第 5 章由武汉科技大学梁前明编写;第 6 章由江西科技师范学院毛平文编写;第 9 章由湖北工业大学梁正伟编写;第 10 章由中南林业科技大学陈顺良编写。

由于编者水平有限,书中的疏漏和不妥之处在所难免,望读者不吝指正。在此真诚地对参加第 1 版编写和审核的所有老师,以及对本书提出宝贵意见的读者表示衷心的感谢!

编　者

2011 年 9 月

第 1 版前言

工程经济学是从事土木工程管理、设计和施工的工程技术和管理人员必备的基础知识，该课程作为一门土木工程学科的专业基础课，一般在培养方案中作为土木工程专业的学科平台课程，既具有相对的独立性，又与相关基础课和后续专业课程有密切联系。

通过教学，使学生掌握工程经济学的基本原理和分析方法，培养学生具备工程经济分析的初步能力，运用工程经济的分析方法来分析和评价土木工程涉及的技术经济问题，为投资决策提供科学依据。这就是我们编写本教材的初衷。

本教材吸收了国内外高等学校同类课程以及相关课程，如建筑经济学、经济学、会计学、财务管理和税法等课程体系中的适用原理和方法，结合我国工程项目管理的实践，按照国家教育部学科调整后大土木的课程设置要求而编写，并在学时分配和内容选取方面充分考虑了相关知识的系统性和合理性。各章内容的编写注重相关理论方法的应用分析，注重理论联系实际，注意分析最新评价方法的特征以及新旧方法之间的内在联系。本教材配有大量的例题和习题，习题配备有参考答案，可供学习者参考，突出了教材的实用性和可读性。

教材内容丰富，素材广泛，知识面广，可方便教师根据不同层面的学生和教学目的，灵活选取教学内容。

本教材共分 10 章，包括：1. 绪论；2. 资金的时间价值与资金等值计算；3. 工程项目经济效益评价方法；4. 工程项目的不确定性分析；5. 工程项目的财务评价；6. 工程项目的国民经济评价；7. 基本建设程序及工程项目的可行性研究；8. 设备的经济分析；9. 价值工程；10. 项目后评价。

全书由冯为民、付晓灵主编并统稿。具体编写分工是：第 1 章、第 4 章、第 7 章由武汉科技大学冯为民编写（武汉科技大学研究生朱俊参编了这几章的部分例题和习题）；第 2 章、第 3 章、第 8 章由中国地质大学付晓灵编写，其中第 2 章中的第 1 节、第 2 节由华中科技大学武昌分校陈金洪编写；第 5 章由山西大学陈志华编写；第 6 章由江西科技师范学院毛平文编写；第 9 章由湖北工业大学余明编写；第 10 章由中南林学院陈顺良编写。

由于作者水平有限，书中疏漏和不妥之处在所难免，望读者不吝指正。

编 者
2005 年 8 月

目 录

第1章 绪论 ················· 1
1.1 工程经济学的产生与发展 ······ 2
1.2 工程经济的相关概念 ········ 3
1.3 工程技术与经济的关系 ······· 4
1.4 工程经济学的概念与研究对象 ··· 4
1.5 工程经济学的主要内容及特点 ··· 5
1.6 工程经济学的研究方法及与
相关学科的关系 ············ 6
本章小结 ······················ 6
思考题 ······················· 7

第2章 资金的时间价值与资金
等值计算 ················· 8
2.1 工程经济分析的基本要素 ······ 9
　2.1.1 投资 ················· 9
　2.1.2 成本与费用 ············ 12
　2.1.3 折旧与摊销 ············ 14
　2.1.4 收入、利润与税金 ······· 14
2.2 现金流量 ················· 20
　2.2.1 现金流量的概念 ········ 20
　2.2.2 现金流量图 ············ 21
2.3 资金的时间价值 ············ 23
　2.3.1 资金时间价值的概念 ···· 23
　2.3.2 资金时间价值的影响
因素 ·················· 24
　2.3.3 资金时间价值的表现
形式 ·················· 24
2.4 资金等值计算 ·············· 26
　2.4.1 资金等值的概念 ········ 27
　2.4.2 资金等值计算的基本
公式 ·················· 27
　*2.4.3 几种还款方式的等值
比较计算 ·············· 36

2.5 名义利率和实际利率 ········· 38
　2.5.1 离散式复利 ············ 39
　2.5.2 连续式复利 ············ 40
　*2.5.3 名义利率和实际利率应用
的几种典型情况 ········ 41
本章小结 ······················ 46
思考题 ······················· 46
习题 ························· 47

第3章 工程项目经济效益评价
方法 ··················· 51
3.1 经济效益评价的基本原理 ····· 52
　3.1.1 经济效益的概念 ········ 52
　3.1.2 经济效益评价的指标
体系 ·················· 53
　3.1.3 经济效益的评价原则 ···· 59
3.2 经济效益评价的静态指标 ····· 65
　3.2.1 静态投资回收期 ········ 66
　3.2.2 投资收益率 ············ 68
　3.2.3 项目资本金净利润率 ···· 69
3.3 经济效益评价的动态指标 ····· 70
　3.3.1 动态投资回收期 ········ 70
　3.3.2 净现值 ················ 72
　3.3.3 将来值和净年值 ········ 76
　3.3.4 费用现值和费用年值 ···· 78
　3.3.5 内部收益率 ············ 80
　*3.3.6 外部收益率 ············ 87
　*3.3.7 基准折现率的讨论 ······ 88
3.4 多方案的比选 ·············· 94
　3.4.1 备选方案及其类型 ······ 94
　3.4.2 多方案比选的常用
指标 ·················· 95
　3.4.3 不同类型方案的评价与
选择 ·················· 104

3.4.4　寿命期不同的方案的
　　　　　　评价与选择 …………… 110
　本章小结 ………………………… 115
　思考题 …………………………… 115
　习题 ……………………………… 116

第4章　工程项目的不确定性分析 … 120
　4.1　不确定性与风险 ……………… 121
　4.2　盈亏平衡分析 ………………… 122
　　　4.2.1　线性盈亏平衡分析 …… 122
　　　4.2.2　非线性盈亏平衡分析 … 124
　4.3　敏感性分析 …………………… 125
　　　4.3.1　敏感性分析的作用与
　　　　　　基本原理 ……………… 125
　　　4.3.2　敏感性分析的一般
　　　　　　步骤 …………………… 126
　　　4.3.3　敏感性分析的局限性 … 128
　4.4　概率分析 ……………………… 129
　　　4.4.1　基本原理 ……………… 129
　　　4.4.2　概率分析方法 ………… 129
　　　4.4.3　期望值决策方法 ……… 131
　4.5　决策树方法 …………………… 131
　　　4.5.1　基本形式 ……………… 131
　　　4.5.2　多级决策问题 ………… 132
　4.6　蒙特卡罗模拟方法 …………… 133
　4.7　实例分析 ……………………… 136
　本章小结 ………………………… 139
　思考题 …………………………… 139
　习题 ……………………………… 140

第5章　工程项目的财务评价 ……… 141
　5.1　财务效益和费用估算 ………… 142
　　　5.1.1　建设投资的估算 ……… 143
　　　5.1.2　建设期利息估算 ……… 145
　　　5.1.3　经营成本的估算 ……… 146
　　　5.1.4　流动资金的估算 ……… 146
　　　5.1.5　收入估算 ……………… 146
　　　5.1.6　总成本费用估算 ……… 147
　　　5.1.7　财务分析辅助报表 …… 147

　5.2　资金来源与融资方案 ………… 148
　　　5.2.1　融资方式 ……………… 148
　　　5.2.2　比选并确定融资方案 … 148
　　　5.2.3　筹资方案的优化 ……… 150
　5.3　投资项目盈利能力分析 ……… 151
　　　5.3.1　盈利能力分析的主要
　　　　　　指标 …………………… 153
　　　5.3.2　项目投资盈利能力
　　　　　　分析 …………………… 153
　　　5.3.3　权益投资盈利能力
　　　　　　分析 …………………… 154
　5.4　投资项目偿债能力分析 ……… 161
　　　5.4.1　资产负债表的预测 …… 161
　　　5.4.2　借款还本付息计划表 … 162
　　　5.4.3　投资项目偿债能力分析
　　　　　　指标 …………………… 163
　5.5　投资项目财务生存能力分析 … 164
　　　5.5.1　利润与利润分配 ……… 164
　　　5.5.2　财务计划现金流量 …… 165
　本章小结 ………………………… 169
　小链接 …………………………… 170
　习题 ……………………………… 171

第6章　工程项目的国民经济评价 … 173
　6.1　国民经济评价的范围和内容 … 174
　　　6.1.1　国民经济评价的概念与
　　　　　　作用 …………………… 174
　　　6.1.2　国民经济评价与财务
　　　　　　评价的关系 …………… 175
　　　6.1.3　国民经济评价的范围、
　　　　　　内容和程序 …………… 177
　6.2　经济费用与效益的分析 ……… 178
　　　6.2.1　费用和效益的概念和
　　　　　　识别原则 ……………… 178
　　　6.2.2　直接效果 ……………… 179
　　　6.2.3　外部效果 ……………… 180
　　　6.2.4　转移支付 ……………… 181
　6.3　国民经济评价参数 …………… 182
　　　6.3.1　影子价格 ……………… 183
　　　6.3.2　影子汇率 ……………… 183

6.3.3 影子工资 …………… 184
6.3.4 社会折现率 …………… 185
6.4 影子价格的确定 …………… 186
　6.4.1 具有市场价格的投入物及产出物的影子价格 …… 186
　6.4.2 不具有市场价格的产出物的影子价格 ………… 187
　6.4.3 特殊投入物的影子价格 …………… 188
6.5 经济费用效益分析指标 …… 188
本章小结 …………… 191
思考题 …………… 191
习题 …………… 191

第7章 基本建设程序及工程项目的可行性研究 …… 193

7.1 基本建设与基本建设程序 …… 194
　7.1.1 基本建设的概念与分类 …………… 194
　7.1.2 基本建设程序 …………… 194
7.2 可行性研究概述 …………… 195
　7.2.1 工程项目可行性研究的概念与作用 ………… 195
　7.2.2 可行性研究阶段的划分 …………… 196
7.3 组织进行可行性研究的方法 … 196
　7.3.1 选定项目研究委托单位 …………… 196
　7.3.2 确定研究内容 …………… 197
　7.3.3 签订委托可行性研究协议 …………… 197
7.4 市场分析与市场调查 ……… 197
　7.4.1 市场分析的概念与作用 …………… 197
　7.4.2 市场调查的基本内容 …… 198
　7.4.3 市场调查的程序 ………… 198
　7.4.4 市场调查的方法 ………… 200
7.5 市场预测方法 …………… 202
　7.5.1 市场预测的程序与分类 …………… 202

　7.5.2 市场预测的常用方法 …… 202
7.6 一般工业项目可行性研究报告编制大纲 …………… 210
　7.6.1 总论 …………… 210
　7.6.2 市场预测 …………… 211
　7.6.3 资源条件评价(指资源开发项目) …………… 211
　7.6.4 资源开发利用的技术经济指标 …………… 212
　7.6.5 场址选择 …………… 212
　7.6.6 技术方案、设备方案比较 …………… 213
　7.6.7 主要原材料、燃料供应 …………… 213
　7.6.8 总图运输与公用辅助工程 …………… 213
　7.6.9 环境影响评价 …………… 214
　7.6.10 项目实施进度 ………… 214
　7.6.11 投资估算 …………… 215
　7.6.12 融资方案 …………… 215
　7.6.13 财务评价 …………… 215
　7.6.14 国民经济评价 ………… 217
　7.6.15 社会评价 …………… 217
　7.6.16 研究结论与建议 ……… 217
　7.6.17 附图、附表及附件 …… 218
7.7 公路项目可行性研究报告编制大纲 …………… 219
　7.7.1 总论 …………… 219
　7.7.2 运输量预测 …………… 219
　7.7.3 线路方案 …………… 220
　7.7.4 建设规模与技术标准 …… 220
　7.7.5 工程方案 …………… 220
　7.7.6 环境影响评价 …………… 220
　7.7.7 劳动安全设施 …………… 221
　7.7.8 组织机构与人力资源配置 …………… 221
　7.7.9 项目实施进度 …………… 221
　7.7.10 投资估算 …………… 221
　7.7.11 融资方案 …………… 222
　7.7.12 财务评价 …………… 222

7.7.13 国民经济评价 …………… 223
　　　7.7.14 社会评价 ………………… 224
　　　7.7.15 风险分析 ………………… 224
　　　7.7.16 研究结论与建议 ………… 224
　　　7.7.17 附图、附表、附件 ……… 224
　本章小结 ………………………………… 226
　小链接 …………………………………… 226
　思考题 …………………………………… 227
　习题 ……………………………………… 227

第8章　设备的经济分析 ……………… 229
　8.1　设备的磨损与补偿 ………………… 230
　　　8.1.1 设备的磨损 ……………… 230
　　　8.1.2 设备磨损的补偿 ………… 233
　8.2　设备的寿命 ………………………… 234
　　　8.2.1 设备寿命的类型 ………… 234
　　　8.2.2 设备经济寿命的确定 …… 235
　8.3　设备更新的经济分析 ……………… 241
　　　8.3.1 设备更新方案比较的
　　　　　 特点和原则 ……………… 241
　　　8.3.2 设备更新方案的比较 …… 243
　　　8.3.3 各种因素下设备更新
　　　　　 方案的比较 ……………… 246
　8.4　设备现代化改装的经济分析 ……… 250
　8.5　设备租赁的经济分析 ……………… 251
　本章小结 ………………………………… 253
　思考题 …………………………………… 254
　习题 ……………………………………… 254

第9章　价值工程 ………………………… 256
　9.1　价值工程概述 ……………………… 257
　　　9.1.1 价值工程的产生和
　　　　　 发展 ……………………… 257
　　　9.1.2 价值工程相关概念
　　　　　 及其特点 ………………… 257
　　　9.1.3 价值工程的指导原则
　　　　　 及工作程序 ……………… 260
　9.2　价值工程对象选择和情报
　　　 搜集 ………………………………… 263

　　　9.2.1 价值工程对象选择
　　　　　 的原则 …………………… 263
　　　9.2.2 价值工程对象选择的
　　　　　 方法 ……………………… 264
　　　9.2.3 情报的搜集 ……………… 270
　9.3　功能系统分析和评价 ……………… 272
　　　9.3.1 功能系统分析 …………… 272
　　　9.3.2 功能评价 ………………… 278
　9.4　方案的创造与评价 ………………… 280
　　　9.4.1 方案的创造 ……………… 280
　　　9.4.2 方案的评价 ……………… 281
　9.5　方案的试验与提案 ………………… 286
　　　9.5.1 方案的试验 ……………… 286
　　　9.5.2 提案的编制和审批 ……… 287
　9.6　活动成果评价 ……………………… 287
　　　9.6.1 企业技术经济效果
　　　　　 评价 ……………………… 288
　　　9.6.2 社会效果评价 …………… 288
　9.7　价值工程分析案例 ………………… 288
　本章小结 ………………………………… 290
　思考题 …………………………………… 290
　习题 ……………………………………… 291

第10章　项目后评价 …………………… 293
　10.1　概述 ……………………………… 294
　　　10.1.1 项目后评价的概念 …… 294
　　　10.1.2 项目后评价的一般性
　　　　　　原则 …………………… 295
　　　10.1.3 项目后评价的程序 …… 296
　　　10.1.4 项目后评价的历史与
　　　　　　发展 …………………… 297
　10.2　项目后评价方法 ………………… 299
　　　10.2.1 对比分析法 …………… 299
　　　10.2.2 逻辑框架法 …………… 299
　　　10.2.3 成功度评价法 ………… 300
　　　10.2.4 综合评价法 …………… 301
　10.3　经济效益后评价 ………………… 302
　　　10.3.1 项目财务后评价 ……… 302
　　　10.3.2 项目经济后评价 ……… 303

10.4 项目社会及环境影响后评价 …… 303
 10.4.1 项目社会影响后评价 …… 303
 10.4.2 项目环境影响后评价 …… 305
10.5 项目后评价报告的编制 …… 306
 10.5.1 项目后评价报告的编写要求 …… 306
 10.5.2 项目后评价报告的内容 …… 307
本章小结 …… 308
思考题 …… 308
习题 …… 309

附录一 参考答案 …… 310

附录二 复利系数表 …… 315

附录三 部分行业建设项目财务评价参数 …… 335

参考文献 …… 337

第1章 绪论

教学目标

本章主要讲述工程经济学的相关概念等。通过本章的学习,应达到以下目标:
(1) 理解技术与经济的关系,掌握工程经济的含义;
(2) 了解工程经济的发展情况;
(3) 理解工程经济的研究对象和特点。

教学要求

知识要点	能力要求	相关知识
工程经济学的产生与发展	(1) 了解人类发展与经济发展的关系 (2) 了解工程经济发展的主要过程和代表人物	(1) 相关技术、经济和交叉学科发展 (2) 第二次世界大战的影响
工程技术与经济的关系	(1) 准确理解工程经济学的概念 (2) 准确理解技术与经济的关系	(1) 工程、技术、经济的概念 (2) 技术可行与经济合理
工程经济学的研究对象和主要特点	(1) 了解工程经济学的研究对象 (2) 熟悉工程经济学的主要特点	(1) 节省、节约、投入、产出 (2) 市场预测

基本概念

工程经济学、技术、经济。

引例

工程经济学的研究对象是工程项目技术经济分析的最一般方法，即研究采用何种方法，建立何种方法体系能正确估价工程项目的有效性，进而寻求到技术与经济的最佳结合点。

图1.1 第一架协和超音速客机

例如，协和式飞机（Concorde，也称和谐式客机）是由英国和法国在20世纪60年代联合研制的一种超音速客机。1969年，第一架协和超音速客机诞生，并于1976年1月21日投入商业飞行。这是世界上唯一投入航线上运营的超音速商用客机。该客机如图1.1所示。

协和式飞机一共只生产了20架，英法两国航空公司使用协和式飞机运营跨越大西洋的航线。但到2003年10月24日，协和式飞机在执行了最后一次飞行任务后全部退役。至此，世界航空史上唯一成功投入商业运营的超音速客机被永久地封存在历史博物馆里。尽管协和式飞机是20世纪70年代的产品，但其技术还是比较先进的。特别是在自动飞行方面，协和式飞机能够达到Ⅲ级自动降落和起飞，即协和式飞机完全能按照程序和指令，在无飞行员操纵的情况下自动进行起飞与降落。同时，由于协和飞机的两倍音速的飞行速度、豪华舒适的内部设施对"惜时如金"的商业人士具有无可比拟的吸引力，所以其一度成为欧美商贾贵族出行的首选。但是，英法两国航空公司为什么同时宣布停止协和飞机的商业运营？

除了由于起落时的噪声太大外，更重要的原因是经济性差。具体表现为市场需求不足和运营成本高昂。因此，协和式飞机被评价为"成功的技术，失败的经济！"

1.1 工程经济学的产生与发展

人类社会的发展是以经济发展为标志，而经济发展依赖于技术进步。任何技术的采用都必然消耗一定的人力、物力、财力等各类自然资源以及无形资源。这些有形和无形资源都是某种意义下的稀有资源。因为对于人类日益增长的物质生活和文化生活的需求，再多的资源都也不足的。另外，同一种资源往往有多种用途，人类的各种需求又有轻重缓急之分，因此，如何把有限的资源合理地配置到各种生产经营活动中，是有史以来人类生产活动就存在的问题。

工程经济学的产生至今已有100多年，其标志是1887年美国的土木工程师亚瑟·M.惠灵顿出版的著作《铁路布局的经济理论》。1930年，E.L.格兰特教授出版的《工程经济学原理》奠定了经典工程经济学的基础。1982 年，J.L. 里格斯出版的《工程经济学》把工程经济学的学科水平向前推进了一大步。近代工程经济学的发展侧重于用概率统计进行风险性、不确定性等新方法研究，以及非经济因素的研究。我国对工程经济学的研究和应用起步于 20 世纪 70 年代后期。现今，在项目投资决策分析、项目评估和管理中，已经广泛地应用了工程经济学的原理和方法。

1.2 工程经济的相关概念

1. 工程

工程是指人们应用科学理论、技术手段和设备完成的较大而复杂的具体实践活动。工程的范畴很大，包括土木工程、设备采购工程等。

2. 技术

技术是人类在认识自然和改造自然的反复实践中积累起来的有关生产劳动的经验、知识、技巧和设备等。技术与科学是既有联系又有区别的两个概念，一般认为，科学侧重于发现和寻找规律，而技术侧重于应用规律。

一般来说，生产技术包括以下 4 个方面。

(1) 劳动工具（主要标志）。

(2) 劳动技能。

(3) 生产作业的方法。

(4) 生产组织和管理方法。

它们之间具有彼此促进、相互发展的关系。

3. 经济

这一概念在不同层面有不同含义，常见的有以下几种。

(1) 经济是指生产关系。经济是指人类社会发展到一定阶段的经济制度，是人类社会生产关系的总和，也是上层建筑赖以存在的经济基础。例如，国家的宏观经济政策、经济分配体制等就是这里所说的经济。

(2) 经济是指一国的国民经济的总称，或指国民经济的各部门，如工业经济、农业经济、商业经济、邮电经济等。

(3) 经济是指社会生产和再生产的过程，即物质资料的生产、交换、分配、消费的现象和过程。社会生产和再生产中的经济效益、经济规模就是指这里的经济。

(4) 经济是指节约或节省，即在社会生活中，如何少花资金、节约资金。例如，日常生活中的经济实惠、价廉物美就是指这里的经济。

在以上经济的几种含义中，(1)(2)属于宏观的经济范畴，(3)(4)属于微观的经济范畴。工程经济学中涉及的经济既有宏观的又有微观的经济含义，但本书侧重于微观经济的含义。

因此，本书中的经济是指人类在社会生产实践活动中，如何用有限的投入获得最大的产出或收益的过程。

1.3 工程技术与经济的关系

工程技术有两类问题：一类是科学技术方面的问题，侧重研究如何把自然规律应用于工程实践，这些知识构成了诸如工程力学、工程材料学等学科的内容；另一类是经济分析方面的问题，侧重研究经济规律在工程问题中的应用，这些知识构成工程经济类学科的内容。

一项工程能被人们所接受必须要做到有效，即必须具备两个条件：一是技术上的可行性；二是经济上的合理性。在技术上无法实现的项目是不可能存在的，因为人们还没有掌握它的客观规律，而一项工程如果只讲技术可行，忽略经济合理也同样是不能被接受的。人们发展技术、应用技术的根本目的，正是在于提高经济活动的合理性，这就是经济效益。因此，为了保证工程技术能更好地服务于经济，最大限度地满足社会需要，就必须研究、寻找技术与经济的最佳结合点，以在具体目标和具体条件下，获得投入产出的最大效益。

所以，存在于生产建设过程中的工程（技术）和经济是辩证统一的，且存在于生产建设过程中，它们相互促进又相互制约。经济发展是技术进步的目的，技术是经济发展的手段。任何一项新技术一定会受到经济发展水平的制约和影响，而技术的进步又促进了经济的发展，是经济发展的动力和条件。

1.4 工程经济学的概念与研究对象

长期以来，工程经济学作为一门独立的学科在不断发展，学者们在对于工程经济学的研究对象曾主要有以下4种不同的观点和表述。

观点1：从经济角度选择最佳方案的原理和方法。

观点2：为工程师的经济学，具体涵盖了工程项目规划、投资项目经济评价、投资分析及生产经营管理等领域的决策问题。

观点3：研究经济性的学科领域。

观点4：研究工程项目节省或节约之道的学科。

由于工程经济学并不研究工程技术的原理与应用，也不研究影响经济效果的各种因素，而是研究各种工程技术方案的经济效果。所以这里的工程技术是广义的，是人类利用和改造自然的手段。它不仅包含劳动者的技艺，还包括部分取代这些技艺的物质手段。工程经济学研究各种工程技术方案的经济效益，研究各种技术在使用过程中，如何以最小的投入获得预期产出。或者说，如何以等量的投入获得最大的产出；如何用最低的寿命周期成本实现产品、作业以及服务的必要功能。

所以，工程经济学的研究对象是工程项目技术经济分析的最一般方法，即研究采用何种方法、建立何种方法体系，才能正确估价工程项目的有效性，进而寻求到技术与经济的最佳结合点。

因此，人们可以将工程经济学（Engineering Economics）定义为，工程经济学是一门工程与经济的交叉学科，是研究工程技术实践活动的经济效果的学科。工程经济学是以工程技术为主体，以技术—经济系统为核心，研究如何有效利用工程技术资源，促进经济增长的科学。

1.5 工程经济学的主要内容及特点

从学科归属上看，工程经济学既不属于社会科学（经济学科），也不属于自然科学。工程经济学立足于经济，研究技术方案，并已成为一门综合性的交叉学科。其主要内容包括资金的时间价值、工程项目评价指标与方法、工程项目多方案的比较和选择、建设项目的财务评价、建设项目的国民经济评价和社会评价、不确定性分析、价值工程、设备更新方案的比较、项目可行性研究等方面。

工程经济学的主要特点如下所述。

1. 综合性

工程经济学横跨自然科学和社会科学两大类。工程技术学科研究自然因素运动、发展的规律，是以特定的技术为对象；而经济学科是研究生产力和生产关系运动发展规律的一门学科。工程经济学从技术的角度考虑经济问题，又从经济角度考虑技术问题，技术是基础，经济是目的。

在实际应用中，技术经济涉及的问题有很多，一个部门、一个企业有技术经济问题，一个地区、一个国家也有技术经济问题。因此，工程技术的经济问题往往是多目标、多因素的。它所研究的内容既包括技术因素和经济因素，又包括社会因素与时间因素。

2. 实用性

工程经济学之所以具有强大的生命力，在于它非常实用。工程经济学研究的课题，分析的方案都来源于实际的工程建设，并紧密结合生产技术和经济活动进行。其分析和研究的成果直接用于生产，并通过实践验证分析结果是否正确。

3. 定量性

工程经济学的研究方法注重定量分析。即使是有些难以定量的因素，也要设法予以量化估计。通过对各种方案进行客观、合理、完善的评价，用定量分析结果为定性分析提供科学依据。如果不进行定量分析，那么会导致技术方案的经济性无法评价，经济效果的大小无法衡量，在诸多方案中也无法进行比较和优选。因此，在分析和研究过程中，要用到很多数学方法、计算公式，并建立数学模型。

4. 预测性

工程经济分析活动大多在事件发生之前进行。想要对将要实现的技术政策、技术措施、技术方案等进行预先的分析评价，就要首先进行技术经济预测。通过预测，使技术方案更接近实际，从而避免盲目性。

工程经济的预测性主要有以下两个特点。

（1）尽可能准确地预见某一经济事件的发展趋势和前景，充分掌握各种必要的信息资料，尽量避免由于决策失误而造成的经济损失。

（2）预测性包含一定的假设和近似性，因此只能要求对某项工程或其一方案的分析结果尽可能地接近实际，而不能要求其绝对的准确。

1.6 工程经济学的研究方法及与相关学科的关系

工程经济学是工程技术与经济核算相结合的边缘交叉学科，是自然科学、社会科学密切交融的综合科学，一门与生产建设、经济发展有着直接联系的应用性学科。分析方法主要有以下五种。

（1）理论联系实际的方法。
（2）定量分析与定性分析相结合的方法。
（3）系统分析和平衡分析的方法。
（4）静态评价与动态评价相结合的方法。
（5）统计预测与不确定分析方法。

正是由于工程经济学是一门边缘交叉学科，所以它与相关学科有着密切的联系。工程经济学与相关学科的联系分别如下所述。

1. 工程经济学与西方经济学

工程经济学是西方经济学的重要组成部分。它研究问题的出发点，分析方法和主要指标内容，且这些都与西方经济学一脉相承。西方经济学是工程经济学的理论基础，而工程经济学则是西方经济学的具体化和延伸。

2. 工程经济学与技术经济学

工程经济学与技术经济学既有许多共性而又有所不同。工程经济学与技术经济学的主要区别是对象不同、研究内容不同。

3. 工程经济学与投资项目评估学

工程经济学侧重方法论科学，而投资项目评估侧重实质性科学。投资项目评估学具体研究投资项目应具备的条件，而工程经济学则为投资项目评估学提供了分析的方法和依据。

4. 工程经济学与投资效果学

投资效果学是研究投资效益在宏观和微观上的不同的表现形式和指标体系。工程经济学与投资效果学采用的经济指标存在着重大的区别。前者为一般经济指标，且这些指标一般均不含有对比关系，如果有对比关系，也只是一种绝对对比关系；而后者则必须在同一个指标中包含投入与产出的内容，以反映投入与产出的相对对比关系。

本章小结

工程经济学是一门工程技术与经济核算相结合的边缘交叉学科。工程经济的分析目的是提高工程经济活动的效果。工程经济学的研究对象是在一般的工程项目中，研究采用什么方法、建立哪种方法体系，才能正确预测项目在技术上的可行性和经济上的合理性，以寻求技术与经济的最佳结合点。

同时，工程经济学也是工程管理人员必备的基础知识。在我国现行的诸多执业资格考试中，工程经济学（工程经济基础）是一门必考的基础课程。工程管理人员从事的方案比较与选择、项目可行性研究、资金筹措的途径与结构优化、财务评价与国民经济评价的体系与方法、风险分析方法、更新方案分析、项目后评估等诸多工作都需要工程经济学知识。

思 考 题

（1）工程经济学的研究对象和研究范围是什么？
（2）如何正确理解工程技术与经济的关系？
（3）工程经济学的研究特点是什么？
（4）如何正确理解工程经济学与其他相关学科的关系？
（5）请列举你所从事的工程项目或产品研发项目的成功与失败（或没有到达预期目标）的例子各一个，并分析造成成功与失败的主要原因。

第 2 章
资金的时间价值与资金等值计算

教学目标

本章主要讲述工程经济分析的基本要素的概念,资金的时间价值和资金等值计算基本理论和方法。通过本章的学习,应达到以下目标:

(1) 理解投资、成本、费用、收入、利润和税金的概念;
(2) 熟悉现金流量的构成和现金流量图的绘制;
(3) 理解资金时间价值的概念及其影响因素,并熟悉一次支付型和多次支付型资金等值的计算;
(4) 熟悉名义利率和实际利率的区别及计算。

教学要求

知识要点	能力要求	相关知识
工程经济分析的基本要素	(1) 了解工程经济分析的基本要素 (2) 了解现金流量的构成 (3) 掌握现金流量图的绘制	(1) 投资的构成,投资按形成资产的分类 (2) 收入、成本、费用和利润的关系 (3) 现金流入、现金流出和净现金流量的确定
资金的时间价值	(1) 理解资金的时间价值的含义 (2) 熟悉资金的时间价值的影响因素 (3) 掌握单利与复利的含义及计算方法 (4) 掌握等值计算公式的应用	(1) 单利和复利的关系 (2) 投资、时间、利率与资金时间价值的关系 (3) 一次支付型和多次支付型资金等值的区别和计算
名义利率和实际利率	(1) 理解名义利率和实际利率的含义 (2) 掌握名义利率和实际利率的计算公式及应用	(1) 计息周期和计息次数 (2) 离散型复利与连续型复利的区别

基本概念

投资、成本、费用、收入、利润、税金、现金流量、资金时间价值、单利、复利、资金等值、名义利率、实际利率。

引例

工程经济分析中离不开投资、成本、费用、折旧、摊销、收入、利润和税金等基本要素。同时，资金在其循环周转过程中会增值，这个增值就是资金的时间价值。由于资金存在时间价值，因此，不同点上发生的不等额资金就可能具有相等的价值，即资金的等值。资金等值的应用非常广泛，既可以作为项目投资贷款或还款方式的选择依据，同时也是项目经济评价或决策的理论基础。因此，了解工程经济分析的基本要素，掌握资金的时间价值的基本公式和资金等值的计算对后续的学习非常重要。介绍资金的时间价值是本章的要点。

例如，某企业将销售产品的收入 20 000 元一次性存入银行，年存款利率为 3.5％，存 5 年。试按单利和复利分别计算 5 年后该企业能从银行取出多少钱？如果此企业是每年存入银行 20 000 元，那么按复利计算，5 年后该企业能从银行取出多少钱？如果银行利息按月计算，那么该企业又能从银行取出多少钱？

2.1 工程经济分析的基本要素

人们借助现金流量进行工程经济的分析，而构成现金流量的基本要素是项目的投资、成本、收入、税金和利润。弄清项目的投资、成本、收入、税金和利润的基本概念，确定它们的基本数据，是工程经济分析的前提。

2.1.1 投资

1. 投资的基本概念

投资（Investment）的概念有广义和狭义之分。广义的投资是指人们的一种有目的的经济行为，即用一定的资源投入某项计划，以获取所期望的报酬的过程。例如，提供咨询、提供劳务、投资办企业、银行存款、发放贷款等而获得收益的活动都可称为投资。狭义的投资是指人们在社会经济活动中为实现某种预定的生产、经营目标而预先垫付的资金。例如，在建工厂、采用 BOT 方式建公路、买股票、买债券等中预先投入的资金都可称为投资。

2. 投资的分类

这里的投资分类主要是指工程项目的投资分类。投资分类的方法有很多，经归纳后主要有以下几种分类方法。

1) 按投资的用途分类

投资按用途分为生产性投资和非生产性投资。投入的资金如果直接用于物质生产领域建设,就属于生产性投资,如建工业企业、建电站等。如果投入资金不是直接用于物质生产建设,而是用于满足人们的物质文化生活的需要和为生产建设服务的投资,就属于非生产性投资。无论哪种投资,所投入的资金既可以是现金,也可以是人力、物力、技术或其他资源。

2)按工程项目的建设性质分类

投资按工程项目的建设性质分为新建项目投资、改建项目投资、扩建项目投资、恢复项目投资和迁建项目投资。

3)按投资后形成的资产分类

投资按形成的资产分为固定资产投资、流动资产投资、无形资产投资和其他资产投资。关于这几种资产的概念将在后面的"建设项目总投资的构成"中将逐一地进行介绍。

4)按建设规模分类

投资按建设规模分为大型项目投资、中型项目投资和小型项目投资。关于项目建设规模的划分,各行业的划分标准不同。我国国家发展与改革委员会、住建部和财政部对项目建设规模的划分都有明确的规定。

3. 建设项目总投资的构成

根据国家发展与改革委员会和建设部于 2006 年 8 月联合发布的《建设项目经济评价方法与参数》(第三版)(以下简称《方法与参数》)对资产的划分,建设项目总投资包括建设投资、建设期贷款利息和流动资金投资。按形成的资产分类,投资又分为固定资产投资、流动资产投资、无形资产投资和其他资产投资。投资构成如图 2.1 所示。

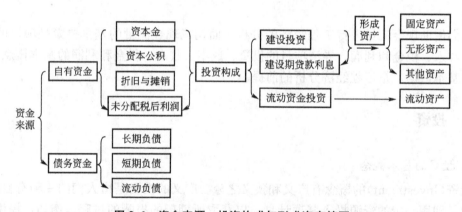

图 2.1 资金来源、投资构成与形成资产简图

按照我国现行的工程造价的费用构成划分,建设投资包括建筑安装工程费、设备及工具器具费、工程建设其他费和预备费。

资产是指由企业过去的交易或者事先形成,并由企业拥有或者控制的,能够预期给企业带来经济利益的资源。资产包括固定资产、流动资产、无形资产和其他资产。

固定资产(Fixed Assets)是指使用时间在一年以上,单位价值在规定标准以上,并且在使用过程中保持原有实物形态的资产,如房屋、设备、运输工具、构筑物等。其中,固定资产的单位价值的规定标准在各行业均有所不同。例如,高等学校大都规定一般设备的单价在 500 元以上,专用设备的单价在 800 元以上是固定资产;高科技行业一般规定单价在 2 000 元以上是固定资产；机械行业一般规定单价在 1 000 元以上是固定资产。

流动资产(Working Capital)是指可以在一年或者超过一年的一个营业周期内变现或耗用的资产。流动资产的投资就是流动资金。流动资金是指在投资前预先垫付，在投资后的生产经营过程中用于购买原材料、燃料动力、备品备件、支付工人工资和其他费用，以及在制品、半成品和其他存货中占用的全部周转资金，它是流动资产与流动负债的差额。流动资产主要包括现金、银行存款、短期投资、应收及预付款项、待摊费用、存货等。流动负债主要指应付款。在项目的整个寿命期内，流动资金始终被占用，并且周而复始地运动着，只有到项目的寿命期结束时，流动资金才全部退出生产，并以货币资金的形式被收回。

无形资产(Invisible Assets)是指能够长期使用但没有实物形态的资产，包括专利权、著作权、商标权、土地使用权、非专利技术、商誉等。无形资产具有无实体性、专用性、收益不确定和寿命不确定等特点。

其他资产(Other Assets)类似于过去的递延资产，是指在建设投资中，除形成固定资产、流动资产和无形资产以外的部分资产，包括生产准备费、开办费、固定资产改良支出及摊销在一年以上的其他待摊费用，但主要是开办费。开办费包括建设期人员的工资、办公费、培训费、差旅费、印刷费和注册登记费等。其他资产是一种过渡性的资产，而且常常在投资初期发生，因而它的特点具有过渡性。

4. 建设项目总投资的资金来源

国内建设项目投资的资金来源可分为两大块，即自有资金和债务资金。

自有资金(Equity Capital)是指企业自己所拥有的资金，用于缴付出资额，它包括资本金、资本公积、提取的折旧与摊销，以及未分配税后利润等。资本金(Registered Capital)也就是注册资金，是指企业在工商行政管理部门登记注册的资金，它体现了投资者对企业或项目的所有权。根据我国《企业法人登记管理条例》规定，企业申请开业，必须具有符合国家规定并与其生产经营和服务规模相适应的注册资本金。资本公积(Capital Provident Fund)是指投资者或他人投入企业或项目，所有权归属于投资者，并且投入金额超过法定资本部分的资金。资本公积又包括资本溢价、股票溢价、接受现金捐赠、接受捐赠的非现金资产设备、股权投资准备、拨款转入、外币资本折算差额、交易差价及其他资本公积。其中资本(或股本)溢价是指企业投资者投入的资金超过其在注册资本中所占份额的部分。

债务资金(Liability Capital)是指投资者通过举债(如借款、贷款、赊购等)方式取得的资金，包括长期负债、短期负债和流动负债。长期负债(Long-term Liabilities)是指偿还期在一年或者超过一年的一个营业周期以上的负债，包括长期借款、应付债券、长期应付款等。短期负债(Short-term Liabilities)包括有一定期限规定的短期借款、短期债券发行收入和短期内的应付货款等。流动负债(Current Liability)是指短期内的流动性应付账款。

为了让投资者有风险意识，国家对建设项目总投资中的自有资金的最低数额和比例都作出了规定，并且还规定了资本金筹集到位的期限及在整个生产经营中资本金不得任意抽走。允许投资者以已有的固定资产和无形资产作为投资的出资额，但必须经过具有资质的机构评估作价，出具验资报告。无形资产的出资比例不得超过注册资金的20%(但高新技术产业例外)。这些规定的目的是要让投资者承担必要的风险，不做无本经营或过度的负债经营，以保护国家和社会的利益。

综上所述，整个投资的资金来源、投资构成和形成的资产可用图 2.1 表示。

2.1.2 成本与费用

成本和费用(Cost and Expense)是两个不同的概念。成本是指企业为生产产品、提供劳务而发生的各种耗费，它是一种现金流出，是为了达到某个生产经营目的而预先流出的资金。费用是指企业为销售商品、管理企业、筹集资金、提供劳务等日常活动所发生的经济利益的流出。

1. 总成本费用的构成

总成本费用(Total Cost Expenses)是指企业为生产产品、提供劳务、销售产品、管理企业、筹集资金等发生的所有耗费。它包括生产成本和期间费用两部分，如图 2.2 所示。

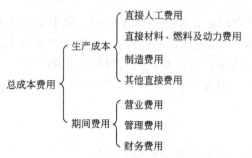

图 2.2 总成本费用构成

生产成本是指企业为生产经营商品和提供劳务等发生的各项直接支出，包括直接人工费用，直接材料、燃料及动力费用，制造费用以及其他直接费用。其中直接人工费用是指在生产过程中直接从事产品生产、加工而发生的工人的工资性消耗，包括直接从事产品生产人员的工资、补贴和奖金等。直接材料、燃料及动力费用是指在生产过程中，直接为产品生产而消耗的各种物资，包括原材料、辅助材料、备品配件、外购半成品、燃料、动力、包装物等费用。制造费用是发生在生产单位的间接费用，指生产部门为组织产品生产和管理生产而发生的各项费用，包括生产单位管理人员的工资、职工福利费，以及生产单位的房屋建筑物和机械设备的折旧费、修理维护费、机械物资消耗费用、低值易耗品费用、取暖费、水电费、办公费、差旅费、运输费、保险费、设计制图费、试验检验费、劳动保护费等。其他直接费用是指从制造费用、管理费用和营业费用中扣除了折旧费、摊销费、修理费、工资及福利费以后的其余部分。

期间费用(Period Expenses)是指发生在生产期间，但又不计入成本的各种费用。根据《方法与参数》(第三版)的划分，期间费用包括营业费用、管理费用和财务费用。营业费用是指企业在销售商品过程中发生的费用，包括企业销售商品过程中发生的运输费、装卸费、包装费、保险费、展览费和广告费，以及为销售本企业商品而专设的销售机构(含销售网点，售后服务网点等)的职工工资及福利费、类似工资性质的费用、业务费等经营费用。管理费用是指企业为组织和管理企业生产经营所发生的管理费用，包括企业的董事会和行政管理部门在企业的经营管理中发生的，或者应当由企业统一负担的公司经费(包括行政管理部门的职工工资、修理费、物料消耗、低值易耗品摊销、办公费和差旅费等)、工会经费、待业保险费、劳动保险费、董事会费、聘请中介机构费、咨询费(含顾问费)、诉讼费、业务招待费、房产税、车船使用税、土地使用税、印花税、技术转让费、矿产资源补偿费、无形资产摊销、职工教育经费、研究与开发费、排污费、存货盘亏或盘盈(不包括应计入营业外支出的存货损失)、计提的坏账准备和存货跌价准备等。财务费用，是指企业为筹集生产经营所需资金等而发生的费用，包括应当作为期间费用的利息支出(减利息收入)、汇兑损失(减汇兑收益)以及相关的手续费等。

与生产有密切相关的直接材料、燃料及动力费用，直接人工费用和制造费用计入产品的生产成本，而与生产没有直接关系的期间费用计入当期损益，从当期的收入中扣除。因此，直接人工费用和直接材料、燃料及动力费用直接计入产品成本。由于制造费用不是为生产某件产品发生的费用，而是为生产整批产品而发生的费用，因此，其必须经过分摊才能计入产品成本中。营业费用、管理费用和财务费用不能计入产品成本，而应计入企业的当期损益，并从当期的收入中扣除。

2. 几种常见的成本

1) 经营成本

在工程经济分析中，为了计算方便，从总成本费用中分离出一种经营成本(Operation Cost)。经营成本是指项目的总成本费用扣除固定资产折旧费、无形资产及递延资产摊销费和利息支出以后的全部费用。将其用公式表述为

$$经营成本＝总成本费用－折旧费－摊销费－利息支出$$

为什么要减去折旧费、摊销费和利息支出呢？因为在工程经济分析中，其使用的现金流量图(或表)是反映项目在计算期内逐年发生的现金流入和流出的。总成本费用中的折旧费是对固定资产的折旧，摊销费是对其他资产和无形资产的摊销，而这3种资产的投资已在其发生的时间内作为一次性支出计为现金流出，如果再以折旧和摊销的形式作费用支出，则将会造成重复计算。利息支出是指建设期内的投资贷款或借款在生产期所产生的利息。在新的财务会计制度下，实行的是税后还贷，即借款的本金用税后利润和折旧费来归还，而生产经营期间的利息可计入财务费用。在考察全部(项目)投资时，不分自有资金和借贷资金，而要把全部资金看做自有资金，这样还款就是还给自己，所以利息支出应算做收益，因而必须从总成本费用中扣除。

2) 固定成本和变动成本

产品成本按照其与产量的关系可分为固定成本、可变成本和半可变成本。

固定成本(Fixed Cost)是指在一定的生产规模内，不随产量变动而变动的成本。例如，生产单位固定资产的折旧费、修理费、管理人员的工资及职工福利费、办公费和差旅费等。这些费用的总额不随产量的增加而增加，也不随产量的减少而减少。但当产量增加时，这些费用分摊到单位产品上的成本会减少；当产量减少时，分摊到单位产量上的成本会增加。因此，在生产规模内，应尽量增加产量，以减少单位产品的分摊成本。

可变成本(Variable Cost)是指随着产量变动而成比例变动的成本，如产量增加一倍，成本增加一倍；产量减少一倍，成本减少一倍。但在一定时期内，单位产品的成本是不变的，如产品生产中消耗的直接材料、燃料及动力费用、直接人工费用、直接包装费用等。

半可变成本(Semi-variable Cost)，也称为半固定成本，是指产品成本中随产量变动而变动但不成比例变动的成本。如制造费用中的运输费用，随产量的增加而增加，但前期增加的幅度小于后期增加的幅度。因为后期不仅要运输原材料，还要运输产成品，因此运输费用大。

3) 沉没成本

沉没成本(Sunk Cost)是指不因决策而变动的成本，它是在投资决策前就已经支出，

或者承诺将来必须支付的费用。例如，某企业现有的一个决策为是否接受一笔生产订单，那么在生产规模以内，原有的固定资产投资就是沉没成本，它不会因为是否接受生产订单而发生变化，而是在建厂初期就已经发生了变化。沉没成本一旦形成就不可避免。因此，在决策过程中分清哪些是沉没成本非常重要。

4）机会成本

机会成本（Opportunity Cost）是指资源用于某种用途后放弃了其他用途而失去的最大收益。在工程经济学中，人们常常假设资源是稀缺的（事实也是这样）或者有限的，资源只能投资到一些项目或部分项目中。资源的稀缺性和替代性也要求将资源优化配置，即将有限的资源投入到最有价值和获利最大的地方，或者说将有限的资源投入投资者付出代价最小的地方。这样，投资者就必然要放弃将资源投入其他项目中。这时就出现了机会成本。机会成本是投资决策中经常采用的一种成本，尤其在项目的国民经济分析中经常采用。例如，在建设项目的国民经济评价中估算土地费用时，必须考虑土地的机会成本。

2.1.3 折旧与摊销

折旧是指固定资产的折旧，摊销是指无形资产和其他资产的摊销。

固定资产在使用过程中会逐渐磨损和贬值，其价值将逐步转移到新产品中去。固定资产的这种磨损和贬值称为折旧。转移的价值就是通过折旧的形式计入产品的成本，并通过产品销售以货币的形式收回。

无形资产投入项目后，其在使用中的价值也会逐渐转移到新产品中，并计入产品的成本。无形资产的转移价值就是摊销。无形资产的摊销是采用在其服务期限内逐年摊销的方式计算的。如果企业对其无形资产的使用年限有规定，则按规定的使用年限平均摊销；如果没有规定的使用年限，则一般按不少于10年的期限分期平均摊销。

其他资产常常在投资初期发生。国家规定，其他资产在投入运营后按不低于5年的时间平均摊销，其摊销费计入产品的成本。

2.1.4 收入、利润与税金

1. 收入

按照《企业会计制度》（2001年）的定义，收入是指企业在销售商品、提供劳务及让渡资产使用权等日常活动中所形成的经济利益的总流入，包括主营业务收入和其他业务收入。经济利益是指直接或间接流入企业的现金或现金等价物。其他业务收入包括投资收入和营业外收入。其中营业收入是企业的主要收入来源，是反映工程项目真实收益的经济参数，也是工程经济分析中的现金流入的一个重要内容。

按照收入的性质，生产企业收入可分为商品销售收入、劳务收入和其他使用本企业资产而取得的收入。商品销售收入主要是指取得货币资产方式的商品销售，以及正常情况下的以商品抵偿债务的交易等。这里的商品主要包括企业为销售而生产或购进的商品如企业销售的其他存货，如原材料、包装物等。劳务收入主要是指企业提供旅游、运输、广告、理发、饮食、咨询、代理、培训、产品安装等所取得的收入。其他使用本企业资产的收入是指企业让渡资产使用权所获得的收入，包括因他人使用本企业现金而收取的利息收入，因他人使用本企业的无形资产而形成的使用费收入，出租固定资本而取得的租金收入等。

根据企业会计准则，只有在经济利益很可能流入，并从而导致企业资产增加或负债减少，且经济利益的流入额能够可靠计量时，收入才能被予以确认。

销售产品的收入计算公式为

$$收入＝产品销售数量\times 产品单价$$

提供劳务的计算比较复杂，如提供运输服务的计算公式为

$$收入＝运输里程\times 运输单价\times 运输重量$$

提供旅游、广告、理发、饮食、咨询、代理、培训、产品安装等的收入计算，一般没有固定的计算公式，大都按照提供劳务的数量计算。由于每个行业的收费标准不同，因而计算收入的方法不同。其中收入的一种计算公式可以为

$$收入＝提供劳务的数量\times 劳务费单价$$

2. 利润

利润(Profits)是指企业在一定会计期间的经营成果，包括营业利润、利润总额和净利润。企业利润既是国家财政收入的基本来源，也是企业扩大再生产的重要资金来源。利润指标能够综合反映企业的管理水平和经营水平。如果收入大于支出，则企业的净利润为正，说明企业盈利；如果收入小于支出，则企业的净利润为负，说明企业亏损。企业的利润总额包括营业利润、投资净收益及营业外收支净额。利润总额用公式表述为

$$利润总额＝营业利润＋投资净收益＋营业外收支净额$$

或

$$利润总额＝销售收入－总成本费用－销售税金及附加$$

$$净利润＝利润总额－所得税$$

营业利润是指主营业务收入减去主营业务成本和主营业务税金及附加，再加上其他业务利润，最后减去营业费用、管理费用和财务费用后的金额(图 2.3)。投资净收益是指投资收益扣除投资损失后的数额。营业外收支净额为营业外收入减去营业外支出后的数额。所得税将在后面的"税金"中进行介绍。

为了规范企业的经营管理，保证国家的税收来源，《企业财务通则》规定了企业利润的分配方式和分配方法。《企业财务通则》规定：企业发生的年度亏损，可以用下一年度的利润弥补；下一年度利润不足弥补的，可以在五年内用所得税前利润延续弥补。延续五年未弥补的亏损，用缴纳所得税后的利润弥补。企业的利润按照国家规定作相应的调整后，依法缴纳所得税。缴纳所得税后的利润，除国家另有规定者外，按照下列顺序进行分配。

(1) 被没收财物损失、违反税法规定支付的滞纳金和罚款。

(2) 弥补企业以前的年度亏损。

(3) 提取10%的法定公积金。法定公积金累计额达到注册资本的50%以后，可以不再提取。

(4) 提取任意公积金。任意公积金提取比例由投资者决议。

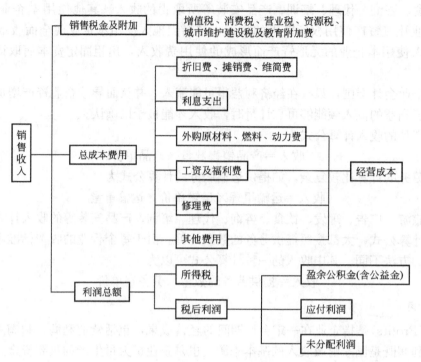

图 2.3 收入、成本、费用和利润的关系

(5) 向投资者分配利润。企业在以前年度未被分配的利润，可以并入本年度向投资者分配。

3. 税金

税金(Taxes)是指企业或纳税人根据国家税法规定应该向国家缴纳的各种税款。税金是企业和纳税人为国家提供资金积累的重要方式，也是国家对各项经济活动进行宏观调控的重要杠杆。税收是国家凭借政治权利参与国民收入分配与再分配的一种方式，具有强制性、无偿性和固定性的特点。国家对税收的管理是取之于民、用之于民。

我国现行税收法律体系是在原有税制的基础上，经过 1994 年的工商税制改革后而逐渐完善形成的，现共有 24 个税种。按其性质和作用可大致分为 6 大类：流转税类、资源税类、所得税类、特定目的税类、财产和行为税类、关税。本章就工程经济学中经常涉及的税种作一个简要的介绍。

1. 流转税类

流转税类是指以商品生产、商品流通和劳务服务的流转额为征收对象的各种税，主要在生产、流通或者服务业中发挥调节作用。它包括增值税、消费税和营业税。我国于 1994 年 1 月 1 日起开始实施征收这三种税。

1) 增值税

增值税(Value Added Tax)是对销售货物或者提供加工、修理、修配劳务及进口货物的单位和个人就其实现的增值额征收的一个税种。实行增值税的优点：①有利于贯彻公平税负原则；②有利于生产经营结构的合理化；③有利于扩大国际贸易往来；④有利于国家普遍、及时、稳定地取得财政收入。

增值税的设置使得同一种产品,无论是全能厂家生产的,还是专业厂协作生产的,只要其售价相同,税收负担水平就基本相同,这就平衡了不同生产经营方式的税负。

增值税是一种价外税,是对购买者征收的一种税,但在销售价格中不含增值税款。因此,增值税既不计入成本费用,也不计入销售收入。从企业角度进行分析后可知,投资项目的现金流量可以不考虑增值税。

增值税的征收范围包括货物、应税劳务和进口货物。目前,我国增值税税率分3档:基本税率17%、低税率13%和零税率。大多数的货物或劳务都适合17%的税率;只有国家为了扶持其发展,才采用13%的低税率或零税率。增值税的公式为

一般纳税人的应纳增值税额=(当期销项税额-当期进项税额)×适合的增值税税率

进口货物的应纳增值税额=(关税完税价格+关税+消费税)×适合的增值税税率

【例2.1】 某企业在2004年的产品销售收入为8 000万元,本年度内购买原材料、燃料、动力等支出2 000万元,试计算该企业全年应缴纳的增值税额。

解:该企业全年的产品销售收入就是当期销项税额,而购买原材料、燃料、动力等的支出就是当期进项税额,该企业没有享受任何优惠税收政策,所以适合的增值税税率应为17%。因此,该企业全年应缴纳的增值税额为

$$(8\,000-2\,000)\times 17\% = 1\,020(万元)$$

2) 消费税

消费税(Consumption Tax)是对一些特定消费品和消费行为征收的一种税。在中华人民共和国境内生产、委托加工和进口某些消费品的单位和个人,是消费税的纳税义务人。征收消费税的消费品主要有烟、酒、化妆品、护肤护发品、珠宝首饰、鞭炮烟火、成品油、汽车轮胎、小汽车、球具、高档手表、游艇、木制一次性筷子、实木地板14种商品。消费税的税率为1%~45%,有的实行比例税率,有的实行定额税率。其中成品油的消费税按容积征税,税费在0.1~0.28元/升之间。

与增值税不同的是,消费税是一种价内税,并且与增值税交叉征收,即对应消费品既要征收增值税,又要征收消费税。

3) 营业税

营业税(Operation Tax)是对我国境内提供应税劳务、转让无形资产和销售不动产等业务的单位和个人的营业收入进行征收的一种税。营业税的计税依据是提供劳务的营业额,或转让无形资产和不动产的销售额,它是纳税人向对方收取的全部价款和在价款之外取得的一切费用,包括手续费、服务费和基金等。

营业税包括交通运输业、建筑业、金融保险业、邮电通信业、文化体育业、娱乐业、服务业、转让无形资产和销售不动产9个税目。不同行业采用的税率不同。交通运输业、建筑业、邮电通信业和文化体育业的税率为3%。金融保险业、服务业、转让无形资产和销售不动产的税率为5%。娱乐业的税率为5%~20%。

营业税的计算公式为

$$应纳营业税额=营业额\times 适用的营业税税率$$

增值税和营业税征收范围最广,是一种普遍征收的税,而消费税只针对规定的消费品征收。我国还对这三种税收规定了相应的减免或优惠政策,有兴趣的同学可以参考有关书籍。

2. 资源税类

资源税(Resource Taxes)是指国家为了调节资源级差收入，对因开发和利用自然资源而征收的一种税。它体现了国家要求资源开发者对国有资源的有偿使用。同增值税、消费税和营业税一样，我国于1994年1月1日起开始实施征收资源税。资源税的纳税人是在中华人民共和国境内开采我国资源税暂行条例规定的矿产品或者生产盐的单位和个人。资源税只对特定资源征收。应当征收资源税的矿产品和盐有7类资源：原油、天然气、煤炭、其他非金属矿原矿、黑色矿原矿、有色金属矿原矿和盐。

资源税实行差别税率，即不同的资源其税率不同。资源税税率按重量或体积计算，如原油的税率为8～30元/吨，天然气的税率为2～15元/立方米。

无论是自用或捐赠的资源，还是用于销售的资源，只要开采就必须按规定纳税。资源税的税额计算公式为

$$应纳资源税税额 = 销售(或自用、捐赠)资源数量 \times 单位税额$$

3. 所得税类

所得税(Income Taxes)是指以单位或个人在一定时期内的纯所得为征收对象的一类税，主要是在国民收入形成后，对生产经营者的利润和个人的纯收入发挥调节作用。它包括企业所得税、外商投资企业和外国企业所得税、个人所得税。

在工程经济分析中，常用的是企业所得税。企业所得税是指对中华人民共和国境内的一切企业（不包括外商投资企业和外国企业），就其来源于中国境内外的生产经营所得和其他所得而征收的一种税。2008年2～3月财政部和国务院联合发布了多个企业所得税若干优惠的通知，多数企业自2008年以后取得的收益都执行25%的税率或执行减半税率。企业所得税的计算公式为

$$应纳所得税额 = 应纳税所得额 \times 适合的税率$$

4. 特定目的税类

特定目的税(Special Taxes)是指国家为了达到某种特定目的而对特定对象和特定行为征收的一类税。它包括城市维护建设税和土地增值税。

1) 城市维护建设税

城市维护建设税是对从事工商经营，缴纳增值税、消费税、营业税的单位和个人征收的一种税。我国于1985年1月1日开始实施征收。

城市维护建设税是一种附加税，其税率根据城镇规模设计。纳税人所在地在市区的，税率为7%；纳税人所在地在县城、镇的，税率为5%；纳税人所在地不在市区、县城或镇的，税率为1%。城市维护建设税以纳税人实际缴纳的消费税、增值税、营业税税额为计税依据，分别与消费税、增值税、营业税同时缴纳。其计算公式为

$$应纳城市维护建设税额 = 实际缴纳的增值税、消费税、营业税税额 \times 适合的税率$$

2) 土地增值税

土地增值税是对有偿转让国有土地使用权及地上建筑物和其他附着物产权、取得增值性收入的单位和个人征收的一种税。我国于1994年1月1日起开始征收。它同时具有增值税和资源税双重特点，是一种以特定的增值额为征收依据的土地资源税类。凡是转让国

有土地使用权及地上建筑物和其他附着物产权、取得增值性收入的单位和个人都是纳税人。

土地增值税的税率为30%～60%，采用四级超额累进税率。第一级税率适用于增值额未超过50%的部分，税率为30%；第二级税率适用于增值额超过50%，但未超过100%的部分，税率为40%；第三级税率适用于增值额超过100%，但未超过200%的部分，税率为50%；第四级税率适用于增值额超过200%的部分，税率为60%。

土地增值税采用扣除法和评估法计算增值额。其中，转让房地产的增值额，是纳税人转让房地产的收入扣除税法规定的扣除项目金额后的余额。

5. 财产和行为税类

财产和行为税（Property & Behavior Taxes）是指国家对财产使用和经营的单位和个人征收的一类税。它的主要目的是对某些财产和行为发挥调节作用，包括房产税、车船使用税、车船使用牌照税、车辆购置税、印花税、契税、筵席税、屠宰税等。由于车船使用税、车船使用牌照税、车辆购置税、印花税、契税、筵席税、屠宰税等的计算比较简单，有些税不经常发生，有些税在工程经济分析中又不常用，因此，这里重点介绍房产税。

房产税是以城镇经营性房屋为征税对象，按房屋的计税余值或租金收入为计税依据，向产权所有人征收的一种财产税。房屋的产权所有人、经营管理单位、承典人、房产代管人或者使用人，都是纳税义务人。我国从1986年10月1日开始实施征收，但国家又规定了许多房产税的免征和优惠政策，如国家机关、人民团体、军队自用的房产税免征房产税；国家财政部门拨付事业经费的单位自用的房产免征房产税；个人所有非营业用的房产也免征房产税。此外，我国还规定，从2003年起，居民住宅商品房在出售以前，不征收房产税。

房产税的计算有两种方法：一是按房产余值计算，年税率为1.2%；二是按房产出租的租金收入计算，税率为12%。按房产余值计征的房产税的计算公式为

$$房产税税额＝应税房产原值\times(1-30\%)\times 1.2$$

很多西方国家对个人所有非营业用的房产都征收了房产税。最近几年，我国城镇商品住房涨速过快，已经大大超过了居民的承受能力，个别地区正酝酿恢复征收个人所有非营业用房产的房产税，以期望能够控制房价。但征收个人所有非营业用房产的房产税是否真的能抑制房价还有待市场的检验。

6. 关税

关税（Tariff）是世界各国普遍征收的一个税种，是指一国海关对进出境的货物或者物品征收的一种税。我国于1987年9月12日开始按新的关税政策征收。关税是由海关统一征税。它既是国家调节进出口贸易和宏观经济的重要手段，也是中央财政收入的重要来源。关税分进口税和出口税两种。进口税是关税中最主要的一种。

进口关税税率有最惠国税率、协定税率、特惠税率、普通税率、关税配额税率等。进口货物在一定期限内可以实行暂定税率。出口货物在一定期限内可以实行暂定税率。不同的货物有不同的税率。

关税的计算基础是进出口货物的完税价格。一般贸易中的进口货物是以海关审定的成交价格为基础的到岸价格作为完税价格；出口货物是以海关审定的货物售予境外的离岸价

格扣除关税后作为完税价格。不同的进出口货物的税率不同。关税的计算公式为

$$应纳关税税额＝应税进出口货物数量×单位货物完税价格×适用的税率$$

7. 税收附加类

税收附加类(Additional Taxes)包括教育附加费和文化事业建设费。其中教育附加费是投资项目建设中必须缴纳的费用。教育附加费是以纳税人实际缴纳的增值税、消费税、营业税为计征依据而征收的一种专项附加费。征收的目的是为了多渠道筹集教育经费，改善中小学办学条件。凡是缴纳增值税、消费税和营业税的单位和个人，除缴纳了农村教育事业附加费的单位外，都是缴纳教育附加费的纳税义务人。

根据国家的相关规定，教育附加费是以各单位和个人实际缴纳的增值税、消费税和营业税的税额为计征依据，分别与增值税、消费税、营业税同时缴纳并具有专款专用的性质。其计算公式为

$$应纳教育费附加＝(增值税＋消费税＋营业税)×3\%$$

2.2 现金流量

2.2.1 现金流量的概念

任何一项投资活动都离不开资金活动，而在这个资金活动中必然要涉及现金流量(Cash Flow)的问题。明确现金流量的概念、弄清现金流量的内容、正确估算现金流量是进行投资方案效益分析的前提，也是进行科学的投资决策的基础。

现金流量是一个综合概念，从内容上看它包括现金流入、现金流出和净现金流量3个部分；从形式上看它包括各种形式的现金交易，如货币资金的交易和非货币(货物、有价证券等)的交易。

为了便于说明现金流量的概念，人们把投资项目看做一个系统，这个系统有一个寿命周期，即从项目发生的第一笔资金开始一直到项目终结报废为止的整个时间。但在不同的项目之间进行比较时，不一定都用项目的寿命周期进行比较，而是选用一个计算期比较，因此，考察投资项目系统的经济效益时，常常用计算期。每个项目在其计算期中的各个时刻点都会有现金交易活动，即流进或流出，人们将现金流进或流出称为现金流量。

具体地讲，现金流入(Cash Income)是指在项目的整个计算期内流入项目系统的资金，如销售收入、捐赠收入、补贴收入、期末固定资产回收收入和回收的流动资金等。现金流出(Cash Output)是指在项目的整个计算期内流出项目系统的资金，如企业投入的自有资金、上缴的销售税金及附加、借款本金和利息的偿还、上缴的罚款、购买原材料设备等的支出、支付工人的工资等都属于现金流出。净现金流量(Net Cash Flow)是指在项目的整个计算期内每个时刻的现金流入与现金流出之差。当现金流入大于现金流出时，净现流

量为正；反之为负。综上所述，现金流量的构成如图 2.4 所示。

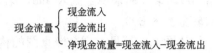

图 2.4　现金流量的构成

从以上关于现金流量概念的分析中不难看出，现金流量的计算不仅有本身的计量单位，还有一个时间单位。在一般情况下，现金流量本身的计量单位为"元"、"万元"、"美元"等。但时间单位是多少呢？这就需要根据利息的计算时间单位来确定了。如果利息的计算时间单位为一年，那么现金流量计算的时间单位也为一年；如果利息的计算时间单位为一个月，那么现金流量计算的时间单位也为一个月。即现金流量的计算的时间单位为计息期。什么是利息？什么是计息期？关于这些问题将在后面的章节陆续介绍。

2.2.2　现金流量图

一个工程项目的建设和实施都要经历很长一段时间，在这个时间内，现金流量的发生次数非常多，且不同的时间点上发生的现金流量是不尽相同的。例如，在项目的建设期，有自有资金的投入、银行贷款的获得、贷款还本付息的支出等；在生产期，有销售收入的获得、利息补贴返还、经营成本的支出、利息的偿还、税金的缴纳、固定资产余值的回收及流动资金的回收等。这些现金流量种类繁多，发生的时间不同，大小各异，属性不同，有的属于现金流入，有的属于现金流出。因此，为了便于分析，通常用图的形式来表示各个时间点上发生的现金流量。

现金流量图(Cash Flow Diagram)如图 2.5 所示，它是用坐标轴、箭头、时刻点及数字等表示的图。具体地讲，现金流量图是描述工程项目在整个计算期内各时间点上的现金流入和现金流出的序列图。

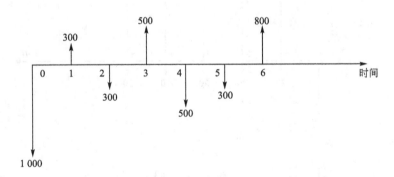

图 2.5　现金流量图

现金流量图中的横轴是时间轴，一般是向右的箭头轴。时间轴上刻有时刻点，并标注有时刻数字。每相邻两个时刻点间隔的长度相等。时间轴箭头末端还应标注时间单位。纵轴是现金流量轴，表示现金流入或流出。箭头的长短表示现金流量的大小，箭头越长，现金流入或流出量越大；反之，越小。现金流量的方向与现金流量的性质有关，一般箭头向上表示现金流入，箭头向下表示现金流出。箭头末端应标注现金流量的金额数字。如图 2.5 所示，第 1 期初(第 0 年)现金流出 1 000，第 1 期末现金流入 300，第 2 期末现金流出 300，第 3 期末现金流入 500，第 4 期末现金流出 500，第 5 期末现金流出 300，第 6 期末现金流入 800。

从图 2.5 可见，现金流量图的构成要素有现金流量的大小、现金流量的流向（纵轴）、时间轴（横轴）和时刻点。

现金流量图是工程项目经济效益分析的工具。通过绘制工程项目或投资项目整个计算期内的现金流量图，可以理清分析人员的思路，使项目的现金流入和流出一目了然，不仅便于计算，而且不容易出现遗漏。因此，学习工程经济学的首要任务就是要学会绘制项目的现金流量图。

【例 2.2】 某房地产公司有两个投资方案 A 和 B。A 方案的寿命周期为 4 年，B 方案的寿命周期为 5 年。A 方案的初期投资为 100 万元，每年的收益为 60 万元，每年的运营成本为 20 万元。B 方案的初期投资为 150 万元，每年的收益为 100 万元，每年的运营成本为 20 万元，最后回收资产残值为 50 万元。试绘制两方案的现金流量图。

经分析，两方案的现金流量图绘制如图 2.6 和图 2.7 所示。

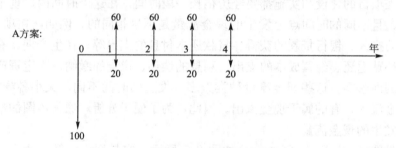

图 2.6 A 方案的现金流量图

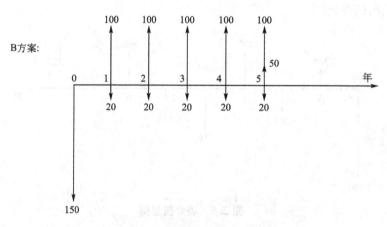

图 2.7 B 方案的现金流量图

绘制现金流量图时应注意：

（1）现金流量图中的时间轴上所标的时刻表示所标时间（本期）的期末或下一个时期的期初。

（2）认真分析并确定项目的现金流入和流出，现金流入箭头向上，现金流出箭头向下。

(3) 投资一般画在期初。
(4) 从项目的整个计算期(或寿命周期)来考察。
(5) 反复检查,不要有遗漏。

2.3 资金的时间价值

2.3.1 资金时间价值的概念

今年的1元钱是否等于明年的1元钱呢?答案是否定的。即使将1元钱放在家里不动,也不等于明年的1元钱。原因就是资金存在时间价值。从形式上看,把1元钱放在家里,钱没有运动,但实际上资金在无形地运动。资金在运动过程中就产生了价值(可能增值,也可能贬值),因此,今年的1元钱不等于明年的1元钱。

2.3.1节讲过,进行投资方案的分析时,主要是着眼于方案在整个寿命期内的现金流量。方案在整个寿命期内的现金流量是不尽相同的,那么这些不同的现金流量能否直接相加以判断方案的优劣呢?下面先看一个例子。

【例 2.3】 某公司面临两个投资方案Ⅰ和投资方案Ⅱ。寿命期均为5年,初始投资均为1 000万元,但两个方案各年的收益不尽相同,具体见表2-1。

表 2-1　Ⅰ、Ⅱ两个方案每年的收益　　　　单位:万元

年份 方案	0	1	2	3	4	5
Ⅰ	−1 000	200	200	250	350	350
Ⅱ	−1 000	300	300	300	250	150

上述两个方案哪个方案更好?假如把两个方案在整个寿命期内的现金流量直接相加,方案Ⅰ的净现金流量为350万元,方案Ⅱ的净现金流量为300万元,从这个数字上看好像方案Ⅰ优于方案Ⅱ。但是,如果考虑银行的存款或贷款利率问题,结果就会完全不相同。

现在设年利率为10%,分别计算两个方案的净收益,Ⅰ方案的净收益为−8.686 7万元,Ⅱ方案的净收益为9.961 6万元(计算方法待第3章介绍)。显然上面的结论不正确。为什么会出现与上面相反的结论呢?下面再来看看两个方案的现金流出的时间。投资(现金流出)都发生在期初,且都是1 000万元,但两个方案的收入(现金流入)不同。方案Ⅰ在前面年份现金流入少,而方案Ⅱ在前面年份现金流入多。先到手的资金可以用来投资以产生新的价值,即方案Ⅱ的前面年份先到手的资金,产生的价值大于方案Ⅰ后到手的资金产生的价值。所以说,方案Ⅱ优于方案Ⅰ。这就是投资项目资金的时间价值。

综上所述,资金的时间价值就是指资金在运动过程中的增值(贬值)或不同时间点上发生的等额资金在价值上的差别。例如,如果银行的存款年利率为2.2%,那么把今年的

100元钱现在存入银行,到明年这时就可以从银行取出102.2元(不考虑利息税),这2.2元就是资金的时间价值。或者说今年的100元等于明年的102.2元,明年的100元等于今年的100/1.022=97.84元,其中102.2元与100元、100元与97.85元之间的差别也是资金的时间价值。承认资金的时间价值,对于投资方案的比较非常重要。

2.3.2 资金时间价值的影响因素

在【例2.3】中,两个方案按照相同的利率10%计算,净收益不同。如果方案Ⅰ的寿命期改为6年,第6年收益为100万元,方案Ⅱ的所有条件不变,那么方案Ⅰ的净收益将变为47.7607万元,方案Ⅱ的净收益仍为9.9616万元,这时方案Ⅰ优于方案Ⅱ。为什么会出现这样的情况呢?原因是,资金的时间价值受许多因素的影响。

那么资金的时间价值与哪些因素有关呢?接下来再看上面的方案Ⅰ和方案Ⅱ的例子。每年的收益不同、寿命期不同、利率不同,得出的结论就不同。因此,从投资者的角度来看,资金的时间价值受以下因素的影响。

(1) 投资额。投资的资金越大,资金的时间价值就越大。例如,如果银行的存款年利率为2.2%,那么200元存入银行,一年后的收益为204.4元。显然200元的时间价值比100元的时间价值大。

(2) 利率。一般来讲,在其他条件不变的情况下,利率越大,资金的时间价值越大;利率越小,资金的时间价值越小。例如,银行存款年利率为2.2%时,100元一年的时间价值是2.2元;银行存款年利率为5%时,100元一年的时间价值是5元。

(3) 时间。在其他条件不变的情况下,时间越长,资金的时间价值越大;反之,越小。例如,银行存款年利率为2.2%时,100元两年的时间价值是4.4元,比一年的时间价值大。

(4) 通货膨胀因素。如果出现通货膨胀,会使资金贬值,贬值会减少资金的时间价值。

(5) 风险因素。投资是一项充满风险的活动。项目投资以后,其寿命期、每年的收益、利率等都可能发生变化,既可能使项目遭受损失,也可能使项目获得意外的收益。这就是风险的影响。不过,风险往往同收益成比例,风险越大的项目,一旦经营成功,其收益也大。这就需要对风险进行认真的预测与把握。

由于资金的时间价值受到上述多种因素的影响,因此,在对项目进行投资分析时一定要从以上几个方面认真考虑,谨慎选择。

2.3.3 资金时间价值的表现形式

2.3.1节讲过,资金存在时间价值,那么,资金的时间价通过什么形式表现出来呢?实际上,资金的时间价值在银行就体现为存款或贷款利息(Interest)。例如,将100元存入银行,存一年,若存款年利率为2.5%,那么一年后可以从银行取出102.5元(不考虑利息税),这2.5元的差额就是利息。

什么是利息呢?利息是指放弃资金的使用权应该得到的回报(如存款利息)或者指占有

资金的使用权应该付出的代价(如贷款利息)。利息可以按年、季度、月、日等周期计算,这种计算利息的时间单位称为计息周期。为了便于计算和学习,本书以后各章在未特别指明的情况下,均假定计息周期为年。

利息是根据利率来计算的。利率(Interest Rate)是一个计息周期内所得到的利息额与借贷资金额(即本金)之比,一般用百分比来表示。利率的表达式为

$$计息周期内的利率 = \frac{利息周期内的利息}{本金} \times 100\%$$

利息按照其计算方式不同,分单利和复利两种。

1. 单利

所谓单利(Simple Interest)就是在有多个计息周期的计算期内按原始本金计算利息,每个计息周期的利息在其以后各计息周期内均不再计算利息。

设 P(Present 的第一个字母)代表原始本金,F(Future 的第一个字母)代表未来值,n 代表计息期数(如年数、月数),i 代表计息周期内的利率,I 代表总的利息额,则按照单利计算,n 期内的总利息为

$$I = Pni$$

n 期后的本利和应为

$$F = P + Pni = P(1 + ni) \tag{2-1}$$

根据上述单利式子,可以绘制单利利息 I 和计息周期 n 的关系图以及单利未来值 F 和计息周期 n 的关系图,分别如图 2.8 和图 2.9 所示。

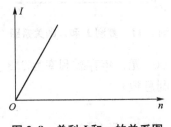
图 2.8　单利 I 和 n 的关系图

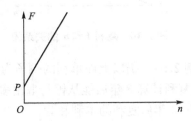
图 2.9　单利 F 和 n 的关系图

从图 2.8 和图 2.9 可见,利息与计算利息的时间成线性关系,未来值也与计算利息的时间呈线性关系。即不论计息周期 n 为多大,只有本金计算利息,而利息不再计算利息。

【例 2.4】　某人存入银行 2 000 元,年存款利率为 2.8%,存 3 年,试按单利计算 3 年后此人能从银行取出多少钱?(不考虑利息税)

解:3 年后的本利和为

$$F = P(1 + ni) = 2\,000(1 + 3 \times 2.8\%) = 2\,168(元)$$

即 3 年后此人能从银行取出 2 168 元钱。

2. 复利

所谓复利(Compound Interest)就是每期均按上期的本金和上期的利息和计算利息。也就是说,每期不仅要对本金计算利息,还要对利息计算利息,即所谓的"利滚利"。

复利的表述仍采用单利的符号及含义。按照复利计算,n 期内每期的利息及本利和计算见表 2-2。

表 2-2 复利本利和计算表

计息周期	期初本金	本期利息	期末本利和
1	P	Pi	$F=P+Pi=P(1+i)$
2	$P(1+i)$	$P(1+i)i$	$F=P(1+i)+P(1+i)i=P(1+i)^2$
3	$P(1+i)^2$	$P(1+i)^2 i$	$F=P(1+i)^2+P(1+i)^2 i=P(1+i)^3$
⋮	⋮	⋮	⋮
n	$P(1+i)^{n-1}$	$P(1+i)^{n-1}i$	$F=P(1+i)^n$

因此，复利计算公式为

$$F=P(1+i)^n \tag{2-2}$$

按照复利计算，n 期末的利息为

$$I=F-P=P(1+i)^n-P=P[(1+i)^n-1]$$

根据复利推算的这两个式子，可以绘复利利息 I 和计息周期 n 的关系图以及复利未来值 F 和计息周期 n 的关系图，如图 2.10 和图 2.11 所示。

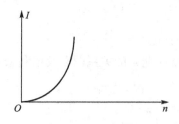

图 2.10 复利 I 和 n 的关系图

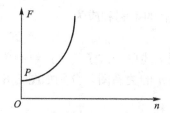

图 2.11 复利 F 和 n 的关系图

【例 2.5】 仍以上面单利的例子为例。即本金为 2 000 元，年存款利率为 2.8%，存 3 年，按复利计算 3 年后能从银行取出多少钱？（不考虑利息税）

解：3 年后复利的本利和为

$$F=P(1+i)^n=2\,000(1+2.8\%)^3=2\,172.75(元)$$

即 3 年后此人能从银行取出 2 172.75 元钱，比按单利计算能从银行取出的钱多。

从以上的计算可见，在所有条件相同的情况下，按复利计算的利息大于按单利计算的利息。而且，时间越长，复利利息与单利利息的差别越大。这就是银行经营与生存的目的之一。目前，我国居民个人在银行的存款利息在 3 个月以内是按单利计算，而银行借放贷的利息是按复利计算。

2.4 资金等值计算

在工程经济分析中，为了正确地计算和评价投资项目的经济效益，必须计算项目的整个寿命期内各个时期发生的现金流量的真实价值。但由于资金存在时间价值，在项目的整个寿命期内，不同时期发生的现金流量是不能直接相加的。为了计算项目各个时期的真实价值，必须要将各个时间点上发生的不同的现金流量转换成某个时间点的等值资金

(Equivalence of Money)，然后再进行计算和分析，这样一个资金转换的过程就是资金的等值计算。

2.4.1 资金等值的概念

资金等值是指在考虑资金的时间价值的情况下，不同时刻点上发生的绝对值不等的资金具有相同的价值。要完全理解资金等值的概念，需要了解与资金等值有关的几个概念。

1. 现值

现值用 P(Present Value)表示。它表示资金发生在某个特定的时间序列的起始时刻的现金流量，即相对于某个特定时间序列的始点开始的较早时间的价值，它发生在特定时刻始点以后所有时刻的现金流量的最前面。例如，第1年发生的现金流量，相对于以后任何一个时间点来说，都是"现值"。而且，在工程经济分析计算中，一般都约定 P 发生在起始时刻点的初期，如投资发生在第0年(也是第1年年初)。在资金的等值计算中，求现值的情况是最常见的。将一个时点上的资金"从后往前"折算到某个时刻点上就是求现值。求现值的过程也称为折现(或贴现)。在工程经济的分析计算中，折现计算是基础，许多计算都是在折现计算的基础上衍生的。

2. 终值

终值用 F(Future Value)表示。它表示资金发生在某个特定的时间序列的终点时刻的现金流量，即相对于现在值的任何以后的时间价值。它发生在特定时刻终点以前所有时刻的现金流量的最后面。例如，第5年发生的现金流量，相对于以前(第0～4年)任何一个时间点来说，都是"终值"。在资金的等值计算中，将一个序列时间点上的资金"从前往后"折算到某个时刻点上的过程称为求终值。求资金的终值也就是求资金的本利和。在工程经济分析计算中，我们一般约定 F 发生在期末。如第1年末、第2年末等。

3. 年值

年值用 A(Annuity)表示。它表示发生在每年的等额现金流量，即在某个特定时间序列内，每隔相同时间收入或支出的等额资金。在工程经济分析计算中，如无特别说明，一般约定 A 发生在期末，如第1年末、第2年末等。

4. 等值

没有特定的符号表示等值，因为等值相对于现值、终值和年值来说是一个抽象的概念，它只是资金的一种转换计算过程。等值既可以是现值、终值，也可以是年值。因为实际上，现值和终值也是一个相对概念。例如，某项目第5年的值相对于前面1～4年的值来说，它是终值，而相对于5年以后的值来说，它又是现值。等值是指在考虑资金的时间价值的情况下，不同时刻点上发生的绝对值不等的资金具有相同的价值。资金的等值计算非常重要，资金的时间价值计算核心就是进行资金的等值计算。

2.4.2 资金等值计算的基本公式

每个投资项目的现金流量的发生是不尽相同的，有的项目一次投资，多次收益；有的项目多次投资,多次收益;有的项目多次投资,一次收益;也有的项目一次投资,一次收益。因此,为了解决以上各种问题的投资项目经济分析计算,可以推导几种统一的计算公式。归纳起来,有如图 2.12 所示的几种类型的计算公式。

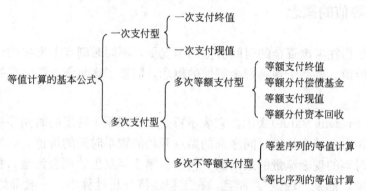

图 2.12 资金等值计算的基本类型

1. 一次支付型

一次支付型(Single-payment Type)又称整付,是指项目在整个寿命期内,其现金流量无论是流入还是流出都只发生一次。一般有两种情况:一种是发生在期初,一种是发生在期末,如图 2.13 所示。

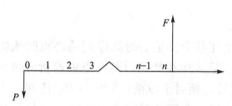

图 2.13 一次支付现金流量图

如果考虑资金的时间价值,且图 2.13 中的初始流出现金 P 刚好能被最终的收入补偿,那么就说 P 与 F 等值。一次支付型的计算公式有以下两个。

1)一次支付终值公式

一次支付终值(Single-payment Compound-amount Formula)就是求终值。也就是说,在项目的初期投入资金 P,n 个计息周期后,在计息周期利率为 i 的情况下,需要多少资金来弥补初期投入资金 P 呢?这个问题与复利本利和计算相同,因此,一次支付终值公式为

$$F=P(1+i)^n \tag{2-3}$$

由于式(2-3)中有高次方,因此,为计算方便,工程经济中常用系数来表示,使用时直接查附录 2 的复利系数表即可。把系数 $(1+i)^n$ 称为一次支付终值系数,用符号 $(F/P, i, n)$ 表示,即

$$F=P(1+i)^n=P(F/P, i, n)$$

本书附录 2 附有复利系数计算表可供计算时查阅。查阅时,先找 $(F/P, i, n)$ 系数表,然后根据已知值 P、i、n 查 $(F/P, i, n)$ 的值。

【例 2.6】 某企业向银行借款 50 000 元,借款时间为 10 年,借款年利率为 10%,问 10 年后该企业应还银行多少钱?

解:此题属于一次支付型,求一次支付的终值。

$$F=P(1+i)^n=50\,000(1+10\%)^{10}=129\,687.12(元)$$

也可以查 $(F/P, i, n)$ 系数表,得 $(F/P, i, n)=2.5937$,则

$$F = P(F/P, i, n) = 50\,000 \times 2.593\,7 = 129\,685(元)$$

两种计算方法有一点小差别是由于小数点的保留位数不同引起,不影响大局。

2) 一次支付现值公式

一次支付现值(Single-payment Present-value Formula)就是求现值。也就是说,项目在计息周期内利率为 i 的情况下,一次支付现值是一次支付 n 期末终值公式的逆运算。由式(2-3)可以直接导出:

$$P = \frac{F}{(1+i)^n} \quad (2-4)$$

系数 $1/(1+i)^n$ 称为一次支付现值系数,用符号 $(P/F, i, n)$ 表示。为计算方便,同样可以查一次支付现值系数 $(P/F, i, n)$ 表。查阅时,先找 $(P/F, i, n)$ 系数表,然后根据已知值 F、i、n 查 $(P/F, i, n)$ 的值,即

$$P = \frac{F}{(1+i)^n} = P(P/F, i, n)$$

【例 2.7】 张三希望 3 年后获得 20 000 元的资金,现在 3 年期年贷款利率为 5%,那么张三现在贷款多少出去才能实现目标?

解: 这是一次支付求现值型。

$$P = \frac{F}{(1+i)^n} = \frac{20\,000}{(1+5\%)^3} = 17\,276.75(元)$$

也可以查表 $(P/F, i, n)$。

$$P = \frac{20\,000}{1.157\,6} = 17\,277.13(元)$$

2. 多次支付型

多次支付是指现金流量发生在多个时刻点上,而不是像前面两种支付那样只集中发生在期初或期末。多次支付分多次等额支付型和多次不等额支付型。等额支付是指现金流量在各个时刻点等额、连续发生。多次等额支付型有以下 4 个计算公式。

1) 等额支付终值公式

等额支付终值(Uniform-payments Compound-amount Formula)是指现金流量等额、连续发生在各个时刻点上,在考虑资金时间价值的情况下,各个时刻点的等额资金全部折算到期末,需要多少资金来与之等值,即求等额支付的终值。等额支付的现金流量图如图 2.14 所示。

图 2.14 中,若已知等额支付值 A,求终值 F,则可以利用一次支付终值的计算公式来求 F 值。图 2.14 中的每个 A 都相当于一次支付终值中的一个 P,这样

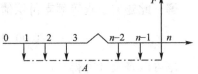

图 2.14 等额支付现金流量图

就把每个 A 折算成第 n 年末的终值,然后再把所有的终值相加,就可得等额支付的终值,即

$$F = A + A(1+i) + A(1+i)^2 + \cdots + A(1+i)^{n-2} + A(1+i)^{n-1}$$

利用等比数列求和的方法对上式求和,也可以利用代数方法求和。现在利用代数方法求和,用 $(1+i)$ 去同时乘以上式的两端,上式变成

$$F(1+i) = A(1+i) + A(1+i)^2 + A(1+i)^3 + \cdots + A(1+i)^{n-1} + A(1+i)^n$$

然后将两示相减，得

$$F(1+i)-F=A(1+i)^n-A$$

上式变形得

$$F=A\left[\frac{(1+i)^n-1}{i}\right] \quad (2-5)$$

注意：该公式是对应 A 在每个计息期限末发生而推导出来的。

式(2-5)中的系数 $[(1+i)^n-1]/i$ 称为等额支付终值系数，用符号 $(F/A,i,n)$ 表示。可以查附录二中的等额支付终值系数 $(F/A,i,n)$ 表来计算，方法是根据已知值 A、i、n，查系数 $(F/A,i,n)$ 的值。

【例 2.8】 某人每年存入银行 30 000 元，存 5 年准备买房用，存款年利率为 3%。问：5 年后此人能从银行取出多少钱？

解：此题属于等额支付型，求终值。

$$F=A\left[\frac{(1+i)^n-1}{i}\right]=30\,000\left[\frac{(1+3\%)^5-1}{3\%}\right]=159\,274.07(元)$$

也可以查表 $(F/A,i,n)$ 求解，则

$$F=A(F/A,i,n)=30\,000\times5.309\,1=159\,273(元)$$

2) 等额支付偿债基金公式

等额支付偿债基金（Uniform-payments Repayment-fund Formula）是指期末一次性支付一笔终值，用每个时刻点上等额、连续发生的现金流量来偿还，需要多少资金才能偿还 F。或者说已知终值 F，求与之等值的年值 A，这是等额支付终值公式的逆运算。由式(2-5)可以直接导出：

$$A=F\left[\frac{i}{(1+i)^n-1}\right] \quad (2-6)$$

式(2-6)中的系数 $i/[(1+i)^n-1]$ 称为等额支付偿债基金系数，可用符号 $(A/F,i,n)$ 表示。可以查附录二中的等额支付偿债基金系数 $(A/F,i,n)$ 表来计算，方法是根据已知值 F、i、n，查系数 $(A/F,i,n)$ 的值。

【例 2.9】 某人想在 5 年后从银行提出 20 万元用于购买住房。若银行年存款利率为 5%，那么此人现在应每年存入银行多少钱？

解：此题属于求等额支付偿债基金的类型。

$$A=20\,0000\left[\frac{5\%}{(1+5\%)^5-1}\right]=36\,194.96(元)$$

也可以查表计算得

$$A=F(A/F,i,n)=200\,000\times0.181\,0=36\,200(元)$$

3) 等额支付现值公式

等额支付现值（Uniform-payments Present-value Formula）是指现金流量等额、连续发生在每个时刻点上，相当于期初的一次性发生的现金流量是多少。等额支付现值的现金流量图如图 2.15 所示。

图 2.15 中，若已知等额年值 A，求现值 P。图中的每个 A 相对于 P 来说都是一个未来值。计算时

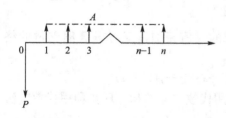

图 2.15 等额支付现值的现金流量图

可以每个 A 先折算到期初的现值，然后再求和。但这样算较麻烦，因此可以利用前面已经推导出的两个公式来直接计算。

前面已经推导出 $F=P(1+i)^n$ 和 $F=A\left[\dfrac{(1+i)^n-1}{i}\right]$，令两个公式相等，即可推出

$$P=A\left[\dfrac{(1+i)^n-1}{i(1+i)^n}\right] \qquad (2-7)$$

式(2-7)中的系数 $\dfrac{(1+i)^n-1}{i(1+i)^n}$ 称为等额支付现值系数，可用符号 $(P/A, i, n)$ 表示。计算时也可以查附录二中的等额支付现值系数 $(P/A, i, n)$ 表计算，方法是根据已知条件 A, i, n 查系数 $(P/A, i, n)$ 的值。

【例 2.10】 某人为其小孩上大学准备了一笔资金，打算让小孩在今后的 4 年中，每月从银行取出 500 元作为生活费。现在银行存款月利率为 0.3%，那么此人现在应存入银行多少钱？

解：此题属于等额支付求现值型。计息期为

$$n=4\times12=48(月)$$

$$P=500\times\left[\dfrac{(1+0.3\%)^{48}-1}{0.3\%(1+0.3\%)^{48}}\right]=22\ 320.93(元)$$

也可以查表计算，但因利率太小，没有编制小利率系数表，所以无法查阅。

4）等额支付资本回收公式

等额支付资本回收(Uniform-payments Capital recovery Formula)是指期初一次性发生一笔资金，用每个计息期等额、连续发生的年值来回收，所需要的等额年值是多少。这就相当于等额支付现值公式中，已知现值 P 求等额年值 A，即

$$A=P\cdot\left[\dfrac{i(1+i)^n}{(1+i)^n-1}\right] \qquad (2-8)$$

式(2-8)中的系数 $\dfrac{i(1+i)^n}{(1+i)^n-1}$ 称为等额支付资本回收系数，用符号 $(A/P, i, n)$ 表示。计算时可以查附录二中的系数表进行计算。

【例 2.11】 某施工企业现在购买 1 台推土机，价值 15 万元。希望在今后 8 年内等额回收全部投资。若资金的折现率为 3%，试求该企业每年回收的投资额。

解：这是一个等额支付资本回收求每年的等额年值的问题。

$$A=150\ 000\dfrac{3\%(1+3\%)^8}{(1+3\%)^8-1}=21\ 368.46(元)$$

也可以查系数表 $(A/P, i, n)$ 计算得

$$A=150\ 000\times0.1425=21\ 375(元)$$

3. 多次不等额支付型

多次不等额支付(Many Unequal Payments Type)是指现金流量连续发生在多个时刻点上，但各个时刻点发生的现金流量不完全相等，如图 2.16 所示。为了推导通用的公式，这里仅讨论每个计息期发生的现金流量成等差和等比序列的情况。

1）等差序列的等值计算

等差序列(Calculation of Equal Difference-series Equivalent)是指各期发生的现金流量

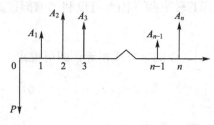

图 2.16 多次不等额支付型现金流量图

成等差序列。假定第 1 个计息期末的现金流量为 A_1，以后每期递增 G。即第 2 个计息期末的现金流量为 A_1+G，第 3 个计息期末的现金流量为 A_1+2G，…，第 n 个计息期末的现金流量为 $A_1+(n-1)G$。现金流量图如图 2.17 所示。图中的现金流量 A_1、$A_1+(n-1)G$、时间轴和连接各现金流量的箭头的虚线正好组成一个梯形。因此，等差序列的等值计算在一些书上称为均匀梯度系列公式。

如果能把图 2.17 中的现金流量转换成等额支付系列形式，那么根据等额支付的终值公式和等额支付现值公式，很容易求得第 n 年末的将来值 F 和第 0 年的现值 P。现在，对图 2.17 进行分解，从现金流量 A_1 箭头处画一条平行与时间轴的直线，这样图 2.14 就由两部分现金流序列组成：等额支付和等差支付。等差支付现金流量图变成图 2.18 的形式。计算时分别对等额支付和等差支付进行计算，然后加总。

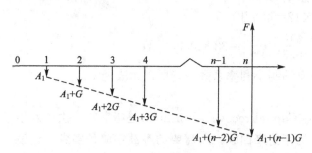

图 2.17 等差序列的现金流量图

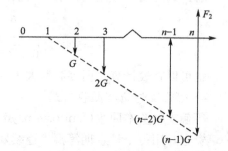

图 2.18 不含等额支付的等差序列现金流量图

对于等额支付部分直接用前面的等额分付的终值公式计算将来值即可，其中的等额支付是 A_1。现在推导等差支付终值的公式。我们将每个计息期末的现金流量 G，$2G$，…，$(n-2)G$、$(n-1)G$ 全部折算到第 n 期末的未来值，求和即是等差支付的终值。

于是，图 2.15 中等差支付的终值为

$$F_2 = G(F/P, i, n-2) + 2G(F/P, i, n-3) + \cdots + (n-2)G(F/P, i, 1) + (n-1)G$$
$$= G(1+i)^{n-2} + 2G(1+i)^{n-3} + \cdots + (n-2)G(1+i) + (n-1)G$$

为了求解，将上式两端同时乘以 $(1+i)$ 得

$$F_2(1+i) = G(1+i)^{n-1} + 2G(1+i)^{n-2} + \cdots + (n-2)G(1+i)^2 + (n-1)G(1+i)$$

再用第二式减第一式，则

$$F_2 i = G(1+i)^{n-1} + G(1+i)^{n-2} + \cdots G(1+i)^2 + G(1+i) - (n-1)G$$
$$= G[(1+i)^{n-1} + (1+i)^{n-2} + \cdots + (1+i)^2 + (1+i) + 1] - nG$$

用数列求和的方法或用前面等额支付终值的公式，可以推导出上式的公式为

$$F_2 = \frac{G}{i}\left[\frac{(1+i)^n - 1}{i} - n\right] \tag{2-9}$$

式 (2-9) 即为等差序列或梯度支付未来值公式。该式两端同乘以 $(1+i)^{-n}$，则可得等差序列现值公式为

$$\frac{F_2}{(1+i)^n} = \frac{G}{i}\left[\frac{(1+i)^n - 1}{i} - n\right]\frac{1}{(1+i)^n}$$

而 $P=\dfrac{F_2}{(1+i)^n}$，则

$$P=\dfrac{G}{i}\left[\dfrac{(1+i)^n-1}{i}-n\right]\dfrac{1}{(1+i)^n}=G\left[\dfrac{(1+i)^n-in-1}{i^2(1+i)^n}\right]$$

式中 $\left[\dfrac{(1+i)^n-in-1}{i^2(1+i)^n}\right]$ 称为等差序列现值系数，可用 $(P/G,i,n)$ 表示，则有 $P=G(P/G,i,n)$。计算时可以查附录二中的复利系数表。

再利用前面介绍过的等额支付终值的公式，将等差的梯度支付未来值转化为每年的等额年值。等差的梯度支付未来值 F_2 就相当于等额支付终值公式中的 F，则

$$A_2=\dfrac{Fi}{(1+i)^n-1}=\dfrac{G}{i}\left[\dfrac{(1+i)^n-1}{i}-n\right]\dfrac{i}{(1+i)^n-1}=G\left[\dfrac{1}{i}-\dfrac{n}{(1+i)^n-1}\right] \quad (2-10)$$

式(2-10)中的 $\left[\dfrac{1}{i}-\dfrac{n}{(1+i)^n-1}\right]$ 称为梯度系数，通常用符号 $(A/G,i,n)$ 表示。计算时既可以直接用式(2-10)计算，也可以查书后的复利系数表计算。

再看图2.17，图中的未来值、等额年值和现值分别为

$$F=A_1(F/A,i,n)+F_2=A_1\dfrac{(1+i)^n-1}{i}+\dfrac{G}{i}\left[\dfrac{(1+i)^n-1}{i}-n\right]$$

$$A=A_1+A_2=A_1+G\left[\dfrac{1}{i}-\dfrac{n}{(1+i)^n-1}\right]$$

$$P=A(P/A,i,n)=\left\{A_1+G\left[\dfrac{1}{i}-\dfrac{n}{(1+i)^n-1}\right]\right\}\dfrac{(1+i)^n-1}{i(1+i)^n}$$

【例2.12】 王明同学2000年7月参加工作，为了买房，从当年8月1日开始每月存入银行500元，以后每月递增存款20元，连续存5年。若存款月利率为2%，问：

(1) 王明同学2005年8月1日可以从银行取出多少钱？

(2) 他每月平均存入银行多少钱？

(3) 所有这些存款相当于王明2000年8月1日一次性存入银行多少钱？

解：把2000年8月1日看做是第一个计息期末，那么5年内的计息期为 $n=12\times 5=60$，每月等差额 $G=20$ 元，等差序列的固定基数 $A_1=500$ 元。

2000年7月1日就是第0月，即时间轴的0点。因此，现金流量图如图2.19所示。

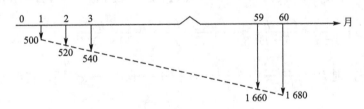

图2.19 现金流量图

(1) 王明同学2005年8月1日从银行取出的钱就是所有存款的未来值，即

$$F=A_1\dfrac{(1+i)^n-1}{i}+\dfrac{G}{i}\left[\dfrac{(1+i)^n-1}{i}-n\right]$$

$$=500\times\dfrac{(1+2\%)^{60}-1}{2\%}+\dfrac{20}{2\%}\times\left[\dfrac{(1+2\%)^{60}-1}{2\%}-60\right]=111\,077.31(元)$$

(2) 他每月平均存入银行的钱为

$$A = A_1 + G\left[\frac{1}{i} - \frac{n}{(1+i)^n - 1}\right]$$

$$= 500 + 20 \times \left[\frac{1}{2\%} - \frac{60}{(1+2\%)^{60} - 1}\right] = 973.92(元)$$

(3) 所有这些存款相当于王明 2000 年 8 月 1 日一次性存入银行的钱为

$$P = A(P/A, i, n) = F(P/F, i, n) = \frac{111\,077.31}{(1+2\%)^{60}} = 33\,854.39(元)$$

上述等差序列公式也可以用于计算每期逐渐减少的均匀系列，只不过将公式中的 G 换成 $-G$，其他项不变(推导公式略)。每期逐渐减少的均匀系列的未来值、等额年值和现值分别为

$$F = A_1(F/A, i, n) + F_2 = A_1\frac{(1+i)^n - 1}{i} - \frac{G}{i}\left[\frac{(1+i)^n - 1}{i} - n\right]$$

$$A = A_1 + A_2 = A_1 - G\left[\frac{1}{i} - \frac{n}{(1+i)^n - 1}\right]$$

$$P = A(P/A, i, n) = \left\{A_1 - G\left[\frac{1}{i} - \frac{n}{(1+i)^n - 1}\right]\right\}\frac{(1+i)^n - 1}{i(1+i)^n}$$

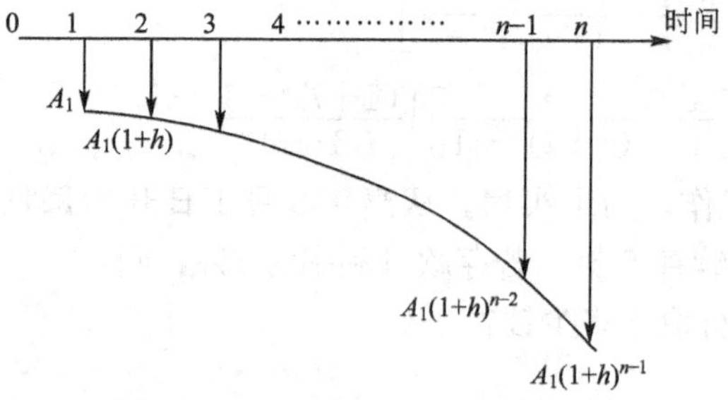

图 2.20 等比序列的现金流量图

2) 等比序列的等值计算

等比序列(Calculation of Equal Ratio-series Equivalent)是指各期发生的现金流量成等比序列。假定第 1 个计息期末的现金流量为 A_1，以后每期按百分比 h 递增。现金流量图如图 2.20 所示。

A_1 为每期的定值，h 为等比系数。我们把每期的现金流量折算成期初的现值，然后求和，即可得等比序列现金流量的现值。

因此，等比序列现金流量的现值为

$$P = A_1(1+i)^{-1} + A_1(1+h)(1+i)^{-2} + \cdots + A_1(1+h)^{n-2}(1+i)^{-(n-1)} + A_1(1+h)^{n-1}(1+i)^{-n}$$

$$= \frac{A_1}{(1+i)}\left[1 + \frac{1+h}{1+i} + \frac{(1+h)^2}{(1+i)^2} + \cdots + \frac{(1+h)^{n-2}}{(1+i)^{n-2}} + \frac{(1+h)^{n-1}}{(1+i)^{n-1}}\right]$$

设 $x = \frac{1+h}{1+i}$，则 $P = \frac{A_1}{(1+i)}[1 + x + x^2 + x^3 + \cdots + x^{n-2} + x^{n-1}]$，利用等比数列求和的公式可得

$$P = \begin{cases} A_1\left[\dfrac{1 - (1+h)^n(1+i)^{-n}}{i - h}\right] & i \neq h \quad (2-11) \\ \dfrac{nA_1}{1+i} & i = h \quad (2-12) \end{cases}$$

【例 2.13】 租用一套住房月租金为 800 元，预计今后 5 年内每月租金增长 0.5%。若将该住宅买下，需要一次性支付 10 万元，但 5 年后仍可以卖 10 万元。若月折现率为 1%，问：是租用合算还是购买合算？

解：分别计算两种情况的现值进行比较。计息期 $n=5\times12=60$（月）。

若租用，5 年内全部租金的现值为

$$P_{租}=800\times\left[\frac{1-(1+0.5\%)^{60}\times(1+1\%)^{-60}}{1\%-0.5\%}\right]=41\,204.15(元)$$

若购买，则全部费用现值为

$$P_{买}=100\,000-100\,000(1+1\%)^{-60}=44\,955.04(元)$$

由于租金的现值小于购买的现值，因此租用合算。

*4. 补充讨论

（1）在前面的等额年值计算中，若 A 发生在年初，即从年初开始，情况又怎样呢？

A 发生在年初的现金流量图如图 2.21 所示。图 2.21 与图 2.14 相比，相当于将图 2.14 中的 A 整体向前移动了一期。将各期的 A 逐个折算到期末，再求和，即得未来值 F 为

$$F=A(1+i)+A(1+i)^2+A(1+i)^3+\cdots+A(1+i)^n$$

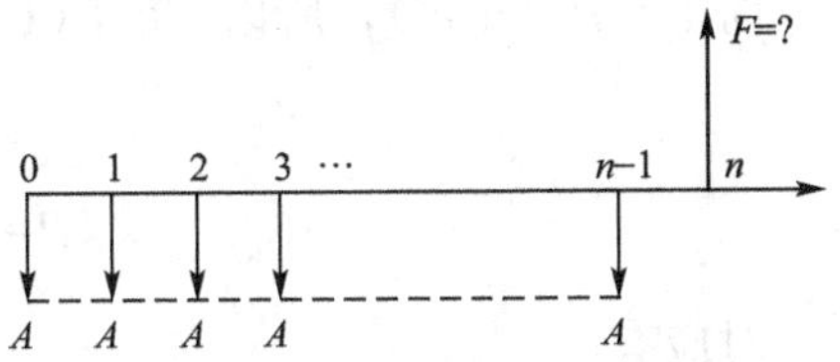

利用等比数列求和方法可得

图 2.21　A 发生在期初的等额支付图

$$F=A\frac{(1+i)^n-1}{i}\cdot(1+i) \qquad(2-13)$$

也可以利用 A 发生在期末的公式来推导。先暂时不看第 0 期的 A，将第 1 期末至第 $n-1$ 期末的所有 A 折算成第 $n-1$ 期末的未来值，然后将第 $n-1$ 期末的未来值再折算成第 n 期末的未来值，最后再用这个未来值加上第 0 期的 A 折算到第 n 期末的未来值。

$$F=A(F/A,i,n-1)(F/P,i,n)+A(F/P,i,n)$$
$$=A\frac{(1+i)^{n-1}-1}{i}\cdot(1+i)+A(1+i)^n=A\frac{(1+i)^n-1}{i}\cdot(1+i)$$

【例 2.14】　某人到银行办理了一个零存整取的业务，他每年年初存入银行 5 000 元，若存款年利率为 5%，问：他 20 年后可以从银行取出多少钱？

解：A 发生在年初，则本利和为

$$F=5\,000\times\frac{(1+5\%)^{20}-1}{5\%}\times(1+5\%)=173\,596.26(元)$$

（2）在前面的等额支付现值和等差序列现值的公式中，若 $n\to\infty$，那么情况又怎样？

在等额支付现值公式中，当 $n\to\infty$ 时，

$$P=\lim_{n\to\infty}A\frac{(1+i)^n-1}{i(1+i)^n}=\lim_{n\to\infty}A\left[\frac{1}{i}-\frac{1}{i(1+i)^n}\right]=\frac{A}{i}$$

在等差序列现值的公式中，当 $n\to\infty$ 时，

$$P=\lim_{n\to\infty}G\left[\frac{(1+i)^n-in-1}{i^2(1+i)^n}\right]=\frac{G}{i^2}$$

（3）若前面的资金等值计算基本公式中，计息方式采用单利而不是复利，情况又怎样呢？

(推导单利的资金等值计算公式)与复利公式的推导方法相同。

在图2.14中，各等额支付的单利未来值和为

$$F=A+A(1+i)+A(1+2i)+A(1+3i)+\cdots+A[1+(n-1)i]$$

经整理得

$$F=nA+\frac{1}{2}n(n-1)Ai \tag{2-14}$$

对应有

$$A=\frac{F}{n+\frac{1}{2}n(n-1)i}$$

而 $F=P(1+ni)$，所以 $F=P(1+ni)=nA+\frac{1}{2}n(n-1)Ai$，整理得

$$P=\frac{n+\frac{1}{2}n(n-1)i}{1+ni}\cdot A \tag{2-15}$$

对应有

$$A=\frac{1+ni}{n+\frac{1}{2}n(n-1)i}\cdot P$$

【例2.15】 某公司发行的股票目前市场价为200元一股，每股年股息为10元，预计今后每股年收益每年增加3元。若希望达到10%的投资收益率，问：你认为目前是否可以购买该股票？

解：股票的寿命可以看做是 $n=\infty$，因此，该股票一股的现值为

$$P=10(P/A,10\%,\infty)+3(P/G,10\%,\infty)$$

$$=\frac{10}{10\%}+\frac{3}{(10\%)^2}=400(元)$$

该股票目前市场购买价为200元，低于收益，所以可以购买。

*2.4.3 几种还款方式的等值比较计算

为了进一步掌握资金等值的计算和等值的概念，下面以贷款、还本利息的例子来进一步说明。

【例2.16】 张光同学向银行贷款10 000元，在5年内以年利率5%还清全部本金和利息，有以下4种还款方式。

方式一，5年后一次性还本付息，中途不做任何还款。

方式二，在5年中仅在每年年底归还利息500元，最后在第5年年末将本金和利息一并归还。

方式三，采用"等额还本利息照付"的方式偿还银行贷款。

方式四，将所欠本金和利息全部分摊到每年做等额偿还，即每年偿还的本金加利息相等。每种还款方式计算见表2-3。

表 2-3 四种典型的等值计算　　　　　　　　　单位：元

方式	年份(1)	年初所欠金额(2)	当年利息(3)	年终所欠金额(4)	偿还本金(5)	年终付款总额(6)	付款的现金流量图
方式一	1	10 000	500	10 500	0	0	
	2	10 500	525	11 025	0	0	
	3	11 025	551.25	11 576.25	0	0	
	4	11 576.25	578.81	12 155.06	0	0	
	5	12 155.06	607.75	12 762.82	10 000	12 762.82	
	Σ		2 762.8		10 000	12 762.82	
方式二	1	10 000	500	10 500	0	500	
	2	10 000	500	10 500	0	500	
	3	10 000	500	10 500	0	500	
	4	10 000	500	10 500	0	500	
	5	10 000	500	10 500	10 000	10 500	
	Σ		2 500		10 000	10 500	
方式三	1	10 000	500	10 500	2 000	2 500	
	2	8 000	400	8 400	2 000	2 400	
	3	6 000	300	6 300	2 000	2 300	
	4	4 000	200	4 200	2 000	2 200	
	5	2 000	100	2 100	2 000	2 100	
	Σ		1 500		10 000	11 500	
方式四	1	10 000	500	8 190.26	1 809.74	2 309.74	
	2	8 190.26	409.51	8 599.77	1 900.23	2 309.74	
	3	6 290.03	314.50	6 604.53	1 995.24	2 309.74	
	4	4 294.79	214.74	4 509.53	2 095	2 309.74	
	5	2 199.79	109.99	2 309.78	2 199.75	2 309.74	
	Σ		1 548.7		10 000	11 548.7	

根据表 2-3 中的计算方式，可以计算任何一个时刻的等值资金，如计算 4 种还款方式第 3 年年末的资金等值。

方式一，第 3 年年末的资金等值为

$$F=\frac{12\,762.82}{(1+5\%)^2}=11\,576.25(元)$$

方式二，第 3 年年末的资金等值为

$$F = 500(1+5\%)^2 + 500(1+5\%) + 500 + \frac{500}{1+5\%} + \frac{10\,500}{(1+5\%)^2} = 11\,576.25(元)$$

方式三，第 3 年年末的资金等值为

$$F = 2\,500(1+5\%)^2 + 2\,400(1+5\%) + 2\,300 + \frac{2\,200}{1+5\%} + \frac{2\,100}{(1+5\%)^2} = 11\,576.25(元)$$

方式四，第 3 年年末的资金等值为

$$F = 2\,309.74(1+5\%)^2 + 2\,309.74(1+5\%) + 2\,309.74 + \frac{2\,309.74}{1+5\%} + \frac{2\,309.74}{(1+5\%)^2}$$
$$= 11\,576.25(元)$$

从以上计算可知，任何一种还款方式在同一时刻的资金是等值的。

2.5 名义利率和实际利率

在前面的分析计算中，都是假设计算利息的时间和利率的时间单位相同，即均为一年。但如果计算利息的时间与利率的时间单位不同时，情况会怎样呢？例如，利率的时间单位为一年，而每个月计算一次利息，其计算结果会怎样呢？这就涉及名义利率和实际利率的问题。

名义利率(Nominal Interest Rate)是指利率的表现形式，而实际利率(Real Interest Rate)是指实际计算利息的利率。例如，每半年计息一次，每半年的利率为5%，那么，这个5%就是实际计算利息的利率。又如，每半年的利率为5%，每季度计息一次，那么这个5%仅仅是计算利息时利率的表现形式，而非实际计算利息的利率，人们把它称为名义利率。在工程经济分析计算中，如果不特别说明，通常说的年利率一般都是指名义利率，如果后面不对计息期加以说明，则表示一年计息一次，此时的年利率也就是年实际利率（有的书上也称为有效利率）。

之所以会出现名义利率和实际利率之分，主要原因就是因为各自的计息期不同。由于存在不同的计息期，而计息期可长可短，因此实际利率最长的计息期就等于名义利率的时间单位，最短的计息期可以为一小时、一分钟、一秒钟，甚至更小。计息期与计息次数成反比关系。在名义利率的时间单位里，计息期越长，计息次数就越少；计息期越短，计息次数就越多。当计息期非常短，难以用时间来计量时，计息次数就趋于无穷大。由此，就出现两种情况下的名义利率和实际利率的转换及利息的计算，即离散式和连续式。

【例 2.17】 王某贷款 30 万元购买一套商品房，贷款 20 年，贷款年利率为 6.5%。王某与银行约定每月等额偿还。问：王某每月应偿还银行多少钱？如果还款到第 25 个月时，贷款年利率上调为 7%，那么从第 26 个月开始，王某每月又应偿银行多少钱？

解： 当贷款年利率为 6.5% 时，王某每年等额偿还银行的金额为

$$A_年 = 300\,000(A/P, 6.5\%, 20) = 27\,226.92(元)$$

此时，6.5% 就是实际利率。

王某还款的月利率为

$$i_月 = \frac{6.5\%}{12} = 0.541\,7\%$$

王某每月等额偿还银行的金额为

$$A_{月} = 27\,226.92(A/F, 0.5417\%, 12) = 2\,202.10(元)$$

此时的 6.5% 就变成了名义利率。

当还款到第 25 个月时,刚好还款两年零一个月。接下来先计算已经偿还的本金,然后按新调整的利率偿还余下的本金。每年偿还的情况见表 2-4。

表 2-4 每年偿还情况表　　　　　　　　　　　　　　　单位:元

年份(1)	年初所欠金额(2)	当年利息(3)	年终所欠额(4)	偿还本金(5)	年终付款总额(6)
1	300 000	19 500	319 500	7 726.92	27 226.92
2	272 273.08	17 730.25	290 503.33	9 496.67	27 226.92
3	245 046.16	15 928.00	261 506.67	11 298.92	27 226.92
⋮	⋮	⋮	⋮	⋮	⋮

现在要计算第 3 年第 1 个月偿还的 2202.10 元中有多少是本金。

第 3 年年末的等额欠款 27 226.92 元相当于第 3 年年初的现值为

$$P = \frac{27\,226.92}{1+6.5\%} = 25\,565.18(元)$$

现在再用表 2-4 的形式计算每月本金和利息的偿还情况,计算结果见表 2-5。

表 2-5 第 3 年每月偿还情况表(前 3 月)　　　　　　　　单位:元

年份(1)	年初所欠金额(2)	当年利息(3)	年终所欠额(4)	偿还本金(5)	年终付款总额(6)
1	24 626.22	133.40	24 759.62	2 068.70	2 202.10
2	22 424.12	121.47	22 545.59	2 080.63	2 202.10
3	20 222.02	109.54	20 331.56	2 092.56	2 202.10

根据两个表的计算可知,到第 25 个月时已还本金和为

$$7\,726.92 + 9\,496.67 + 2\,068.70 = 19\,292.29(元)$$

剩余本金为 300 000 − 19 292.29 = 280 707.71(元)。

剩余还款时间 $n = 12 \times 20 - 25 = 215$(月),相当于 $\frac{215}{12} = 17.916\,667$(年)。

现在贷款年利率上调为 7%。王某每月还款的利率为 $i = \frac{7\%}{12} = 0.583\,3\%$。

每年等额还款额为

$$A_{年} = 280\,707.71(A/P, 7\%, 17.916\,667) = 27\,972.34(元)$$

每月还款额为

$$A_{月} = 27\,972.34(A/F, 0.583\,3\%, 12) = 2\,257.19(元)$$

2.5.1 离散式复利

按照一定的时间单位(如年、月、日等)计算的利息称为离散式复利(Long-lost Multiple Interest)。

设 r 为名义利率，i 为实际利率，m 为名义利率时间单位内的计息次数，那么一个计息期的利率应为 r/m，则一个利率时间末的本利和为

$$F = P \cdot \left(1 + \frac{r}{m}\right)^m$$

利息为

$$I = F - P = P \cdot \left(1 + \frac{r}{m}\right)^m - P$$

因此，实际利率为

$$i = \frac{I}{P} = \frac{P\left(1 + \frac{r}{m}\right)^m - P}{P} = \left(1 + \frac{r}{m}\right)^m - 1$$

即

$$i = \left(1 + \frac{r}{m}\right)^m - 1 \quad (2-16)$$

式(2-16)是离散式复利的名义利率和实际利率的转换式。

【例 2.18】 假定李某现在向银行借款 10 000 元，约定 10 年后归还。银行规定：年利率为 6%，但要求按月计算利息。试问：此人 10 年后应归还银行多少钱？

解： 由题意可知，年名义利率 $r = 6\%$，每年计息次数 $m = 12$，则年实际利率为

$$i = \left(1 + \frac{r}{m}\right)^m - 1 = \left(1 + \frac{6\%}{12}\right)^{12} - 1 = 6.168\%$$

每年按实际利率计算利息，则 10 年后 10 000 元的未来值为

$$F = P(1+i)^n = 10\ 000 \times (1 + 6.168\%)^{10} = 18\ 194.34(元)$$

即此人 10 年后应归还银行 18 194.34 元。

2.5.2 连续式复利

按瞬时计息的方式称为连续式复利(Continuous Multiple Interest)。这时在名义利率的时间单位内，计息次数有无限多次，即 $m \to \infty$。根据求极限的方法可求得年实际利率。实际利率为

$$i = \lim_{m \to \infty} \left[\left(1 + \frac{r}{m}\right)^m - 1\right]$$

又由于 $\left(1 + \frac{r}{m}\right)^m = \left[\left(1 + \frac{r}{m}\right)^{\frac{m}{r}}\right]^r$，而 $\lim_{m \to \infty} \left(1 + \frac{r}{m}\right)^{\frac{m}{r}} = e$，所以

$$i = \lim_{m \to \infty} \left[\left(1 + \frac{r}{m}\right)^m - 1\right] = \lim_{m \to \infty} \left[\left(1 + \frac{r}{m}\right)^{\frac{m}{r}}\right]^r - 1 = e^r - 1$$

也就是说，连续复利的年实际利率是

$$i = e^r - 1 \quad (2-17)$$

式(2-17)是连续式复利的名义利率和实际利率的转换式，其中，e 为自然对数的底，其数值为 2.718 281 828…。

【例 2.19】 仍用上面离散式复利的例子，若采用连续式复利，那么李某 10 年后应归

还银行多少钱？

解：用连续复利的公式计算，银行计算李某还款时的利率为

$$i = e^r - 1 = e^{6\%} - 1 = 6.184\%$$

10年后李某应还银行的钱为

$$F = P(1+i)^n = 10\,000 \times (1+6.184\%)^{10} = 18\,221.78(元)$$

从计算结果看，连续复利比离散复利的利息多。

虽然资金是连续运动的，但在实际的工程或项目评价中，大多数时候还是采用离散式复利计算。

为了进一步说明名义利率和实际利率之间的区别与联系，这里以名义利率为12%为例，分别计算按半年、季度、月、周、日、连续计算复利，其相应的实际利率见表2-6。

表2-6 名义利率和实际利率计算比较

计息周期	一年内计息期数 m	各期的实际利率 r/m	年实际利率 i
按年	1	12%	12%
按半年	2	6%	12.36%
按季度	4	3%	12.551%
按月	12	1%	12.683%
按周	52	0.230 77%	12.734%
按日	365	0.032 88%	12.749%
连续	∞		12.75%

从表2-6计算可见，名义利率的时间单位内，计息周期越长，计息的次数越少，则名义利率和实际利率的差别就越小；反之，计息周期越短，计息的次数越多，则名义利率和实际利率的差别就越大。

上面讨论的是现金流量的发生与名义利率的时间一致的情况。如果在每个名义利率的时间单位内，还发生多次现金流量，情况又怎样呢？下面来讨论名义利率和实际利率转换的几种典型情况。

*2.5.3 名义利率和实际利率应用的几种典型情况

如果实际计算利息的时间短于名义利率的时间单位，且在每个名义利率的时间单位内，发生多次现金流入或流出，这种计算又有以下3种情况。

1. 计息期和支付期相同

例如，计息期为半年，而半年里每月支付一次。接下来通过两个例子说明相关计算。

【例2.20】 老李向老张借款，从现在起3年内每半年从老张手上借款5 000元，双方约定年利率为8%，但每半年计算一次利息。问：老李3年后应归还老张多少钱？

解：根据已知条件得，每半年（计息期）的利率为 $i = (8\%)/2 = 4\%$。

3年内总的计息期数为 $n = 3 \times 2 = 6$（期）。

假设借款均在每半年末期发生,则现金流量图如图 2.22 所示。

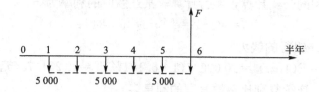

图 2.22　例 2.20 按半年计息的现金流量图

$$F=A(F/A,i,n)=5\,000(F/A,4\%,6)=33\,165(元)$$

即老李 3 年后应归还老张 33 165 元钱。

【例 2.21】　假如老李现在一次性向老张借款 30 000 元,双方约定在今后的 3 年内每月等额偿还 1 000,按月计算利息。问:老李还款的月实际利率、年实际利率和年名义利率各是多少?

解:现金流量图如图 2.23 所示。

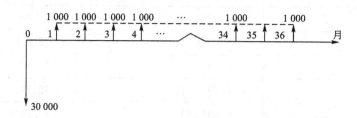

图 2.23　例 2.21 按月计息的现金流量图

可以利用等额支付现值公式计算利率为

$$30\,000=1\,000\,\frac{(1+i)^{36}-1}{i(1+i)^{36}}$$

但这是一个高次方程,很难求出 i。由此可以利用内插的方法求 i。

将上式变形得 $\frac{(1+i)^{36}-1}{i(1+i)^{36}}=30$,令 $R=\frac{(1+i)^{36}-1}{i(1+i)^{36}}$,则有当 $i_1=2\%$,$R_1=25.488\,8$;当 $i_2=1\%$,$R_2=30.107\,5$。

那么,$R=30$ 时对应的利率为

$$i=2\%-(2\%-1\%)\times\frac{30-25.488\,8}{30.107\,5-25.488\,8}=1.023\,3\%$$

即此利率为月实际利率。

年名义利率为

$$r=1.023\,3\%\times12=12.279\,6\%$$

年实际利率为

$$I=\left(1+\frac{12.279\,6\%}{12}\right)^{12}-1=12.994\,8\%$$

2. 计息期短于支付期

如果每月计息,但一年或一季度才发生现金流量,这就是计息期短于支付期的情况。

【例2.22】 从现在起,老李向老张每年借款5 000元,双方约定年利率为6%,但每月计算一次利息。问:3年后老李应归还老张多少钱?

解:本例有3种计算方法。

方法一:直接计算。

根据已知条件可知,每月的利率 $i=\dfrac{6\%}{12}=0.5\%$。

按月绘制的现金流量图如图2.24所示。

未来值 $F=5\,000(F/P,0.5\%,24)+5\,000(F/P,0.5\%,12)+5\,000=15\,944.19$(元),即3年后老李应归还老张15 944.19元钱。

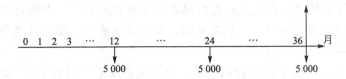

图2.24 例2.22按月计息的现金流量图

方法二:先计算实际利率,再计算未来值。

年实际利率 $i=\left(1+\dfrac{6\%}{12}\right)^{12}-1=6.1678\%$,则3年后的未来值为

$$F=5\,000(F/A,6.1678\%,3)=15\,943.67(\text{元})$$

即3年后老李应归还老张15 943.679元钱。

方法三:先分摊,再计算。

由于支付期长于计息期,所以可以把每期的支付先分摊到每个计息期,这样支付期就与计息期相同了。本例中每年的支付为5 000元,计息期为月,因此可以先把5 000元等额分配到每月,则每月的等额值为

$$A=F(A/F,i,n)=5\,000\left(A/F,\dfrac{6\%}{12},12\right)=405.3321(\text{元})$$

再绘制按月的现金流量图如图2.25所示。

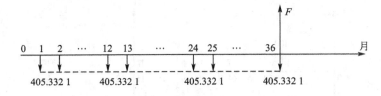

图2.25 例2.22的等额偿还现金流量图

月利率 $i=0.5\%$,未来值 $F=405.3321(F/A,0.5\%,36)=15\,944.19$(元)。

综上所述,可知3种计算方法结果相同。

【例2.23】 如果在例2.10中,老李向老张每半年借款5 000元,年利率仍为6%,每月计算一次利息。问:3年后老李应归还老张多少钱?

解:此例中,不仅计息期短于支付期,而且名义利率的时间单位与支付期也不同。

解题思路:先计算出半年的名义利率,再计算半年的实际利率,最后用半年的实际利

率计算未来值。

半年的名义利率 $r=\dfrac{6\%}{2}=3\%$，半年的实际利率 $i=\left(1+\dfrac{3\%}{6}\right)^6-1=3.0378\%$。

3年内有 $3\times2=6$ 个半年，则3年年末的未来值为
$$F=5\,000(F/A,3.0378\%,6)=32\,372.76(元)$$

3. 计息期长于支付期

当计息期长于支付期时，一般情况是将计息期内发生的现金流量进行合并，使其与计息期的时间长度相等。按照惯例，存款必须存满整个计息期时才计算利息，而借款或贷款没有满一个计息期也计算利息。这就是说，在计息期间存入的款项在该计息期不计算利息，要到下一个计息期才计算利息；在计息期间的借款或贷款，在该计息期计算利息。因此，在对现金流量进行合并时，计息期间的存款应放在期末，而在计息期间的取款、借款或贷款应放在期初。

【例2.24】 某公司去年在银行的存款、取款现金流量如图2.26所示（箭头向上表示取款，箭头向下表示存款）。银行年存款利率为2%，但每季度计息一次。试问：去年年底该企业能从银行取出多少钱？

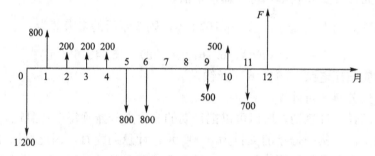

图2.26 例2.24的实际现金流量图

解：由于计息期是季度，因此将图2.26中的现金流量进行合并，合并到每个季度的期末。合并整理后的现金流量如图2.27所示。

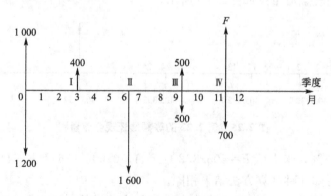

图2.27 例2.24合并后的现金流量图

每季度的利率 $i=\dfrac{2\%}{4}=0.5\%$。那么，未来值为
$$F=(1\,200-1\,000)\times(1+0.5\%)^4-400\times(1+0.5\%)^3+1\,600\times(1+0.5\%)^2+$$

$(500-500)\times(1+0.5\%)+700$

$=2\,114.04(元)$

即去年年底该企业能从银行取出 2 114.04 元钱。

上面是分别讨论计息期与支付期相同、计息期短于支付期和计息期长于支付期的情况，如果一个问题同时有这 3 种情况，该怎样处理呢？

【例 2.25】 张明同学贷款读书，每半年向银行贷款 2 000 元，连续贷款 4 年。银行约定计算利息的方式有 3 种：年贷款利率为 6%，每年计息一次；年贷款利率为 5.5%，每半年计息一次；年贷款利率为 5%，每季度计息一次。那么张明同学应选择哪种贷款方式？

解： 通过计算 3 种还款方式的未来值进行比较，应选择未来值小的还款方式。

(1) 年贷款利率为 6%，每年计息一次。

这是属于计息期长于支付期的情况。计算时要先对现金流量进行合并，合并后的现金流量的发生周期要等于计息期(年)。由于借款一般都发生在期初，因此合并后的现金流量图如图 2.28 所示。

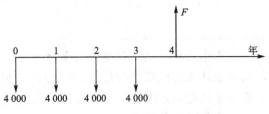

图 2.28 例 2.25 合并后的现金流量图

所有贷款的未来值为

$$F=4\,000(F/A,6\%,4)\times(1+6\%)=18\,548.304(元)$$

(2) 年贷款利率为 5.5%，每半年计息一次。

这是属于计息期等于支付期的情况。

半年的利率 $i=\dfrac{5.5\%}{2}=2.75\%$。四年内的计息期数 $n=4\times 2=8(期)$。所有贷款(贷款一般发生在期初)的未来值为

$$F=2\,000(F/A,2.75\%,8)\times(1+2.75\%)=18\,112.44(元)$$

(3) 年贷款利率为 5%，每季度计息一次。

这是属于计息期短于支付期的情况。可以用两种方法计算。

方法一：先分摊，再计算。

每季度的利率 $i=\dfrac{5\%}{4}=1.25\%$。将每半年的贷款分摊成每季度的等值 $A=2\,000(A/P,1.25\%,2)=1\,018.79(元)$。

分摊后的现金流量图如图 2.29 所示。

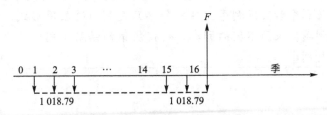

图 2.29 分摊后的现金流量图

所有贷款(贷款发生在期初)的未来值为

$$F=1\,018.79(F/A,1.25\%,16)=17\,921.70(元)$$

方法二：先计算半年的实际利率，再计算还款的未来值。

半年的名义利率 $r=\dfrac{5\%}{2}=2.5\%$。半年的实际利率 $i=\left(1+\dfrac{2.5\%}{2}\right)^2-1=2.5156\%$。

四年里的计息期数 $n=4\times2=8$（期）。所有贷款（贷款发生在期初）的未来值为

$$F=2\,000(F/A, 2.5156\%, 8)\times(1+2.5156\%)=17\,921.66(元)$$

从以上的计算可见，第3种计息方式最后还款的值最小，因此应选择第3种计息方式来还款。即年贷款利率为5%，每季度计息一次的还款方式。

本 章 小 结

本章主要介绍工程项目的资金的时间价值和资金等值计算。资金的时间价值就是指资金在运动过程中的增值（贬值）或不同时间点上发生的等额资金在价值上的差别。资金等值是指在考虑资金的时间价值的情况下，不同时刻点上发生的绝对值不等的资金具有相同的价值。

在进行资金的时间价值计算前，必须要学习和了解工程项目投资的概念、投资的分类、投资的构成和投资的相关概念。这些概念包括投资、成本、费用、收入、利润和税金。熟练掌握这些内容和概念，对于准确确定工程项目在计算期（或寿命期）内的现金流入和现金流出，以便计算不同时间点的资金价值，进行科学决策，具有非常重要的奠基作用。

项目在整个计算期（或寿命期）内，在不同时间点都有现金流入和现金流出，科学和准确地绘制项目的现金流量图，可以方便、快速地计算资金时间价值和资金等值。

资金时间价值具有两种不同的表现形式：单利和复利。在两种不同的计息方式下，同一个工程项目，所有资料相同的情况下，计算出的结果不同，有时导致决策不同。

每个投资项目的现金流量的发生是不尽相同的，有的项目一次投资，多次收益；有的项目多次投资，多次收益；有的项目多次投资，一次收益；也有的项目一次投资，一次收益。因此，常见的资金等值计算有8个基本的公式：一次支付终值、一次支付现值型、等额支付终值、等额支付现值、等额分付偿债基金、等额分付资本回收、等差序列的等值计算、等比序列的等值计算。

在现实生活中，还会出现计算利息的时间单位和利率的时间单位不相同的情况，这时就出现了名义利率和实际利率。名义利率只是利率的表现形式，而实际利率才是实际计算利息的利率。采用不同的利率，使得决策的结果不同。在决策时，需要分清到底应该采用哪种利率。

思 考 题

（1）什么是投资？投资按用途、性质、形成资产和规模如何分类？

(2) 从资金来源看，投资有哪些资金构成？根据《方法与参数》的划分，投资分哪些因素？

(3) 什么是成本？什么是费用？成本与费用有什么区别？产品总成本费用包括哪些内容？

(4) 什么是经营成本？如何计算？

(5) 什么是固定资产和流动资产？它们有何特点？有什么区别？

(6) 什么是沉没成本和机会成本？它们在工程经济分析中有什么作用？

(7) 什么是销售收入？什么是利润？如何计算利润？

(8) 什么是税金？在工程项目经济效果评价中，我国常见的税金有哪些？每种税金有哪些特点？如何计算？

(9) 什么是现金流量？它包括哪些内容？试举例说明。

(10) 什么现金流量图？它的构成要素有哪些？绘制现金流量图时应注意哪些问题？

(11) 什么是资金的时间价值？影响资金的时间价值因素有哪些？

(12) 什么是单利？什么是复利？各自的计算有何不同？它们有何关系？

(13) 试分析银行生存的原因与经营的目的。

(14) 我国银行的活期存款是单利还是复利？

(15) 什么是资金的等值？资金等值有何作用？

(16) 什么是名义利率和实际利率？它们有什么关系？

习 题

(1) 某城市投资兴建一座桥梁，建设期为3年，预计总投资15 000万元，所有投资从银行贷款，分3年等额投入建设（投资均在每年年初投入）。桥建好后即可投入使用。预计每天过往车辆2 000辆，每辆车收取过桥费10元，一年按360天计算。设该桥的寿命期为50年，桥梁每年的维修保养费为10万元。试绘制其现金流量图。

(2) 某工程项目5年前投资100万元，第1年年末就投入生产并获利。截至目前每年收入20万元，每年的维修保养费1万元。预计该工程还能继续使用5年，今后5年内每年收益为15万元，维修费仍为每年1万元。5年后资产全部回收完并报废。试画出该项目的现金流量图。

(3) 某人现在向银行借款5 000元，约定3年后归还。若银行借款利率为5.5%，试分别按单利和复利计算3年后此人应归还银行多少钱？对于还款人来说，哪种计算利息的方式合算？

(4) 蔡某按单利年利率6%借款20 000元给胡某，3年后蔡某收回了借款，又将全部本利和贷款给李某，约定贷款年利率为5%，期限为两年，但按复利计算。问：蔡某最后收回贷款时能收回多少钱？

(5) 某公司投资建设一栋楼房，在银行贷款300万元。约定1年后归还，贷款月利率为0.5%。问：该公司1年后应归还银行多少钱？

(6) 某电力公司拟在5年后建设一个电站，估计投资1 000万元。该公司打算现在存入一笔资金留给电站建设用。若银行现在的存款年利率为2%,问该公司现在应存入银行多少钱?如果该公司打算从现在开始每年年末存入银行一笔钱,年存款利率仍为2%,那么该公司现在应存入银行多少钱?若该公司从现在开始每年年初存入银行一笔钱,年存款利率仍为2%,那么该公司现在又应存入银行多少钱?

*(7) 王同学打算10年后买一套商品房,从现在开始就每年年末存入银行20 000元,银行目前存款年利率为5%,但按单利计算利息。问:

① 王同学10年后能从银行取出多少钱用于购房?

② 如果王同学是每年年初存入银行20 000元,那结果又会是怎样的呢?

③ 如果王同学是现在一次性存入银行180 000元,那结果又会是怎样的呢?

*(8) 老张现在向朋友借款30万元用于购买商品房,借款期限为20年。由于是朋友关系,因此利息按单利计算。双方约定年借款利率为7%,还款方式为每月等额偿还。问:老张每月应还款多少?

(9) 老张现在向银行借款30万元购买商品房,借款期限为20年。银行规定的借款年利率为7%,还款方式为每月等额偿还。问:老张每月的还款是多少?

(10) 某公司现在存款 P 万元,若存款年利率为5%,问:多少年后本利和是现在存款的2倍?

(11) 某公司现在存款 P 万元,存款期限为10年,现在有多种利率投资方式可供选择,问:该公司希望10年后本利和是现在存款的2倍,应选择年利率为多少的投资方式?

*(12) 某企业贷款200万元投资建设一个项目,3年建成并投产,同时开始用每年的收益来等额偿还贷款,分10年还完,贷款年利率为7%。问:该企业每年要偿还银行多少贷款?

(13) 某项目现金流量图如图2.30(单位:元)所示。若年利率为5%,求图中的现值、终值、第5年年末的等值以及平均每年的年值。

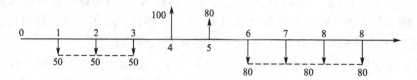

图2.30 习题13的现金流量图

(14) 证明等值计算中各种系数的关系:

① $(P/F, i, n) = (P/A, i, n)(A/F, i, n)$

② $(A/P, i, n) - i = (A/F, i, n)$

③ $(F/P, i, n) \cdot (A/F, i, n) = (A/P, i, n)$

(15) 某人第1个月存入银行1 000元,从第2个月开始每月递增100元,连续存5年。存款年利率为3%,问:此人全部存款的现值、终值及平均每年的存款额是多少?

(16) 某人在银行贷了一笔款项,从现在开始偿还。第1个月偿还10 000元,从第2个月开始每月递减1 000元,连续还10个月。贷款月利率为1%,问:此人全部贷款的现值、终值及平均每月的还款额是多少?

(17) 某人购买了一种股票,原始值为150元一股,股利为10元。购买以后股利逐年上涨,每年以 2%的比例上涨。若股票寿命期为 20 年,银行利率为 5%,那么,求此人 20 年后每股盈利多少?

(18) 若年利率为 5%,试求图 2.31 中的现值、终值和等额年值。

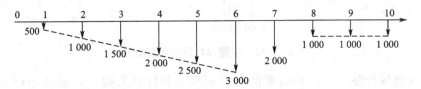

图 2.31 习题(18)的现金流量图

*(19) 某企业向银行贷款 20 000 元,在 5 年内以年利率 5%还清全部本金和利息。有以下 4 种还款方式。

① 5 年后一次性还本付息,中途不做任何还款。

② 在 5 年中仅在每年年底归还利息 1 000 元,最后在第 5 年年末将本金和利息一并归还。

③ 将所借本金做分期均匀偿还,同时偿还到期利息,至第 5 年年末全部还清。

④ 将所欠本金和利息全部分摊到每年做等额偿还,即每年偿还的本金加利息相等。

试列表计算各种还款方式所付出的总金额。

*(20) 赵先生向银行申请住房贷款,贷款 40 万元,贷款期限为 20 年。银行贷款年利率为 8%,银行采用按年的复利计算利息,如果赵先生每月等额还款,那么每月应还银行多少钱?若银行每半年计算一次利息,赵先生每月又该还款多少?

(21) 计算下列等额支付的将来值:

① 年利率为 10%,每年年末借款 4 000 元,连续借款 10 年。

② 年利率为 10%,每年年末借款 4 000 元,连续借款 10 年,但按季度计算利息。

③ 年利率为 9%,每年年初借款 4 000 元,连续借款 10 年,但按月计算利息。

*(22) 计算下列将来值的等额支付年值:

① 年利率为 10%,每年年末借款一次,连续借款 10 年,累计借款 20 000 元。

② 年利率为 10%,每年年末借款一次,连续借款 10 年,累计借款 20 000 元,但按季度计算利息。

③ 年利率为 9%,每年年初借款一次,连续借款 10 年,累计借款 20 000 元,但按月计算利息。

④ 年利率为 9%,每季度计息一次,每季度支付一次,连续支付 10 年,10 年后的累计金额为 20 000 元。

⑤ 年利率为 9%,每季度计息一次,每月支付一次,连续支付 10 年,10 年后的累计金额为 20 000 元。

(23) 某人每年年初从银行贷款 40 000 元,连续贷款 4 年,5 年后一次性归还本和利。银行约定计算利息的方式有以下 3 种:年贷款利率为 6%,每年计息一次;年贷款利率为 5.8%,每半年计息一次;年贷款利率为 5.5%,每季度计息一次。试计算 3 种还款方式在 5 年后的一次性还本付息额。此人应选择哪种贷款方式?

*(24) 年利率为 10%,按半年计算利息,现金流量图如图 2.32 所示。求第 3 年年末的终值。

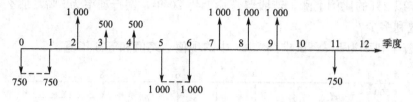

图 2.32 习题(24)的现金流量图

(25) 在连续计息下,已知每期的名义利率 r 和计息期数 m,试推导 $(F/A, r, n)$、$(P/A, r, n)$、$(A/P, r, n)$、$(A/F, r, n)$ 相应问题的等值换算公式。

(26) 某企业兴建一工厂,第 1 年投资 200 万元,第 2 年投资 300 万元,第 3 年投资 200 万元,投资均发生在年初。其中第 1 年和第 2 年的投资使用银行贷款,银行贷款年利率为 6%。该项目从第 4 年年末开始获益并偿还贷款。估计项目的寿命期有 20 年,每年的净收益为 100 万元,该企业打算用 10 年的时间偿还完第 1 年和第 2 年的贷款。试绘制现金流量图,并计算该企业 10 年内每年应偿还银行贷款多少钱?

第3章 工程项目经济效益评价方法

教学目标

本章主要讲述投资项目经济效益评价的基本理论和方法。通过本章的学习，应达到以下目标：

(1) 理解经济效益及其评价指标体系的概念；
(2) 熟悉经济效益的评价原则；
(3) 掌握投资项目经济效益的静态评价指标和动态评价指标的计算；
(4) 掌握投资项目不同方案的比选方法。

教学要求

知识要点	能力要求	相关知识
经济效益评价	(1) 了解经济效益的概念 (2) 理解经济效益评价指标体系的内容	(1) 有用成果和劳动耗费的关系 (2) 技术与经济的关系，财务分析与国民经济分析的关系 (3) 方案满足可比的要求
静态评价指标与动态评价指标	(1) 理解投资项目经济效益静态评价指标和动态评价指标的概念 (2) 掌握投资项目经济效益静态评价指标和动态评价指标的计算方法	(1) 静态投资回收期、投资收益率 (2) 动态投资回收期、净现值、净现值指数、将来值、净年值、费用现值、费用年值、内部收益率和外部收益率等的概念 (3) 基准折现率的确定
多方案比较与选择	(1) 理解不同类型的比选方案的区别 (2) 掌握多方案比选的指标计算方法 (3) 掌握寿命期不同的方案的比选方法	(1) 独立型、互斥型和相关型方案的区别 (2) 相对投资回收期、差额净现值和差额内部收益率的概念及计算 (3) 年值法、合理分析期法、寿命期最小公倍数法

 **基本概念**

经济效益、经济效益评价指标、投资项目静态经济评价指标、投资项目动态经济评价指标、基准折现率、方案比较的差额经济评价指标。

 引例

经济效益分析是工程经济分析的核心内容之一,了解经济效益的概念和内容,熟悉经济效益的确定,掌握经济效益评价的原则,对于工程经济分析至关重要。投资回收期、投资收益率、净现值、净现值指数、将来值、净年值、费用现值、费用年值、内部收益率和外部收益率等是投资项目的经济评价指标。经济效益评价方法应用非常广泛,它不仅可以应用于投资方案的选择,也可以应用于非投资方案的决策。分析计算投资项目的各种经济评价指标是本章的要点。

例如,某企业有投资项目 A 和 B,A 期初投资 1 000 万元,寿命期 15 年,每年的收入为 200 万元,B 期初投资 1 500 万元,寿命期 20 年,每年的收入为 250 万元,基准折现率都按 10% 考虑。请你来帮助企业决策,企业应该选择哪个项目来投资?

3.1 经济效益评价的基本原理

经济效益是工程经济学中一个非常重要的概念,人们进行经济分析就是分析投资项目的经济效益。经济效益评价是工程经济分析的核心。为此,人们必须了解经济效益的基本概念、评价指标及评价原则。

3.1.1 经济效益的概念

在社会生产实践中,人们从事任何一项活动,都是为了获得一定的效益,这是人类社会实践所遵循的一条重要原则。不同的实践活动所获得的效益的形式和大小有所不同。例如,销售产品是为了获得经济收益(Economic Benefit),做广告是为了获得社会效应。销售产品获得的效益是可以用数字来描述的硬指标,而广告获得的效益是不能用准确的数字来表示的软指标。无论是硬指标还是软指标,人们从事实践活动所获得的经济效益都可以从两个角度去考核:一是在既定的人力、物力、财力条件下,如何充分合理地使用资源,使其发挥最大的效能,获得最大的产出,更好地满足既定的目标要求;二是在既定的目标下,如何充分合理地使用现有的人力、物力、财力等资源,使其消耗量最小。这两种考核方式是同一实践活动的两种表述形式,不同之处在于两种考核方式分别以最大值和最小值来评价实践活动的效果。

从经济效益的两种考核方式来看,任何一项经济实践活动既是物质财富的创造过程,也是资源的消耗过程。因此,人们可以用物质财富的创造和资源的消耗来评价经济效益的高低。在生产实践中创造的物质财富可以看做是人们取得的有用成果,消耗的资源可以看做是劳动耗费。所以,经济效益就是指人们在经济实践活动中取得的有用成果和劳动耗费

之比。经济效益可用公式表示为

$$经济效益 = \frac{有用成果}{劳动耗费}$$

或

$$经济效益 = 有用成果 - 劳动耗费$$

有用成果是指在生产活动中消耗与占用劳动后创造出来的对社会有用的成果，它既可以是物质产品成果，也可以是非物质产品成果，如生产的满足人们生活需要的产品、为企业增加的有用产量、提供给社会的利润和服务等都是有用成果。如果取得的成果毫无用处，就不能说它是有用成果，而只能说它是无效劳动，甚至是浪费。

劳动耗费是指生产中占用和消耗的活劳动和物化劳动之和。

活劳动消耗是指生产过程中具有一定的科学知识和生产经验，并掌握一定生产技能的人的脑力劳动和体力劳动的占用及消耗。在生产过程中，以工资、福利、奖金等形式出现。

物化劳动消耗则是指生产过程中耗费的物质资料，它包括原材料、燃料、动力、辅助材料的消耗和机器、设备、厂房等在生产中的占用及磨损等。

经济效益是指生产实践过程中取得的有用成果与劳动耗费之差或之比。用有用成果减去劳动耗费来表示经济效益，表示了经济效益的绝对值大小。如果这个绝对值大于0，则说明有经济效益，否则不存在经济效益；绝对值越大，经济效益越好，否则越差。用有用成果除以劳动耗费来表示经济效益，表示了经济效益的相对值大小。如果这个相对值大于1，则说明有经济效益，否则也不存在经济效益；相对值越大，经济效益越好；否则越差。但是，用绝对值表示经济效益只能说明经济效益的绝对大小，不能说明经济效益是建立在什么样的劳动耗费上而取得的经济效益，这使得同样大小的经济效益不能进行比较。例如，同样是取得100万元的有用成果，一个方案的劳动耗费是30万元，另一个是50万元，仅从有用成果与劳动耗费之差来看，两个方案的优劣相同。但实际情况是劳动耗费为30万元的方案优。因此，在实际生产中，最好用有用成果与劳动耗费之比来表示经济效益。

3.1.2 经济效益评价的指标体系

为了准确、全面地衡量和评价工程项目或技术方案的经济效益，必须借助和运用一系列的评价指标体系。从统计学上讲，指标(Norm)是指反映社会经济现象总体数量特征的概念与数值，这个数值既可以是绝对数和相对数，也可以是平均数。而工程经济学中的指标则是反映投资项目经济效益的数值标准，是事先确定的目标。指标既可以是"硬指标"，也可以是"软指标"。"硬指标"是指可以用具体数值来表示的指标，"软指标"是不能用具体的准确的数值来表示的，而只能用模糊的概念来表示的指标。在工程经济分析中，两类指标缺一不可。

单个评价指标只能说明评价对象某一个方面的特征，具有片面性。评价一个工程项目需要很多指标，但所有这些指标不是孤立的，是相互联系的。因此，必须要把反映经济效益数值特征的诸指标结合起来，形成一系列相互联系的指标体系。这就是经济效益的评价指标体系。所谓经济效益的评价指标体系,是指从不同的角度、不同的侧面,全面反映、评价、说明工程项目或技术方案的经济效益的一系列相互联系,相互配合、相互补充的整体性指标。评价工程项目或技术方案的经济效益的指标体系有以下3大类。

1. 反映劳动成果(或收益)类的指标

反映劳动成果(或收益)类指标是指反映工程项目或技术方案的有用成果指标。它主要包括产品数量指标、产品质量指标、产品品种指标和产品利润指标等。这些指标的描述要结合实际工程项目来确定,且在不同的工程项目中,这些指标的表示方式可能不同。

1) 产品数量指标

产品数量指标(Norm of Quantity)是指反映工程项目或技术方案所产生的满足要求的直接有用成果数量的大小,既可用实物量表示,如台、套、吨件等;也可用价值量表示,其中主要用货币资金表示。用价值量表示由有3种表示方法:商品产值、总产值和净产值。

(1) 商品产值(Output Value of Commodity)是指在一定时期内,工程项目或技术方案所产生的以货币资金表示的可供销售的产品产量和工业性作业的数量,它包括自备原材料生产的成品价值、外销半成品价值、订货者来料加工生产的产品的加工价值、对外承接的工业性作业的价值等,但不包括生产自己使用的产品的价值、出售废品的价值、出售不成套产品的价值、非工业产品和非工业性作业的价值,也不包括转手销售商品、半成品和原材料的价值及销售来料加工的来料与工业性作业原材料价值。商品产值的计算可用公式表示为

商品产值=(成为商品的成品数量+半成品数量)×出厂价格+来料加工价值+
　　　　工业性作业收入

商品产值反映了项目向社会提供的产品数量及其价值,一般用现行价格计算。产品现行价格就是指报告期内的实际出厂价格,它包括产品的成本、税金和利润。因此,用现行价格计算的商品产值可以预测工程项目或技术方案在计算年度内能够收回的货币资金数量,也可以预测项目的成本和利润。商品产值是项目企业计算销售收入、进行产销平衡和计算利润的重要依据。

(2) 总产值(Total Output Value)是指在一定时期内,工程项目或技术方案所产生的以货币资金表示的工作总量,其大小反映了项目企业的生产水平和规模,它是由消耗生产资料而转移得到的价值和劳动者创造出的价值之和组成。总产值包括项目企业生产的符合产量标准的入库成品价值(包括自备原材料的价值和来料加工的材料的价值)、对外承接的工业性作业价值、自产自用的产品价值、半成品价值和在制品期末与期初结存量差额的价值等。总产值的计算可用公式表示为

总产值=商品产值+来料加工的材料的价值+自产自用的产品和半成品价值+
　　　　(期末在制品价值－期初在制品价值)

总产值的计算一般采用不变价格。所谓不变价格就是为了统计方便,把历史上某一年的产品出厂价格固定下来,并在相当长一段时间内,作为全国的统一计算价格。即不同时期的产品价值都按这个不变价格来计算。用不变价格来计算的总产值,可以使不同时期、不同地区和不同项目企业之间具有可比性。但是,总产值包含了产品转移的价值,不能准确反映项目企业在一定时期内的生产成果。总产值的大小随其消耗的原材料价值变动而变

动，原材料价值高，总产值就高；反之就低。此外，总产值不能表明项目企业生产中原材料来源的变化，如自产原材料改为外购原材料在总产值中反映不出来。因此，总产值只能反映项目企业生产经营成果的一个方面，不宜单独用作衡量和考核企业生产经营效果的依据。

（3）净产值（Net Output Value）是指在一定时期内，从总产值中扣除了各种物资消耗的价值以后的余额。它是工程项目或技术方案在计算期内新创造的价值，包括劳动者为自己创造的价值和为社会创造的价值，而不包括生产资料的转移价值。净产值的计算公式为

$$净产值＝总产值－生产资料的转移价值$$

在产品价格不变的情况下，净产值与产品产量成正比，与物资消耗成反比。即产品产量越大，净产值越大；产品产量越小，净产值越小。物资消耗越少，净产值越大；物资消耗越多，净产值越小。净产值指标能准确反映项目企业在一定时期内的生产成果，它反映了企业增产与降耗的水平，是衡量企业经济效益的重要指标。

但净产值采用现行价格计算，新创造的价值仍受价格的影响，对不同时期的净产值难以进行比较。

2）产品品种指标

产品品种指标（Norm of Assortment）是指经济用途相同而实际使用价值有差异的同种产品。例如，机械行业生产的汽车有汽油车、柴油车、燃汽车和电瓶车等品种，它们的经济用途相同，但使用价值不同。品种指标是衡量一个国家技术水平高低的重要指标，品种越多，要求的技术水平越高。品种指标包括品种数、新产品增加数、新品种代替老产品的百分比，产品配套率、产品自给率等。

3）产品质量指标

产品质量指标（Norm of Quality）是指产品所具有的特性和满足使用者要求的程度。产品的特性包括产品的性能、寿命、可靠性、安全性和经济性。通常反映产品质量的指标大致可以分成两类：一类是反映产品本身内在特性的指标，如产品的性能、寿命、可靠性、安全性和经济性等指标；另一类是反映产品生产过程中的工作质量的统计指标，如产品合格率、等级品率、废品率、产品反修品率等指标。

（1）反映产品本身内在特性的指标。

① 性能。它是指产品满足用户使用目的所具备的技术性能和功能，包括产品的加工精度、自动化程度、操作方便、工艺性能、造型、色彩和包装等。例如，电冰箱可以制冷、灯泡可以发光、钢卷尺的丈量误差不超过$\pm 0.01 cm$等都是产品的性能。

② 寿命。它是指产品按照使用要求使用时，经济有效地使用的年限。例如，一台电视机在正常情况下可以观看1万小时，一辆汽车在正常环境下可以运行30万公里等就是产品的寿命。

③ 可靠性。它是指产品在规定的条件和规定时间内完成规定功能的能力。可靠性一般包括耐久性、易维修性和设计可靠性。例如，汽车运行20万公里内不大修就是产品的可靠性。

④ 安全性。它是指产品在正常的操作过程中，不发生人身伤害和危害环境的保证程度。例如，电视机不能发生爆炸就是产品的安全性。

⑤ 经济性。它是指产品的制造成本和使用成本之和在保证上述4项特性的基础上，

总成本最低。例如，购买价格低、使用中耗水耗电耗油最少、维修费用最少等都属于产品的经济性。

(2) 反映产品生产过程中的工作质量的统计指标

① 产品合格率。它是指合格产品数量与检验产品数量(包括合格品、等外品、废品)的比值，即

$$产品合格率 = \frac{合格产品数量}{合格品数量 + 等外品数量 + 废品数量} \times 100\%$$

② 等级品率。它是指不同等级的产品在总产量中所占的比重，即

$$等级品率 = \frac{某等级产品的产量}{某产品的总产量} \times 100\%$$

③ 废品率。它是指不满足产品质量要求的且不可修复的废品的数量与产品总产量之比，即

$$废品率 = \frac{不可修复的废品数量}{产品总产量} \times 100\%$$

④ 产品返修品率。它是指不能满足产品质量要求，但又可以修复，并进行了返修的产品的数量占总产品产量的比重，即

$$产品返修品率 = \frac{返修产品数量}{产品总产量} \times 100\%$$

4) 产品利润指标

产品利润指标(Norm of Profits)是反映工程项目或技术方案经济成果的综合性指标，包括利润总额和利润率指标。利润总额是项目产品的销售收入与总成本费用、产品销售税金及附加的差额。利润率指标是利润总额与对应资金总额之比，包括资本金利润率、销售收入利润率和成本费用利润率等指标。

(1) 利润总额。它是指投资项目或技术方案在一定时期内获得的全部生产经营成果。它可以用销售利润、投资收益和营业外支出净额表示，即

$$利润总额 = 销售利润 + 投资净收益 + 营业外收入 - 营业外支出$$

(2) 资本金利润率。它是指投资项目或技术方案的利润总额与资本金总额的比值，即

$$资本金利润率 = \frac{利润总额}{资本金总额} \times 100\%$$

资本金利润率是衡量投资者投入项目资本金的获利能力。资本金利润率指标越高，反映投资者资本的获利能力越大；反之，越小。资本金利润率还是向投资者分配股利的重要参考依据。

(3) 销售收入利润率。它是指工程项目或技术方案的利润总额与销售净收入的比值，即

$$销售收入利润率 = \frac{利润总额}{销售收入净额} \times 100\%$$

所谓销售收入净额是指企业销售收入减去当期销售收入中扣除的项目，如销售折扣、销货折让和销售退货等。

销售收入利润率反映企业每百元销售收入所创造的利润。一般地，销售收入利润率越高越好。

(4) 成本费用利润率。它是指工程项目或技术方案的利润总额与成本费用总额的比值。它反映项目的投入与产出的比例关系。其计算公式为

$$成本费用利润率 = \frac{利润总额}{成本费用总额} \times 100\%$$

在一般情况下，项目在一定时期内的成本费用水平越低，利润总额越高，项目的投入产出效果越好。

2. 反映劳动耗费类的指标

反映工程项目或技术方案的劳动耗费指标主要有年总成本费用指标、投资指标和时间指标。

1) 年总成本费用指标

年总成本费用(Norm of Annual Gross Cost)是指项目在一定时期内(一年内)为生产和销售产品而花费的全部成本费用，包括生产成本、管理费用、财务费用和营业费用。而生产成本又包括直接材料费用、直接人工费用、其他直接费用和分摊的制造费用。

2) 投资指标

投资指标(Norm of Investment)是指人们在社会经济活动中为实现某种预定的生产、经营目标而预先垫付的资金。根据投资后形成资产的形态划分，投资可以分为固定资产投资和流动资产投资。投资既可以用总投资额表示，也可以用单位产品投资额表示。

(1) 总投资额(Gross Investment)。总投资额是指实现方案的建设投资、建设期贷款利息和流动资金投资的和。总投资额表示项目或方案全部投资的多少，也表示建设规模和施工工作量的大小。同时它也是投资计划拨款和项目经济核算的依据。

从工程造价的不同阶段来看，投资总额可分为投资估算、投资概算和投资预算3种。一般投资估算是在项目前期决策阶段很粗略地进行，准确度只有20%左右。投资概算是在项目初步设计阶段完成的，比估算深入、准确。投资预算是在施工图设计阶段很细致地进行，可以作为工程价款结算的依据和项目考核的依据。

(2) 单位产品投资额(Unit Investment)。总投资额只能反映总的投资规模，但对不同产量的工程项目或方案难以反映其劳动耗费，不能进行劳动耗费的比较，所以还要用单位产品投资额表示。单位产品投资额是指项目或技术方案的投资总额与其生产产品的总量之比。它反映了项目或技术方案的投资水平，使得不同产量的方案可以进行劳动耗费的比较。单位产品投资额的比率越小，说明劳动耗费越少；反之，越大。单位产品投资额的计算公式为

$$单位产品投资额 = \frac{投资总额}{产品产量}$$

3) 时间指标

时间指标(Norm of Time)是指实现项目或技术方案所需要耗费的时间。例如，产品研制时间、项目寿命周期、工程项目建设周期、产品生产周期、项目达到设计生产能力需要的时间、项目的投资回收期等。对于工程项目的建设期和寿命周期可以通过市场调查研究估算确定，而投资回收期则要通过经济分析计算确定。项目寿命周期的确定具有很大的不确定性，一旦确定不准确或相差太大，就可能给项目带来很大的风险损失。因此，时间指标的确定与计算一定要慎重。

3. 反映收益和劳动耗费类的综合指标

反映收益和耗费的综合指标可分为独立经济效益指标和比较经济效益指标。

1) 独立经济效益指标

独立经济效益指标(Independency Norm of Economic Benefit)是反映工程项目或技术方案本身经济效益的大小的指标，包括以下指标。

(1) 劳动生产率。它是指人们在单位时间内的劳动效果和能力或者指平均每人的劳动生产成果。其有两种表示方法：

$$劳动生产率 = \frac{产品数量}{劳动时间}$$

或

$$全员劳动生产率 = \frac{总产量}{全部职工人数}$$

两个指标都是越大越好。在第一个公式中，产品数量既可以是实物数量也可以是货币数量，劳动时间一般用工时或年表示。它可以表示人们在单位时间内生产的产品数量，反映劳动的效率。在第二个公式中，全部职工平均数可以分别计算不同人员范围的职工平均数，如生产工人平均数、全体职工平均数。全员劳动生产率反映了每个员工对项目或技术方案所做的贡献大小。劳动生产率指标越大，说明经济效益越好。

(2) 材料利用率。它是一种物化劳动消耗指标，有两种表示方法：一种是用单位材料制造的成品数量来表示材料的利用程度，公式为

$$材料利用率 = \frac{产品产量}{材料总消耗量} \times 100\%$$

另一种是用产成品中所包含的原材料净重与所耗用的材料来对比表示材料利用程度，公式为

$$材料利用率 = \frac{产成品中的原材料数量}{原材料总消耗量} \times 100\%$$

材料利用率指标越大，说明原材料利用程度越高，经济效益越好。

(3) 设备利用率。它是指企业实际使用的设备台数与企业拥有的全部设备数的比值，也可以指企业实际使用的设备时间数与设备台帐时间数之比。它反映了企业生产用固定资产的实际运用情况，是一个劳动占用指标。其有两个计算公式：

$$设备利用率 = \frac{生产中实际使用的机器设备数}{企业拥有的全部机器设备数} \times 100\%$$

这种方法计算的指标反映了企业固定资产在数量上的利用程度，即有多少在生产过程中发挥作用，有多少处于闲置状态。另一个计算公式为

$$设备利用率 = \frac{机器设备实际运转时数}{机器设备日历时数} \times 100\%$$

这种方法计算的指标反映了设备在时间上的利用情况。设备利用率越高，生产能力发挥越充分，说明企业的经济效益就越好。

(4) 固定资产盈利率。它是指企业在一定时期内的盈利额与占用的固定资产数量之比。其计算公式为

$$固定资产盈利率 = \frac{企业全年盈利总额}{企业年平均占用固定资产总额} \times 100\%$$

这个指标可以说明每百元固定资产产生的利润、税金。该指标越大,说明固定资产的产出率越高,经济效益越好。

(5) 流动资金周转次数。它是综合反映流动资金在一定时期内周转速度的指标。其计算公式为

$$流动资金周转次数 = \frac{全年商品销售收入}{全年流动资金平均占用额} \times 100\%$$

流动资金周转次数越大,说明企业流动资金周转速度越快,其利用效果越好,企业的经济效益也好;反之,越差。

2) 比较经济效益指标

比较经济效益指标(Relative Norm of Economic Benefit)是反映一个方案相对于另一个方案的经济效益指标,是比较两个方案相对优劣的指标。

这些指标有差额投资回收期、差额净现值、差额投资收益率、差额内部收益率、计算费用等指标,详见3.3节和3.4节。

3.1.3 经济效益的评价原则

实现同一个目标,可以有多个方案。但各个方案存在社会、技术、经济和环境的差异,致使它们实施后的效果不同。工程经济分析的实质,就是对可实现某一预定目标的多种方案进行分析、评价和比较,并从中选择一种最优方案。然而,进行比较的方案一方面必须能够可比,另一方面必须要使用各种评价方法,否则就无法选择。这就是经济效益评价的原则。

所谓可比性(Comparability),是指要进行比较,必须建立共同的比较基础和条件。可比性关系到评价结果的准确性,只有各比较的方案在相同的条件和基础上,才能进行比较和选择;否则,选择的结果可能是错误的。在实际工作中,有的方案可能存在相同的条件和基础,可以直接比较,但大多数时候比较的各方案存在各个方面的差异,不能直接比较。这就要求在比较前对方案进行修正计算,以得到可靠合理的结果。研究经济效益的评价原则,就是掌握经济效益分析的可比条件,把握各技术方案之间可比与不可比的内在联系,找出不可比向可比转化的规律,从而保证方案选择的正确性。

各种评价方法主要是指采用技术与经济相结合的方法、定性分析方法、定量分析方法、财务分析方法和国民经济分析方法。

接下来介绍经济效益的评价原则。

1. 技术与经济相结合的评价原则

工程经济学是研究技术和经济相互关系的科学,其目的就是根据社会生产的实际情况,根据技术与经济的发展水平,研究、探索和寻找技术与经济相互促进、协调发展的途径。此外,分析拟建项目的各种可能的实施方案在技术上的先进性、可行性,在经济上的合理性和节约性又是工程经济分析的主要内容。因此,在工程经济的经济效益评价中,首先必须要遵循技术与经济相结合的评价原则。

技术和经济既相互联系、相互促进,又相互制约。一方面,技术是经济发展的重要手段,技术进步是推动经济发展的强大动力。一个工程项目的技术先进性同它的经济合理性

一般是一致的,即凡是先进的技术,往往具有较高的经济效果;反过来,较高的经济效果又决定技术方案的先进性。另一方面,技术和经济又是相互制约的,技术上的先进性和其经济合理性之间又存在着一定的矛盾。因为技术是在一定的经济条件下产生和发展的,技术的进步要受到经济情况的制约,经济上的需求是推动技术发展的动力。技术的应用必须考虑当时的具体自然条件和社会条件,而条件不同,技术所带来的效果也不同。某种技术在某种条件下体现出较高的经济效果,但在另一种条件下就不一定是这样了。有些项目,从远景发展方向来看,应该采用该项技术,而从近期的利益来看,则需要采用另一种技术。

因此,为了保证工程技术很好地服务于经济,最大限度地满足社会的需要,就必须研究在当时当地的具体条件下采用哪种技术才合适,即一定要采用技术和经济相结合的原则来评价工程项目的经济效果。

2. 定性分析和定量分析相结合的评价原则

所谓定性分析就是指评价人员根据自己掌握的有关资料,如国家的法律法规、国家的产业政策、国家的发展布局和发展方向、技术的发展现状、工程项目的市场资料和经验等对拟建项目进行模糊评价,并作出方案选择。这种评价往往用文字来说明,没有详细的计算过程,一般用打分或给予等级的方式评价。评价的准确性取决于评价人员的经验、胆识、直觉、逻辑思维能力和主观判断能力。

所谓定量分析就是指评价人员在进行广泛而深入的市场调查基础上,收集相关资料,利用统计分析的方法对方案未来的收入、成本、费用、税金、利润等进行预测,再用经济分析的有关方法进行"精确"计算,以此对方案进行选择的过程。定量分析以科学计算为依据,不仅使各种评价更加精确、科学,减少了分析中的直觉成分,还可以在定量分析中发现研究对象的实质和规律,尤其是可以发现定性分析中难以确定或不易掌握的不确定性因素和风险,并用量化的指标对其作出判断,以便决策。与定性分析相比,定量分析具体、客观、针对性强、准确性高,因此,在实际工程中得到普遍的应用。此外,现代应用数学和计算机的高度发展,使得定量分析如虎添翼。

绝大多数情况下,工程经济分析都是对拟建项目进行分析,项目尚未实施,项目的功能要求还不十分明确,项目的细节问题有待改进,有些经济问题非常复杂,难以用准确的数字来描述。定量分析和定性分析相互配合、相互依存,缺一不可。定量分析的科学计算是分析的基础,定性分析可以对定量分析进行修正,是定量分析的补充和完善。定性分析又是定量分析的基础。在定量分析以前,又必须进行必要的定性分析,才能正确选择评价的参数。因此,工程经济分析必须采用定性分析和定量分析相结合的评价原则,才能作出正确的决策。

3. 财务分析和国民经济分析相结合的评价原则

所谓财务分析就是从企业的角度出发,根据国家现行的财务制度和价格体系,分析、计算项目直接发生的财务效益和费用,考察项目给投资者带来的经济效益,据此判断项目的财务可行性。财务分析的目的是考察项目给企业带来的经济效益,它是一种站在企业立场上的微观经济分析。对于企业或投资者而言,投资项目的目的就是希望从项目的实施中获得回报,取得效益。这样,企业就必须要计算项目直接发生的财务效益和费用,编制各种财务报表，计算评价指标，考察项目的盈利能力和偿债能力，尤其要知道项目能给企业带来多少盈利。

所谓国民经济分析是从国民经济的角度出发，根据国家的有关政策，按照资源优化配置的原则，分析、计算项目发生的间接效益和间接费用，考察项目给国家和社会带来的经济效益，据此判断项目的国民经济的可行性。国民经济分析的目的是考察项目给国家带来的净贡献，它是一种站在国家和社会的立场上进行的宏观经济分析。企业是组成国家的细胞，国家的兴旺发达离不开企业的经济发展。任何企业的发展必须兼顾国家、集体和企业三者的共同发展。企业的发展要有利于国民经济的发展，企业的发展策略也必须在国家的宏观指导下进行。因此，项目必须进行国民经济评价。而且，只有财务分析和国民经济分析都可行的项目才是真正可行的项目，才能建设实施。但是，由于财务分析和国民经济分析的出发点不同、目的不同，因此，有可能同一个项目的财务分析和国民经济分析结果会不一致。所以，对于建设项目而言，必须采取财务分析和国民经济分析相结合的评价原则。即项目既要符合国家的发展需要，使得资源合理配置并充分发挥效能，又尽量使项目能够有较好的经济效益，具有相应的财务生存能力，为今后的发展打下良好的基础。

4. 满足可比的原则

经济效益评价中，只有满足可比条件的方案才能进行比较。这些可比条件有，满足需要上的可比、消耗费用上的可比、价格上的可比和时间上的可比。

1）满足需要的可比

任何一个工程项目的建设都是为了满足一定的社会需要，不同的项目可以满足不同的社会需要，只有当进行比较的项目满足相同的社会需要时才能进行比较。例如，铜和铁是具有不同特性的金属，可以满足不同的社会需要，两者不能直接比较。但当它们被制成导线，用于运输电能满足输送电能这一社会需求时就可以进行比较了。又如，煤炭和电能是两种性能完全不同的产品，不能直接比较，但如果把它们转换成燃烧能量，就可以比较了。

一切工程项目或技术方案总是以一定的品种、一定的质量和一定的数量来满足社会需要的，所以，满足社会需要上的可比，就要从产品的产量、质量和品种来考虑。

（1）产量的可比。产量可比是指工程项目或技术方案满足社会需要时的产品产量相等。不同的方案只有在产量相等时才能直接进行比较。产量可比有以下几种情况。

① 产量相等时，其投资和经营成本可以直接比较。因为如果两个项目或方案满足社会需要的产品产量相等，则它们的耗费指标如投资和经营成本的绝对值基本相等，可以直接进行比较。

② 产量不等但差别不显著时，可以用单位产品投资和单位产品经营成本相比较。如果两个项目或方案满足社会需要的产品产量不等，则投资和经营成本的绝对值没有可比的基础，不能直接进行经济效益比较，必须把投资和经营成本转换成相对值，即把总投资和经营成本转换成单位产品投资额和单位产品经营成本，才能进行直接比较。假如两个项目或方案的总产量分别为 Q_1、Q_2，它们的总投资额分别为 TI_1、TI_2，总经营成本分别为 C_1、C_2。要将两个方案进行比较，必须分别计算 TI_1/Q_1、TI_2/Q_2、C_1/Q_1、C_2/Q_2 后才能用 TI_1/Q_1 与 TI_2/Q_2 进行比较，用 C_1/Q_1 与 C_2/Q_2 进行比较。

③ 产量不等且差别显著时，可重复建设一个方案，再用上述方法比较。如果两个项

目或方案的产量指标有显著差别时，仍用单位产品成本和单位产品投资额来比较，将产生经济效益失真，甚至导致错误的结论。因为成本和投资中都含有固定费用，当产量相差悬殊时，固定费用相差很大。固定费用不随产量的变动而成比例变动，而且它们的变化总是落后于产量指标的变化。在这种情况下进行比较，最简单的方法就是设想重复建设一个项目，并作修正计算后再比较。

【例 3.1】 表 3-1 中给出了两个产量相差较大的方案 Ⅰ 和 Ⅱ，两方案的经营成本和投资也列出。要对两个方案进行比较，必须对两个方案进行修正计算。

表 3-1 Ⅰ 和 Ⅱ 方案的产量、投资、成本

指标	方案 Ⅰ	方案 Ⅱ	修正方案 Ⅰ	修正方案 Ⅱ
年产量(万件/年)	6	10	6×5=30	10×3=30
总投资额(万元)	40	60	40×5=200	60×3=180
经营成本(万元/年)	10	15	10×5=50	15×3=45

由于两方案的产量不成倍数关系，因此，修正计算时，假设两个方案都重复建设，都修正成产量相同的方案，产量的最小公倍数为 30 万件。方案 Ⅰ 扩大 5 倍，方案 Ⅱ 扩大 3 倍。其他指标以产量扩大的倍数为准修正。修正结果见表 3-1 最后两列。用修正方案 Ⅰ 和修正方案 Ⅱ 就可以进行比较了。

（2）质量的可比。在满足需要的可比原则中，除产量可比外还要求满足质量上的可比。所谓质量可比有两个方面的含义：一是各工程项目或技术方案的产品质量必须满足国家或行业规定的质量要求；二是不同项目或技术方案在比较时产品质量必须相同。如果产品质量不同时，必须采取修正计算，将质量差异换算成可比质量。对于质量不同的方案比较时，其具体做法有以下两种。

① 选定产品的一种质量指标，如性能、寿命、可靠性、安全性和经济性均可。将多方案的质量指标进行比较，计算比较效果系数 k，一般用数字大的方案比数字小的方案。

$$k = \frac{E_2}{E_1} \tag{3-1}$$

式中：E_2——方案 Ⅱ 的质量指标；

E_1——方案 Ⅰ 的质量指标。

② 用比较效果系数 k 去调整其他方案的产量、成本、投资等指标，再进行比较。

【例 3.2】 表 3-2 中给出了两个质量不同的方案 Ⅰ 和 Ⅱ，两方案的产量、经营成本和投资也给出。要对两个方案进行比较，必须对两个方案进行修正计算。

表 3-2 Ⅰ 和 Ⅱ 方案的产量、投资、成本、质量

指标	方案 Ⅰ	方案 Ⅱ	修正方案 Ⅰ
年产量(万台/年)	6	10	15(6×2.5)
总投资额(万元)	4 000	6 000	10 000(4 000×2.5)
经营成本(万元/年)	100	150	250(100×2.5)
产品可靠性	运行 20km 不大修	运行 50km 不大修	运行 50km 不大修

现在用方案Ⅱ的可靠性除方案Ⅰ的可靠性,求得比较效果系数 $k=50/20=2.5$,然后用比较效果系数 k 去修正方案Ⅰ,修正后的方案Ⅰ见表 3-2。修正后的方案Ⅰ就可以与方案Ⅱ进行比较了。

(3) 品种的可比。产品品种是指企业在一定时期内应当生产的产品的名称、规格及其数目。它反映企业在一定时期里在产品品种方面满足社会需要的程度。在经济效益评价时,必须是品种相同的方案才能进行比较。当品种不同时可以采取以下修正计算方法。

① 对于大量生产企业而言,产品品种少,一般只有少数几个品种,可以直接进行比较。

② 对于成批生产企业而言,生产的产品品种多,但存在具有代表性的产品。因此,可以选择一个能代表企业专业方向、代表企业产品结构和工艺特点、产品产量较大的产品为代表产品,通过一定的方式把其他产品换算成该类产品的数量即可进行比较。

③ 对于单件小批量生产企业而言,产品品种多,又不存在具有代表性的产品。选择一个"假定产品",计算假定产品的生产量,再将其他产品换算成假定产品的产量,就可以进行比较了。

由于篇幅所限,关于品种的可比原则不能详细介绍,有兴趣的同学可以参见"生产管理"的有关书籍和文献。

2) 消耗费用的可比

经济效益的取得是建立在一定的消耗费用基础上,因此,对工程项目或技术方案进行比较时,不仅要求在满足需要上可比,而且还要在消耗费用上可比。

坚持消耗费用的可比原则,就是指在计算和比较工程项目或技术方案的费用时,不仅要计算和比较方案本身的费用消耗,而且要考虑相关的费用消耗,且在计算中采用统一的计算方法和计算原则。

所谓相关费用就是指实现本方案而引起的与生产相关的各个环节、各个部门所增加的费用。也就是说,考虑消耗费用时,必须从整个社会和整个国民经济的角度出发,计算社会的总消耗。例如,建设某个汽车制造厂,除了考虑建造汽车厂的总投资和总费用外,还必须考虑其配套工程的建设投资和费用,如零部件的生产建设、电厂的建设、铁路公路的建设投资和费用等。

采用统一的计算原则是指在计算技术方案的消耗费用时,各方案的费用构成项目和计算范围必须一致。例如,在投资估算时,应将流动资金、税金和所得税包括在内。采用统一的计算方法是指各项费用的计算方法必须一致。例如,固定资产投资估算时,都采用生产能力指数法或按工程造价程序计算;流动资金估算时统一采用扩大指标法或分项估算法。

3) 价格的可比

在经济效益评价时,无论是计算收益还是费用,都要借助于价格,所以价格必须要能够可比。

所谓价格可比是指在对工程项目或技术方案进行分析比较时,必须采用合理的、一致的价格体系。

"合理的价格"是指价格必须正确反映价值,且各种产品之间的比价合理。但是,由于各种产品的生产环节不同、生产方法各异,加之我国目前产品的价格制定不合理,价格体系不够完善,许多产品的价格与价值背离的现象较严重,如果采用这种价格来进行分析比较,可能会得出错误的结论。例如,在选择火车的机车方案时,用电力机车与蒸汽机车相比较,如果采用现行价格,由于当前电能价格高于煤炭价格,那么分析的结果可能会得出:电力机车方案没有蒸汽机车方案的经济效益好。从长远来看,这个结论显然不对。为了避免这种错误出现,就须要对价格进行修正,或在计算时采用一种经过调整了的价格。这在项目的国民经济评价中,对产出物和消耗物的计算时就是这样处理的,即采用影子价格。影子价格是指当社会经济处于某种最优状态时,能够反映社会劳动的耗费,资源的稀缺程度和最终产品需求情况的价格。影子价格是一种人为确定的,能够反映国家的最大利益和用户及消费者的正当利益,是比交换价格更为合理的价格,并一般由国家主管部门确定。另外,如果有的项目在评价时,其影子价格难以确定,也可以采取计算相关费用的办法来代替实际价格。例如,前面的火车机车方案选择中,在计算两种方案时,既不用电能的现行价格,也不用煤炭的现行价格,而是直接计算发电站和输电线路的全部费用消耗及直接计算煤矿和煤炭运输的全部消耗费用,通过两种方案的全部费用进行比较,这样也可以避免价格的不合理现象。

"一致的价格"是指价格的种类和所反映的时间应一致。不同时期项目的产出物和消耗物的价格是不同的。因为在不同的时期,国家的经济状况不同,科学技术的发展水平不同,劳动生产率的高低不同,产出物的质量和标准不同,劳动消耗的多少不同。因此,不同时期价格有很大差异,在对工程项目或技术方案进行分析比较时,就必须采用相应时期的价格。如在财务分析评价中,分析近期方案时采用现行价格,而在分析远期方案时采用统一的远景价格。

4)时间的可比

本书第 2 章资金的时间价值讲述了时间是影响资金时间价值的主要因素。在实际生产中,即使投资、成本和预计每年的收益完全相同的两个方案,如果在不同的时期实施,其经济效益都会完全不同。而在相同时期实施的方案,如果各自的建设期和寿命期不同,即使投资、成本和预计每年的收益完全相同,其经济效益也会有很大差异。所以,时间因素对项目的经济效益有很大的影响。因此,在对工程项目或技术方案进行经济效益分析时,必须考虑时间上的可比。

时间因素可比的考虑有两种情况:一是各方案的经济寿命不同时,应采用相同的计算期作为计算基础;二是各方案在不同时期内发生的效益与费用不能直接相加,必须考虑时间因素。

(1)对经济寿命不同的方案的处理。当各评价方案的经济寿命不同时,一定要换算成相同的经济寿命,才能进行比较。对寿命不同的方案比较,又有以下几种情况。

① 当各比较方案的寿命成倍数关系时,应采用它们的最小公倍数作为共同的计算期。例如,方案 A 的寿命为 6 年,方案 B 的寿命为 3 年,则采用 6 年作为它们的计算期。将方案 B 在 6 年的寿命期内重复实施两次,再进行比较。又如,方案 C 的寿命为 6 年,方案 D 的寿命为 8 年,那么,应采用 6 年和 8 年的最小公倍数 24 年作为它们的计算期。两个方案分别在 24 年内按照自己的寿命期重复实施,形成两个修正后的方案再进行比较。

② 当各比较方案的寿命不成倍数关系、且各自的寿命期都不太长时,可以采用它们

的寿命的乘积作为共同的计算期。例如，方案 A 的寿命为 3 年，方案 B 的寿命为 5 年，则可以采用 15 年作为它们的计算期。

③ 当各比较方案的寿命不成倍数关系、且各自的寿命都比较长如长于？20 年时，一般采用 20 年作为统一的计算期。

④ 当各比较方案的寿命不成倍数关系、且各自的寿命都比较长，但短于？20 年时，一般采用最短的寿命作为统一的计算期。分析时需要先计算各方案的净现值，然后将净现值折算成寿命期内各年的等额年值，再选最短的寿命作为统一的计算期，计算各方案的净现值进行比较。具体计算见 3.4 节多方案的比选。

⑤ 如果相互比较的方案，由于投入期、服务期和退役期都不一致，使得它们的寿命期不同时，应采取约定的计算期作为共同的计算基础，才能进行比较。

(2) 方案在不同时期发生的效益和费用不能直接相加，应考虑时间因素。本书第 1 章讲过，资金存在时间价值。资金在其循环周转中的增值，就是资金的时间价值。即使放着不用的资金，也会存在时间价值。这就要求在对项目或方案进行比较计算时必须考虑时间价值。资金时间价值的基本公式是

$$F=P(1+i)^n$$

例如，3 年前的一笔 2 000 万元的投资，若银行年利率为 5%，则现在计算时应换算为 $2\,000\times(1+5\%)^3=2\,315.25$(万元)。

不同时期发生的费用、效益、成本等都应该像投资这样，考虑资金时间价值，才能进行比较。

3.2 经济效益评价的静态指标

评价工程项目技术方案的指标很多，各种指标从不同的角度反映了项目的经济性。本章只讨论那些重要而又经常用到的指标。对各种指标，从形态上分为两大类：一类是以货币单位计量的价值型指标，如净现值、净年值、费用现值、费用年值、将来值等；另一类是以百分比或比例表示的、反映资金利用效率的效率型指标，如投资收益率、内部收益率、外部收益率、净现值指数等。

如果按是否考虑资金的时间价值来看，各指标又可分为静态指标和动态指标。静态指标就是在计算工程项目技术方案时，对不同时期的收益、费用等平等看待，不考虑资金的时间价值。而动态指标则要考虑资金的时间价值。静态指标包括静态投资回收期、简单投资收益率、静态计算费用等。动态指标包括净现值、净年值、费用现值、费用年值、将来值、内部收益率、外部收益率、净现值指数等。

各种指标是从不同的角度考察项目的经济性，所以，在对项目进行经济效益分析时，应尽量选用不同类型的指标同时分析，以保证评价的合理性和全面性。

本节重点讨论不考虑资金时间价值的静态指标。用静态指标分析方案的经济性简捷易行、方便灵活、节省时间，能够快速得出结论。在一般情况下，在项目的投资决策初期，技术经济数据不完备和不精确的项目初选时使用静态指标分析。

3.2.1 静态投资回收期

静态投资回收期(Static Payback Period)是指从项目的投建之日起,用项目每年的净收益(年收入减年支出)来回收期初的全部投资所需要的时间长度。其中,使得下面公式成立的 P_t 即为静态投资回收期:

$$\sum_{t=0}^{P_t}(CI-CO)_t = 0 \tag{3-2}$$

式中:t——时间或年份;

P_t——静态投资回收期(含项目建设期);

CI_t——第 t 年的现金流入(Cash Input,CI);

CO_t——第 t 年的现金流出(Cash Output,CO)。

投资回收期说明了投资收回的速度。投资回收期越短,表明项目投资回收速度越快;反之,越慢。同时,投资回收期越短,也说明项目抗风险能力越强。计算投资回收期有以下两种情况。

1. 公式计算法

如果项目每年的净收益相等,则项目的静态投资回收期计算公式为

$$P_t = \frac{TI}{NB} + m \tag{3-3}$$

式中:P_t——静态投资回收期;

TI——总投资额(Total Investment,TI),$TI = \sum_{t=0}^{m} TI_t$;

NB——年净收益(Net Benefit,NB);

m——项目的建设期。

【例 3.3】 某工程项目期初投资 1 000 万元,两年建成投产。投产后每年的净收益为 150 万元。问:该项目的投资回收期为多少?

解:该投资项目每年的净收益相等,可以直接用公式计算其投资回收期。

$$P_t = \frac{1\,000}{150} + 2 = 8.67 (年)$$

2. 列表计算法

如果项目每年的净收益不相等,则借助现金流量表计算。但列表计算有时不能得到精确解。因此,为了精确计算投资回收期,还必须使用以下公式:

$$P_t = T - 1 + \frac{\left|\sum_{t=0}^{T-1}(CI-CO)_t\right|}{(CI-CO)_T} \tag{3-4}$$

式中:T——项目各年累计净现金流量首次出现正值或零的年份;

其他符号含义与式(3-2)相同。

怎样用投资回收期来对方案进行评价呢？一般是将计算出的投资回收期与基准投资回收期相比较来判断。设 P_o 为基准投资回收期，其判断准则：$P_t \leq P_o$ 时，说明方案有经济效益，方案可行；$P_t > P_o$ 时，说明方案没有经济效益，方案不可行。

当多个方案进行比较时，在每个方案自身满足 $P_t \leq P_o$ 时，投资回收期越短的方案越好。

【例 3.4】 某工程项目期初投资 1 000 万元，一年建成投产并获得收益。每年的收益和经营成本见表 3-3。该项目寿命期为 10 年。若基准投资回收期为 6 年，试计算该项目的投资回收期，并判断方案是否可行。

表 3-3　某工程项目的收入和成本　　　　　　　　　　　　单位：万元

项目＼年份	0	1	2	3	4	5	6	7	8	9	10
投资额	−1 000										
年收入		400	500	500	530	550	550	550	550	550	580
年经营成本		300	300	200	250	200	200	200	200	200	250

解： 由于项目每年的净收益不等，因此，用列表计算投资回收期，且计算见表 3-4。

表 3-4　例 3.4 中项目的净现金流量和累计现金流量　　　　单位：万元

项目＼年份	0	1	2	3	4	5	6	7	8	9	10
投资额	−1 000										
年收入		400	500	500	530	550	550	550	550	550	580
年经营成本		300	300	200	250	200	200	200	200	200	250
净现金流量	−1 000	100	200	300	280	350	350	350	350	350	330
累计净现金流量	−1 000	−900	−700	−400	−120	230	580	930	1 280	1 630	1 960

在表 3-4 中，净现金流量＝年收入−年经营成本，所以

$$第\ t\ 年净现金流量 = CI_t - CO_t$$

$$第\ T\ 年的累计净现金流量 = \sum_{t=0}^{T} 第\ t\ 年的净现金流量$$

本例中各年累计净现金流量首次出现正值或零的年份是第 5 年。那么，本项目的投资回收期为

$$P_t = 5 - 1 + \frac{|-120|}{350} = 4.34 (年)$$

本方案的投资回收期短于基准投资回收期，因此，方案可行。

3.2.2 投资收益率

这里的投资收益率指总投资收益率(Return Of Investment，ROI)，是指项目达到设计生产能力后正常生产年份的年息税前利润或营运期内年平均息税前利润与项目总投资的比值。其表达式为

$$ROI = \frac{EBIT}{TI} \times 100\% \qquad (3-5)$$

式中：ROI——项目总投资收益率；

$EBIT$——项目正常年份的年息税前利润或营运期内年平均息税前利润；

TI——投资总额，它等于各年投资额之和。

息税前利润＝税前利润＋当年应付利息

总投资收益率是一个从项目角度反映项目优劣的静态指标。判断时，一般是将计算出的总投资收益率与基准投资收益率相比较来判断。设 ROI_0 为项目基准投资收益率，其判断准则：当 $ROI \geq ROI_0$ 时，说明方案有经济效益，方案可行。$ROI < ROI_0$ 时，说明方案没有经济效益，方案不可行。

当多个方案进行比较时，在每个方案自身满足 $ROI \geq ROI_0$ 时，投资收益率越大的方案越好。

从投资收益率的公式来看，与投资回收期极其相似。如果把投资回收期中的建设期去掉，则投资回收期与投资收益率互为倒数，即

$$ROI = \frac{1}{P_t}$$

或

$$P_t = \frac{1}{ROI}$$

由此可见，投资收益率与投资回收期是同一类型的评价指标，它们都没有考虑资金的时间价值。

【例 3.5】 某项目期初投资 2 000 万元，建设期为 3 年，投产前两年平均息税前利润为 200 万元，以后每年的息税前利润为 400 万元。若基准投资收益率为 18%，问：该方案是否可行？

解：该方案正常年份的息税前利润为 400 万元，因此，投资收益率

$$ROI = \frac{400}{2\,000} \times 100\% = 20\%$$

该方案的投资收益率为 20%，大于基准投资收益率 18%，因此，该方案可行。

从前面静态投资回收期的计算和例 3.5 的投资收益率的分析计算可见，投资回收期和投资收益率均没有考虑资金的时间价值，它们都具有概念清晰、简单易懂的优点。投资回收期不仅在一定程度上反映了项目的经济性，而且还反映了项目的风险大小。因为项目在实施过程中会遇到各种风险，时间越长，风险出现的可能性就越大，风险造成的损失也将越难以预测。为了减少风险损失，投资者就必然希望投资能在短时间内收回，投资者也最关心投资回收期的长短。而投资回收期这个指标正好能满足投资者的要求，在项目的经济评价中具有独特的地位和作用，被广泛采用。

现在再来看一个例子。

【例 3.6】 现在某工程项目的建设有三个方案 A、B、C 可供选择,3 个方案每年的净现金流量和寿命见表 3-5,试用投资回收期和投资收益率判断方案的优劣。

表 3-5　各比较方案的净现金流量　　　　　　　　　　单位:万元

年份 项目	0	1	2	3	4	5	6	7	8
A	−1 000	200	200	300	300	300	300	200	200
B	−800	150	150	250	250	250	250		
C	−900	150	200	250	300	300	300	250	

解: A 方案的前四年的净现金流量累计为 −1 000+200+200+300+300=0。
B 方案的前四年的净现金流量累计为 −800+150+150+250+250=0。
C 方案的前四年的净现金流量累计为 −900+150+200+250+300=0。
所以,3 个方案的投资回收期均为 $P_t=4$(年)。

从投资回收期来看,3 个方案的优劣程度相同,难以选择。但从整个寿命来看,方案 A 的净收益为 1 000 万元,方案 B 的净收益为 500 万元,方案 C 的净收益为 850 万元,即 A 方案最好。

由此可见,仅用投资回收期来选择方案,出现了困难,这时就需要用其他评价指标来选择方案了,这将在以后内容学习。从这个例子,也不难看出投资回收期的缺点:太粗糙,没有全面考虑投资方案整个寿命期内的现金流量发生的大小和时间,它舍去了方案投资回收期以后各年的收益和费用。因此,在项目的经济效果分析中,投资回收期只能作为辅助性的评价指标来使用。

不管怎么说,投资回收期可以反映投资方案的原始投资得到补偿的速度,所以,当未来的情况很难预测,或者在项目决策初期资料不全或功能要求不准确,而投资者又特别关心资金的补偿时,投资回收期还是很有用的。

3.2.3　项目资本金净利润率

总投资收益率是反映项目总投资收益情况的指标,总投资中的资金既包括自有资金,也包括负债资金。作为投资者,更关心自有资金即资本金的投资收益情况。项目资本金净利润率正是从投资者的角度来考察自有资金的投资收益情况。

所谓项目资本金净利润率(Return Of Equity,ROE)是指项目正常生产年份的年净利润(Net Profit)或营运期内年平均净利润与项目资本金的比值。其表达式为

$$ROE=\frac{NP}{EC}\times 100\% \tag{3-6}$$

式中:ROE——项目资本金净利润率;
　　　NP——项目正常生产年份的年净利润或营运期内年平均净利润;
　　　EC——项目资本金。

项目资本金净利润率高于同行业的净利润率参考值,说明项目可行。

【例 3.7】 某项目期初投资 1 000 万元,当年建成投产并获得收益。其中投资的一半为银行贷款。贷款年利率为 10%,投产第 1 年就开始还贷,每年只还利息,本金期末一次性偿还。每年的收益为 800 万元,每年的经营成本为 400 万元。该项目寿命期为 10 年。但该项目适合的所得税率为 25%。试计算项目的投资收益率和资本金净利润率。

解: 项目总投资中一半为贷款,即说明贷款 500 万元,资本金为 500 万元。

$$每年应还利息 = 500 \times 10\% = 50 (万元)$$
$$年利润总额 = 800 - 400 - 50 = 350 (万元)$$
$$年净利润 = 350 - 350 \times 25\% = 262.5 (万元)$$
$$项目投资收益率 ROI = \frac{350+50}{1\,000} \times 100\% = 40\%$$
$$项目资本金利润率 = \frac{262.5}{500} \times 100\% = 52.5\%$$

在实际工程经济评价中,除了计算上述的投资收益率和项目资本金净利润率两个指标以外,有时还需要计算全部投资利税率和投资利润率指标,以全面考察项目的盈利情况。

$$投资利税率 = \frac{年税前利润}{全部投资额}$$

$$投资利润率 = \frac{年税后利润}{全部投资额}$$

3.3 经济效益评价的动态指标

所谓动态指标是指考虑了资金的时间价值,并从项目或方案的整个寿命期来考察项目经济性的指标。常见的动态经济评价指标有净现值、净年值、将来值、费用现值、内部收益率和外部收益率等。

3.3.1 动态投资回收期

所谓动态投资回收期(Dynamic Payback Time)是指在考虑资金时间价值的情况下,用项目或方案每年的净收益去回收全部投资额所需要的时间。即使得下面公式成立的 P_t^* 为项目或方案的动态投资回收期:

$$\sum_{t=0}^{P_t^*}(CI-CO)_t(1+i_0)^{-t} = 0 \tag{3-7}$$

式中:P_t^*——动态投资回收期;
  i_0——基准折现率;

其他符号与静态投资回收期的表达式中符号的含义相同。

利用动态投资回收期来评价方案或项目时,也是与基准折投资回收期 P_0 相比较来判断。其判断准则:当 $P_t^* \leqslant P_0$ 时,说明方案有经济效益,方案可行;当 $P_t^* > P_0$ 时,说明方案没有经济效益,方案不可行。

当多个方案进行比较,在每个方案自身满足 $P_t^* \leqslant P_0$ 时,投资回收期越短的方案越好。同样,动态投资回收期的计算也有两种方法,即用公式计算和列表计算。

1. 公式计算法

如果方案或项目每年的净收益相等,那么,项目的动态投资回收期一般通过满足式子 $TI = NB \cdot (P/A, i, P_t^*)$ 的 P_t^* 来计算。对该式进行数学变换,并两边取对数,得

$$P_t^* = \frac{\lg \dfrac{NB}{NB - TI \times i_0}}{\lg(1 + i_0)} \tag{3-8}$$

式中:符号含义与前面相同。

【**例 3.8**】 仍用例 3.3 资料,若基准折现率为 10%,问:该项目的动态投资回收期为多少?

解:直接利用(3-8)公式计算项目的动态投资回收期。

$$P_t^* = \frac{\lg \dfrac{150}{150 - 1\,000 \times 10\%}}{\lg(1 + 10\%)} = 11.53 \text{(年)}$$

本例计算结果 11.53 年大于前面静态投资回收期 8.67 年。

2. 列表计算法

如果项目每年的净收益不相等,一般用现金流量列表,并用下面公式计算:

$$P_t^* = T - 1 + \frac{\left| \sum_{t=0}^{T-1}(CI - CO)_t(1 + i_0)^{-t} \right|}{(CI - CO)_T (P/F, i_0, T)} \tag{3-9}$$

式中:T——项目各年累计净现金流量现值首次出现正值或零的年份;

其他符号含义与前面相同。

【**例 3.9**】 资料同例 3.4。若年折现率为 8%,试计算该项目的动投资回收期,并判断方案是否可行。

解:由于各年的净现金流量不等,因此用列表法计算项目的动投资回收期,且计算见表 3-6。由于在计算的过程中,到第 6 年累计净现金流量现值就出现正值了,因此,表 3-6 只计算到第 7 年就可以了。

表 3-6 例 3.9 某项目的净现金流量现值累计计算　　　　　　单位:万元

年份 项目	0	1	2	3	4	5	6	7
投资额	−1 000							
年收入		400	500	500	530	550	550	550
年经营成本		300	300	200	250	200	200	200
净现金流量	−1 000	100	200	300	280	350	350	350
净现金流量现值	−1 000	92.6	171.5	238.1	205.8	238.2	220.6	204.2
累计净现金流量现值	−1 000	−907.4	−735.9	−497.8	−292	−53.8	166.8	371

表 3-6 中：某年(如第 t 年)净现金流量的现值等于那年现金流量的值按照给定的折现率计算到年初的值。即第 t 年净现金流量的现值$=(CI_t-CO_t)(1+i_0)^{-t}$。

动态投资回收期为

$$P_t^*=6-1+\frac{|-53.8|}{220.6}=5.24(年)$$

本项目计算出的投资回收期短于基准投资回收期 6 年，因此，项目可行。

从计算来看，动态投资回收期长于静态投资回收期。这是因为，计算动态投资回收期时考虑了资金的时间价值，先投资的资金比未来的资金价值更大，需要的回收时间更长。

动态投资回收期不仅考虑了资金的时间价值，而且也具有静态投资回收期的优点，因此，动态投资回收期比静态投资回收期应用更广。

3.3.2 净现值

1. 净现值指标的含义

净现值(Net Present Value，NPV)指标是对投资项目进行动态经济评价的最常用的指标。它是指按照一定的利率将各年的净现金流量折现到同一时刻(通常是期初)的现值之和。其表达式为

$$NPV=\sum_{t=0}^{n}(CI_t-CO_t)(1+i_0)^{-t} \qquad (3-10)$$

式中：NPV——项目或方案的净现值；

CI_t——第 t 年的现金流入额；

CO_t——第 t 年的现金流出额(包括投资)；

n——项目寿命周期；

i_0——基准折现率。

利用净现值判断方案时，对于单一方案而言，若 $NPV \geqslant 0$，则方案可行，可以接受；若 $NPV<0$ 时，则方案不可行，应予以拒绝。

【例 3.10】 某项目的期初投资 1 000 万元，投资后一年建成并获益。每年的销售收入为 400 万元，经营成本为 200 万元，该项目的寿命期为 10 年。若基准折现率为 5%，问：该项目是否可行？

解：根据题意，可以计算项目的净现值为

$$NPV=(400-200)(P/A,5\%,10)-1\,000=544.34(万元)$$

由于该项目的 $NPV>0$，所以项目可行。

【例 3.11】 某工程项目第 1 年投资 1 000 万元，第 2 年投资 500 万元，两年建成投产并获得收益。每年的收益和经营成本见表 3-7。该项目寿命期为 8 年。若基准折现率为 5%，试计算该项目的净现值，并判断方案是否可行。

解：先计算项目的净现金流量见表 3-7 最后一行。

再根据题意，年初投资，年末才有效益。绘制该项目的现金流量图如图 3.1 所示。根据现金流量图，可计算该项目的净现值为

表 3-7 某工程项目的收入和成本　　　　　　　　　　　　　单位：万元

年份 项目	0	1	2	3	4	5	6	7	8	9	10
投资额	−1 000	−500									
年收入				400	450	500	500	500	500	500	550
年经营成本				300	300	250	250	250	250	250	250
净现金流量	−1 000	−500		100	150	250	250	250	250	250	300

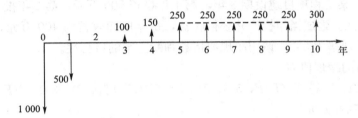

图 3.1 例 3.11 项目的现金流量图

$NPV = 100(P/F,5\%,3) + 150(P/F,5\%,4) + 250(P/A,5\%,5)(P/F,5\%,4) + 300(P/F,5\%,10) - 500(P/F,5\%,1) - 1\,000 = -191.755(万元)$

由于该项目的 $NPV<0$，所以该项目不可行，不能接受。

必须注意：在使用净现值指标判断不同方案时，要考虑统一的计算时间。

净现值指标可以反映项目投资的盈亏情况，可以衡量出投资者对项目在经济上的满意程度。净现值指标的优点是，在给定现金流量、寿命期（或计算期）和折现率的情况下，都能算出一个唯一的净现值。它是从项目的整个寿命期来考察，并考虑了资金的时间价值，克服了投资回收期的缺点，在理论上比投资回收期更完善，在实践中被广泛采用。但是，利用净现值指标进行投资方案的经济效果分析，也存在以下两个缺点。

（1）折现率和各年的收益都是通过事先确定。由于项目的资金来源渠道很多，各种资金来源渠道其资金成本不同，折现率和资金成本很难准确确定，这使得资金成本仅具有理论上的意义，因而实际应用上会受到很大的限制。

（2）在方案的比较上，当采用不同方案的投资额不同时，由于比较的基数不同，单纯看净现值的绝对大小，不能直接反映资金的利用率，难以进行比选，必须使用净现值衍生出的另一种评价指标——净现值指数。

2. 净现值指数

什么是净现值指数（Index of Net Present Value，INPV）呢？下面先来看一个例子。某工程项目有两个投资方案 A 和 B。方案 A 的年初投资额为 1 000 万元，计算出的净现值为 500 万元。方案 B 的年初投资额为 1 200 万元，计算出的净现值也是 500 万元。如果仅从净现值来看，两个方案优劣程度相同。但实际上，它们的优劣程度是有差别的。实际是方案 A 优于方案 B。因为它们的净现值指数不同，方案 A 的净现值指数大于方案 B 的净现值指数。

从上述例子可以看出，净现值指数是指项目或方案的净现值与其投资的现值之比。其

公式为

$$INPV = \frac{NPV}{\sum_{t=0}^{m} TI_t(1+i)^{-t}} \quad (3-11)$$

式中：m——是项目发生投资额的年限；

TI_t——第 t 年的投资额。

用净现值指数指标判断方案的准则：当 $INPV \geq 0$ 时，项目或方案可行；当 $INPV < 0$ 时，项目或方案不可行。

当多方案进行比较时，$INPV$ 最大的方案最优。

【例 3.12】 某工程项目建设期 3 年，第 1 年投资 500 万元，第 2 年投资 300 万元，第 3 年投资 200 万元。建成当年投产并获得收益，每年的净收益为 400 万元，建成后寿命期为 8 年。如年折现率为 5%，请用净现值指数判断方案的可行性。

解： 该项目的净现值为

$NPV = 400(P/A, 5\%, 8)(P/F, 5\%, 2) - 200(P/F, 5\%, 2) - 300(P/F, 5\%, 1) - 500$
$\quad\quad = 1\,377.729 (万元)$

$$INPV = \frac{1\,377.729}{200(1+5\%)^{-2} + 300(1+5\%)^{-1} + 500} = 1.424\,6$$

由于该工程项目的 $INPV > 0$，所以，项目可行。

净现值指数在有些书上又称为"净现值率"。它是在净现值的基础上提出的，单独使用时同净现值指标是一致的。但对多方案比较时，其作用比净现值大。因为净现值指数是一个相对数，考虑了不同投资额的基数问题，以投资额为基数算出的相对数使得不同投资额的方案具有了可比性。因此，当多方案比较，而各方案的投资额不同时，就应该用净现值指数来进行比较。

3. 净现值函数

前面讲过，净现值是按照一个给定的折现率计算项目的现值之和。这样，不同的折现率就会得出不同的净现值，而且净现值与折现率之间存在一定的关系，即函数关系。净现值函数就是研究净现值与折现率之间的函数关系。

下面通过一个例子来研究净现值函数。某投资项目期初投资 1 000 万元，投资后一年建成并投产获益。寿命期为 4 年，每年的净收益为 400 万元。那么该项目的净现值表达式为

$$NPV = 400(P/A, i, 4) - 1\,000$$

现在讨论净现值 NPV 随折现率 i 的变化情况，见表 3-8。表中净现值的单位为万元。

表 3-8 不同折现率下的净现值计算　　　　　　　　单位：万元

i	0	5%	10%	15%	20%	22%	25%	30%	40%	$+\infty$
NPV	600	418.38	267.95	141.99	35.49	0	−55.36	−133.5	−260.31	−1 000

现在根据表 3-8 中数据，以横轴表示折现率，以纵轴表示净现值，净现值函数图如图 3.2 所示。

从图 3.2 可见，随着折现率的增加，净现值逐渐减少，当折现率达到某个值时，净现值为零。当折现率继续增加，净现值变成负值。净现值函数曲线图与横轴的交点，就是内部收益率，这将在以后的章节讨论。

*4. 净现值指标的经济合理性

利用工程经济分析项目或方案的经济性进行投资决策时，其任务有两个：一是判断项目是否可行，是否应该投资；二是项目一旦投资，决定应采取多大规模投资。方案的优劣取决于它对投资者目标贡献的大小，在

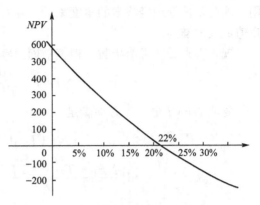

图 3.2 净现值与折现率之间的关系图

不考虑其他非经济目标的情况下，企业追求的目标可以简化为等同风险条件下净盈利的最大化，而净现值和净现值指数都是反映这种净盈利的指标。所以，在多方案比选中采用净现值指标和净现值指数最大化的准则都是合理的。那么，什么情况下用净现值指标？什么情况下用净现值指数指标呢？下面进行讨论。

对于一般工业项目而言，经济效果的好坏与其生产规模有密切关系。而经济规模又取决于投资规模，最佳投资规模也就是使企业获得最大净现值的投资规模。式(3-10)将投资的现值和各年的净收益现值分离出来，并用 NB_P 表示各年净收益的现值，用 TI_P 表示投资的现值。NPV 公式变为

$$NPV = \sum_{t=0}^{n}(CI_t - CO_t)(1+i_0)^{-t} = \sum_{t=1}^{n}(CI_t - CO_t)(1+i_0)^{-t} - \sum_{t=0}^{m}TI_t(1+i_0)^{-t}$$
$$= NB_P - TI_P \tag{3-12}$$

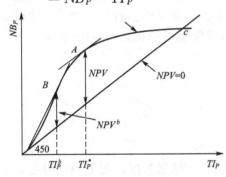

图 3.3 最佳经济规模的确定

这样 NPV 就可以看成是投资现值 TI_P 的函数。NB_P 与 TI_P 的关系曲线如图 3.3 所示，图中 NB_P 为纵坐标，TI_P 为横坐标，与横坐标成 45°的直线是 $NPV=0$(即 $NB_P = TI_P$)的方案集合。

按照经济规模的原理，随着投资规模的增大，边际投资带来的边际净收益现值 NB_P 开始时逐渐递增，超过最佳投资规模后逐渐递减。要使得企业获得的 NPV 最大，必须满足：

$$\frac{dNPV}{dTI_P} = \frac{d(NB_P - TI_P)}{dTI_P} = \frac{dNB_P}{dTI_P} - 1 = 0$$

即
$$dNB_P = dTI_P \tag{3-13}$$

式(3-13)说明，在 NB_P 曲线上，斜率为 1 的那点对应的投资规模 TI_P^* 为最佳投资规模，在这一投资规模下的净现值 NPV^* 最大，这点就是图 3.3 中的 A 点。

根据管理经济学原理，边际收入等于边际成本时企业实现的利润最大。而满足式(3-13)表示投资带来的边际收入现值之和(dNB_P)与边际投资现值(dTI_P)相等，且 NB_P 曲线上 A 点的斜率为 1，斜率中没有包含投资，斜率与投资无关。这正是管理经济学的一种具体应

用。因此，从管理经济学的角度来看，在对投资不等的备选方案进行比选时，应该采用净现值最大的准则。

现在再来看净现值指数。根据前面对净现值表达式的分离，那么净现值指数 $NPVI$ 为

$$NPVI = \frac{NPV}{TI_P} = \frac{NB_P - TI_P}{TI_P}$$

要使 $NPVI$ 最大，必须满足：

$$dNPVI = d\left(\frac{NB_P - TI_P}{TI_P}\right) = 0$$

$$d\left(\frac{NB_P - TI_P}{TI_P}\right) = \frac{TI_P \times dNB_P - NB_P \times dTI_P}{TI_P^2} = 0$$

$$\Rightarrow TI_P \times dNB_P - NB_P \times dTI_P = 0$$

$$\Rightarrow \frac{dNB_P}{dTI_P} = \frac{NB_P}{TI_P} \tag{3-14}$$

从图 3.3 可见，A 点是最佳投资规模点，即只要投资规模超过了 TI_P^*，NPV 又会逐渐减少，所以企业应投资的规模只能小于 TI_P^* 不能大于 TI_P^*。而在图 3.3 中，满足式(3-14)的点是 B 点，这一点的切线 OB 的斜率等于 NB_P/TI_P，B 点所对应的投资规模为 TI_P^b，小于最佳投资规模 TI_P^*，相应的净现值也小于 NPV^*。

由于 OB 的斜率中含有投资，即斜率与投资规模有关，因此，用 $NPVI$ 指标来判断选择方案时，有利于投资规模小的项目，且只适合于投资额 TI_P 相等或接近的方案的比较。

如果企业投资资金有限制，在考察企业投资活动时，一般是将企业投资活动看成是一个整体进行考察。这时往往需要从众多备选投资项目中选出一批项目进行投资，选择的方法：按其 NPV 的大小一次排列，优先选择 NPV 大的项目进行投资。若把每一个项目看成一个边际投资单位，即把 dTI_P 看成是一个边际项目的投资现值，把 dNB_P 看成是一个边际项目的净收入现值总和，按照边际原理，在资金供应充足的条件下，最后一个被选中的边际项目应近似满足式(3-14)。这时企业从全部投资项目中获取的 NPV 总和最大。这就是以 $NPV \geqslant 0$ 作为可接受项目标准的道理。

3.3.3 将来值和净年值

1. 将来值

所谓将来值(Net Future Value，NFV)就是以项目计算期为准，把不同时间发生的净现金流量按照一定的折现率计算到项目计算期末的未来值之和。用公式表示为：

$$NFV = \sum_{t=0}^{n}(CI_t - CO_t)(1+i_0)^t \tag{3-15}$$

式中：所有的符号与净现值公式中的含义相同。

显然，NFV 的公式与 NPV 的公式是等价的，并且它们之间存在以下关系：

$$NFV = NPV(F/P, i, n)$$

即将来值等于净现值乘以一个常数$(F/P, i, n)$。由此可见，用两个指标来评价项目或方案的结论是一致的，只是两者计算的时间点不同而已。

将来值的判断准则：对于单方案或项目而言，当 $NFV \geqslant 0$ 时，方案或项目可行；当

$NFV < 0$ 时，方案或项目不可行。对于多方案而言，NFV 最大的方案最优。

【例 3.13】 资料同例 3.12，求将来值。

解：$NFV = 400(F/A, 5\%, 8) - 200(F/P, 5\%, 8) - 300(F/P, 5\%, 9) -$
$\qquad 500(F/P, 5\%, 10)$
$\qquad = 2\,244.3(万元)$

也可以用净现值来换算，得
$$NFV = NPV(F/P, i, n) = 1\,377.729(F/P, 5\%, 10) = 2\,244.2(万元)$$

两种计算的小数差别是因为中间小数的保留不同所致，其实质是相同的。

该项目的 $NFV > 0$，项目可行。与前面计算结论一致。

需要注意，使用将来值指标与净现值指标一样，对不同方案进行比较时，要考虑统一的计算时间。

2. 净年值

净年值（Net Annual Value，NAV）是指通过资金等值换算，将项目的净现值或将来值分摊到寿命期内各年的等额年值。其表达式为

$$NAV = NPV(A/P, i_0, n) = \sum_{t=0}^{n}(CI_t - CO_t)(1+i_0)^{-t}(A/P, i_0, n) \quad (3-16)$$

或

$$NAV = NFV(A/F, i_0, n) = \sum_{t=0}^{n}(CI_t - CO_t)(1+i_0)^{t}(A/F, i_0, n) \quad (3-17)$$

式中： NAV——净年值；
$(A/P, i_0, n)$——等额支付资本回收系数；
$(A/F, i_0, n)$——等额支付偿债基金系数。

净年值的判断准则：对于单一项目或方案而言，当 $NAV \geq 0$ 时，项目或方案可行；当 $NAV < 0$ 时，项目或方案不可行。对多方案而言，在各方案独立可行的前提下，NAV 最大的方案最优。

净年值是与净现值、将来值等价的指标，用净年值来评价项目或方案与用净现值、将来值来评价，其结果是一致的。净年值是将项目年初的净现值或将来值平均分摊到每年的等额年值，所以，它有点类似于"平均"值。用统计学的观点来看，净现值和将来值是总量指标，而净年值是一个平均指标。总量指标是反映现象在一定的时间、地点、条件下所达到的规模和水平的总量统计指标。但总量指标只能说明总体的规模，可比性较差。平均指标是将总体内各单位在某一数量标志值上的具体差异抽象掉，以一个平均水平作为总体的代表值，因而具有很好的可比性。此外，使用净年值指标来评价不同方案时，可以不必考虑统一的计算时间。因此，在某些决策结构形式下，采用净年值比采用净现值和将来值更为简便，更具有可比性（后面章节将要详述）。所以，净年值指标在项目或方案的经济效益评价中占有相当重要的地位。

由于净现值、将来值和净年值它们相互间只相差一个系数，因此，不同的方案之间存在比例关系。例如，有 A、B 两个方案，且有以下关系：

$$\frac{NPV_A}{NPV_B} = \frac{NFV_A}{NFV_B} = \frac{NAV_A}{NAV_B} \quad (3-18)$$

即两方案的各指标成比例关系。

【例 3.14】 有 A、B 两个方案，各方案每年的投资和净收益见表 3-9。若年折现率为 10%，试分别计算两个方案的净现值、将来值和净年值，看这些指标存在什么关系。

表 3-9　A、B 方案的投资和净收益　　　　　　单位：万元

年份 项目	0	1	2	3	4	5	6	7	8	9
A 方案投资及净收入	−800	−500	−100	200	200	450	450	450	450	450
B 方案投资及净收入	−500	−300	100	200	200	300	300	300	300	300

解： 两方案的净现值分别为

$$NPV_A = 450(P/A, 10\%, 5)(P/F, 10\%, 4) + 200(P/F, 10\%, 4) + \\ 200(P/F, 10\%, 3) - 100(P/F, 10\%, 2) - 500(P/F, 10\%, 1) - 800 \\ = 114.7724(万元)$$

$$NPV_B = 300(P/A, 10\%, 5)(P/F, 10\%, 4) + 200(P/F, 10\%, 4) + \\ 200(P/F, 10\%, 3) + 100(P/F, 10\%, 2) - 300(P/F, 10\%, 1) - 500 \\ = 761.8724(万元)$$

两方案的将来值分别为

$$NFV_A = NPV_A(F/P, i, n) = 114.7724 \times (F/P, 10\%, 9) = 270.6218(万元)$$
$$NFV_B = NPV_B(F/P, i, n) = 761.8724 \times (F/P, 10\%, 9) = 1796.4189(万元)$$

两方案的净年值分别为

$$NAV_A = NPV_A(A/P, i, n) = 114.7724 \times (A/P, 10\%, 9) = 19.9245(万元)$$
$$NAV_B = NPV_B(A/P, i, n) = 761.8724 \times (A/P, 10\%, 9) = 132.2610(万元)$$

A、B 两方案各指标的比例为

$$\frac{NPV_A}{NPV_B} = \frac{114.7724}{761.8724} = 0.1506; \quad \frac{NFV_A}{NFV_B} = \frac{270.6218}{1796.4189} = 0.1506; \quad \frac{NAV_A}{NAV_B} = \frac{19.9245}{132.2610} = 0.1506$$

所以，两方案的各指标成比例关系，比例值为 0.1506。

3.3.4　费用现值和费用年值

在对多方案进行比选时，有时方案的产出难以计量或预测。例如，企业里的一些后方生产用设备、环保项目、教育项目、社会公益项目等的产出是难以计量和预测的，对这些项目的方案进行比较时，往往只考虑费用。也有一些产出相同的方案，在比较时为了简便起见，不考虑产出。仅用费用来比较方案，常见的指标有两种，即费用现值和费用年值。

1. 费用现值

所谓费用现值（Present Cost，PC）就是指按照一定的折现率，在不考虑项目或方案收益时，将项目或方案每年的费用折算到某个时刻（一般是期初）的现值之和。其表达式为

$$PC = \sum_{t=0}^{n} CO_t(1+i_0)^{-t} \tag{3-19}$$

式中：PC——项目或方案的费用现值；
　　　n——项目的寿命周期（或计算期）；
　　　CO_t——项目或方案第 t 年的费用；
　　　i_0——折现率。

用费用现值判断方案时，必须要满足相同的需要或功能，如果不同的项目满足不同的需要，就无法进行比较。因此，费用现值的判断准则：在满足相同需要或功能的条件下，费用现值最小的方案最优。

2. 费用年值

所谓费用年值（Annul Cost，AC）是指通过资金等值换算，将项目的费用现值分摊到寿命期内各年的等额年值。其表达式为

$$AC = \left[\sum_{t=0}^{n} CO_t(1+i_0)^{-t}\right](A/P, i_0, n) = PC(A/P, i_0, n) \quad (3-20)$$

式中：　　AC——项目或方案的费用年值；
$(A/P, i_0, n)$——等额支付资本回收系数；
其他符号与 PC 表达式中相同。

由于费用现值和费用年值成系数关系，因此，这两个指标是等价的。费用年值指标评价的准则：费用年值最小的方案最优。同样，用费用年值指标进行方案比较时，也应满足相同的需要。但是，费用年值相当于一个"年平均值"，比费用现值更具有可比性，尤其当方案或项目的寿命不同时，采用费用年值更简便，更具有可比性。

【例 3.15】某项目有 3 个供气方案 A、B、C 均能满足同样的需要。其费用数据见表 3-10。若基准折现率为 5%，试分别用费用现值和费用年值方案的优劣。

表 3-10　3 个供气方案的费用数据表　　　　　　　　单位：万元

方案＼年份	总投资（第 0 年）	年运营费用（第 1～5 年）	年运营费用（第 6～10 年）
A	1 000	40	50
B	1 200	30	40
C	900	50	60

解：三个方案的费用现值分别为

$PC_A = 50(P/A, 5\%, 5)(P/F, 5\%, 5) + 40(P/A, 5\%, 5) + 1\,000 = 1\,342.788\,2（万元）$
$PC_B = 40(P/A, 5\%, 5)(P/F, 5\%, 5) + 30(P/A, 5\%, 5) + 1\,200 = 1\,465.571\,5（万元）$
$PC_C = 60(P/A, 5\%, 5)(P/F, 5\%, 5) + 50(P/A, 5\%, 5) + 900 = 1\,320.004\,8（万元）$

从计算结果来看，C 方案的费用现值最小，因此 C 方案最优。
再计算三个方案的费用年值。

$AC_A = PC_A(A/P, i, n) = 1\,342.788\,2(A/P, 5\%, 10) = 173.891\,1（万元）$
$AC_B = PC_B(A/P, i, n) = 1\,465.571\,5(A/P, 5\%, 10) = 189.791\,5（万元）$
$AC_C = PC_C(A/P, i, n) = 1\,320.004\,8(A/P, 5\%, 10) = 170.940\,6（万元）$

从费用年值的计算结果来看，也是 C 方案最优。

3.3.5 内部收益率

1. 内部收益率的概念

什么是内部收益率呢？简单地说，内部收益率(Internal Rate of Return，IRR)就是指净现值为零时对应的折现率。

在图 3.2 中，随着折现率的不断增加，净现值逐渐减少。当折现率增加到 22% 时，项目的净现值为零，这个 22% 就是该项目的内部收益率。换句话说，内部收益率 IRR 就是 NPV 曲线与横坐标交点处对应的折现率。那么，内部收益率就可以通过 NPV 的表达式来求解。即，满足下式的折现率为内部收益率，即

$$NPV(IRR) = \sum_{t=0}^{n}(CI_t - CO_t)(1+IRR)^{-t} = 0 \quad (3-21)$$

式中：IRR——内部收益率；

其他符号与 NPV 公式中相同。

但是，把式(3-21)展开是一个高次方程，难以直接求出解。为了求解，通常采用"试算内插法"来求 IRR 的近似解。在图 3.4 中，给出 i_m 和 i_n 两个折现率，计算出它们对应的净现值 $NPV(i_m) NPV(i_n)$，并且 $NPV(i_m) > 0$，$NPV(i_n) < 0$，然后用线性内插法计算 IRR 的近似值。

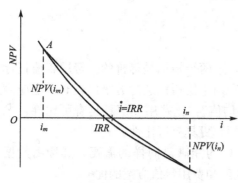

图 3.4 用内插法求解 IRR 图解

根据相似形的原理，图 3.4 中有以下关系：

$$\frac{i^* - i_m}{i_n - i^*} = \frac{NPV(i_m)}{|NPV(i_n)|}$$

等比例变换可得

$$IRR = i_m + \frac{NPV(i_m) \cdot (i_n - i_m)}{NPV(i_m) + |NPV(i_n)|}$$

IRR 的具体计算步骤如下所述。

(1) 先列出 NPV 的表达式。

(2) 给出一个折现率 i_1，计算对应的 $NPV(i_1)$，并不断试算，使得 $NPV(i_1) > 0$，且接近于 0。

(3) 再给出一个折现率 i_2，计算对应的 $NPV(i_2)$，并不断试算，使得 $NPV(i_2) < 0$，且接近于 0。

(4) 计算 $\Delta_i = i_2 - i_1$。但选取的 i_2 和 i_1 的差别不能太大，要求 $i_2 - i_1 < 5\%$，目的是减少内插的误差。

(5) 将上述数据代入以下公式计算 IRR。

$$IRR = i_1 + (i_2 - i_1)\frac{NPV_1}{NPV_1 + |NPV_2|} \quad (3-22)$$

IRR 的判断准则：设基准折现率为 i_0，若 $IRR \geq i_0$，则项目可行；若 $IRR < i_0$，则项目不可行。另外，在利用内部收益率判断方案时，应结合净现值函数图形进行比较，更容易记忆。

从上面的计算可见，内部收益率不是事先外生给定的，而是内生决定的——由项目现金流量计算出来的。这也就是它为什么称为内部收益率的缘故。

实际上，在净现值函数图形中，内部收益率相当于项目的盈亏平衡点。当利率低于盈亏平衡点 IRR 时，项目的净现值大于零，项目盈利；当利率高于盈亏平衡点 IRR 时，项目的净现值小于零，项目亏损。

内部收益率被普遍认为是项目投资的盈利率，反映了投资的使用效率，概念清晰明确。比起净现值与将来值来，各行各业的经济工作者更喜欢采用内部收益率。

【例 3.16】 某工程项目期初投资 10 000 元，一年后投产并获得收益，每年的净收益为 3 000 元。基准折现率为 10%，寿命期为 10 年。试用内部收益率指标项目是否可行。

解： 由题意得

$$NPV = 3\,000(P/A, i, 10) - 10\,000$$

取 $i_1 = 25\%$，$NPV(i_1) = 711.5$（元）；取 $i_2 = 30\%$，$NPV(i_2) = -725.5$（元）。
将数据代入 IRR 公式计算 IRR 得

$$IRR = 25\% + (30\% - 25\%) \frac{711.5}{711.5 + |-725.5|} = 27.48\%$$

由于基准折现率 $i_0 = 10\% < IRR = 27.48\%$，所以项目可行。

其实，在实际工程中，有时可能还需要用净年值、净将来值和费用现值、费用年值等指标来计算项目或方案的内部收益率。用净年值、净将来值计算内部收益率的公式和步骤与用净现值计算内部收益率相同。但用费用现值和费用年值计算内部收益率不同。

用费用现值和费用年值计算内部收益率刚好相反。原因是，费用现值与折现率的关系图中，随着 i 的逐渐增加，PC 逐渐增加。用费用现值和费用年值计算内部收益率的计算步骤如下所述。

(1) 先列出 PC 的表达式。

(2) 给出一个折现率 i_1，计算对应的 $PC(i_1)$，并不断试算，使得 $PC(i_1) < 0$，且接近于 0。

(3) 再给出一个折现率 i_2，计算对应的 $PC(i_2)$，并不断试算，使得 $PC(i_2) > 0$，且接近于 0。

(4) 计算 $\Delta_i = i_2 - i_1$。但选取的 i_2 和 i_1 的差别不能太大，要求 $i_2 - i_1 < 5\%$，目的是减少内插的误差。

(5) 将上述数据代入如下公式计算 IRR。

$$IRR = i_1 + (i_2 - i_1) \frac{|PC_1|}{|PC_1| + PC_2} \tag{3-23}$$

IRR 的判断准则：设基准折现率为 i_0，若 $IRR \geq i_0$，则项目可行；若 $IRR < i_0$，则项目不可行。

【例 3.17】 某投资项目的期初投资为 1 000 万元，寿命期为 10 年，每年的年运营费用为 40 万元，每年收益为 200 万元。若基准折现率为 5%，请用费用现值来计算项目的内部收益率,并判断项目的可行性。

解:由题意得

$$PC=(40-200)(P/A,i,10)+1\,000$$

取 $i_1=8\%$,$PC_1=-73.62$(元);取 $i_2=10\%$,$PC_2=16.86$(元)。将数据代入式(3-23)得

$$IRR=8\%+(10\%-8\%)\frac{|-73.62|}{|-73.62|+16.86}=9.63\%$$

由于项目的内部收益率为 9.63%,大于基准折现率 5%,此时项目的费用现值为负,项目可行。如果此题用净现值指标计算,内部收益率也为 9.63%,因此,两种计算方法结论一致。

2. 内部收益率的经济意义

前面了解了内部收益率的概念及计算,但怎样从经济上解释内部收益率呢?从经济上说,内部收益率就是使得项目在寿命期结束时,投资刚好被全部收回的折现率。也就是说,在项目的整个寿命期内,按照利率 $i=IRR$ 计算,始终存在未能收回的投资,而在寿命期结束时,投资刚好被全部收回。即在项目寿命期内的各个时刻,项目始终处于"偿付"未被收回的投资状况。因此,项目的"偿付"能力完全取决于项目内部,故有"内部收益率"的称谓。

现在通过一个例子来验证内部收益率的经济含义。

【例 3.18】 某项目的寿命期为 4 年,其现金流量如图 3.5 所示。试计算图中现金流量的内部收益率,并验证内部收益率的经济含义。

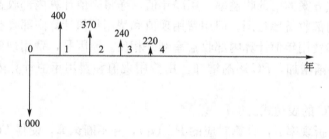

图 3.5 例 3.18 的现金流量图

解:由题意得

$$NPV=\frac{400}{1+i}+\frac{370}{(1+i)^2}+\frac{240}{(1+i)^3}+\frac{220}{(1+i)^4}-1\,000$$

$$i_1=8\%,\quad NPV_1=39.812\,0(元)$$

$$i_2=12\%,\quad NPV_2=-37.254\,2(元)$$

$$IRR=8\%+(12\%-8\%)\frac{39.812\,0}{39.812\,0+37.254\,2}=10\%$$

现在验证内部收益率的经济含义。按照 $i=IRR=10\%$ 计算项目每年未收回的资金如下所述。

第 1 年年末未收回的资金为 $-1\,000(1+10\%)+400=-700$(元),处于"偿付"状态。

第 2 年年末未收回的资金为 $-1\,000(1+10\%)^2+400(1+10\%)+370=-400$（元），处于"偿付"状态。

第 3 年年末未收回的资金为 $-1\,000(1+10\%)^3+400(1+10\%)^2+370(1+10\%)+240=-200$（元），处于"偿付"状态。

第 4 年年末未收回的资金为 $-1\,000(1+10\%)^4+400(1+10\%)^3+370(1+10\%)^2+240(1+10\%)+220=0$，投资全部被收回。

可见，按照内部收益率计算，本项目在寿命期内的前三年始终处于"偿付"状态，资金未被完全收回。只有在第 4 年年末，寿命期结束时，投资才全部被收回。这就验证了内部收益率的经济含义。

*3. 内部收益率的几种特殊情况

1) 内部收益率与静态投资回收期的关系

在某些特殊情况下，静态投资回收期和内部收益率是等价的。例如，当投资发生在年初（第 0 年），以后各年年末的收益相等时，静态投资回收期和内部收益率是等价的。这时给定项目的寿命期为 N 年，按照内部收益率的定义有

$$-P+A(P/A,\ IRR,\ N)=0 \Rightarrow (P/A,\ IRR,\ N)=\frac{P}{A}$$

由静态投资回收期的公式可知，上式右边式子即为静态投资回收期 P_t。因此，其公式为

$$P_t=\frac{(1+IRR)^N-1}{IRR(1+IRR)^N} \qquad (3-24)$$

【例 3.19】 若某项目年初投资，一年后获得收益，每年的收益相等。先给定内部收益率为 15%，项目的寿命期为 20 年。请问：与项目等价的静态投资回收期是多少？

解：由题意得

$$P_t=\frac{(1+IRR)^N-1}{IRR(1+IRR)^N}=\frac{(1+15\%)^{20}-1}{15\%(1+15\%)^{20}}=6.26(年)$$

2) 具有多个内部收益率的情况

前面举的例子中，都只有唯一的内部收益率，这是为什么呢？接下来看看前面的例子。在所有的例子中，尽管有的投资期为一年，有的为多年，但都是先投资后获益。这是属于正常投资情况。也就是说，常规投资项目都具有唯一的内部收益率。但在实际工程中，也有些项目存在多个内部收益率。下面看一个例子。

【例 3.20】 某项目在年初投资，获益后又投资。其现金流量见表 3-11。试求项目的内部收益率。

表 3-11 正负号多次变化的净现金流序列　　　　　　　　单位：万元

年	0	1	2	3
净现金流量	−100	470	−720	360

解：由题意得

$$NPV = \frac{470}{1+i} - \frac{720}{(1+i)^2} + \frac{360}{(1+i)^3} - 100 = 0$$

经过计算得到 $i_1 = 20\%$，$i_2 = 50\%$，$i_3 = 100\%$。

这些折现率是否是内部收益率呢？这个问题留待后面再讨论。

实际上，求 IRR 的表达式(3-21)式是一个高次方程。为清楚起见，令 $(1+IRR)^{-1} = x$，$F_t = CI_t - CO_t (t = 0, 1, 2 \cdots)$，则式(3-21)可写为

$$F_0 + F_1 x + F_2 x^2 + F_3 x^3 + \cdots + F_n x^n = 0 \tag{3-25}$$

这是一个系数为实数的 n 次方程，必有 n 个根(包括复数根和重根)，故其正实数根可能不止一个。

系数为实数的高次方程满足狄卡尔符号法则。狄卡尔符号法则：系数为实数的 N 次多项式方程，其正实数根的数目不会超过其系数系列 $F_0, F_1, F_2, F_3, \cdots$ 中符号的变化次数。

设 p 是高次方程中系数的变化次数，则

$$p = \begin{cases} 0, & \text{总有 } NPV > 0 \text{ 或 } NPV < 0，此时无内部收益率。\\ 1, & 属于常规投资项目，有唯一的内部收益率。\\ m, & 属于非常规项目，高次方程有个 m 根，但这些根不一定是内部收益率，只有符合内部收益率的经济含义的根才是内部收益率，不符合内部收益率的经济含义的根就不是内部收益率。 \end{cases}$$

净现金流序列符号只变化一次的项目称作常规项目，如例 3.16 和例 3.17。对于常规项目，在项目的寿命期初(投资建设期和投产初期)，净现金流量一般为负值(现金流出大于现金流入)，项目进入正常生产期后，净现金流量就会变成正值(现金流入大于现金流出)。只要其累计净现金流量大于零，IRR 就有唯一的正数解。

净现金流序列符号只变化多次的项目称作非常规项目，如例 3.20。对于非常规项目，在项目寿命期的各个时刻可能都有现金流出和现金流入，各个时刻的净现金流量可能为正，也可能为负。即非常规项目的高次方程可能有多个正实数根，这些根是否是真正的内部收益率呢？这需要按照内部收益率的经济含义进行验证。即以这些根作为盈利率，代入计算项目寿命期内各个时刻的资金，看是否存在未"偿付"的资金。以例 3.20 为例验证。

在例 3.20 中，NPV 表达式的高次方程的系数先是 $-1\,000$，而后变成 470，再变成 -720，最后变成 360。系数符号变化了 3 次，因此，有 3 个根。现在验证 $i = 20\%$ 是否是内部收益率。将 $i = 20\%$ 代入项目，计算项目各年末未被收回的资金(读者可以仿照例 3.18 验证)。通过计算，第 1 年末未被收回的资金为：$-100(1+20\%) + 470 = 350$(元)，不存在未被收回的资金，显然不符合内部收益率的经济含义。所以，20% 不是项目的内部收益率。同理，可验证 50% 和 100%，也不是项目的内部收益率。

可以得出以下结论：对于非常规项目，只要 IRR 方程存在多个正实数根，则所有的根都不是项目真正的内部收益率。但若非常规项目的 IRR 方程只有一个正实数根，则这个根就是项目的内部收益率。请看下面的例子。

【例 3.21】 某项目的净现金流量见表 3-12，试判断此项目是否存在内部收益率。

表 3-12　某项目的净现金流量　　　　　　　　　　　　　　　单位：万元

年份	0	1	2	3	4	5
净现金流量	−100	60	50	−200	150	100

解：这是一个非常规项目。NPV 的表达式为

$$NPV=-100+60(P/F,i,1)+50(P/F,i,2)-200(P/F,i,3)+150(P/F,i,4)+100(P/F,i,5)=0$$

用试算法，算出方程有一个唯一的根 $i=12.97\%$。

验算根 $i=12.97\%$ 是否是项目的内部收益率。用 $i=12.97\%$ 计算项目各年的资金。

第 1 年末未收回的资金为

$$-100(1+12.97\%)+60=-52.97(元)$$

第 2 年年末未收回的资金为

$$-100(1+12.97\%)^2+60(1+12.97\%)+50=-9.84(元)$$

第 3 年末未收回的资金为

$$-100(1+12.97\%)^3+60(1+12.97\%)^2+50(1+12.97\%)-200$$
$$=-211.12(元)$$

第 4 年年末未收回的资金为

$$-100(1+12.97\%)^4+60(1+12.97\%)^3+50(1+12.97\%)^2-200(1+12.97\%)+150$$
$$=-88.52(元)$$

第 5 年末未收回的资金为

$$-100(1+12.97\%)^5+60(1+12.97\%)^4+50(1+12.97\%)^3-200(1+12.97\%)^2+150(1+12.97\%)+100=0$$

用 $i=12.97\%$ 计算项目各年末未被"偿付"的资金，在 1~4 年资金都没有全部被收回，只有在寿命期结束的第 5 年年末资金才全部被收回。因此，此例验证了前面的结论，$i=12.97\%$ 是该项目的内部收益率。

3）内部收益率不存在的情况

不存在内部收益率的几种情况如下所述。

(1) 总有 $NPV>0$。图 3.6(a)中，净现金流量始终为正。因为有

$$NPV=800+500(P/F,i,1)+400(P/F,i,2)+200(P/F,i,3)$$

当 $i=0$ 时，$NPV=1\,900(元)$；$i\to+\infty$，$NPV=800(元)$。可见，在项目的各个时期总有 $NPV>0$，净现值函数图形与横轴没有交点，不存在根，也就不可能存在内部收益率了。

(2) 总有 $NPV<0$。图 3.6(b)中，净现金流量始终为负。因为有

$$NPV=-1\,000-500(P/F,i,1)-200(P/F,i,2)-300(P/F,i,3)$$

当 $i=0$ 时，$NPV=-2\,000(元)$；$i\to+\infty$，$NPV=-1\,000(元)$。可见，在项目的各个时期总有 $NPV<0$，净现值函数图形与横轴没有交点，不存在根，也就不可能存在内部收益率了。

(3) 现金流量的收入代数和小于支出代数和。在图 3.6(c)中，现金流量虽然开始是支出，以后都是收入，但由于现金流量的收入代数和 $500+500+500=1\,500(元)$，小于现金

流量的支出代数和 $1\,000+800=1\,800$(元)，使得项目在各个时期总有 $NPV<0$，净现值函数图形与横轴也没有交点，所以不存在内部收益率。这是因为 $NPV=-1\,000-800(P/F,i,1)+500(P/A,i,3)(P/F,i,1)$，当 $i=0$ 时，$NPV=-300$(元)；当 $i\to+\infty$ 时，$NPV=-10\,000$(元)。即始终有 $NPV<0$，所以不存在内部收益率。

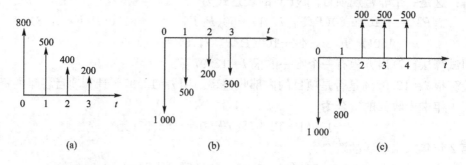

图 3.6 不存在内部收益率的情况

（4）非投资情况。这是一种特殊的情况。即先从项目取得资金，然后偿付项目的有关费用。例如，现有项目转让就属于这种情况。

图 3.7 是一种非投资情况。投资者先从项目取得资金，然后再向方案投资。注意，在此种情况下，只要现金流量的收入代数和大于支出代数和，一般就存在内部收益率。这是因为，图 3.7 中的 $NPV=-1\,000-800(P/F,i,1)+800(P/A,i,3)(P/F,i,1)$。当 $i=0$ 时，$NPV=-600$(元)；$i\to+\infty$，$NPV=1\,000$(元)。可见，净现值函数图形与横轴有交点，存在根，也就是说存在内部收益率。

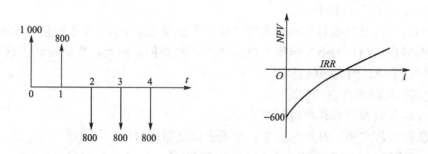

图 3.7 非投资情况

只不过，非投资情况项目的 NPV 的净现值函数图形与常规项目正好相反，随着折现率的逐渐增大，NPV 的值也逐渐增大，并由负变正。判断时，当内部收益率小于折现率时，项目才可行。

对 $NPV=-1\,000-800(P/F,i,1)+800(P/A,i,3)(P/F,i,1)=0$ 求根。

取 $i=10\%$，$NPV=-81.38$(元)；取 $i=15\%$，$NPV=107.34$(元)。则图 3.7 的内部收益率为

$$IRR=10\%+(15\%-10\%)\frac{|-81.38|}{|-81.38|+107.34}=12.16\%$$

可见，非投资情况也存在内部收益率。

*3.3.6 外部收益率

计算投资项目或方案的内部收益率时,隐含了一个基本假定,即项目寿命周期内所获得的净收益全部用于再投资,且再投资的收益率等于项目的内部收益率。这种隐含假定是由于现金流计算中采取复利计算方法导致的。

根据内部收益率的经济含义,可以把求 IRR 的方程写成下列形式:

$$\sum_{t=0}^{n}(NB_t - TI_t)(1+IRR)^{-t} = 0 \qquad (3-26)$$

式中:TI_t——第 t 年的净投资;

NB_t——第 t 年的净收益。

式(3-26)两端同乘以 $(1+IRR)^n$ 后得

$$\sum_{t=0}^{n}(NB_t - TI_t)(1+IRR)^{n-t} = 0$$

也就是说,通过等值计算,将式(3-26)的左端的现值折算成了期末的终值。再对上式进行变换,可得

$$\sum_{t=0}^{n}NB_t(1+IRR)^{n-t} = \sum_{t=0}^{n}TI_t(1+IRR)^{n-t}$$

这个等式意味着,每年的净收益以 IRR 为收益率进行再投资,到寿命期末历年净收益的终值和与历年投资按 IRR 折算到寿命期末的终值相等。

内部收益率中的假定,往往受到投资机会的限制,难以与实际情况相符。这种假定也是造成非常规项目 IRR 的方程出现多个解而可能不存在内部收益率的原因。出现这种情况,一般最好用修正后的内部收益率——外部收益率来判断方案。

外部收益率(External Rate of Return,ERR)是假设项目寿命期内所获得的净收益全部用于再投资,且再投资的收益率等于基准折现率。通过这种假设求出的解,即为外部收益率。计算外部收益率的方程式如下。

$$\sum_{t=0}^{n}NB_t(1+i_0)^{n-t} = \sum_{t=0}^{n}TI_t(1+ERR)^{n-t} \qquad (3-27)$$

式中:ERR——外部收益率;

TI_t——第 t 年的净投资;

NB_t——第 t 年的净收益;

i_0——基准折现率。

式(3-27)一般不会出现多个正实数解的情况,而且通常可以用代数方法直接求解。ERR 指标用于判断投资方案的经济效果时,需要与基准折现率 i_0 进行比较。其判断准则:若 $ERR \geq i_0$,项目可行,可以接受;若 $ERR < i_0$,项目不可行,不能接受,应予以拒绝。

【例 3.22】 某项目的净现金流量见表 3-13,基准折现率为 10%。试判断此项目是否存在内部收益率,并判断项目的可行性。

表 3-13　某项目的净现金流量　　　　　　　　　　单位：万元

年份	0	1	2	3	4	5
净现金流量	1 900	1 000	−5 000	−5 000	2 000	6 000

解：该项目是一个非常规项目，其 IRR 方程为

$$NPV = 1\,900 + \frac{1\,000}{1+i} - \frac{5\,000}{(1+i)^2} - \frac{5\,000}{(1+i)^3} + \frac{2\,000}{(1+i)^4} + \frac{6\,000}{(1+i)^5} = 0$$

方程系数符号变化两次，有两个解 $i_1 = 10.2\%$，$i_2 = 47.3\%$。并且经过验证，这两个解均不是项目的内部收益率，所以不能用内部收益率来判断项目的可行性，只能用外部收益率来判断了。本项目外部收益率的方程式为

$$1\,900(1+10\%)^5 + 1\,000(1+10\%)^4 + 2\,000(1+10\%) + 6\,000$$
$$= 5\,000(1+ERR)^3 + 5\,000(1+ERR)^2$$

解得 $ERR = 10.1\%$。由于 $ERR > 0$，所以项目可行。

*3.3.7　基准折现率的讨论

从上面的各指标可见，凡是动态指标都要使用基准折现率才能进行判断比较。所以说，在项目或方案的经济评价中，基准折现率是一个非常重要的参数，它反映投资者对资金时间价值大小的一种估计，是投资者在相应项目上最低可接受的财务收益率，它的大小对项目或方案的选择有时起到决定性的作用。同时，基准折现率受到许多因素的影响，因此，恰当地、正确地确定基准折现率是一个十分重要而又相当困难的问题。

那么，什么是项目的财务基准折现率呢？根据《方法与参数》（第三版）的定义，财务基准折现率是指建设项目财务评价中，对可货币化的项目费用与效益采用折现方法计算财务净现值的基准收益率。

基准折现率它不仅受资金来源构成和未来的投资机会的影响，还要受到项目风险和通货膨胀等因素的影响。下面分析影响基准折现率的各种因素，并讨论如何确定基准折现率。

1. 财务基准折现率的确定原则

1) 政府投资项目

政府投资项目以及按政府要求进行经济评价的建设项目采用的行业财务基准折现率应根据政府的政策导向确定。在一般情况下，政府投资项目在进行财务评价时，必须采用国家行政主管部门发布的行业财务基准收益率。

2) 企业投资项目

企业投资项目的财务基准折现率应参考选用行业财务基准收益率，且应分析一定时期内国家、行业和企业的发展战略、发展规划、产业政策、经营策略、资源供给、市场需求、资金时间价值、资金成本、机会成本、项目目标和风险等情况的基础上，结合行业特点、行业资本构成等因素综合测定。

3) 风险较大的项目

(1) 境外投资项目的财务基准折现率应首先考虑国家风险因素确定。

(2) 无论是境内项目还是境外项目，风险较大时，财务基准折现率应适当提高些。

2. 财务基准折现率的测定

财务基准折现率的测定可以采用很多方法，如加权平均资金成本法、资本资产定价模型法、典型项目模拟法、德尔菲法、专家调查法等。也可以同时采用多种方法测算，然后将不同的方法测算的结果相互验证，经协调后确定。

1) 加权平均资金成本法

就是通过测定行业加权平均资金成本，得出全部投资的行业最低可接受财务折现率，作为全部投资行业财务基准收益率的下限，再综合考虑其他方法得出的行业财务基准收益率，并进行协调后，确定全部投资行业财务基准折现率的取值。

加权平均资金成本公式为

$$K_w = \sum_{j=1}^{r} W_j K_j \quad (3-28)$$

式中：K_j——第 j 种资金来源的资金成本率；

W_j——第 j 种资金来源的资金占全部资金的比重；

r——筹资活动中资金来源数。

【例 3.23】 某企业筹资的资金结构：普通股股本资金 900 万元，资金税后成本率为 15%；银行借款 500 万元，借款年利率为 10%；发行债券 600 万元，资金税后成本率为 12%。是计算该企业筹资的综合资金成本率。

解： 本例筹资总额为 900+500+600=2 000(万元)。

再根据已知条件和加权平均资金成本计算公式，可计算该企业加权平均资金成本率为

$$K_w = \frac{900}{2\,000} \times 15\% + \frac{500}{2\,000} \times 10\% + \frac{600}{2\,000} \times 12\% = 12.85\%$$

那么，各资金来源的资金成本又是如何计算的呢？下面分别介绍。

先看什么是资金成本。使用资金或占用资金是要付出代价的，这个代价就是资金成本 (Cost of Capital)。资金成本包括筹集资金的筹资费用和使用资金的使用费用两部分。企业使用的资金有各种来源渠道，资金的来源渠道不同，其资金成本不同。目前企业投资活动主要有 3 种资金来源：借贷资金、新增权益资本和企业再投资资金。其中，借贷资金是指以负债的形式取得的资金，包括金融机构的贷款或借款、发行债券等筹集的资金。新增权益资本是指企业通过扩大再生产筹集的资金，包括接纳新的投资合伙人的资金、增发股票、将企业法定公积金转增为资本金等。企业再投资资金是指企业为了以后的发展，从内部筹集的资金，包括保留盈余、公益金、过剩资产出售所取得的资金、提取折旧和摊销费以及会计制度规定的用于企业再投资的其他资金。

为了便于不同来源渠道的资金成本的比较，资金成本通常以百分数(即资金成本率)表示。资金成本率的计算公式为

$$\text{资金成本率} = \frac{\text{资金成本}}{\text{企业筹资取得的资金}} \times 100\% = \frac{\text{资金成本}}{\text{企业筹资总额} - \text{筹资费用}} \times 100\%$$

其中，企业筹资取得的资金＝企业筹资总额－筹资费用

这是一个推导资金成本的基本公式，各种渠道来源资金成本都可以根据它推导出来。

由于在不同的筹资方式下资金的使用费用所包含的内容不同,所以在计算资金成本率时,应对各种方式筹集的资金分别计算其资金成本率。

(1) 借贷资金成本(Cost of Debit Capital)。它包括银借款贷款的资金成本和发行债券的资金成本。

① 银行借款、贷款的资金成本。其公式为

$$K = P_0 \times K_b(1-t) \tag{3-29}$$

式中：K——银行借款、贷款的资金成本;

P_0——企业通过银行借款或贷款取得的资金;

K_b——银行借款或贷款利率;

t——企业应上缴的所得税税率。

将式(3-29)代入资金成本率的公式可得

$$K_m = K_b(1-t) \tag{3-30}$$

式中：K_m——银行借款、贷款的税后资金成本率。

K_b——税前资金成本率。

② 发行债券的资金成本。发行债券的税后资金成本率为

$$K_d = \frac{K_b(1-t)}{Q(1-f_d)} \tag{3-31}$$

式中：K_d——发行债券的税后资金成本率;

K_b——发行债券的税前资金成本率;

Q——发行债券的总额;

f_d——发行债券的筹资费用率。

(2) 权益资金成本(Cost of Possession)。它是指企业所有者投入的资本金,对于股份制企业而言即为股东的股本资金。股本资金又分优先股和普通股。两种股本资金的资金成本是不同的。

① 优先股的资金成本。优先股股息固定,公司按确定的利率支付股息给股东。优先股是鉴于债券和普通股之间的一种资金,它既具有债券的股息固定的特点,又具有普通股承担风险的特点。但是,它与债券利息不同的是,债券利息是在所得税前的利润中支付,而优先股的股息是在所得税后的净利中支付,企业不会因此而少缴所得税。这样优先股的资金成本率为

$$K_s = \frac{D_p}{P_0(1-f_s)} \tag{3-32}$$

式中：K_s——优先股的资金成本率;

D_p——年股息总额;

P_0——发行优先股筹资总额;

f_s——发行优先股的筹资费用率。

② 普通股的资金成本。由于普通股股东收入不固定,普通股股本资金的资金成本较难计算。从概念上讲,普通股股本资金的资金成本应当是股东进行投资时所希望得到的最低收益率。这种期望收益率可以由股东在股票市场根据股票价格、预计每股的红利和公司风险状况所作的选择来确定。普通股的股利一般是逐年增长的,并采用"红利法"来计算

普通股的资金成本率。

假定普通股预计每股红利的年增长率为 g，则普通股股本资金的税后成本率为

$$K_e = \frac{D_0}{P_e(1-f_e)} + g \tag{3-33}$$

式中：K_e——普通股股本资金的税后成本率；

D_0——基期每股红利；

P_e——基期股票的市场价格；

f_e——发行普通股的筹资费用率；

g——每股红利年增长率。

一般情况下，上述3种资金成本的关系为 $K_e > K_s > K_d$。这是因为，当筹资企业资不抵债时，优先股股票持有人的索要权在债券持有人之后，其投资风险大于债券持有人，所以，优先股的股息率高于债券利率。同时，发行优先股股票的筹资费也较高，而且其股息又不减少企业的应缴所得税，因此，优先股资金成本率必然要高于债券资金成本率。普通股与优先股相比，普通股股利不固定，普通股持有人的投资风险大于优先股持有人的投资风险。因此，普通股筹资的资金成本率必然要大于优先股的资金成本率。

(3) 再投资资金成本

再投资资金成本(Cost of Reservation Profits)也称为"留用利润成本"。企业再投资资金是企业经营过程中积累起来的资金，它是企业权益资本的一部分。具体来讲，它是企业在税后利润中按规定提取的盈余公积金。这部分资金表面上看不存在资金成本，但是用这部分资金从事投资活动必须要考虑机会成本。投资机会成本是指在资金供应有限的情况下，由于将筹集到的有限资金用于特定投资项目，而不得不放弃其他投资机会所造成的损失，这个损失就等于所放弃的投资机会中的最佳机会所获得的风险与拟投资项目相当的收益。

企业再投资资金主要用于发展生产，追加投资。它相当于普通股资金的增加额，等于股东对企业追加了投资。那么，股东对这部分追加的投资必然要求给以相同比值的报酬，所以要计算资金成本。但是，与前面的股票、债券筹资不同，再投资资金是企业自身积累的资金，不考虑筹资费用。所以，再投资资金成本率公式为

$$K_n = \frac{D_c}{P_c} + g \tag{3-34}$$

式中：D_c——上一年发放的普通股总额的股利；

P_c——再投资资金额。

2) 资本资产定价模型法

采用资本资产定价模型法测算行业财务基准折现率，应在国家确定的行业分类的基础上，在行业内选取具有代表性的企业样本，以若干年企业财务报表数据为基础数据，进行行业风险系数、权益资金成本的测算，得出用资本资产定价模型法测算的行业最低可接受的折现率，作为确定行业财务基准收益率的下限，再综合考虑采用其他方法得出的行业财务基准折现率，并进行协调后，确定权益资金行业财务基准收益率的取值。

资本资产定价模型法公式为

$$K_e = R_f + \beta(R_m - R_f) \tag{3-35}$$

式中：R_f——无风险投资收益率；

R_m——整个股票市场的平均投资收益率；

β——本公司相对整个股票市场的风险系数。

用式(3-35)估算的资金成本包含了对公司整体风险的考虑。我国的国库券利率固定，所以一般把国库券利率作为无风险投资收益率。β 是一个反映本公司股票投资收益率对整个股票市场平均投资收益率变化响应能力参数，β 的取值范围如下所述。

$\beta<1$，表示公司风险小于市场平均风险。

$\beta=1$，表示公司风险等于市场平均风险。

$\beta>1$，表示公司风险大于市场平均风险。

资本资产定价模型法也可以用于计算普通股的资金成本率。

3. 最低希望收益率

最低希望收益率(Minimum Attractive Rate of Return，MARR)也称为最低可接受收益率或最低要求收益率。它是投资者从事投资活动可接受的下临界值。

最低希望收益率受各种因素的影响，确定时必须对投资的各种条件作深入的分析，综合各种考虑影响因素。确定最低希望收益率主要考虑以下因素。

1) 资金成本和机会成本

一般情况下，最低希望收益率应不低于借贷资金的资金成本和全部资金的加权平均成本。如果投资项目是以盈利为主要目的，其最低希望收益率还应不低于投资项目的机会成本。

2) 投资风险

确定最低希望收益率时应考虑不同投资项目的风险情况。从净现值函数图3.5中可以看出，当项目的风险较大时，基准折现率越低，项目将来的风险损失可能会越大。因此，对于风险大的项目的最低希望收益率要相应定高些。一般认为，最低希望收益率应该是借贷资金成本、全部资金加权平均成本和项目投资的机会成本三者中的最大值再加上一个投资风险补偿系数(风险贴水率)，即

$$MARR = MAX\{K_d, K_w, K_0\} + h_r \qquad (3-36)$$

式中：K_d——借贷资金成本率；

K_w——加权平均成本率；

K_o——机会成本率；

h_r——风险贴水率。

不同投资项目的风险是不同的。例如，投资建设地铁、建设城市轨道车、改造城市道路等的投资风险都是不同的。投资决策的实质就是对未来的投资收益与投资风险进行权衡。风险补偿系数反映投资者对投资风险要求补偿的主观判断。由于不同的投资者抗风险能力和对风险的态度可能不同，对于同一类项目，其所取得的风险补偿系数也可能不同。因此，在确定最低希望收益率时，对于风险大的项目应采取较高的风险补偿系数。

值得注意的是，风险补偿系数是确定最低希望收益率时在资金成本的基础上根据项目风险大小进行调整的一个附加值。在式(3-37)中，如果资金成本没有考虑任何投资风险，h_r 就应该反映项目投资全部风险所要求的补偿；如果资金成本已经考虑企业整体投资风险，h_r 所反映的就是项目投资风险与企业整体风险之间差异部分所要求的补偿。

3) 通货膨胀

通货膨胀对折现率也有影响,但它对折现率的影响体现在对内部收益率的影响上。通货膨胀对内部收益率的影响可用下式表示:

$$IRR_n = (1+IRR_r)(1+f) - 1 = IRR_r + f + IRR_r \times f \quad (3-37)$$

式中:IRR_n——内部收益率名义值,即含通货膨胀的内部收益率;

IRR_r——内部收益率实际值,即不含通货膨胀的内部收益率;

f——通货膨胀率。

由于 IRR_r 和 f 均是很小的数,其乘积 $IRR_r \times f$ 更是很小,所以,通常可以将其忽略不计。因此,式(3-37)变为

$$IRR_n = IRR_r + f \quad (3-38)$$

显然,在这种情况下,在确定最低希望收益率时就不能不考虑通货膨胀因素。但是,考虑通货膨胀因素不等于在式(3-38)中简单地加上一个通货膨胀率 f,要根据具体情况分析。通常,在据以计算资金成本的银行贷款利率、债券利率和股东期望的最低投资收益率中已经包含了对通货膨胀的考虑,但可能不是通货膨胀影响的全部。因此,在确定最低希望收益率时,如果项目各年现金流量中含有通货膨胀因素,应在式(3-38)的右端再加上资金成本 k 中未包含的那部分通货膨胀率。

如果项目现金流是用不变价格估算的,则据此计算的项目内部收益率就等于实际值,相应的最低希望收益率也不应该包含通货膨胀因素。但如果项目现金流用现行价格计算,则最低希望收益率应包含通货膨胀因素。

4) 长远利益和全局利益

企业单项投资活动是为企业整体发展战略服务的,所以,单项投资决策必须服从于企业的全局利益和长远利益。出于全局利益和长远利益的考虑,对于某些有战略意义的单项投资项目,短期内可能效益不是很好,但从长远来考虑效益很好。例如,出于多角化经营战略的考虑,对某些项目的投资只是为了增强竞争优势的投资,短期内经济效益并不好的项目投资。对这类项目,有时应取较低的最低希望收益率。对于没有战略意义,短期内可能经济效益很好的项目,取较高的最低希望收益率。

5) 截止收益率

截止收益率(Cut-off Rate of Return,CRR)是由资金的需求与供给两种因素决定的投资者可以接受的最低收益率。一般情况下,对于一个经济项目或经济单位而言,随着投资规模的增大,筹资成本会越来越高。而在有众多投资机会的情况下,如果将筹集到的资金优先投资于收益率高的项目,则随着投资规模的扩大,新增投资项目的收益率会越来越低。当新增投资带来的收益仅能补偿其资金成本时,投资规模的扩大就应停止。使投资规模扩大得到控制的投资收益率就是截止收益率。截止收益率是资金供需平衡时的收益率,如图 3.8 所示。图 3.8 中资金需求曲线和资金供给曲线的交点所对应的收益率即是截止收益率。

从经济学的角度来看,当最后一个投资项目的内部收益率等于截止收益率时,

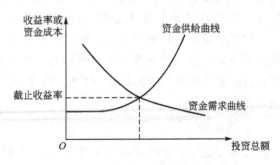

图 3.8 资金供需平衡时的截止收益率

边际投资收益恰好等于边际筹资成本,企业获得的净收益总额最大。此时,资金机会成本与实际成本也恰好相等。

截止收益率与项目的机会成本和筹资的资金成本有很大的关系。因此,确定截止收益率需要两个条件:首先,企业可以通过各种途径筹集到足够的资金,并能较准确地估算出不同来源渠道资金的资金成本。其次,企业明确全部的投资机会,能正确地估算所有备选投资项目的内部收益率,并能将不同项目的收益率调整到同一风险水平上。

3.4 多方案的比选

前面介绍的经济效益评价指标用于评价独立项目或方案本身是否达到了标准要求,是否可行,效果显著。但在实际项目的经济评价中,往往须要在多个备选方案中进行比较和选择。对于多方案的比选,除了可以应用前面介绍的独立方案的经济效益评价指标外,还可以运用多方案的评价指标,如相对投资回收期、计算费用、差额净现值、差额内部收益率等。事实上,多方案的评价指标是独立方案的经济效益评价指标的进一步应用。此外,多方案比选的方法与备选方案之间关系的类型有关。不同类型的备选方案,其使用的评价方法不同。本节在分析备选方案及其类型的基础上,讨论如何正确运用各种评价指标进行备选方案的评价与选择。

3.4.1 备选方案及其类型

根据备选方案之间的相互关系,可将备选方案分成3种类型。

1. 独立型

独立型是指各个评价方案的现金流量是独立的,不具有相关性,且任一方案的采用与否都不影响其他方案的采纳。例如,个人投资,可以存款、购买股票、购买债券,也可以购买房产等,这些方案中的任何一个方案的采纳都不受其他方案的影响,它们的现金流量相互独立,并且可以选择其中的一个方案,也可以选择其中的两个或三个方案。

独立方案的特点是具有"可加性",即选择的各方案的投资、收益、支出均可以相加。例如,A、B两个独立的投资方案,投资额分别为500万元和200万元,年收益分别为50万元和25万元。若同时选择A、B两个方案,则总投资额为500+200=700万元,收益为50+25=75万元,也就是说,A、B方案具有可加性。

如果决策对象是单一方案,则可以认为是独立方案的特例。独立方案的采用与否,只取决于方案自身的经济性,即只须检验它们是否能够通过净现值、净年值、净将来值、内部收益率或费用现值等指标的评价标准。因此,多个独立方案的评价与单一方案的评价方法是相同的。

2. 互斥型

互斥型是指方案间存在互不相容、互相排斥的关系,且在多个比选方案中只能选择一个方案。例如,为了连接两地之间的交通,要么建铁路,要么建公路,这两个方案就是互斥型。还有厂址的选择，一个地点就是一个方案，不同地点的方案选择就是互斥型。不同的建设规模的选择也是互斥型。由于互斥型方案只能从中选择一个方案，因此，选择互斥型方案时，它们的现金流量之间不存在相关关系。

3. 相关型

相关型是指在多个方案之间，如果接受（或拒绝）某一方案，会显著改变其他方案的现金流量，或者接受（或拒绝）某一方案会影响对其他方案的接受（或拒绝）。相关型方案主要又有以下几种。

（1）相互依存型和完全互补型。如果两个或多个方案之间，某一方案的实施要求以另一方案（或另几个方案）的实施为条件，则这两个（或若干个）方案具有相互依存性，或者说具有完全互补性。例如，在某地建汽车制造厂和汽车零部件厂。建汽车制造厂后将增加对汽车零部件的需求，使汽车零部件厂的效益增加；建汽车零部件厂又将使得汽车制造厂的零部件供应充足，减少外运费，减少汽车制造厂的成本，从而增加收益。这样，两个方案就属于相互依存型和完全互补类型的相关方案。一般情况下，对这种类型的方案在评价时放在一起进行。

（2）现金流相关型。如果若干方案中，任一方案的取舍会导致其他方案的现金流量的变化，这些方案之间就具有相关性，属于现金流相关型。例如，为了改善两地之间的交通状况，在两地之间既可以建铁路，也可以建公路，还可以同时建铁路和公路。即使这两个方案不存在互不相容的关系，但任何一个方案的实施或放弃都会影响另一方案的收入，从而影响方案经济效果评价的结论。

（3）资金约束型。在对投资方案进行评价时，如果没有资金总额的约束，各方案具有独立性。但在资金有限的情况下，接受某些方案则意味着不得不放弃另外一些方案，这也是方案相关的一种类型，即资金约束型。

（4）混合相关型。方案之间存在多种类型就称为混合相关型。例如，在有限的资金约束条件下，有几个现金流量相关型方案，在这些方案中，又包括一些互斥型方案。

3.4.2 多方案比选的常用指标

多方案的比选除了用3.2节和3.3节介绍的指标外，还经常使用的指标为相对投资回收期、计算费用、差额净现值、差额内部收益率等。

1. 相对投资回收期

当相互比较的方案都能满足相同需要，并满足可比要求时，则只须比较它们的投资额大小和经营成本多少，就可以进行比选了。也就是说，可以用相对投资回收期来比选方案。相对投资回收期（Supplemental Pay Back Period）也称为追加投资回收期、差额投资回收期，它有两种形态：静态的相对投资回收期和动态的相对投资回收期。

1）静态的相对投资回收期

所谓静态的相对投资回收期（Static Supplemental Pay Back Period）是指在不考虑资金时间价值的情况下，用投资额大的方案比投资额小的方案所节约的经营成本来回收其差额投资所需要的时间。一般情况下，投资额大的方案，其经营成本低；投资额小的方案，其

经营成本高。所以，静态的相对投资回收期的计算公式为

$$P_a = \frac{TI_2 - TI_1}{C_1 - C_2} \quad (3-39)$$

式中：P_a——静态的相对投资回收期；
TI_2——投资额大的方案的全部投资；
TI_1——投资额小的方案的全部投资；
C_2——投资额大的方案的年经营成本；
C_1——投资额小的方案的年经营成本。

与独立方案的投资回收期一样，用静态的相对投资回收期来选择方案时，也必须先选定一个基准投资回收期 P_0 与之比较，才能比选方案。判断时，当两个比选的方案产出相同时，其判断准则：当 $P_a < P_0$ 时，投资额大的方案优于投资额小的方案，应选择投资额大的方案；当 $P_a > P_0$ 时，投资额小的方案优于投资额大的方案，应选择投资额小的方案。

【例 3.24】 已知两个建厂方案 A 和 B，方案 A 投资 1 500 万元，年经营成本为 300 万元；方案 B 投资 1 000 万元，年经营成本为 400 万元。若基准投资回收期为 6 年，试选择方案。

解： 直接将已知条件代入静态相对投资回收期的公式得

$$P_a = \frac{1\,500 - 1\,000}{400 - 300} = 5(年)$$

由于计算出的静态相对投资回收期小于基准投资回收期，所以投资额大的方案 A 优于投资额小的方案 B，应选择方案 A。

但是，若两个比选方案的产出不同时，就不能直接用上式来进行判断。必须将比选方案的不同产出换算成单位费用进行比较。设方案的产出为 Q，则计算公式为

$$P_a = \frac{TI_2/Q_2 - TI_1/Q_1}{C_1/Q_1 - C_2/Q_2} \quad (3-40)$$

式中：Q_1、Q_2——方案 A 和方案 B 的产出；
其他符号与式(3-39)一致。

利用式(3-40)进行方案比选时同前面式(3-39)一致，也是与基准投资回收期比较，其判断准则是相同的。

【例 3.25】 已知两个建厂方案 C 和 D，C 方案投资 1 500 万元，年经营成本为 400 万元，年产量为 1 000 件；D 方案投资 1 000 万元，年经营成本为 360 万元，年产量为 800 件。若基准投资回收期为 6 年，试选择方案。

解： 由于两个方案的产出不同，因此需要用单位费用进行比较。两个方案比较的静态相对投资回收期为

$$P_a = \frac{1\,500/1\,000 - 1\,000/800}{360/800 - 400/1\,000} = 5(年)$$

由于计算出的静态相对投资回收期小于基准投资回收期，所以投资额大的方案 C 优于投资额小的方案 D，应选择方案 C。

应该指出，用单位产品费用计算的相对投资回收期，对于产出不同的方案进行比较时，有一个假设条件，即投资与年经营成本分别与产量成正比例关系。而这个假设在一般情况下是不存在的，因此这种计算存在着误差。

与前面讲的独立方案的投资回收期相同，对应有相对投资收益率（或差额投资收益率）。若比较的两个方案的产出相同，则其计算公式为

$$R_a = \frac{C_1 - C_2}{TI_2 - TI_1} \times 100\% \tag{3-41}$$

式中：R_a——相对投资收益率；

其他符号与前面相同。

比较时把它与基准投资收益率 R_0 比较，当 $R_a > R_0$ 时，投资额大的方案优；当 $R_a < R_0$ 时，投资额小的方案优。

若比较的两个方案的产出不相同，则其计算公式为

$$R_a = \frac{C_1/Q_1 - C_2/Q_2}{TI_2/Q_2 - TI_1/Q_1} \times 100\% \tag{3-42}$$

式(3-42)的判断准则与式(3-41)相同。

2）动态的相对投资回收期

所谓动态的相对投资回收期（Dynamic Supplemental Pay Back Period）是指在考虑资金时间价值的情况下，用投资额大的方案比投资额小的方案索所节约的经营成本来回收其差额投资所需要的时间。

设有两个比较方案 A 和 B，A 的投资额大于 B 的投资额，其经营成本之差 $\Delta C = C_B - C_A$，投资额之差 $\Delta TI = TI_A - TI_B$，则两个比较方案各年的经营成本差为 ΔC_1、ΔC_2、ΔC_3、…、ΔC_n，比较方案的投资额之差为 ΔTI，则满足下式成立的 T_a 即为动态的相对投资回收期：

$$\Delta TI = \sum_{t=1}^{P_a^*} \frac{\Delta C_t}{(1+i_0)^t} \tag{3-43}$$

式中：P_a^*——动态的相对投资回收期；

i_0——基准折现率。

从式(3-43)中可以看出，若每年的经营成本差相等，则式(3-43)将变为

$$\Delta TI = \Delta C \times \frac{(1+i_0)^{P_a^*} - 1}{i_0 (1+i_0)^{P_a^*}}$$

对该式两边取对数，移项得

$$P_a^* = -\frac{\lg\left(1 - \frac{\Delta TI \times i_0}{\Delta C}\right)}{\lg(1+i_0)} \tag{3-44}$$

动态相对投资回收期的计算方法与前面介绍的独立方案的投资回收期计算方法相同。当每年的经营成本差相等时，用公式计算，当每年的经营成本差不相等时，用列表法计算。

【例 3.26】 在例 3.25 的资料中，假设基准折现率为 5%，试判断选择方案。

解：方案 A 和 B 相比较，投资之差 $\Delta TI = TI_2 - TI_1 = 1500 - 1000 = 500$（万元）。

经营成本之差 $\Delta C = C_1 - C_2 = 400 - 300 = 100$（万元）。

动态相对投资回收期为

$$P_a^* = -\frac{\lg\left(1 - \frac{500 \times 5\%}{100}\right)}{\lg(1+5\%)} = 5.9（年）$$

计算出的动态相对投资回收期小于基准投资回收期 6 年，所以方案 A 为优。从计算看，由于考虑了资金的时间价值，动态相对投资回收期长于静态投资回收期。

2. 计算费用

用相对投资回收期法可以对多方案进行两两相互比较，逐步淘汰，直至选出最优方案。但是，当比较的方案很多时，用相对投资回收期法进行两两相互比较，工作量太大，太烦琐，于是就采用计算费用法（Cost of Calculation）。计算费用又分静态计算费用和动态计算费用两种。

1）静态计算费用

一个技术方案是否经济合理，既取决于一次性投资的大小，又取决于经营成本的高低，但这二者是不能直接相加的，采用"计算费用"就可以将两者合二为一。计算费用就是用一种合乎逻辑的方法，将一次性投资和经常发生的经营成本统一成为一种性质相似的费用，称为"计算费用"或"折算费用"。

由静态相对投资回收期法可知，两个互斥方案比较时，若有

$$P_a = \frac{TI_2 - TI_1}{C_1 - C_2} \leqslant T_0$$

则方案 2 优于方案 1，移项并整理得

$$TI_2 - TI_1 \leqslant P_0(C_1 - C_2) \Rightarrow TI_2 + P_0 \cdot C_2 \leqslant TI_1 + P_0 \cdot C_1$$

式中：$TI_2 + P_0 \cdot C_2$——方案 2 在相对投资回收期内的总计算费用；

$TI_1 + P_0 \cdot C_1$——方案 1 在相对投资回收期内的总计算费用。

将计算费用用字母 Z 表示，用项目或方案的寿命周期 T 代替基准投资回收期 P_0，则方案的总计算费用为

$$Z_{j(总)} = TI_j + T \cdot C_j \tag{3-45}$$

式中：$Z_{j(总)}$——第 j 方案的期初静态总计算费用；

TI_j——第 j 方案的期初总投资；

C_j——第 j 方案的年经营成本；

T——项目或方案的寿命周期。

多方案比较时，方案的期初静态总费用 $Z_{j(总)}$ 最低的方案最优。

由此可见，将方案的经营成本按寿命折算到期初与期初投资额之和称为期初静态总计算费用。

另外，也可以年计算费用，其公式为

$$Z_{j(年)} = \frac{TI_j}{T} + C_j \tag{3-46}$$

式中：$Z_{j(年)}$——第 j 方案每年的静态计算费用（简称年计算费用）；

其余符号意义同上。

多方案比较时，也是方案的年静态计算费用 $Z_{j(年)}$ 最低的方案最优。

以上两种计算费用均没有考虑资金的时间价值。

【例 3.27】 现有 A、B、C、D 四个产出相同的方案，方案 A 的期初投资为 1 000 万元，年经营成本为 100 万元；方案 B 的期初投资为 800 万元，年经营成本为 120 万元；方案 C 的期初投资为 1 500 万元，年经营成本为 80 万元；方案 D 的期初投资为 1 000 万元，

年经营成本为 90 万元。4 个方案的寿命期均为 10 年。试比较 4 个方案的优劣。

解：用计算费用法比较省事。各方案的总计算费用分别为

$$Z_{A(总)}=1\,000+10\times100=2\,000(万元);\quad Z_{B(总)}=800+10\times120=2\,000(万元)$$

$$Z_{C(总)}=1\,500+10\times80=2\,300(万元);\quad Z_{D(总)}=1\,000+10\times90=1\,900(万元)$$

各方案的年计算费用分别为

$$Z_{A(年)}=1\,000/10+100=200(万元);\quad Z_{B(年)}=800/10+120=200(万元)$$

$$Z_{C(总)}=1\,500/10+80=230(万元);\quad Z_{D(年)}=1\,000/10+90=190(万元)$$

从计算可知，D 方案的总计算费用和年计算费用都是最小的，所以 D 方案最优，应选 D 方案。

2) 动态计算费用

静态计算费用法没有考虑资金的时间价值。如果考虑资金的时间价值，则项目或方案的总计算费用和年计算费用分别为

$$Z_{j(总)}^*=TI_j+C_j\cdot(P/A,i_0,T) \tag{3-47}$$

$$Z_{j(年)}^*=C_j+TI_j\cdot(A/P,i_0,T) \tag{3-48}$$

式中：$Z_{j(总)}^*$——动态总计算费用；

$Z_{j(总)}^*$——动态年计算费用；

$(P/A,i_0,T)$——等额支付现值系数；

$(A/P,i_0,T)$——等额支付资本回收系数。

其他符号与前面相同。

【例 3.28】 根据例 3.27 的资料，若基准折现率为 8%，试选择方案。

解：4 个方案的动态总计算费用为

$$Z_{A(总)}^*=1\,000+100\cdot(P/A,8\%,10)=1671(万元)$$

$$Z_{B(总)}^*=800+120\cdot(P/A,8\%,10)=1\,605.2(万元)$$

$$Z_{C(总)}^*=1\,500+80\cdot(P/A,8\%,10)=2\,036.81(万元)$$

$$Z_{D(总)}^*=1\,000+90\cdot(P/A,8\%,10)=1\,603.91(万元)$$

4 个方案的动态年计算费用为

$$Z_{A(总)}^*=100+1\,000\cdot(A/P,8\%,10)=249(万元)$$

$$Z_{B(总)}^*=120+800\cdot(A/P,8\%,10)=239.2(万元)$$

$$Z_{C(总)}^*=80+1\,500\cdot(A/P,8\%,10)=303.5(万元)$$

$$Z_{D(总)}^*=90+1\,000\cdot(A/P,8\%,10)=239(万元)$$

从以上计算可知，方案 D 的动态总计算费用和动态年计算费用都是最小的，所以还是方案 D 最优，应选择方案 D。

细心的读者可以观察到，本节介绍的"总计算费用"相当于独立方案的评价指标中的费用现值指标 PC，"年计算费用"相当于独立方案的评价指标中的费用年值指标 AC，只是出发点和名称不同而已。

此外，如果各比较方案的产出不同时，应该换算成单位费用进行比较。设备比较方案的产出为 Q_j，那么用总计算费用和年计算费用指标公式应分别修改为

$$Z_{j(总)}'=\frac{TI_j}{Q_j}+T\cdot\frac{C_j}{Q_j} \tag{3-49}$$

$$Z'_{j(年)} = \frac{TI_j/Q_j}{T} + \frac{C_j}{Q_j} \qquad (3-50)$$

式中：$Z'_{j(总)}$、$Z'_{j(年)}$——方案的单位产量总计算费用和方案的单位产量年计算费用；

Q_j——方案 j 的产出。

但是，需要指出的是，计算费用法虽然将一次性投资和经常发生的经营成本统一成为一种性质相似的费用，使得项目能够可比。但是，计算费用是假设项目或方案每年的经营成本相等，各比较的方案收益也相等或不考虑收益的情况，且投资全部发生在期初，但实际工程中，这种情况不是很多。所以，其使用也存在局限性。

3. 差额净现值

所谓差额净现值(Difference of Net Present Value)就是把不同时间点上两个比较方案的净收益之差用一个给定的折现率，统一折算成期初的现值之和。

若两个比较的方案为 A、B，则差额净现值的表达式为

$$\Delta NPV = \sum_{t=0}^{N} (NB_A - NB_B)(1+i_0)^{-t} \qquad (3-51)$$

式中：NB_A、NB_B——方案 A、B 的净收益，$NB_A = CI_A - CO_A$，$NB_B = CI_B - CO_B$；

N——两个比较方案的寿命周期；

i_0——基准折现率。

用式(3-51)比较方案时，一般用 A 代表投资额大的方案，用 B 代表投资额小的方案。即用投资额大的方案减投资额小的方案。因此，差额净现值的判断准则：当 $\Delta NPV \geq 0$ 时，投资额大的方案优于投资额小的方案；当 $\Delta NPV < 0$ 时，投资额小的方案优于投资额大的方案。

实际上，式(3-51)可以变为

$$\begin{aligned}\Delta NPV &= \sum_{t=0}^{N}(NB_A - NB_B)(1+i_0)^{-t} = \sum_{t=0}^{N}[(CI_A - CO_A) - (CI_B - CO_B)](1+i_0)^{-t} \\ &= \sum_{t=0}^{N}[(CI_A - CO_A)(1+i_0)^{-t} - (CI_B - CO_B)(1+i_0)^{-t}] \\ &= \sum_{t=0}^{N}(CI_A - CO_A)(1+i_0)^{-t} - \sum_{t=0}^{N}(CI_B - CO_B)(1+i_0)^{-t} \\ &= NPV_A - NPV_B \end{aligned}$$

【例 3.29】 某工程项目有 A_1、A_2 和 A_3 3 个投资方案，各方案每年的投资和净收益见表 3-14。若年折现率为 15%，试比较方案的优劣。

表 3-14 A_1、A_2 和 A_3 3 个投资方案数据　　　　单位：万元

方案 年份	A_1	A_2	A_3
第 0 年	−5 000	−10 000	−8 000
第 1～10 年	1 400	2 500	1 900

解： 先计算 A_1、A_2 的差额净现值，即

$$\Delta NPV_{(A_2-A_1)}=(2\,500-1\,400)(P/A,15\%,10)-(10\,000-5\,000)=520.68(万元)$$

由于 $\Delta NPV_{(A_2-A_1)}>0$,所以投资额大的方案 A_2 优。

A_2、A_3 的差额净现值为

$$\Delta NPV_{(A_2-A_3)}=(2\,500-1\,900)(P/A,15\%,10)-(10\,000-8\,000)=1\,011.28(万元)$$

由于 $\Delta NPV_{(A_2-A_3)}>0$,所以,投资额大的方案 A_2 优。

A_1、A_3 的差额净现值为

$$\Delta NPV_{(A_3-A_1)}=(1\,900-1\,400)(P/A,15\%,10)-(8\,000-5\,000)=-490.60(万元)$$

由于 $\Delta NPV_{(A_3-A_1)}<0$,所以,投资额小的方案 A_1 优。

由此可见,三个方案的优劣顺序为 $A_2 \to A_1 \to A_3$。

因此,应首先选择方案 A_2。

同理,也可以用差额将来值、差额年值等来比选。判断准则也相同。

但是,必须注意,用差额净现值比较方案时,两个比较方案的寿命期必须相等。

4. 差额内部收益率

与差额净现值相对应的是差额内部收益率(Difference in Internal Rate of Return)。所谓差额内部收益率就是指差额净现值为零时对应的折现率,即满足下式的折现率:

$$\Delta NPV = \sum_{t=0}^{N}(NB_A-NB_B)(1+\Delta IRR)^{-t}=0 \tag{3-52}$$

式中,ΔIRR——差额内部收益率;

其他符号与前面相同。

式(3-52)也是一个高次方程,需要通过内插法求解。设两个比较方案是 A 和 B,方案 A 是投资额大的方案,方案 B 是投资额小的方案,对应其自身的内部收益率分别为 IRR_A、IRR_B,则计算差额内部收益率的公式为

$$\Delta IRR = i_1 + (i_2 - i_1) \times \frac{\Delta NPV_1}{\Delta NPV_1 + |\Delta NPV_2|} \tag{3-53}$$

其中,i_1、i_2、ΔNPV_1、ΔNPV_2 的取值和计算与计算独立方案的内部收益率相同。

实际上,差额内部收益率是同一个坐标图上,两个比较方案的净现值函数图的交点。

如图 3.9 所示。一般情况下,在同一个坐标图上,投资额大的方案在初期时的净现值大于投资额小的方案在初期时的净现值,因此,投资额大的方案在初期时的净现值图就在投资额小的方案在初期时的净现值图的上面。

在图 3.9 中,M 点为投资方案 A 和 B 的净现值曲线的交点,在这一点处两个方案的净现值相等,净现值之差为零,对应的折现率就是差额内部收益率。从图 3.9 可见,差额内部收益率的判断准则:当 $i_0 \leqslant \Delta IRR$ 时,投资额大的方案优于投资额小的方案;当 $\Delta IRR < i_0 < IRR_1$ 时,投资额小的方案优于投资额大的方案。但是,用差额内部收益率判断方案时还必须先计算每个独立方案的内部收益率,并先判断各比较方案的绝对经济效果。

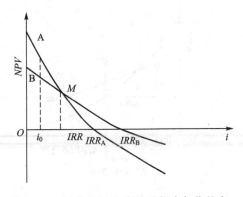

图 3.9 两个比较方案的差额内部收益率

从图 3.9 还可以看出，当 $i_0 \leqslant \Delta IRR$ 时，$NPV_A > NPV_B$；当 $i_0 > \Delta IRR$ 时，$NPV_A < NPV_B$，即用 ΔIRR 判断方案和用 NPV 判断方案是一致的。由此可见，净现值最大准则（包括净年值和净将来值最大、费用现值和费用年值最小准则）是正确的。但是，内部收益率最大准则却不能保证比选结论的正确性。

净现值最大准则的正确性是由基准折现率——最低希望收益率的经济含义决定的。一般地，最低希望收益率应该等于被拒绝的投资机会中最佳投资机会的盈利率。因此，净现值就是拟采纳方案较之被拒绝的最佳投资机会多得的盈利，其值越大越好，这符合盈利最大化的决策目标要求。

内部收益率最大准则只是在基准折现率大于比较的两个方案的差额内部收益率的前提下成立。也就是说，如果将投资额大的方案相对于投资额小的方案的增量投资用于其他投资机会，会获得高于差额内部收益率的盈利率，用内部收益率最大准则进行方案比选的结论就是正确的。如图 3.9 所示，如果所取的基准折现率 i_0 大于 ΔIRR 时，投资额大的方案的净现值 NPV_A 小于投资大的方案的净现值 NPV_B，用内部收益率最大准则与用净现值最大准则选择方案是一致的，也就是说用内部收益率最大准则选择方案是正确的。但如果所取的基准折现率 i_0 小于 ΔIRR 时，投资额大的方案的净现值 NPV_A 大于投资额小的方案的净现值 NPV_B，用内部收益率最大准则选择方案就是会导致错误。此外，由于基准折现率是独立确定的，不依赖于具体待比选方案的差额内部收益率，故用内部收益率最大准则比选方案是不可靠的。

因此，差额内部收益率只能用于方案间的比选（相对效果检验），不能反映各方案自身的经济效益（绝对经济效果）。图 3.10 可以说明这个结论。图 3.10 中给出了两个相比较的方案的净现值图关系的 4 种不同的情况。其中，在图 3.10(a)、图 3.10(b)所示的情况下，方案 A、B 都通过绝对效果检验。而图 3.10(c)所示的情况下，两个方案 A、B 都没有通

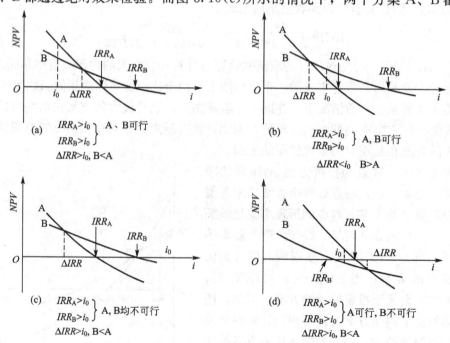

图 3.10　差额内部收益率比选方案示意图

过绝对效果检验。在图 3.10(d)所示的情况下，方案 A 通过绝对效果检验，方案 B 没有通过绝对效果检验。

【例 3.30】 例 3.29 的资料，利用差额内部收益率判断方案的优劣。

解： 经计算，方案 A_1、A_2、A_3 的内部收益率分别为

$$IRR_1 = 25\%, \quad IRR_2 = 21.9\%, \quad IRR_3 = 19.9\%$$

方案 A_1、A_2 的差额内部收益率为

$$\Delta NPV_{(A_2-A_1)} = (2\,500 - 1\,400)(P/A, i, 10) - (10\,000 - 5\,000) = 0$$

取 $i_1 = 15\%$，$\Delta NPV_1 = 520.68$（万元）；取 $i_2 = 20\%$，$\Delta NPV_2 = -388.25$（万元），有

$$\Delta IRR_{(A_2-A_1)} = 15\% + (20\% - 15\%) \times \frac{520.68}{520.68 + 388.25} = 17.86\%$$

用同样的方法，可以计算方案 A_1、A_3 的差额内部收益率为

$$\Delta IRR_{(A_3-A_1)} = 10.64\%$$

方案 A_2、A_3 的差额内部收益率为

$$\Delta IRR_{(A_2-A_3)} = 28.66\%$$

由于 $\Delta IRR_{(A_3-A_1)} < i_0 = 15\% < \Delta IRR_{(A_2-A_1)} < IRR_3 < IRR_2 < IRR_1$，所以 A_2 方案最优，应选 A_2 方案。各方案的净现值示意图如图 3.11 所示。

用差额内部收益率比较互斥方案的相对优劣具有经济概念明确，易于理解的优点。但若比选的方案很多时，计算工作相对繁难(如例 3.30 所示)。所以，当比较的方案很多时，可以用其他方法(如前面介绍的指标)比选。

此外，用差额内部收益率比较互斥方案时，也还会出现无法比较的情况。这些情况有以下两种。

1) 不存在差额内部收益率的情况

当两个比较方案的净现值平行，永远没有交点，此时就不存在差额内部收益率，如图 3.12 所示。碰到这种情况就不能利用差额内部收益率比较互斥方案了，只能用差额净现值比较方案。

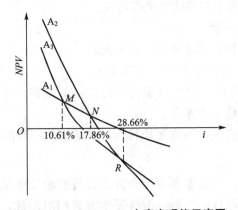

图 3.11　A_1、A_2、A_3 方案净现值示意图

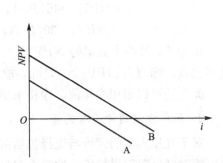

图 3.12　不存在差额内部收益率的情况

2) 两个比较方案的投资额相等的情况

当两个比较方案的投资额相等时，用差额内部收益率比较互斥方案会出现无法利用前面所述的判别准则进行判别的情况。此时先计算方案的"年均净现金流"或"年均费用现

金流",然后再利用后面的判断准则比选方案。

设方案 j 的寿命期为 N_j,则方案 j 的"年均净现金流"(用 PA 表示)为

$$PA = \sum_{t=0}^{N_j} (CI_j - CO_j)_t / N_j \qquad (3-54)$$

对于只有费用现金流的方案,则方案 j 的"年均费用现金流"(用 CA 表示)为

$$CA = \sum_{t=0}^{N_j} CO_{jt} / N_j \qquad (3-55)$$

判断准则:在两个互斥方案的差额内部收益率 ΔIRR 存在的情况下,若 $\Delta IRR > i_0$ 或 $-1 < \Delta IRR < 0$,则方案寿命期内大的方案优于"年均净现金流"小的方案;若 $0 < \Delta IRR < i_0$,则方案寿命期内"年均净现金流"小的方案优于"年均净现金流"大的方案。对于仅有费用现金流的互斥方案比选,若 $\Delta IRR > i_0$ 或 $-1 < \Delta IRR < 0$,则方案寿命期内"年均费用现金流"小的方案优于"年均净现金流"大的方案;若 $0 < \Delta IRR < i_0$,则方案寿命期内"年均净现金流"大的方案优于"年均净现金流"小的方案。

3.4.3 不同类型方案的评价与选择

1. 独立方案的评价与选择

独立方案的采用与否,只需要检验各独立方案自身的经济性即"绝对经济效果检验"即可。凡是通过绝对经济效果检验的方案,就认为在经济效果上是可以接受的,否则就应予以拒绝。

对于独立方案的经济效果评价,常采用 3.3 节和 3.4 节介绍的评价指标来评价。例如,净现值、净年值、净将来值、内部收益率或费用现值等指标均可。

【例 3.31】 两个独立方案 A 和 B,方案 A 的期初投资额为 200 万元,方案 B 的期初投资额为 180 万元,寿命均为 10 年,方案 A 每年的净收益为 45 万元,方案 B 每年的净收益为 30 万元。若基准折现率为 10%,试判断两个方案的经济可行性。

解:本例为独立方案型,可用净现值指标判断。

$$NPV_A = 45(P/A, 10\%, 10) - 200 = 76.51(万元)$$
$$NPV_B = 30(P/A, 10\%, 10) - 180 = 4.34(万元)$$

由于 A、B 两个方案的 NPV 均大于零,因此,两个方案都可行。但如果将两个方案进行比较,则因为 $NPV_A > NPV_B$,故方案 A 优于方案 B。

此题还可以采用净年值、净将来值、内部收益率等指标来判断,其结果是一致的。

2. 互斥方案的评价与选择

对于互斥方案的评价与选择包括两个内容:一是要考察各个方案自身的经济效果,即进行绝对(经济)效果检验,检验方案自身是否可行;二是要考察哪个方案相对最优,即进行相对经济效果检验,并最后从中选择一个或几个最优方案。两种检验的目的和作用不同,通常缺一不可。只有在众多的互斥方案中必须选择其中之一时才可以只进行相对效果检验。

但是,必须注意:参加比选的互斥方案应具有可比性。这些可比性包括考察时间段及

计算期的可比性；收益和费用的性质及计算范围的可比性；方案风险水平的可比性和评价所用的假设条件的合理性。

前面介绍的多方案的评价指标均可以用做互斥方案的比选。

【例 3.32】 A、B 是两个互斥方案，其寿命均为 10 年。方案 A 期初投资为 200 万元，第 1 年到第 10 年每年的净收益为 39 万元。方案 B 期初投资为 100 万元，第 1 年到第 10 年每年的净收益为 19 万元。若基准折现率为 10%，试选择方案。

解：（1）先用差额净现值指标判断方案的优劣。

① 先检验方案自身的绝对经济效果。两方案的净现值为

$$NPV_A = 39(P/A, 10\%, 10) - 200 = 39.639(万元)$$
$$NPV_B = 19(P/A, 10\%, 10) - 100 = 16.747(万元)$$

由于两个方案的净现值 $NPV_A > 0$，$NPV_B > 0$，所以，两个方案自身均可行。

② 再判断方案的优劣。计算两个方案的差额净现值，用投资额大的方案 A 减投资额小的方案 B 得

$$\Delta NPV_{(A-B)} = (39-19)(P/A, 10\%, 10) - (200-100) = 22.892(万元)$$

由于两方案的差额净现值 $\Delta NPV_{(A-B)} > 0$，所以，投资额大的方案 A 优于方案 B，应选择方案 A。

（2）用差额内部收益率判断方案的优劣。

① 先检验方案自身的绝对经济效果。经过计算，两个方案自身的内部收益率为

$$IRR_A = 14.4\%, \quad IRR_B = 13.91\%$$

由于 $i_0 < IRR_A$，$i_0 < IRR_B$，两个方案自身均可行。

② 再判断方案的优劣。两个方案的差额内部收益率方程式为

$$\Delta NPV_{(A-B)} = (39-19)(P/A, IRR, 10) - (200-100) = 0$$

取 $i_1 = 15\%$，$\Delta NPV_{(A-B)} = 0.376$（万元），取 $i_2 = 17\%$，$\Delta NPV_{(A-B)} = -6.828$（万元），则有

$$\Delta IRR = 15\% + (17\% - 15\%)\frac{0.376}{0.376 + 6.828} = 15.11\%$$

由于两个方案自身可行，且 $i_0 < \Delta IRR$，所以方案 A 优于方案 B，应选择方案 A。

*3. 相关方案的评价与选择

这里只介绍以下几种典型的相关型方案的评价与选择方法。

1) 现金流量具有相关性的方案的比选

当各方案的现金流量之间具有相关性，但方案之间并不完全互斥时，不能简单地按照独立方案或互斥方案的评价方法进行，而应该先用一种"互斥组合法"，将方案组合成互斥方案，计算各互斥方案的现金流量，再计算互斥方案的评价指标进行评价。

【例 3.33】 为了解决两地之间的交通运输问题，政府提出 3 个方案：一是在两地之间建一条铁路，二是在两地之间建一条公路，三是在两地之间既建公路又建铁路。只上一个方案时的投资、年净收益见表 3-15，同时上两个项目时，由于货运分流的影响，两项目的净收益都将减少，此时总投资和年净收益见表 3-16。问：当基准折现率为 10% 时，如何决策？

表 3-15　只上一个项目时的现金流量　　　　　　　单位：百万元

方案＼年份	0	1	2	3~32
建铁路（方案 A）	−200	−200	−200	100
建公路（方案 B）	−100	−100	−100	60

表 3-16　两个项目都上的现金流量　　　　　　　单位：百万元

方案＼年份	0	1	2	3~32
建铁路（方案 A）	−200	−200	−200	80
建公路（方案 B）	−100	−100	−100	35
同时上两个项目（方案 A+B）	−300	−300	−300	115

解：这是一个典型的现金流量相关型。先组合成 3 个互斥方案，然后通过计算它们的净现值进行比较。

$$NPV_A = 100(P/A, 10\%, 30)(P/F, 10\%, 2) - 200(P/A, 10\%, 2) - 200$$
$$= 231.9390（百万元）$$

$$NPV_B = 60(P/A, 10\%, 30)(P/F, 10\%, 2) - 100(P/A, 10\%, 2) - 100$$
$$= 193.8734（百万元）$$

$$NPV_{A+B} = 115(P/A, 10\%, 30)(P/F, 10\%, 2) - 300(P/A, 10\%, 2) - 300$$
$$= 75.2449（百万元）$$

从以上计算可见，$NPV_A > NPV_B > NPV_{A+B}$，因此，方案 A 最优，即应选择只建铁路这一方案。

若用其他指标来评价本例各方案，其结论与用净现值进行比较则相同。

2）资金约束型方案的比选

在资金有限的情况下，从局部看，不具有互斥性的各方案也成了相关方案了。如何对这类方案进行经济评价，以保证在有限的资金供给前提下取得最大的经济效益，这就是资金约束型方案的选择问题。资金约束型方案的选择主要有两种方法：净现值指数排序法和互斥方案组合法。

(1) 净现值指数排序法

所谓净现值指数排序法，就是在计算各方案的净现值指数的基础上，将各方案按净现值指数从大到小排列，然后依次序选取方案，直至所选取的方案的投资总额最大限度地接近或等于投资限额，同时各方案的净现值之和又最大为止。此法的目的是，在一定的投资限额约束下，如何使得所选取的项目或方案的净现值和最大。

【例 3.34】某地区投资预算总额为 800 万元，有 A~J 共 10 个方案可供选择。各方案的净现值和投资额见表 3-17。若基准折现率为 12%，那么请选择方案。

表 3-17　各备选方案的投资和净现值　　　　　　　　　　　　单位：万元

方案	A	B	C	D	E	F	G	H	I	J
投资额	100	150	100	120	140	80	120	80	120	110
NPV	13	8.2	1.7	15.6	1.25	27.35	21.25	16.05	4.3	14.3
NPVI	0.130	0.055	0.017	0.130	0.009	0.342	0.177	0.200	0.036	0.130

解： 先计算个方案的净现值指数。净现值指数为

$$NPVI = \frac{NPV}{\text{投资的现值和}}$$

本例只有期初有投资发生，因此，净现值指数直接等于净现值除投资额。净现值指数的计算结果见表 3-17 最后一行。

现在对各方案的净现值指数进行排序，并按排序计算累加的投资额和累加的净现值，见表 3-18。

表 3-18　各备选方案的投资和净现值　　　　　　　　　　　　单位：万元

方案	F	H	G	A	D	J	B	I	C	E
NPVI	0.342	0.200	0.177	0.130	0.130	0.130	0.055	0.036	0.017	0.009
投资额	80	80	120	100	120	110	150	120	100	140
NPV	27.35	16.05	21.25	13	15.6	14.3	8.2	4.3	1.7	1.25
∑投资额	80	160	280	380	500	610	760	880	980	1120
∑NPV	27.35	43.4	64.65	77.65	93.25	107.55	115.75	120.05	121.75	123

由于资金限额是 800 万元，因此，可以从表 3-18 看出，应选 F、H、G、A、D、J、B 7 个方案，这些选择的方案的累加投资额为 760 万元，小于限额投资 800 万元。它们的净现值之和为 115.75 万元。

（2）互斥方案组合法

互斥方案组合法也称为枚列举法，就是在考虑资金约束的情况下，将所有满足资金约束的可行的组合方案列举出来，每一个组合都代表一个相互排斥的方案。假设选定方案就用 1 表示，不选或拒绝就用 0 表示。然后再用前述的互斥方案的比选方法来选择方案组合。

设 m 为方案数，则全部所有可能的方案组合为 $2^m - 1$。例如，$m=3$，则有 $2^3 - 1 = 7$ 个方案组合；$m=4$，则有 $2^4 - 1 = 15$ 个方案组合。

【例 3.35】 某企业有 4 个投资备选方案，各方案的投资额和每年的净收益见表 3-19。各方案的寿命期均为 10 年，预算投资总额为 46 万元。若年折现率为 10%，试选择方案。

表 3-19　各方案的投资额和年净收益　　　　　　　　　　　　单位：万元

项\方案	A	B	C	D
投资额	−20	−15	−12	−13
年净收益	5	4.5	3.5	4

解：(1) 先计算各方案的净现值 NPV

$$NPV_A = 5(P/A, 10\%, 10) - 20 = 10.723(万元)$$
$$NPV_B = 4.5(P/A, 10\%, 10) - 15 = 12.651(万元)$$
$$NPV_C = 3.5(P/A, 10\%, 10) - 12 = 9.506(万元)$$
$$NPV_D = 4(P/A, 10\%, 10) - 13 = 11.578(万元)$$

(2) 列出所有可能的方案组合。本例有 $2^4 - 1 = 15$ 个方案组合。验证方案组合的可行性，对可行（凡投资总额和小于46万元的组合方案就是可行的组合方案）的方案组合用"√"表示，对不可行的方案组合用"×"表示。同时计算各组合方案的投资之和和净现值和。方案组合见表3-20。

表3-20 组合方案各经济指标   单位：万元

编号	(A、B、C、D)	投资和	$\sum NPV$	是否可行
1	(1, 0, 0, 0)	−20	10.75	√
2	(0, 1, 0, 0)	−15	12.648	√
3	(0, 0, 1, 0)	−12	9.504	√
4	(0, 0, 0, 1)	−13	11.576	√
5	(1, 1, 0, 0)	−35	23.398	√
6	(1, 0, 1, 0)	−32	20.254	√
7	(1, 0, 0, 1)	−33	22.326	√
8	(0, 1, 1, 0)	−27	22.152	√
9	(0, 1, 0, 1)	−28	24.224	√
10	(0, 0, 1, 1)	−25	21.08	√
11	(1, 1, 1, 0)	−47	32.902	×
12	(1, 1, 0, 1)	−48	34.974	×
13	(0, 1, 1, 1)	−40	33.728	√
14	(1, 0, 1, 1)	−45	31.83	√
15	(1, 1, 1, 1)	−60	44.484	×

(3) 去掉投资额和超过限额的组合方案，选择余下组合方案中，净现值最大的组合方案。从表3-20中可见，最优组合方案是第13个组合(0, 1, 1, 1)和第14个组合(1, 0, 1, 1)。再看它们的净现值指数。

$$NPVI_{13} = \frac{33.728}{40} = 0.8432, \quad NPVI_{14} = \frac{31.83}{45} = 0.7073$$

因此，无论是从绝对经济效果还是从相对经济效果来看，都应选择方案组合(0, 1, 1, 1)，即应选择方案B、方案C和方案D 3个方案来投资。

3) 混合相关型方案的比选

混合相关型的方案在实际工作中是经常碰到的一类。例如，某企业采用多种经营方式，既生产汽车，又生产摩托车，还从事投资服务。每一种经营方式就是一种投资方向，而每个投资方向是相互独立的，每个投资方向内又有几个可供选择的互斥投资方案。这类问题的选择比较复杂，下面通过一个例子来讲解。

【例 3.36】 某企业有 3 个下属部门分别是 A、B、C，各部门提出的若干投资方向见表 3-21。各部门之间是独立的，但各部门内部的投资方案之间是互斥的。3 个方案的寿命均为 10 年。若基准折现率为 10%，试问：

(1) 资金没有限制时如何选择方案？

(2) 资金限制在 500 万元以下时如何选择方案？

(3) 当资金限制在 500 万元以下时，假如资金供应渠道不同，其资金成本有差别，现在有 3 种资金来源的成本：甲供应方式的资金成本为 10%，最多可以供应 300 万元资金；乙方式的资金成本为 12%，最多也可以供应 300 万元资金；丙方式的资金成本为 15%，最多也可以供应 300 万元资金。这时如何选择方案？

(4) 当资金供应与(3)相同时，如果 B 部门的投资方案是与安全有关的设备更新，不管效益如何，B 部门都必须优先投资，此时如何选择方案？

表 3-21 混合方案的投资和年净收益 单位：万元

部门	方案	年份 0	1~10	NPV	NPVI	IRR
A	A_1	−100	30	84.32	0.843 2	27.48%
	A_2	−200	50	107.2	0.536	21.55%
	A_3	−300	70	130.08	0.433 6	19.43%
B	B_1	−100	15	−7.84	−0.078 4	8.34%
	B_2	−200	30	−15.68	−0.078 4	8.34%
	B_3	−300	40	−54.24	−0.180 8	5.70%
C	C_1	−100	31	90.464	0.904 6	28.60%
	C_2	−200	45	76.48	0.382 4	18.47%
	C_3	−300	65	99.36	0.331 2	17.44%

解： 为简便起见，采用净现值指标来分析。

先计算各方案的净现值，如 $NPV_{A_1}=30(P/A, 10\%, 10)-100=84.34$（万元）。

各方案的净现值见表 3-21。

(1) 资金没有限制时，A、B、C 3 部门之间是相互独立的，此时，实际上是各部门内部的各互斥方案的比选。根据计算的各方案的净现值可以决定，A 部门内方案 A_3 的净现值最大，因此应选方案 A_3。B 部门内部每个方案自身的净现值都小于零，因此，B 部门内 3 个方案都不可行，B 部门一个方案也不能选。C 部门内方案 C_3 的净现值最大，应选择方案。因此，在整个企业里，如果资金没有限制时，应选择方案 A_3+C_3，总投资为 300+300=600 万元，净现值和为 130.08+99.36=229.44 万元。

(2) 若资金限制在 500 万元以下。这时要综合考虑净现值和净现值指数来选择方案。

将每个方案的净现值指数计算见表 3-21。由于每个部门内各方案是互斥的，因此，在每个部门内每次只能选择一个方案。既然只能选择一个方案，就应该尽量选择净现值和净现值指数都大，且各部门的投资总额又不能超过 500 万元的方案组合。按照这种思想，A 部门内应选择方案 A_3，C 部门内应选择方案 C_2，即选组合方案 A_3+C_2，这时总投资为 300+200＝500 万元，净现值和为 130.08＋76.48＝206.56 万元。

（3）由于不同的资金供应渠道，其资金成本不同。因此，在考虑资金成本时，应把资金成本低的资金优先投资于效率高的方案。这里投资效率用内部收益率表示。对独立方案，当内部收益率大于资金成本时方案才可以接受；对互斥方案，当差额内部收益率大于资金成本时方案才可以接受。各独立方案的内部收益率计算见表 3-21 最后一列。

对于个别独立方案而言，除 B_1、B_2、B_3 三个方案的内部收益率小于于资金成本以外，其余所有方案的内部收益率都大于资金成本。因此，对于个独立方案而言，除 B_1、B_2、B_3 3 个方案不可行以外，其余方案全部可行。

现在考察互斥方案。经计算各差额内部收益率为

$$IRR_{(A_2-A_1)}=15.15\% \quad IRR_{(A_3-A_1)}=15.15\% \quad IRR_{(A_3-A_2)}=15.15\%$$
$$IRR_{(C_2-C_1)}=6.84\% \quad IRR_{(C_3-C_1)}=32.00\% \quad IRR_{(C_3-C_2)}=15.15\%$$

从以上的计算可见，$IRR_{(C_2-C_1)}$ 小于资金成本，其余差额内部收益率全部大于资金成本。又由于 $IRR_{(C_3-C_1)}>IRR_{(C_3-C_2)}$，因此，C 部门应优先选择 C_3。由于资金有限制，A 部门的三个差额内部收益率相等，所以 A 部门只能选 A_2，即方案组合为 A_2+C_3。此时，总投资为 200+300＝500 万元，净现值和为 107.2＋99.36＝206.56 万元。按照"把资金成本低的资金优先投资于效率高的方案"的原则，此时资金供应方式是，将甲供应方式的资金 300 万元投资于方案 C_3，将乙供应方式的资金 200 万元投资与方案 A_2。

（4）由于 B 部门的投资方案是与安全有关的设备更新，不管效益如何，B 部门都必须优先投资。那么，B 部门只能投资损失最小的方案 B_2（净现值的负数最小）。方案 B_2 的投资额为 200 万元。在资金限额 500 万元时，只能用余下的 500－200＝300 万元来投资 A 部门和 C 部门的方案，且只能在余下的 A_1、A_2、C_1、C_2 方案中选择。而在 A_1、A_2、C_1、C_2 方案中，方案 C_1 的净现值指数和内部收益率都最大，因此，C 部门应优先选方案 C_1。于是，A 部门就只能选方案 A_2 了。这时，方案组合为 $A_2+B_2+C_1$，总投资为 200＋200＋100＝500 万元，净现值和为 107.2－15.68＋90.464＝181.984 万元。

3.4.4 寿命期不同的方案的评价与选择

直至目前为止，介绍的所有的方案的评价，都是基于寿命期相同的方案的评价。但是，在实际工程项目中，无论是上述哪种类型的方案的评价与选择，都会碰到各评价方案的寿命期不同的情况。如果各评价方案的寿命期不同，又怎样评价和选择呢？

对于寿命期不同的方案，为了使各评价方案满足时间上的可比，常用以下方法。

1. 年值法

对于寿命期不同的方案的评价与选择，年值法是最为简便的方法。当参与比选的方案数目很多时，年值法的优点就更为突出。年值法使用的指标有净年值和费用年值。

设 m 个方案的寿命期分别为 $N_1, N_2, N_3, \cdots, N_m$，第 j 方案在其寿命期内的净年值为

$$NAV_j = NPV_j(A/P, i_0, N_j)$$
$$= \sum_{t=0}^{N_j}(CI_j - CO_j)_t(P/F, i_0, t)(A/P, i_0, N_j) \quad (3-56)$$

式中：所有符号的意义与前述相同。

净年值最大且为非负的方案为最优方案。

【例 3.37】 两个互斥方案 A 和 B 的投资和净现金流量见表 3-22，A 方案的寿命为 6 年，B 方案的寿命为 9 年。若基准折现率为 5%，试用年值法比选方案。

表 3-22 方案 A、B 的投资和净现金流量　　　　　单位：万元

方案＼年份	0	1~3	4~6	7~9
A	−300	70	80	90
B	−100	30	40	

解：两个方案的净年值为

$NAV_A = [70(P/A, 5\%, 3) + 80(P/A, 5\%, 3)(P/F, 5\%, 3) +$
　　　　$90(P/A, 5\%, 3)(P/F, 5\%, 6) - 300](A/P, 5\%, 9)$
　　　$= 36.8202(万元)$

$NAV_B = [30(P/A, 5\%, 3) + 40(P/A, 5\%, 3)(P/F, 5\%, 3) - 100](A/P, 5\%, 6)$
　　　$= 14.9302(万元)$

由于方案 A 的净年值大于方案 B 的净年值，所以，方案 A 优于方案 B，应选择方案 A。

净年值实际上是方案每年的净收益的"平均值"，只不过这个"平均值"不是简单的平均值，是按照一定的折现率计算出来的。因此，它可以对方案进行比较。此外，用年值法进行寿命期不等的互斥方案的比选，还隐含了一个假设，即各备选方案在其结束时均可按原方案重复实施或以原方案经济效果水平相同的方案接续。因为一个方案无论重复实施多少次，其年值是不变的，所以年值法实际上假定了各方案可以无限多次重复实施。在这一假定条件下，年值法以"年"为时间单位比较各方案的经济效果，从而使寿命不等的互斥方案间具有可比性。

对于只有费用或只需要计算费用的各方案，可以比照净年值指标的计算方法，用费用年值指标进行比选。其判别准则：费用年值最小的方案为最优方案。

【例 3.38】 有两个互斥方案 A 和 B，具有相同的产出，两方案的投资和每年的经营费用见表 3-23，方案 A 的寿命为 10 年，方案 B 的寿命为 8 年。若基准折现率为 5%，试用费用年值法比选方案。

表 3-23 方案 A、B 的投资和年经营费用　　　　　单位：万元

方案＼年份	投资		年经营费用	
	0	1	2~8	9~10
A	200	100	80	90
B	300	200	50	

解： 本例仅需要计算费用现金流，两方案的费用现值为

$$AC_A = [80(P/A, 5\%, 7)(P/F, 5\%, 1) + 90(P/A, 5\%, 2)(P/F, 5\%, 8) + 100(P/F, 5\%, 1) + 200](A/P, 5\%, 10) = 109.9943(万元)$$

$$AC_B = [50(P/A, 5\%, 7)(P/F, 5\%, 1) + 200(P/F, 5\%, 1) + 300](A/P, 5\%, 8)$$
$$= 118.5046(万元)$$

由于 $AC_A > AC_B$，所以，方案 B 优于方案 A，应选择方案 B。

2. 寿命期最小公倍数法

此法假定备选择方案中的一个或若干个在其寿命期结束后按原方案重复实施若干次，取各备选方案寿命期的最小公倍数作为共同的分析期。例如，有 A、B 两个备选方案，其寿命期分别为 5 年和 10 年，那么两方案寿命期的最小公倍数就是 10 年，计算时方案 B 须要在 10 年内重复实施一次。如果两个备选方案的寿命期分别为 6 年和 9 年，则它们的最小公倍数是 18 年。在共同的计算期 18 年内，方案 A 需要重复实施 3 次，方案 B 需要重复实施 2 次。

【例 3.39】 有 C、D 两个互斥方案，方案 C 的初期投资为 15 000 元，寿命期为 5 年，每年的净收益为 5 000 元；方案 D 的初期投资为 20 000 元，寿命期为 3 年，每年的净收益为 10 000 元。若年折现率为 8%，问：应选择哪个方案？

解： 两个方案寿命期的最小公倍数为 $3 \times 5 = 15$ 年。为了计算方便，画出两个方案在最小公倍数内重复实施的现金流量图，如图 3.13 和图 3.14 所示。

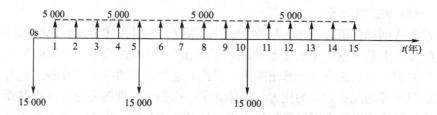

图 3.13 例 3.38 中方案 C 重复实施的现金流量图

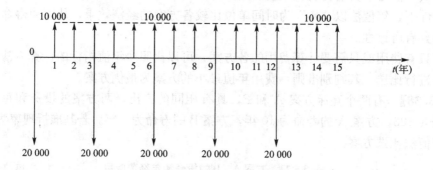

图 3.14 例 3.28 中方案 D 重复实施的现金流量图

现在计算两个方案在最小公倍数内的净现值为

$$NPV_C = 5\,000(P/A, 8\%, 15) - 15\,000(P/F, 8\%, 10) - 15\,000(P/F, 8\%, 5) - 15\,000$$
$$= 10\,640.5(万元)$$

$$NPV_D = 10\,000(P/A, 8\%, 15) - 20\,000(P/F, 8\%, 12) - 20\,000(P/F, 8\%, 9) -$$
$$20\,000(P/F, 8\%, 6) - 20\,000(P/F, 8\%, 3) - 20\,000$$
$$= 19\,167(万元)$$

由于 $NPV_D > NPV_C$，所以方案 D 优于方案 C，应选择方案 D。

*3. 合理分析期法

此法是根据对未来市场状况和技术发展前景的预测直接选取一个合理的分析期，然后计算各方案在合理分析期内的净现值，用净现值来比较方案的优劣。同时假定寿命期短于此分析期的方案重复实施，并对各方案在分析期末的资产余值进行估算，到分析期结束时回收资产余值。在备选方案的寿命期比较接近的情况下，一般取最短的方案寿命期作为分析期。

【例 3.40】 有两个道路建设方案 A 和 B，方案 A 的初期投资为 2 000 万元，寿命期为 70 年，每年净收益为 500 万元，估计期末残值为 100 万元；方案 B 的初期投资为 1 000 万元，寿命期为 30 年，每年净收益为 200 万元，估计期末残值也为 100 万元。若基准折现率为 5%，试选择方案。

解：假设根据市场预测，分析期为 60 年。现在对 60 年末各方案的资产余值进行预测。

方案 A 本身的寿命期为 70 年，在 70 年末时残值为 100 万元，若以 5% 为折旧率计算，方案 A 每年的平均折旧额为
$$A_{t(A)} = 2\,000(A/P, 5\%, 70) - 100(A/F, 5\%, 70) = 103.228(万元)$$

60 年末方案 A 的资产余值为
$$103.228(P/A, 5\%, 10) + 103.228\,4 = 900.324(万元)$$

方案 A 的现金流量图如图 3.15 所示。

由于方案 B 的寿命期为 30 年，因此在分析期 60 年内需要重复实施一次，重复实施的残值不变。方案 B 的现金流量图如图 3.16 所示。

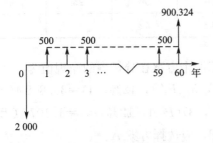

图 3.15 方案 A 的现金流量图

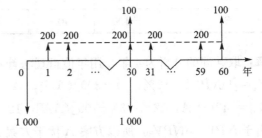

图 3.16 方案 B 的现金流量图

现在计算两方案的净现值为
$$NPV_A = 500(P/A, 5\%, 60) + 858.491\,8(P/F, 5\%, 60) - 2\,000 = 7\,510.604\,6(万元)$$
$$NPV_B = 200(P/A, 5\%, 60) + 100(P/F, 5\%, 30) + 100(P/F, 5\%, 60) -$$
$$1\,000(P/F, 5\%, 30) - 1\,000$$
$$= 2\,582.974(万元)$$

由于 $NPV_A > NPV_B$，所以方案 A 优于方案 B，应选方案 A。

*4. 年值折现法

年值折现法就是按照某一共同的分析期将各备选方案的年值折现得到用于方案比选的现值,再用现值进行比较。其具体步骤:先选定一个共同的分析期,计算方案在寿命期内的年初净现值,再将净现值折算成年值,最后按共同的分析期将年值折算成现值。

这种方法实际上是年值法的一种变形,隐含着与年值法相同的接续方案假定。设 N 是共同的分析期,n_j 是方案 j 的寿命期。在共同的分析期 N 年内,方案 j 的净现值计算公式为

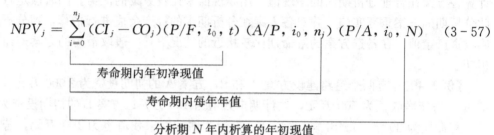

$$NPV_j = \sum_{i=0}^{n_j}(CI_j - CO_j)(P/F, i_0, t)(A/P, i_0, n_j)(P/A, i_0, N) \quad (3-57)$$

在式(3-57)中:当 $N=n_j$ 时,按上述方法算出的现值就是各方案的净现值。

利用年值折现法比选方案的判断准则:$NPV_j > 0$ 且 NPV_j 最大的方案为最优方案。

用年值折现法计算净现值时,共同的分析期 N 的取值大小不会影响方案比选结论,但通常 N 取值不大于最长的方案寿命期,不小于最短的方案的寿命期。

【例 3.41】 设两个互斥方案 A、B 的寿命期分别为 3 年和 5 年,各自寿命期内的净现金流量见表 3-24。若基准折现率为 12%,试用年值折现法比较方案的优劣。

表 3-24 方案 A、B 的净现金流量　　　　　单位:万元

方案＼年份	0	1	2	3	4	5
A	-300	96	96	96	96	96
B	-100	42	42	42		

解: 取共同的分析为 4 年,用年值折现法计算两个方案在分析内的净现值为

$NPV_A = [96(P/A, 12\%, 5) - 300](A/P, 12\%, 5)(P/A, 12\%, 4) = 38.8084$(万元)

$NPV_B = [42(P/A, 12\%, 3) - 100](A/P, 12\%, 3)(P/A, 12\%, 4) = 1.1071$(万元)

由于 $NPV_A > NPV_B$,所以方案 A 优于方案 B,应选择方案 A。

对于只有费用的方案也可以用年值折现法比选方案,这时只需比照上述方法计算方案的费用现值进行比较,判断准则:费用现值最小的方案为最优方案。

此外,对于某些不可再生资源开发型项目(如石油、矿物的开采),在进行寿命不等的互斥方案比选时,方案可重复实施的假定不再成立。在这种情况下,不能用含有方案重复实施假定的年值法和前面介绍的现值法。对这类方案,可以直接按方案各自的寿命期计算的净现值进行比选。这种处理方案隐含的假定是,用最长的方案的寿命期作为共同的分析期,寿命短的方案在其寿命期结束后,其再投资按基准折现率取得收益。

本 章 小 结

本章主要介绍经济效益及其相关内容、投资项目经济效益的静态评价指标和动态评价指标的计算和投资项目不同方案的比选方法。

经济效益评价是工程经济分析的核心。经济效益就是指人们在经济实践活动中取得的有用成果和劳动耗费之比。经济效益的评价指标体系有3大类：反映劳动成果类（或收益类）指标，包括产量、质量、品种和利润等指标；反映劳动耗费类指标，包括投资、成本和时间耗费等指标；同时反映劳动成果（收益）和劳动耗费类指标，包括劳动生产率、材料利用率、设备利用率、投资收益率、固定资产赢利率等。评价经济效益时必须遵循技术与经济相结合的原则、定性分析和定量分析相结合的原则、财务分析和国民经济分析相结合的原则、满足可比的原则。

经济效益的评价指标按是否考虑资金的时间价值来分，可分为静态指标和动态指标。静态指标就是在计算工程项目技术方案时，对不同时期的收益、费用等平等看待，不考虑资金的时间价值。而动态指标则要考虑资金的时间价值。静态指标包括静态投资回收期、简单投资收益率、静态计算费用等。动态指标包括净现值、净年值、费用现值、费用年值、将来值、内部收益率、外部收益率、净现值指数等。静态指标使用简单、灵活，但计算结果不太符合实际情况，用于决策有时会增加项目的风险。动态指标使用复杂，但计算结果符合实际情况，更科学。选择时，应结合项目评价的要求和阶段，合理选择评价指标。

在采用动态评价指标计算工程项目的经济效益时，财务基准折现率的确定很重要，确定不准确，有时可能把"可行"的项目误判为"不可行"，也有可能把"不可行"的项目误判为"可行"。确定项目的财务基准折现率时要综合考虑资金成本、机会成本、整个市场的投资收益率、投资风险、通货膨胀、全局利益和长远利益、资金供需平衡等因素。

对于多方案的比选，常用的方法有相对投资回收期法、计算费用法、差额净现值法、差额内部收益率法、年值法、寿命期最小公倍数法、合理分析期法、年值折现法。

思 考 题

(1) 什么是经济效益？其评价指标体系有哪些？
(2) 经济效益的评价原则有哪些？试简述满足需要可比原则的具体内容。
(3) 什么是投资回收期？它有什么特点？为什么说投资回收期只能作为辅助评价指标？
(4) 什么是投资收益率？它与投资回收期有什么关系？
(5) 动态投资回收期与静态投资回收期有何不同？它们有什么关系？
(6) 什么是净现值和净现值指数？它们在评价方案时有什么异同？
(7) 什么是将来值和净年值？如何用于方案的评价？

(8) 什么是费用现值和费用年值？用于方案评价时的应用范围是什么？

(9) 什么是内部收益率？如何计算内部收益率？内部收益率的经济含义是什么？如何利用内部收益率指标来评价方案？当方案不存在内部收益率时，如何评价方案？

(10) 什么是外部收益率？如何利用它进行方案评价？

(11) 什么是方案的资金成本？各种资金成本有何差别？对方案进行经济效益评价时，如何考虑资金成本？

(12) 什么是最低希望收益率？它在方案评价中有何意义？如何确定最低希望收益率？

(13) 什么是截止收益率？如何确定截止收益率？它在方案评价中有何意义？

(14) 常见的方案类型有哪些？每种类型的方案有何特点？

(15) 什么是相对投资回收期？如何应用它进行多方案的比选？

(16) 什么是计算费用？其适用范围是什么？

(17) 什么是差额净现值和差额内部收益率？为什么说用差额净现值和用差额内部收益率比选多方案是一致的？

(18) 在多方案的比选中，资金有约束时怎样比选？寿命期不等时怎样处理最简单？

习 题

(1) 某项目初期投资200万元，每年的净收益为30万元，问该项目的投资回收期和投资收益率为多少？若年折现率为10%，那么此时投资回收期又为多少？如果第一年的净收益为25万元，以后每年逐渐递增2万元，分别求静态和动态的投资回收期。

(2) 某项目初始投资10 000元，第1年年末现金流入2 000元，第2年年末现金流入3 000元，第3年以后每年的现金流入为4 000元，寿命期为8年。若基准投资回收期为5年，问：该项目是否可行？如果考虑基准折现率为10%，那么该项目是否可行？

(3) 利用第(2)题的资料，计算项目的净现值、净年值、将来值和净现值指数。并用分别用这些指标判断该项目是否可行。看看这些指标间有什么关系。

(4) 有两个投资方案A和B，方案A年初的投资为1 000万元，一年后建成投入生产，第2年年末开始收益，每年的净收入为200万元。方案B年年初的投资为1 500万元，也是一年建成，第2年年末开始收益，每年的净收入为250万。两个方案的寿命期均为10(含建设期)年，基准折现率为5%，试计算两方案的净现值、净年值、将来值，并计算各种指标的比例，看看它们有什么关系。

(5) 互斥方案C、D具有相同的产出，相同的寿命，但两方案的费用不同，投资和经营费用见表3-25。当折现率为10%时，方案的费用现值和费用年值是多少？并比较哪个方案最优？

表3-25 题(5)中C、D方案的投资和经营费用 单位：万元

方案 \ 年份	0	1	2~6	7~9
方案C	100	120	60	40
方案D	150	180	40	30

(6) 已知两个方案 G、F 的现金流量见表 3-26。做出将 NPV 与 i 的函数关系的图，并观察它们有什么规律。

表 3-26　题(6)中方案 G、F 现金流量　　　　　　　　单位：万元

方案＼年份	0	1	2	3	4
方案 G	−8 000	2 500	2 500	2 500	2 500
方案 F	1 000	1 500	2 000	−2 500	−3 000

(7) 有两种增产方案，所有的初始投资均为 10 000 元，预计方案 A 在 5 年中的每年净收益为 3 000 元，方案 B 第一年净收益为 4 000 元，后 4 年每年为 2 000 元，所有收入都发生在年末，分别计算两个方案的内部收益率。

(8) 某项目拟建一容器厂，初建投资为 5 000 万元，预计寿命 10 年中每年可得净收益 800 万元，第 10 年末可得残值 2 000 万元，若基准折现率为 15%，试用内部收益率来判断该项目是否可行。

(9) 某公司研究出一批具有潜力而又互斥的新投资方案，所有方案寿命都是 10 年，且残值都为 0。若基准折现率为 8%，问下列哪些方案能被接受？项目的有关部门数据见表 3-27。

表 3-27　题(9)各方案的数据资料　　　　　　　　单位：元

项＼方案	A	B	C	D	E	F
初始费用	100 000	65 000	20 000	50 000	85 000	12 000
年收入	16 980	13 000	2 710	6 232	16 320	1 770

*(10) 若某项目年初投资，一年后获得收益，每年的收益相等。先给定内部收益率为 10%，项目的寿命期为 15 年。请问：与项目等价的静态投资回收期是多少？

(11) 已知 A、B 两个方案的现金流量见表 3-28。试判断各方案是否存在内部收益率。

表 3-28　题(11)中各方案现金流量　　　　　　　　单位：万元

方案＼年份	0	1	2	3	4	5
A	−800	200	300	200	600	100
B	−700	100	200	100	200	50

*(12) 若项目开始(年初)获得资金，以后偿还。第一年获得 5 000 元，第二年获得 8 000 元，从第三年开始偿还，第三年还 3 000 元，第四年还 5 000 元，第五年还 6 000 元。问：该项目的内部收益率为多少？若基准折现率为 5%，那么此项目是否可行？

(13) 为了增加现有工艺的产量，公司打算购买一台新机器。有下列 3 种类型的机器可供选择。其现金流量见表 3-29。每种机器的寿命都是 8 年，试计算：

表 3-29 3种类型机器的投资和费用   单位：元

机器	1	2	3
初始投资	50 000	60 000	75 000
年运行费用	22 500	20 540	17 082

① 各机器的年度费用和计算总费用，并选择最优的机器。
② 若基准投资回收期为6年，用相对投资回收期选择机器。

(14) 某企业有两个投资方案A、B，他们的寿命均为5年，但产出、投资、经营费用均不同，见表3-30。若不考虑各自的收益，且基准投资回收期为5年，那么该企业应选择哪个方案？

表 3-30 方案A和B的数据

方案	初始投资(元)	年经营费用(元)	产出(件)
A	18 000	6 000	8 000
B	22 500	5 000	8 500

(15) 某公司有两个相互排斥的投资方案A、B，两个方案的寿命期均为5年。方案A年初投资为7 000元，每年的净收益为1 940元；方案B年初投资为5 000元，每年的净收益为1 320元。试确定两个方案的可行范围。若基准贴现率为8%，用差额净现值选择方案。

(16) 拟建一座用于出租的房屋，获得土地的费用为30万元。房屋有四种备选高度，不同建筑高度的建造费用和房屋建成后的租金收入及经营费用(含税金)见表3-31。房屋寿命为40年，在寿命期结束时土地价值不变，但房屋将被拆除，残值为零。若最低希望收益率为15%，用差额净现值分析确定房屋应建多少层。

表 3-31 不同层高房屋的建造费用及收入   单位：元

层数	2	3	4	5
初始建造费用	200	250	310	385
年运行费用	15	25	30	42
年收入	40	60	90	106

(17) 某海岛拟建一个海滨浴场。有3个备选场址A、B、C方案。若只建一个浴场，其现金流量见表3-32。若建A、B两个浴场，则除了投资不变外，A的年收入将减少2/3，B的年收入将减少1/3。若建B、C两个浴场，投资不变，B的年收入将减少1/3，C的年收入将减少2/3。若同时建3个浴场，则A、B、C的年收入都将减少2/3。若基准折现率为10%，问：应如何决策？

表 3-32 题(17)中各方案的现金流量   单位：万元

方案	A	B	C
初始投资	−100	−120	−140
第2～21年的年净收益	21	27	36

*(18) 非直接互斥方案甲、乙、丙的净现金流量见表 3-33。已知资金预算为 800 万元，基准折现率为 10%，试用方案组合法选择方案。

表 3-33 题(18)中各方案的现金流量   单位：万元

方案	甲	乙	丙
初始投资	−300	−420	−540
第 1～10 年的年净收益	50	70	75

*(19) 某地区投资预算总额为 230 万元，有 A～F 共 6 个方案可供选择。各方案的寿命期均为 8 年，年净收入和投资额见表 3-34。若基准折现率为 12%，那么请用净现值指数法选择方案。

表 3-34 各备选方案的投资和净现值   单位：万元

方案	A	B	C	D	E	F
投资额	−50	−70	−40	−75	−90	−85
年净收入	17.1	22.8	15	16.7	23.5	15.9

*(20) 有两个互斥方案 A 和 B，具有相同的产出，两方案的投资和每年的净收入见表 3-35。方案 A 的寿命为 10 年，方案 B 的寿命为 6 年。若基准折现率为 5%，试分别用最小公倍数法、年值法和年值折现法比选方案。

表 3-35 方案 A、B 的投资和年经营费用   单位：万元

方案 \ 年份	投资		年净收入	
	0	1	2～6	7～10
A	−200	−100	60	50
B	−300	−200	150	

第4章 工程项目的不确定性分析

教学目标

本章主要讲述不确定性分析的基本理论和方法。通过本章的学习，应达到以下目标：
（1）理解不确定性分析的概念、类型和程序；
（2）熟悉各不确定性分析的4种方法；
（3）理解风险分析的概念。

教学要求

知识要点	能力要求	相关知识
不确定性分析	（1）了解不确定性的含义与产生原因 （2）准确理解不确定性分析的含义	风险的含义
盈亏平衡分析	（1）准确理解盈亏平衡分析的概念、方法 （2）掌握单方案与多方案盈亏平衡分析方法	（1）产量、收入、价格等的盈亏平衡点 （2）多方案盈亏平衡关系式
敏感性分析，概率分析	（1）掌握敏感性分析方法 （2）熟悉敏感性分析程序 （3）掌握概率分析概念及分析方法	（1）敏感度系数、临界值 （2）敏感性分析表、敏感性分析图 （3）方案的期望值、净现值方差、净现值标准差
风险仿真	（1）了解风险仿真的步骤 （2）了解蒙特卡罗法	（1）随机数据 （2）概率与频率

基本概念

不确定性、风险、盈亏平衡点、敏感度、决策树、风险模拟。

 引例

在项目的实施过程中存在一些影响方案经济性评价结论的不确定性因素,这些因素一旦出现,会对项目决策产生不利影响,使投资存在一定程度的风险,所以在进行项目经济分析时,进行不确定性分析是十分必要的。分析项目的风险是本章的要点。

例如,某工程项目建设投资 1500 万元,年销售收入 600 万元,年经营成本 250 万元,预计期末残值 200 万元,寿命期 6 年;经计算内部收益率为 8.79%,大于 8% 的基准收益率,项目可行。由于各因素都是预测的,存在不确定性,所以项目具有一定风险。为降低风险,试确定最敏感因素,以便加强敏感因素的管理。

4.1 不确定性与风险

各方案技术经济变量(如投资、成本、产量、价格等),受政治、文化、社会因素,经济环境,资源与市场条件,技术发展情况等因素的影响,而这些因素是随着时间、地点、条件改变而不断变化的,这些不确定性因素在未来的变化就构成了项目决策过程的不确定性。同时项目经济评价所采用的数据一般都带有不确定性,加上主观预测能力的局限性,对这些技术经济变量的估算与预测不可避免地会有误差,从而使投资方案经济效果的预期值与实际值可能会出现偏差。这种情况通称为工程项目的风险与不确定性。

产生不确定性与风险的原因主要有主观和客观两个方面。

1. 不确定性与风险产生的主观原因

(1) 信息的不完全性与不充分性。

(2) 人的有限理性等。

2. 不确定性与风险产生的客观原因

(1) 市场供求变化的影响。

(2) 技术变化的影响。

(3) 经济环境变化的影响。

(4) 社会、政策、法律、文化等方面的影响。

(5) 自然条件和资源方面的影响等。

美国经济学家奈特认为风险是"可测定的不确定性"的,而"不可测定的不确定性"才是真正意义上的不确定性。工程项目风险分析就是分析工程项目在其环境中的寿命期内自然存在导致经济损失的变化,而工程项目不确定性分析就是对项目风险大小的分析,即分析工程项目在其存在的时空内自然存在的导致经济损失之变化的可能性及其变化程度。

从理论上讲,风险是指由于随机原因引起的项目总体的实际价值对预期价值之间的差异。风险是与出现不利结果的概率相关联的,出现不利结果的概率(可能性)越大,风险也就越大。而不确定性是指以下两个方面。

(1) 对项目有关的因素或未来的情况缺乏足够的情报而无法作出正确的估计。

(2) 没有全面考虑所有因素而造成的预期价值与实际价值之间的差异。

所以,从理论上可以区分风险与不确定性,但从项目经济评价角度来看,试图将它们绝对分开没有多大意义,实际上也无必要。

风险与不确定性管理成为工程项目管理的一个重要内容。风险与不确定性分析是项目风险管理的前提与基础。通过分析方案各个技术经济变量(不确定性因素)的变化对投资方案经济效益的影响(还应进一步研究外部条件变化如何影响这些变量),分析投资方案对各种不确定性因素变化的承受能力,进一步确认项目在财务和经济上的可靠性,这个过程称为风险与不确定性分析。这一步骤作为工程项目财务分析与国民经济分析的必要补充,有助于加强项目风险管理与控制,避免在变化面前束手无策。同时,在风险与不确定性分析基础上做出的决策,可在一定程度上避免决策失误导致的巨大损失,有助于决策的科学化。

工程经济分析人员应善于根据各项目的特点及客观情况变化的特点,抓住关键因素,正确判断,提高分析水平。工程经济分析中不确定性分析的基本方法包括盈亏平衡分析、敏感性分析和概率分析。盈亏平衡分析只用于财务效益分析,敏感性分析和概率分析可同时用于财务效益分析和国民经济效益分析。

4.2 盈亏平衡分析

盈亏平衡是指当年的销售收入扣除销售税金及附加后等于其总成本费用,在这种情况下,项目的经营结果既无盈利又无亏损。盈亏平衡分析是通过计算盈亏平衡点 BEP(Break-Even Point)处的产量或生产能力利用率,分析拟建项目成本与收益的平衡关系,判断拟建项目适应市场变化的能力和风险大小的一种分析方法。所以,盈亏平衡分析也称为量本利分析。盈亏平衡点是项目盈利与亏损的分界点,它标志着项目不盈不亏的生产经营临界水平,反映在一定的生产经营水平时工程项目的收益与成本的平衡关系。

对于盈亏平衡分析模型而言,按成本、销售收入和产量之间是否成线性关系可分为线性盈亏平衡分析和非线性盈亏平衡分析。

4.2.1 线性盈亏平衡分析

线性盈亏平衡分析一般基于以下 3 个假设条件来进行。

(1) 产品的产量与销售量是一致的。

(2) 单位产品的价格保持不变。

(3) 成本分为可变成本与固定成本,其中可变成本与产量成正比,固定成本与产量无关,保持不变。

此时,产品的产量(Q)、固定成本(C_F)、可变成本(C_V)、销售收入(S)、利润(E)之间的关系如图 4.1 所示。

由图可见，总成本
$$C=C_F+C_V\times Q$$

销售收入 $S=$（单价 $P-$单位产品税金 t）$\times Q$

当$(P-t)$一定时，S 随 Q 的增加成比例增加，即呈线性变化；当$(P-t)$不定时，S 不单只取决于 Q，还要考虑$(P-t)$这时呈非线性变化。

利润 $E=S-C$
$$=(P-t)Q-(C_F+C_V\times Q)$$
$$=(P-t-C_V)Q-C_F$$

此时对应产量
$$Q=(E+C_F)/(P-t-C_V)$$

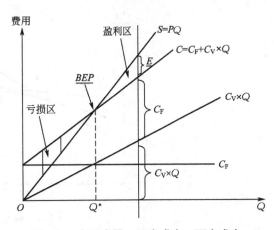

图4.1 产品产量、固定成本、可变成本、销售收入、利润间的关系

在盈亏平衡点 BEP 处，$Q=Q^*$（盈亏平衡产量），项目处于不盈不亏的状态，也即是项目的收益与成本相等，$S=C$，$E=S-C=0$，得
$$Q=Q^*=C_F/(P-t-C_V)$$

盈亏平衡点(BEP)除经常用产量表示外，可以用生产能力利用率 f，单位产品价格等指标 P 表示如下：
$$F^*=Q^*/Q_0\times 100\% \tag{4-1}$$

式中：Q_0——设计生产能力。
$$P^*（单位产品价格）= F^*/Q_0+V+t$$

所以，Q^* 值越小越好，同样 f^* 越小越好，说明工程项目抗风险能力越强，亏损的可能性越小。

【例4.1】 某企业拟新建一个工厂，拟定了A、B、C 3个不同方案。经过对各方案进行的分析预测，3个方案的成本结构数据见表4-1。若预料市场未来需求量在15 000件左右，试选择最优方案。

表4-1 方案A、B、C的成本结构数据表

成本 \ 方案	A	B	C
C_F（万元/年）	30	50	70
C_V（元/件）	40	20	10

解：由题意得
$$C_A=300\,000+40Q \quad C_B=500\,000+20Q \quad C_C=700\,000+30Q$$

令 $C_A=C_B$，即 $300\,000+40Q=500\,000+20Q$，$Q_A=10\,000$(件)
令 $C_B=C_C$，即 $500\,000+20Q=700\,000+10Q$，$Q_B=20\,000$(件)
而预测产量为 15 000 件，则应选 AB 线段之间，即 C_B 的线段。
故应选方案 B 为最优方案，如图4.2所示。

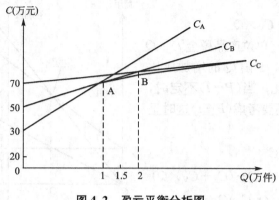

图 4.2 盈亏平衡分析图

4.2.2 非线性盈亏平衡分析

在实际生产经营过程中,产品的销售收入与销售量之间,成本费用与产量之间,并不一定呈现出线性关系,在这种情况下进行盈亏平衡分析称为非线性盈亏平衡分析。例如,当产量达到一定数额时,市场趋于饱和,产品可能会滞销或降价,这时呈非线性变化;而当产量增加到超出已有的正常生产能力时,可能会增加设备,要加班时还需要加班费和照明费,此时可变费用呈上弯趋势,产生两个平衡点 BEP1 和 BEP2,如图 4.3 所示。

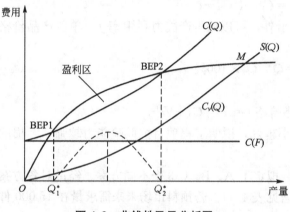

图 4.3 非线性盈亏分析图

非线性盈亏分析的基本过程如下所述。

产量 $Q<Q_1^*$ 或 $Q>Q_2^*$ 时,项目都处于亏损状态。

$Q_1^*<Q<Q_2^*$ 时,项目处于盈利状态。

因此 Q_1、Q_2 是项目的两个盈亏平衡点的产量。

又根据利润表达式:

$$利润 = 收益 - 成本 = S - C$$

并通过求上式对产量的一阶导数并令其等于零,即

$$d[(S-C)]/dQ = 0$$

可以求出利润为最大的产量 Q_{opti}。

【例 4.2】 已知固定成本为 60 000 元,单位变动成本为 35 元,产品单价为 60 元。由于成批采购材料,单位产品变动成本可减少 1‰;由于成批销售产品,单价可降低 3.5‰;求利润最大时的产量。

解: 总成本为 $C(q) = 60\,000 + (35 - 0.001q)q$,总收入为 $F(q) = (60 - 0.0035q)q$。令

$C(q) = F(q)$，则

$$0.0025q^2 - 25q + 60000 = 0$$

解得 $q_1 = 4000$（单位），$q_2 = 6000$（单位）。

又因为 $E(q) = F(q) - C(q) = -0.0025q^2 + 30q - 60000$，令 $d[E(q)]/dq = 0$，则

$$q = 6000（单位）$$

因为 $d^2[E(q)]/dq^2 = -0.005 < 0$，所以 6000 单位是利润最大时的产量。

盈亏平衡分析的主要目的在于通过盈亏平衡计算找出和确定一个盈亏平衡点，以及进一步突破此点后增加销售数量、增加利润、提高盈利的可能性。盈亏平衡分析还能够有助于发现和确定企业增加盈利的潜在能力以及各个有关因素变动对利润的影响程度。通过盈亏平衡分析，可以看到产量、成本、销售收入三者的关系，预测经济形势变化带来的影响，分析工程项目抗风险的能力，从而为投资方案的优劣分析与决策提供重要的科学依据。但是由于盈亏平衡分析仅仅是讨论价格、产量、成本等不确定因素的变化对工程项目盈利水平的影响，却不能从分析中判断项目本身盈利能力的大小。另外，盈亏平衡分析是一种静态分析，没有考虑货币的时间价值因素和项目计算期的现金流量的变化，因此，其计算结果和结论是比较粗略的，还须要采用其他的能分析判断出因不确定因素变化而引起项目本身盈利水平变化幅度的、动态的方法进行不确定性分析。

4.3 敏感性分析

在许多情况下，只对方案进行盈亏平衡分析是不够的，它只能通过变动售价、产量、成本等因素所导致的盈亏平衡点或线发生变化来进行不确定性分析。

4.3.1 敏感性分析的作用与基本原理

所谓敏感性分析，从广义上来讲，就是研究单一影响因素的不确定性给经济效果所带来的不确定。具体来说，就是研究某一拟建项目的各个影响因素（售价、产量、成本、投资等），在所指定的范围内变化，而引起其经济效果指标（如投资的内部收益率、利润、回收期等）的变化。敏感性就是指经济效果指标对其影响因素的敏感程度的大小。在实际工程中，要严加控制和掌握对经济效果指标的敏感性影响大的那些因素，而对于敏感性较小的那些影响因素，稍加控制即可。

因此，敏感性分析是研究分析项目的投资、成本、价格、产量和工期等主要变量发生变化时，导致对项目经济效益的主要指标发生变动的敏感程度。工程经济分析中的财务分析指标主要是项目内部收益率、净现值、投资收益率、投资回收期或偿还期，敏感性分析也称为灵敏度分析。

通过敏感性分析，就要在诸多的不确定因素中，找出对经济效益指标反应敏感的因素，并确定其影响程度，计算出这些因素在一定范围内变化时，有关效益指标变动的数量，从而建立主要变量因素与经济效益指标之间的对应定量关系（变化率），从而可绘制敏感性分析图，如图 4.4 所示。同时，可求出各因素变化的允许幅度（极限值），计算出临界

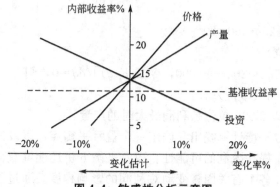

图 4.4 敏感性分析示意图

点,考察其是否在可接受的范围之内。敏感性分析是侧重于对最敏感的关键因素(即不利因素)及其敏感程度进行分析。

通常是分析单个因素变化,必要时也可分析两个或多个不确定因素的变化。对项目经济效益指标的影响程度。因此,除了采用单因素变化的敏感性分析以外,还可采用多因素变化的分析等。项目对某种因素的敏感程度,可表示为该因素按一定比例变化时引起项目指标的变动幅度(列表表示);也可表示为评价指标达到临界点(如财务内部收益率等于财务基准收益率,或是经济内部收益率等于社会折现率)时,某个因素允许变化的最大幅度,即极限值。敏感性分析可以使决策者了解不确定因素对项目经济效益指标的影响,从而提高决策的准确性,还可以启发工程经济分析人员对那些较为敏感的因素重新进行分析研究,以提高预测的可靠性。通过进行项目的敏感性分析,可以研究各种不确定因素变动对方案经济效果的影响范围和程度,了解工程项目方案的风险根源和风险大小,还可筛选出若干最为敏感的因素,有利于对它们集中力量研究,重点调查和收集资料,尽量降低因素的不确定性,进而减少方案风险。另外,通过敏感性分析,可以确定不确定因素在什么范围内变化能使项目的经济效益情况最好,在什么范围内变化时,则项目的经济效益,情况最差等这类最乐观和最悲观的边界条件或边界数值。

4.3.2 敏感性分析的一般步骤

进行敏感性分析的一般步骤如下。
(1) 确定敏感性分析指标,如净现值、内部收益率等。
(2) 选取不确定因素。
(3) 固定其他因素,变动其中某一个不确定因素,逐个计算不确定因素对分析指标的影响程度(或范围),并找出它们的一一对应关系。
(4) 找出敏感因素。
(5) 对方案进行综合方面分析,实施控制弥补措施。

下面以实例来说明这种方法。

【例 4.3】 某企业拟建一预制构件厂,其产品是大板结构住宅的预制板,该厂需投资 20 万元,每天可生产标准预制板 $100m^2$,单价为 140 元$/m^3$,每年生产 350 天,生产能力利用程度可达到 80%,寿命期为 20 年,基准收益率为 12%,则

年度收入 $=100\times350\times140\times0.8=392$(万元)

年度支出:

折旧费 $=20\times(A/P,12\%,20)=2.678$(万元)

人工费 $=54$(万元)

经常费 $=4+4=8$(万元)

材料费＝0.8×100×350×115＝322（万元）

在经常费中，固定费用和可变费用各占一半，为简单起见，试分析各因素的变化对静态投资收益率的影响，以下以生产能力利用程度、产品售价、使用寿命 3 个因素为例进行敏感性分析。

（1）当生产能力利用程度为 80% 时，有

年度总收入＝392 万元，

年度总支出＝386.677 8 万元

利润＝5.322 4 万元

投资收益率＝5.322 24÷20＝26.6%

（2）当生产能力利用程度为 70% 时，有

年度总收入＝100×350×140×0.7＝343（万元）

年度总支出＝345.927 6 万元

利润＝－2.927 6 万元

投资收益率＝－2.927 6÷20＝－14.64%

其中材料费＝100×350×11×0.7＝26.95（万元）

经常费＝4＋3.5＝7.5（万元）

必须说明的是，由于在生产能力利用程度为 80% 时，经常费中的可变费用为 4 万元，由此可计算出当生产能力利用程度为 100% 时，其经常费中的可变费用为 4÷0.8＝5 万元。因此，当生产能力利用程度为 70% 时，其经常费就为 4＋70%×5＝7.5 万元，而其中的固定费，不论生产能力利用程度为多少，始终不变。

表 4-2 为几种生产能力利用程度的具体计算结果。由此得出结论：生产能力利用程度对收益率的影响很敏感，工厂投产后要严加控制；或者改变某些因素，重新确定其各项费用，使之变成不敏感因素。

表 4-2 生产能力敏感分析

项目		生产能力利用程度			
		70%	75%	80%	85%
年度收入		343	367.5	392	416.5
年度支出	折旧费	2.677 6	2.677 6	2.677 6	2.677 6
	人工费	54	54	54	54
	经常费	7.5	7.75	8	8.25
	材料费	281.5	301.875	322	342.125
支出总额		345.927 76	366.302 6	386.677 6	407.052 6
年度利润		－2.927 6	1.197 4	5.322 4	9.447 4
投资收益率		－14.64%	6%	26.6%	47.24%

敏感性分析侧重于对不利因素及其影响程度的分析。除以上单个因素分析外，必要时，可分析两个或多个不确定因素对投资风险的影响程度。单因素的敏感分析适用于分析

最敏感的因素，但它忽略了各因素之间的相互作用。因为多因素的估计误差所造成的风险一般比单个因素较大。因此在对项目进行风险分析时，除了要进行单因素的敏感性分析外，还应进行多因素的敏感性分析。下面仅就双因素情况进行敏感性分析。

一次改变一个因素的敏感性分析可以得到敏感性曲线。若分析两个因素同时变化的敏感性，则可以得到一个敏感面。

【例4.4】 某企业为了研究一项投资方案，提出了下面的因素指标估计（基本方案），见表4-3。假定最关键的敏感因素是投资和年销售收入，试同时进行这两个参数的敏感性分析。

表4-3 指标估计

项目	投资	寿命 n	残值	年收入	年支出 D	折现率 i
参数值	10 000	5	2 000	5 000	2 200	8%

解： 以净年金 A^* 为研究目标，设 X 为初始投资变化的百分数，设 Y 为初始年收入变化的百分数，则净年金 A^* 为

$$A^* = -10\,000(1+X)(A/P, i, n) + 5\,000(1+Y)(A/P, i, n) - 2\,200 + 2\,000(A/F, i, n)$$

将 $i=8\%$，$n=5$ 代入可得

$$A^* = 636.32 + 5\,000Y - 2\,504.6X$$

临界曲线为 $A^* = 0$，则 $Y = 0.500\,92X - 0.127\,264$，作图如图4.5所示。

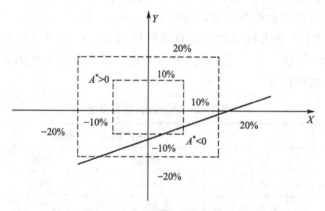

图4.5 两个参数的敏感性分析

作图后，就得到如图4.5所示的两个区域。其中所希望的区域（$A^* > 0$）占优势。如果预计造成±20%的估计误差，则净年金对增加投资额比较敏感。例如，若投资增加5%，年销售收入减小12%，则 $A^* < 0$。

4.3.3 敏感性分析的局限性

敏感性分析是项目经济评价时经常用到的一种方法，是投资决策中的两个重要步骤，它在一定程度上对不确定因素的变动对项目投资效果的影响作了定量的描述，得到了维持投资方案在经济上可行所允许的不确定因素发生不利变动的最大幅度，但是敏感性分析在

使用中也存在一定的局限性，就是它不能说明不确定因素发生变动的情况的可能性是大还是小，也就是没有考虑不确定因素在未来发生变动的概率，而这种概率是与项目的风险大小密切相关的。

4.4 概率分析

4.4.1 基本原理

由于盈亏平衡分析和敏感性分析，只是假定在各个不确定因素发生变动可能性相同的情况下进行的分析，而忽略了它们是否发生和发生可能的程度有多大这类的问题。因此只有概率分析才能明确这类问题。

概率是指事件的发生所产生某种后果的可能性的大小。概率分析是在选定不确定因素的基础上，通过估计其发生变动的范围，然后根据已有资料或经验等情况，估计出变化值下的概率，并根据这些概率的大小来分析测算事件变动对项目经济效益带来的结果和所获结果的稳定性。它是一种定量分析方法。同时，又因为事件的发生具有随机性，故概率分析也称为简单风险分析。

4.4.2 概率分析方法

概率法是在假定投资项目净现值的概率分布为正态的基础上，通过正态分布图像面积计算净现值下于零的概率，来判断项目风险程度的决策分析方法。

这种分析方法适用的前提条件是项目每年现金流量独立，即上年的现金收回情况好坏并不影响本年的现金收回，本年的现金收回也不影响下年的现金收回。

概率法首先要计算期望净现值 $E(NPV)$，公式为

$$E(NPV) = \sum_{t=0}^{n} \frac{E(N_t)}{(1+i_c)^t} \tag{4-2}$$

其次要计算项目的现金流量标准差 σ，公式为

$$\sigma = \sqrt{\sum_{i=1}^{n} \left[\frac{\sigma_t}{(1+i_c)}\right]^2} \tag{4-3}$$

最后，计算 NPV 小于零的概率并判断项目风险大小和项目的可行性，其一般计算步骤如下所述。

（1）列出各种应考虑的不确定因素，如投资、经营成本、销售价格等。

（2）设想各种不确定因素可能发生的变化情况，即确定其数值发生变化个数。

（3）分别确定各种情况出现的可能性及概率，并保证每个不确定因素可能发生的情况的概率之和为1。

（4）分别求出各种不确定因素发生变化是方案净现值流量各状态发生的概率和相应状态下的净现值的期望值。

(5) 求出净现值大于或等于零的累计概率。

(6) 对概率分析结果作出说明。

【例 4.5】 某企业评价的某项目之可能的各年净现金流量和该公司约定的 CV-d 换算表见表 4-3，若 $I_c=8\%$，试求 $E(NPV)$ 并判断其可行性。

表 4-3 净现金流量和 CV-d 换算表

i	N_{ij}（元）	概率 P_{ij}
0	−10 000	1.0
1	4 500	0.3
	5 000	0.4
	6 500	0.3
2	4 000	0.3
	6 000	0.2
	7 000	0.4
3	3 000	0.25
	5 000	0.50
	8 000	0.20

解： 先求出各 d，为此计算各年的 $E(N_t)$。

$E(N_0) = -10\,000 \times 1.0 = -10\,000$

$E(N_1) = 4\,500 \times 0.3 + 5\,000 \times 0.4 + 6\,500 \times 0.3 = 5\,300$

$E(N_2) = 4\,000 \times 0.3 + 6\,000 \times 0.2 + 7\,000 \times 0.4 = 5\,200$

$E(N_3) = 3\,000 \times 0.25 + 5\,000 \times 0.5 + 8\,000 \times 0.2 = 4\,850$

再求各年净现金流量的 σ_i。

$\sigma_0 = 0$

$\sigma_1 = [(4\,500-5\,000)^2 \times 0.3 + (5\,000-5\,000)^2 \times 0.4 + (6\,500-5\,000)^2 \times 0.3]^{\frac{1}{2}} = 866.0$

$\sigma_2 = [(4\,000-6\,000)^2 \times 0.3 + (6\,000-6\,000)^2 \times 0.2 + (7\,000-6\,000)^2 \times 0.4]^{\frac{1}{2}} = 1\,264.9$

$\sigma_3 = [(3\,000-5\,000)^2 \times 0.25 + (5\,000-5\,000)^2 \times 0.50 + (8\,000-5\,000)^2 \times 0.2]^{\frac{1}{2}} = 1\,673.3$

$E(NPV) = \dfrac{5\,300}{1+0.08} + \dfrac{5\,200}{(1+0.08)^2} + \dfrac{4\,850}{(1+0.08)^3} - 10\,000 = 3\,215.7(元)$

$\sigma = \sqrt{\left[\dfrac{866}{1+0.08}\right]^2 + \left[\dfrac{1\,264.9}{(1+0.08)^2}\right]^2 + \left[\dfrac{1\,673.3}{(1+0.08)^3}\right]^2} = 1\,893.0$

至此，可以计算出期望净现值相当于项目现金流量标准差的倍数为

$Z = E(NPV)/\sigma = 3\,215.7/1\,893 = 1.70$

根据 Z 值，可从正态分布表中，查得正态分布图象边上尖交面积对应的百分数，这就是项目的净现值小于零的概率 P_b，如图 4.6 所示。

经查表得，$P_b = 0.034\,1$ 这一结果如图 4.6 所示，$NPV<0$ 的概率仅为 3.41%，风险是很小的。

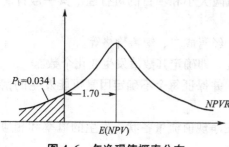

图 4.6 年净现值概率分布

由公式 $Z=E(NPV)/\sigma$ 可知，$E(NPV)$ 越大，σ 越小，Z 值就越大；Z 值越大，P_b 就越小，项目就越有吸引力；反之，则结论相反。

4.4.3 期望值决策方法

1. 净现值期望值的数学含义

$$E(NPV) = \sum_{n=1}^{i} NPVi \times P_i \tag{4-4}$$

式中：$NPVi$——第 i 种状态的净现值；
n——自然状态数；
P_i——第 i 种状态的概率。

2. 期望值进行决策必须具有的条件

(1) 目标。
(2) 几个可行方案。
(3) 所对应的自然状态。
(4) 概率。
(5) 相应的可计算出的损益值——加权平均值。

【例 4.6】 某土方工程，施工管理人员要决定下个月是否开工，若开工后遇天气不下雨，则可按期完工，获利润 6 万元，遇天气下雨，则要造成 1.5 万元的损失。假如不开工，不论是下雨还是不下雨都要付窝工费 1 000 元。据气象预测下月天气不下雨的概率为 0.3，下雨概率为 0.7，利用期望值的大小为施工管理人员作出决策。

解：由题意得，开工方案的期望值为

$$E1 = 60\,000 \times 0.3 + (-15\,000) \times 0.7 = 7\,500 \text{ 元}$$

不开工方案的期望值

$$E2 = (-1\,000) \times 0.3 + (-1\,000) \times 0.7 = -1\,000 \text{ 元}$$

因为 $E1 > E2$，所以应选开工方案。

4.5 决策树方法

4.5.1 基本形式

将例 4.5 决策内容绘制成如图 4.7 所示的决策树，图中"□"代表决策点，从决策点画出的每一条直线代表一个方案，称为方案枝；"○"代表机会点（也称为概率分枝点），从机会点画出的每一条直线代表一种自然状态，称为概率分枝；"△"为可能结果点，代表各种自然状态下的可能结果。

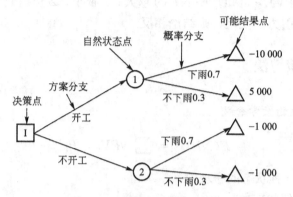

图 4.7 决策树方法基本形式

【例 4.7】 某公司拟建设一个预制构件厂,一个方案是大厂,需要 359 万元,另一个方案是小厂,需要 160 万元,使用期均为 10 年。另方案在不同自然状态下的损益值及自然状态概率见表 4-4,试利用决策树法决策。

表 4-4 损益值及自然状态概率

自然状态	概率	每年损益值(万元)	
		大厂	小厂
市场需求大	0.7	100	40
市场需求小	0.3	−20	10

决策树图形如图 4.8 所示,各点期望值如下所述。

点 1:$0.7 \times 100 \times 10 + 0.3 \times (-20) \times 10 - 359 = 281$(万元)。

点 2:$0.7 \times 40 \times 10 + 0.3 \times 10 \times 10 - 160 = 150$(万元)。

二者比较,建大厂较优,10 年期望值为 281 万元。

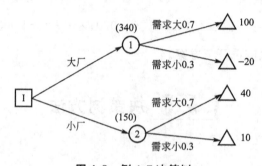

图 4.8 例 4.7 决策树

4.5.2 多级决策问题

【例 4.8】 如例 4.7 条件,既现建小厂,如果销路好,则第 3 年后扩建,扩建投资需要 140 万元,扩建后可使用 7 年,每年损益值与大厂相同,这个方案与建大厂方案比较,何者较优？

画出的决策树图如图4.9所示，大厂方案未变化，仍将其损益期望值写在节点1之下。

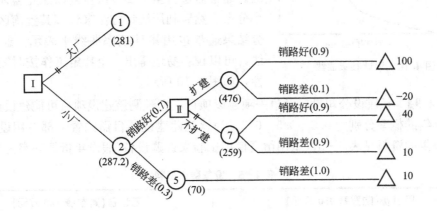

图4.9 例4.8决策树

计算各节点的损益期望值。

点6：$0.9 \times 100 \times 7 + 0.1 \times (-20) \times 7 - 140 = 476$。

点7：$0.9 \times 40 \times 7 + 0.1 \times 10 \times 7 = 259$。

比较点6及点7，扩建方案优于不扩建方案，决策节点Ⅱ的损益期望值即为扩建方案的期望值476万元。

点5：$1.0 \times 10 \times 7 = 70$。

点2：$0.7 \times 40 \times 3 + 0.3 \times 10 \times 3 + 0.7 \times 476 + 0.3 \times 70 - 160 = 287.2$。

即建小厂方案的损益期望值为287.2，高于建大厂方案。最优策略即为先建小厂，如果销路好3年后再扩建。若将建厂投资的利息计入，则这个方案的优越性更大。

从例4.8可以看出，利用决策树法计算多级决策，既方便又直观。

4.6 蒙特卡罗模拟方法

模拟是风险分析的一种深层次的方法，其本质是一种统计试验方法。蒙特卡罗分析(Mont Carlo Method)是随机模拟的一种形式。称它为蒙特卡罗法是因为该方法利用随机数来对各种可能结果进行选择，正如在轮盘赌中是通过小球所停的位置来确定赢家，其理论上也是一种随机现象。在建筑业中，可以模拟不同的天气类型以确定它们对施工进度的影响。同样，模拟技术也可以用于对工程项目费用的评价工作。

蒙特卡罗模拟要求生成多组随机数来对各种方案进行考察。可以用多种方法来确定随机数，如从帽子中抓阄或掷骰子。在实际工作中，利用计算机程序来生成多组随机数是最有效的方法。

模拟的前提是可以用概率分布来对受不确定性影响的参数加以描述。在蒙特卡罗模拟

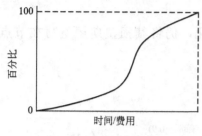

图 4.10 累计频率曲线

中,生成了大量的项目假想情况来反映实际项目的特征。每一个模拟(或重复)是通过用从一个风险变量的概率分布中抽取的一个随机数来代表该变量而实现的。通常需进行至少 100 次重复以建立整体项目的频率分布。然后利用统计方法来计算其置信区间等。部分结果通常也用累计频率曲线来表示。通过这些曲线,可以较容易地得出一个特定工作按时完成的可能性,如图 4.10 所示。

【例 4.9】 某建设公司投标竞争一项建设项目,据预测该建设项目可能建设期为 5 年、8 年、10 年的概率分别为 0.2,0.5,0.3,为承建此建设项目需购置一部专用设备,有两个厂家提供的资料见表 4-5,试用仿真模拟试验来选购设备(假设年折算利率为 8%)。

表 4-5 设备费用资料

甲设备(购置费 450 万元)		乙设备(购置费 120 万元)	
年运行费用	概率	年运行费用	概率
35	0.2	60	0.15
45	0.6	80	0.35
60	0.2	100	0.35
		120	0.15

解:先对工程工期、设备年费用列出其概率与二位随机数范围表,具体见表 4-6。

表 4-6 工程工期、设备年费用概率和二位随机数范围表

仿真对象	可能结果	概率	二位随机数范围
可能工期(年)	5	0.2	0~19
	8	0.5	20~69
	10	0.3	70~99
甲设备年运行费用 (万元/年)	35	0.2	0~19
	45	0.6	20~79
	60	0.2	80~99
乙设备年运行费用 (万元/年)	60	0.15	0~14
	80	0.35	15~49
	100	0.35	50~84
	120	0.15	85~99

进一步对工程工期进行仿真试验,假设做 10 次。即任意指定第一个随机数。然后连续取 9 个随机数(从二值随机数表上按行或列均可)。如 70,14,18,48,82,58,48,78,51,28。然后计算两设备购买费费用年金(即投资分摊),现将计算结果列在表 4-7 之中。

表 4-7 甲、乙两设备购买费费用年金（即投资分摊）　　　　　　　　单位：万元

试验次数	随机数	工期	甲设备购买费费用年金$(A/P, i\%, n)$	乙设备购买费费用年金$(A/P, i\%, n)$
1	70	10	$450(A/P, 8\%, 10)=67$	$120(A/P, 8\%, 10)=17.9$
2	14	5	$450(A/P, 8\%, 5)=112.7$	$120(A/P, 8\%, 5)=30$
3	18	5	$450(A/P, 8\%, 5)=112.7$	$120(A/P, 8\%, 5)=30$
4	48	8	$450(A/P, 8\%, 8)=78.3$	$120(A/P, 8\%, 8)=20.9$
5	82	10	$450(A/P, 8\%, 10)=67$	$120(A/P, 8\%, 10)=17.9$
6	58	8	$450(A/P, 8\%, 8)=78.3$	$120(A/P, 8\%, 8)=20.9$
7	48	8	$450(A/P, 8\%, 8)=78.3$	$120(A/P, 8\%, 8)=20.9$
8	78	10	$450(A/P, 8\%, 10)=67$	$120(A/P, 8\%, 10)=17.9$
9	51	8	$450(A/P, 8\%, 8)=78.3$	$120(A/P, 8\%, 8)=20.9$
10	28	8	$450(A/P, 8\%, 8)=78.3$	$120(A/P, 8\%, 8)=20.9$

在上述基础上，对设备甲进行仿真试验 10 次。从随机数表中任意抽取一组（10 个）随机数，再从表 4-8 中查出对应的年设备费用，将结果列在表 4-9 之中。同时对设备乙也可进行类似的仿真试验，将结果也列在表 4-9 之中。

表 4-8 设备仿真实验年设备费用表

试验次数	随机数(甲)	年设备费用(甲)	随机数(乙)	年设备费用(乙)
1	29	45	69	100
2	3	35	30	80
3	62	45	66	100
4	17	35	55	100
5	92	60	80	100
6	30	45	10	60
7	38	45	72	100
8	12	35	74	100
9	38	45	76	100
10	7	35	82	100

将表 4-7 中两设备费用年金（即投资分摊）分别和表 4-8 中两设备各自仿真试验年费用相加。即可得到甲、乙两设备仿真试验总费用年金。现将结果列在表 4-9 之中。

甲设备费用年金 10 年平均值为 124.29 万元，乙设备费用年金 10 年平均值为 115.73 万元，按经济评价准则应选用费用年金小的乙设备。

在应用蒙特卡罗法进行经济分析时，要注意随机事件的概率描述应当是古典概率型。在仿真试验时，从随机数表上抽取随机数时应当是任意的，不可心存任何偏见，试验次数应该尽可能多。这样试验所得结果才较为可靠。

表 4-9 费用计算表

试验次数	总年设备费用(甲)	总年设备费用(乙)
1	67+45=112	17.6+100=117.6
2	112.7+35=147.7	30+80=110
3	112.7+45=157.7	30+100=130
4	78.3+35=113.3	20.9+100=120.9
5	67+60=127	17.6+100=117.6
6	78.3+45=123.3	20.9+60=80.9
7	78.3+45=123.3	20.9+100=120.9
8	67+35=102	17.6+100=117.6
9	78.3+45=123.3	20.9+100=120.9
10	78.3+35=113.3	20.9+100=120.9

4.7 实例分析

【例 4.10】 某公司经营情况：房租为 300 元/月，假设经营产品 A、B、C 的利润各占总利润的 1/3，现通过对 A 的销售来对方案进行可行性分析，假设 A 的平均进价为 1.50 元/斤，售价为 1.70 元/斤，平均每月销售 A 约 3 000 斤，每月进货 2 次，运费 150 元/次，水电费 60 元/月，免税收。

1. 盈亏平衡分析

固定成本：A 的固定成本占总固定成本的 1/3，即

$$F=\frac{1}{3}(300+2\times150+60)=220\ 元$$

盈利为

$$TR=(p-t)Q=(1.7-0)Q=1.7Q$$

成本为

$$TC=F+vQ=220+1.5Q$$

因为 $TC=TR$，所以盈亏平衡销售量 $Q=\dfrac{F}{p-t-v}=\dfrac{220}{1.7-0-1.5}=1\ 100$（斤/月），如图 4.11 所示。

因此，最低销售率 $=\dfrac{1\ 100}{3\ 000}\times100\%=36.7\%$

2. 作敏感度分析

销售量的敏感度（±10%，±20%）

月收入：$1.7\times3\ 000=5\ 100$ 元

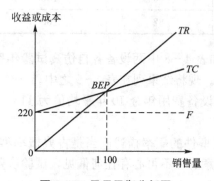

图 4.11 盈亏平衡分析图

月支出：

月使用费：$\dfrac{300}{3}+\dfrac{150\times 2}{3}+\dfrac{60}{3}=220$ 元

月材料费：$1.5\times 3\,000=4\,500$ 元

总额：380 元

销售量的敏感度分析见表 4-10。

表 4-10 销售量的敏感度分析表

估计项目	2 400	2 700	3 000	3 300	3 600
月 收 入	4 080	4 590	5 100	5 610	6 120
月使用费	220	220	220	220	220
月材料费	3 600	4 050	4 500	4 950	5 400
总 额	260	320	380	440	500

售价的敏感度见表 4-11。

表 4-11 售价的敏感度分析表

估计项目	1.60	1.65	1.70	1.75	1.80
月 收 入	4 800	4 950	5 100	5 250	5 400
月使用费	220	220	220	220	220
月材料费	4 500	4 500	4 500	4 500	4 500
总 额	80	230	380	530	680

进价的敏感度如见表 4-12。

表 4-12 进价的敏感度分析表

估计项目	1.40	1.45	1.50	1.55	1.60
月 收 入	5 100	5 100	5 100	5 100	5 100
月使用费	220	220	220	220	220
月材料费	4 200	4 350	4 500	4 650	4 800
总 额	680	530	380	230	80

运费的敏感度见表 4-13。

表 4-13 运费的敏感度分析表

估计项目	120	135	150	165	180
月 收 入	5 100	5 100	5 100	5 100	5 100
月使用费	200	210	220	230	240
月材料费	4 500	4 500	4 500	4 500	4 500
总 额	400	390	380	370	360

以上4方面因素分析如图4.12所示。

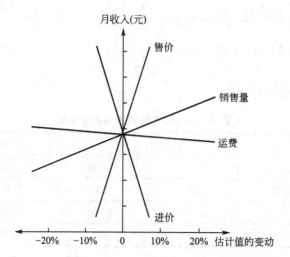

图4.12 销售量、售价、进价、运费的敏感度分析图

根据以上分析，决策者就可以对方案作出比较全面合理的判断，由图4.13可以清楚地看出月收入对于进价和售价的变化都很敏感，而对于月销售量和运费则不敏感。

3. 概率分析

假设售价和销售量的概率关系如图4.13所示。

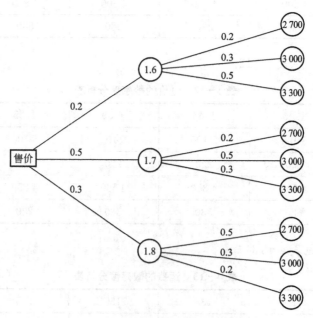

图4.13 假设售价和销售量的概率关系

计算其联合概率，见表4-14。

由表可以看出：除去月使用费和月材料费220元，每月A的销售利润为406.7元。根据计算结果，该方案虽然利润不多，但风险很小，决策者可以选择投资。

表 4-14 联 合 概 率

序号	联合概率	收入	概率 X 收入
1	0.04	270	10.8
2	0.06	300	18
3	0.10	330	33
4	0.10	540	54
5	0.25	600	150
6	0.15	660	99
7	0.15	810	121.5
8	0.09	900	81
9	0.06	990	59.4
合计	1.00		626.7

本 章 小 结

建设项目的不确定性，一是指影响项目经济效果的各种经济要素（如价格、销售量等）的未来值具有不确定性，二是指测算项目各种经济要素的取值（如投资额、产量等）由于缺乏足够的信息或测算方法上的误差，使得建设项目经济效果评价指标带有不确定性。

盈亏平衡分析是研究项目投产后正常生产年份的产量、成本、利润三者之间的平衡关系。通过敏感性分析，可研究相关因素的变动引起经济效果评价指标的变动幅度，区别不同项目方案的敏感性大小，以便选取敏感性小的方案，减小项目的风险性。概率分析方法是一种利用概率理论研究风险因素的随机变化对项目经济效益的影响，以及判定建设项目可能发生的风险程度的方法。

思 考 题

（1）如何理解风险和不确定性的特征和产生原因？
（2）不确定性分析的常用方法有哪些？各自适用条件是什么？
（3）利用盈亏平衡分析进行生产决策，影响盈亏平衡点的主要因素有哪些？
（4）敏感性分析法的一般程序是怎样的？如何选择敏感性分析指标？
（5）决策树决策的依据和基本条件是什么？

习 题

(1) 某项目设计生产能力为年产 50 万件,根据资料分析,估计单位产品价格为 100 元,单位产品可变成本为 80 元,固定成本为 30 万元。已知该产品销售税金及附加合并税率为 5%。现有一客户前来订货 25 万件,问是否应该签订订货合同?

(2) 某项目年总成本 $C=2X^2-8X+16$,产品单价 $P=5-Q/8$,Q 为产量,求盈亏平衡产量。

(3) 某企业年固定成本 6.5 万元,每件产品变动成本 25 元,原材料批量购买可降低单位材料费用为购买量的 0.1%,每件售价为 55 元,随销售量的增加市场单位产品价格下降 0.25%,试计算盈亏平衡点、利润最大时产量和成本最低时的产量。

(4) 某地区为满足水泥产品的市场需求拟扩大生产能力规划建水泥厂,提出了 3 个可行方案:

① 新建大厂,投资 900 万元,据估计销路好时每年获利 350 万元,销路差时亏损 100 万元,经营限期 10 年;

② 新建小厂,投资 350 万元,销路好时每年可获利 110 万元,销路差时仍可以获利 30 万元,经营限期 10 年;

③ 先建小厂,3 年后销路好时再扩建,追加投资 550 万元,经营限期 7 年,每年可获利 400 万元。

据市场销售形式预测,10 年内产品销路好的概率为 0.7,销路差的概率为 0.3。按上诉情况用静态方法进行决策树分析,选择最优方案。

(5) 某公司打算购进一种新设备,有两个代理商提出报价资料见表 4-15,假设折算年利率为 10%,试用仿真试验进行决策。

表 4-15 某设备报价资料表

甲设备(购置费 65 万元)		乙设备(购置费 130 万元)	
年运行费用	15 万元	年运行费用	5 万元
使用寿命(年)	概率	使用寿命(年)	概率
3	0.5	7	0.4
4	0.5	8	0.3
		9	0.3

第5章 工程项目的财务评价

教学目标

本章主要讲述投资项目财务评价的过程与方法。通过本章的学习,应达到以下目的:
(1)了解建设投资、流动资金投资的估算方法和各种财务报表的编制;
(2)熟练地进行财务指标计算;
(3)能够运用财务评价的原理和方法,根据具体情况对投资项目进行财务评价。

教学要求

知识要点	能力要求	相关知识
财务效益和费用估算	(1)掌握建设投资、流动资金的估算方法 (2)掌握收入、成本和费用的估算方法	建设投资、流动资金、经营成本、收入、总成本费用
融资方案和资金成本	(1)了解两种融资方式的概念和内容 (2)熟悉融资方案比选的方法 (3)熟悉融资风险的概念	(1)融资的概念;资本金的概念 (2)资金结构、融资风险、筹资方案优化
投资项目盈利性分析	(1)掌握盈利能力分析指标的计算方法 (2)熟悉现金流量表的编制方法	(1)财务内部收益率、财务净现值、投资回收期、总投资收益率、资本金净利润率 (2)项目现金流量表
投资项目偿债能力分析	(1)掌握偿债能力分析指标的计算方法 (2)熟悉资产负债表和借款还本付息计划表的编制方法	(1)利息备付率、偿债备付率、资产负债率 (2)资产负债表和借款还本付息计划表
投资项目生存能力分析	熟悉利润与利润分配表和财务计划现金流量表的方法	(1)利润与利润分配表 (2)财务计划现金流量表

基本概念

建设投资、融资方式、资本金、资金结构、盈利能力分析、偿债能力分析、生存能力分析。

 引例

建设项目的经济评价重点包括财务评价和国民经济评价。财务评价是在国家现行的财税制度和价格体系的前提下,从项目角度出发,计算项目范围内的财务效益和费用,分析项目的盈利能力、偿债能力和财务生存能力,据此评价项目在财务上的可行性的一种经济评价方法,它是工程经济分析的重要组成部分。分析项目的财务效益是本章的要点。

例如,某拟新建钢铁项目,计算期为20年,建设投资8亿元,分3年建成,每年投资1/3。流动资金投入于第3年年末,计4 000万元。资本金(权益资金)投入分别占建设投资和流动资金的40%,其不足部分由银行贷款,年利率为8%,并允诺建设投资贷款有3年的宽限期,即建设期暂不还款付息,资本化至第4年开始等额分8年还清建设投资的贷款(等额还款)。流动资金的60%为短期滚动借款,每年支付利息,计算期末全额回收。全部建设投资及建设期利息形成固定资产原值,综合折旧率为10%,残值率10%。产品在第4年即达产,年销售收入52 650万元(不含增值税),销售税金及附加2 350万元,年经营成本19 650万元,企业所得税率为25%。试进行盈利能力分析、偿债能力分析和生存能力分析。

5.1 财务效益和费用估算

财务效益和费用是财务分析的基础,其估算的准确性与可靠程度对项目财务分析影响很大。财务效益和费用估算应遵循"有无对比"的原则,正确识别和估算"有项目"和"无项目"状态的财务效益和费用。

财务效益是指项目实施后所获得的营业性收入。对于适用增值税经营性项目,除营业收入外,其可得到的增值税返还也应作为补贴收入计入财务收益;对于非经营性项目,财务效益应包括可能获得的各种补贴收入。

项目所支出的费用主要包括投资、成本费用和税金等。

为与财务分析一般先进行融资前分析的做法相协调,在财务效益与费用估算中,通常可首先估算营业收入或建设投资,以下依次是经营成本和流动资金。当需要继续进行融资后分析时,可在初步融资方案的基础上再进行建设期利息估算,最后完成总成本费用的估算。

建设项目评价中的总投资包括建设投资、建设期利息和流动资金之和。建设项目经济评价中应按有关规定将建设投资中的各分项分别形成固定资产原值、无形资产原值和其他资产原值。形成的固定资产原值可用于计算折旧费,形成的无形资产和其他资产原值可用于计算摊销费。建设期利息应计入固定资产原值。

5.1.1 建设投资的估算

建设投资是指从工程项目确定建设意向开始直至竣工并投入使用为止，在整个建设过程中所需的总建设费用，这是保证工程建设正常进行的必要资金。建设投资由工程费用（建筑工程费、设备购置费、安装工程）、工程建设其他费用和预备费（基本预备费和涨价预备费）组成。

建设投资估算应在给定的建设规模、产品方案和工程技术方案的基础上，估算项目建设所需的费用。

按照费用归集形式，建设投资可按概算法或形成资产法分类。根据项目前期研究各阶段对投资估算精度的要求、行业特点和相关规定，可选用相应的投资估算方法。投资估算的内容与深度应满足项目前期研究各阶段的要求，并为融资决策奠定基础。

在投资决策的前期阶段，如投资机会研究、项目建议书和可行性研究阶段，只能对这些投资费用进行估算。不同的研究阶段所具备的条件和掌握的资料不同，估算的方法和准确程度也不相同。目前常用的有以下几种方法。

1. 生产能力指数法

这种方法根据已建成的、性质类似的建设项目或生产装置的投资额和生产能力及拟建项目或生产装置的生产能力估算项目的投资额。其计算公式为

$$C_2 = C_1 \left(\frac{A_2}{A_1}\right)^n f \qquad (5-1)$$

式中：C_2、C_1——拟建项目或装置和已建项目的投资额；

A_1、A_2——已建类似项目或装置和拟建项目的生产能力；

f——不同时期、不同地点的定额、单价、费用变更等的综合调整系数；

n——生产能力指数，且 $0 \leqslant n \leqslant 1$。

若已建类似项目或装置的规模和拟建项目或装置的规模相差不大，生产规模比值在 0.5~2 之间，则指数 n 的取值近似为 1。

若已建类似项目或装置与拟建项目或装置的规模相差不大于 50 倍，且拟建项目的扩大仅靠增大设备规模来达到时，则 n 取值约在 0.6~0.7 之间；若是靠增加相同规格设备的数量达到时，则 n 的取值在 0.8~0.9 之间。

采用这种方法，计算简单、速度快；但要求类似工程的资料完整可靠，条件基本相同，否则误差就会增大。

2. 按设备费用的推算法

以拟建项目的设备费为基数，根据已建成的同类项目或装置的建筑安装费和其他工程费用等占设备价值的百分比，求出相应的建筑安装及其他有关费用，其总和即为项目或装置的投资。其计算公式为

$$C = E(1 + f_1 P_1 + f_2 P_2 + f_3 P_3 + \cdots) + I \qquad (5-2)$$

式中： C——拟建项目或装置的投资额；

E——根据拟建项目或装置的设备清单按当时当地价格计算的设备费（包括运杂

费)的总和;

P_1、P_2、P_3——分别为已建项目中建筑安装及其他工程费用占设备费百分比;

f_1、f_2、f_3——分别为由于时间因素引起的定额、价格、费用标准等变化的综合调整系数;

I——拟建项目的其他费用。

3. 造价指标估算法

对于建筑工程,可以按每平方米的建筑面积的造价指标来估算投资,也可以再细分为每平方米的土建工程、水电工程、暖气通风和室内装饰工程的造价,并汇总出建筑工程的造价。另外,再估算其他费用及预备费,即可估算出项目的固定资产的投资数。

4. 建设投资详细估算法

建设投资详细估算法是按照综合估算框架,根据建设投资的一般工作分解结构,自下而上、分类分层地分别进行估算。

1) 建筑安装工程费用

建筑安装工程费用,是指花费在建筑安装工程施工过程中的费用,它按工程内容分为建筑工程费用和安装工程费用。建筑工程费用通常指建筑物和构筑物的土建工程费用,包括房屋、桥梁、道路、堤坝、隧道工程的建造费用,建筑物内的给排水、电气照明、采暖通风等工程费用,以及农田水利、场地平整、厂区整理和绿化等工程费用。安装工程费用一般包括各种需要安装的机械设备和电气设备等工程的安装费用。我国现行建筑安装工程费用的构成为直接费、间接费、利润和税金。

2) 设备、工器具购置费

设备、工器具购置费用由设备购置费和工器具、生产用家具购置费组成。

设备购置费,包括一切需要安装与不需要安装的设备的购买原价和设备运杂费,应根据项目主要设备表及价格、费用资料编制。工器具及生产家具购置费一般按占设备费的一定比例计取。

3) 工程建设其他费用

工程建设其他费用是指在进行工程建设,包括建筑安装和设备购置等工作中,从工程筹建起到工程竣工验收、交付使用止的整个建设期间,除建筑安装工程费用和设备、工器具购置费以外的,为保证工程建设顺利完成和交付使用后能够正常发挥效用而发生的各项费用的总和。工程建设其他费用由土地使用费、与项目建设有关费用(建设单位管理费、勘察设计费、研究试验费、临时设施费、工程监理费、工程保险费等费用)及与未来生产经营活动有关的费用(联合试运转费、生产准备费、办公和生活家具购置费)组成。

经主管部门批准征用建设用地的国家投资项目,在投资估算的其他费用中应按国家规定的标准估算出土地征用费、耕地占用税、新菜地开发建设基金及筹建期的土地使用税等。其中土地征用费包括土地补偿费、青苗补偿费、居民安置费、地面附属物拆迁补偿费、征地管理费等。随着城市土地市场的建立,投资者按实际获得的土地使用权所付的代价估算投资。其中还应包括政府征收的契税、增值税和土地占用费等。

4) 预备费用

预备费用是指在项目可行性研究中难以预料的工程费用,包括基本预备费和涨价预备费。

基本预备费是指在初步设计和概算中难以预料，需要事先预留的费用，又称工程建设不可预见费。基本预备费以建筑工程费、设备及工器具购置费、安装工程费及工程建设其他费用用之和为计算基数，乘以基本预备费率计算。

涨价预备费是指从估算年到项目建成期间内预留的因物价上涨而引起的投资费增加数额，亦称价格变动不可预见费。涨价预备费以建筑工程费、设备及工器具购置费、安装工程费之和为计算基数。计算公式为

$$PC = \sum_{t=0}^{n} I_t [(1+f)^{m+t} - 1] \qquad (5-3)$$

式中：PC——涨价预备费；

I_t——第 t 年的建筑工程费、设备及工器具购置费、安装工程费之和；

m——估算年到建设开始年的年数；

f——年价格上涨指数；

n——建设期。

投资估算的方法很多，应根据项目的具体特点和当时掌握的资料和研究深度，力求准确。通常希望在投资项目决策前的估算误差在 10% 以内。

5.1.2 建设期利息估算

估算建设期利息，需要根据项目进度计划，提出建设投资分年计划，列出各年投资额，并明确其中的外汇和人民币。

估算建设期利息，应注意名义年利率和有效年利率的换算。

当建设期用自有资金按期支付利息时，可不必进行换算，直接采用名义年利率计算建设期利息。

计算建设期利息时，为了简化计算，通常假定贷款均在每年的年中支用，借款当年按半年计息，其余各年份按全年计息，计算公式如下所述。

采用自有资金付息时，按单利计算：

各年应计利息＝(年初借款本金累计＋本年借款额/2)×名义年利率　　(5-4)

采用得利方式计息时：

各年应计利息＝(年初借款本金累计＋本年借款额/2)×有效年利率　　(5-5)

对有多种借款资金来源，每笔借款的年利率各不相同的项目，既可分别计算每笔借款的利息，也可先计算出各笔借款加权平均的年利率，并以加权平均利率计算全部借款的利息。

其他融资费用系指某些债务资金发生的手续费、承诺费、管理费、信贷保险费等融资费用，原则上应按该债务资金的债权人的要求单独计算，并计入建设期利息。项目建议书阶段，可简化作粗略估算，计入建设投资；可行性研究阶段，不涉及国外贷款的项目，也可简化和粗略估算后计入建设投资。

在项目评价中，对于分期建成投产的项目，应注意按各期投产时间分别停止借款费用的资本化，即投产后继续发生的借款费用不作为建设期利息计入固定资产原值，而是作为

运营期利息计入总成本费用。

5.1.3 经营成本的估算

经营成本是项目经济评价中所使用的特定概念,作为项目运营期的主要现金流出,其构成和估算可采用下式表达:

经营成本＝外购原材料、燃料和动力费＋工资及福利费＋修理费＋其他费用

式中,其他费用是指从制造费用、管理费用和营业费用中扣除了折旧费、摊销费、修理费、工资及福利费以后的其余部分,包括办公费、差旅费、运输费、保险费、工会经费、职工教育经费、技术转让费、土地使用费、技术转让费、咨询费、业务招待费、坏账损失和在成本费用中列支的税金、租赁费、广告费、销售服务费用,等等。

5.1.4 流动资金的估算

流动资金是指运营期内长期占用并周转使用的营运资金,不包括运营中需要的临时性营运资金。流动资金的估算基础是经营成本和商业信用等,其计算应符合下列要求。

(1) 按行业或前期研究阶段的不同,流动资金估算可选用扩大指标估算法或分项详细估算法。

① 扩大指标估算法:该方法是参照同类企业流动资金占营业收入或经营成本的比例,或者单位产量占用营运资金的数额估算流动资金。在项目建议书阶段一般可采用扩大指标估算法,某些行业在可行性研究阶段也可采用此方法。

例如,百货零售商店,流动资金可按年营业收入的10%～15%估算;机械制造项目可按年经营成本的15%～20%考虑;钢铁联合企业可按固定资产投资的8%～10%估算等。由于项目的加工深度、原料供应和销售渠道各不相同,这种估算方法误差较大。

② 分项详细估算法:该方法是利用流动资产与流动负债估算项目占用的流动资金。一般先对流动资产和流动负债主要构成要素进行分项估算,进而估算流动资金。一般项目的流动资金宜采用分项详细估算法。

流动资产的构成要素一般包括存货、库存现金、应收账款和预付账款。流动负债的构成要素一般只考虑应付账款和预收账款。流动资金等于流动资产与流动负债的差额。

流动资金估算的具体步骤是首先确定各分项最低周转天数,计算出周转次数,然后进行分项估算。

(2) 投产第一年所需的流动资金应在项目投产前安排。为了简化计算,项目评价中流动资金可从投产第一年开始安排。

5.1.5 收入估算

营业收入是企业生产经营阶段的主要收入来源,是指企业销售产品或者提供劳务等取得的收入。其计算公式为

营业收入＝产品的销售数量×销售价格

营业税金及附加是指消费税、营业税、城市维护建设税、资源税和教育费附加等。

增值税是对生产、销售产品或者提供劳务的纳税人实行抵加原则,就其生产、经营过程中实际发生的增值额征税的税种,在经济分析时的销售收入和成本不含增值税。

5.1.6 总成本费用估算

总成本费用是指在经营期内为生产产品或提供服务所发生的全部费用,等于经营成本与折旧费、摊销费和财务费用之和。总成本费用估算宜符合下列要求。

(1) 成本费用可按下列方法估算。

① 生产成本加期间费用估算法:

$$总成本费用 = 生产成本 + 期间费用 \tag{5-6}$$

式中,生产成本=直接材料费+直接燃料和动力费+直接工资+其他直接支出+制造费用;期间费用=管理费用+营业费用+财务费用。

② 生产要素估算法:

$$总成本费用 = 外购原材料、燃料和动力费 + 工资及福利费 + 折旧费 + 摊销费 + 修理费 + 财务费用(利息支出) + 其他费用 \tag{5-7}$$

式中,其他费用同经营成本中的其他费用。

(2) 成本费用估算应遵循国家现行的企业财务会计制度规定的成本和费用核算方法,同时应遵循有关税收制度中准予在所得税前列支科目的规定。当二者有矛盾时,一般应按从税的原则处理。

(3) 各行业成本费用的构成各不相同,制造业项目可直接采用上述公式估算,其他行业的成本费用估算应根据行业规定或结合行业特点另行处理。

(4) 总成本费用可分解为固定成本和可变成本。

固定成本一般包括折旧费、摊销费、修理费、工资及福利费(计件工资除外)和其他费用等,通常把运营期发生的全部利息也作为固定成本。

可变成本主要包括外购原材料/燃料及动力费和计件工资等。

有些成本费用属于半固定半可变成本,必要时可进一步分解为固定成本和可变成本。项目评价中可根据行业特点进行简化处理。

5.1.7 财务分析辅助报表

进行财务效益和费用估算,需要编制下列财务分析辅助报表:

(1) 建设投资估算表;

(2) 建设期利息估算;

(3) 流动资金估算表;

(4) 项目总投资使用计划与资金筹措表;

(5) 营业收入、营业税金及附加和增值税估算表;

(6) 总成本费用估算表。

5.2 资金来源与融资方案

在投资估算的基础上，资金来源与融资方案应分析建设投资和流动资金的来源渠道及筹措方式，并在明确项目融资主体的基础上，设定初步融资方案。通过对初步融资方案的资金结构、融资成本和融资风险的分析，结合融资后财务分析，比选、确定融资方案，为财务分析提供必需的基础数据。融资成本的计算见第 3 章 3.5.7.2 节。

5.2.1 融资方式

设定融资方案，应先确定项目融资主体。确定融资主体应考虑项目投资的规模和行业特点，项目与既有法人资产、经营活动的联系，既有法人财务状况，项目自身的盈利能力等因素。

按照融资主体不同，融资方式分为既有法人融资和新设法人融资两种。

(1) 既有法人融资方式，建设项目所需资金来源于既有法人内部融资（货币资金、资产变现、资产经营权变现、直接使用非现金资产）、新增资本金和新增债务资金。既有法人融资项目的新增资本金可通过原有股东增资扩股、吸收新股东投资、发行股票、政府投资等渠道和方式筹措。由项目产生的新增债务资金偿还依赖投资项目的企业整体盈利能力，以既有法人整体的资产和信用承担债务担保，项目融资决策的偿债能力分析应从企业整体上考虑。既有法人融资项目既可以是在既有基础上进行的，以增量资产带动存量资产，如技术改造项目、改建、扩建项目，也可以是非独立法人的新建项目。

(2) 新设法人融资方式，建设项目所需资金来源于项目公司股东投入的资本金和新增债务资金。新设法人融资项目的资本金可通过股东直接投资、发行股票、政府投资等渠道和方式筹措。

项目债务资金可通过商业银行贷款、政策性银行贷款、外国政府贷款、国际金融组织贷款、出口信贷、银团贷款、债券、国际债券、融资租赁等渠道和方式筹措。

5.2.2 比选并确定融资方案

在初步明确项目的融资主体和资金来源的基础上，对于融资方案资金来源的可靠性、资金结构的合理性、融资成本高低和融资风险大小，应进行综合分析，结合融资后财务分析，比选确定融资方案。

1. 既有法人内部融资的可靠性分析

既有法人内部融资的可靠性分析主要包括下列内容。

(1) 通过调查了解既有企业资产负债结构、现金流量状况和盈利能力，分析企业的财务状况、可能筹集到并用于拟建项目的现金数额及其可靠性。

(2) 通过调查了解既有企业资产结构现状及其与拟建项目的关联性，分析企业可能用于拟建项目的非现金资产数额及其可靠性。

2. 项目资本金的可靠性分析

项目资本金的可靠性分析主要包括下列内容。

(1) 采用既有法人融资方式的项目，应分析原有股东增资扩股和的股东投资的数额及其可靠性。

(2) 采用新设法人融资方式的项目，应分析各投资者认缴的股本金数额及其可靠性。

(3) 采用上述两种融资方式，如通过发行股票筹集资本金，应分析其获得批准的可能性。

3. 项目债务资金的可靠性分析

项目债务资金的可靠性分析主要包括下列内容。

(1) 采用债券融资的项目，应分析其能否获得国家有关主管部门的批准。

(2) 采用银行贷款的项目，应分析其能否取得银行的贷款承诺。

(3) 采用外国政府贷款或国际金融组织贷款的项目，应核实项目是否列入利用外资备选项目。

4. 资金结构合理性分析

资金结构合理性分析是指对项目资本金与项目债务资金、项目资本金内部结构以及项目债务资金内部结构等资金比例合理性的分析。

项目资本金与项目债务资金的比例应符合下列要求：

(1) 符合国家法律和行政法规规定；

(2) 符合金融机构信贷规定及债权人有关资产负债比例的要求；

(3) 满足权益投资者获得期望投资回报的要求；

(4) 满足防范财务风险的要求。

确定项目资本金结构应符合下列要求：

(1) 根据投资各方资金、技术和市场开发方面的优势，通过协商确定各方出资的比例、出资形式和时间；

(2) 采用既有法人融资方式的项目，应合理确定既有法人内部融资和新增资本金在项目融资总额中所占的比例，分析既有法人内部融资及新增资本金的可能性与合理性；

(3) 国内投资项目，应分析控股股东的合法性和合理性；外商投资项目，应分析外方出资比例的合法性和合理性。

确定项目债务资金结构应符合下列要求：

(1) 根据债权人提供债务资金的条件(包括利率、宽限期、偿还期及担保方式等)合理确定各类借款和债券的比例；

(2) 合理搭配短期、中长期债务比例；

(3) 合理安排债务资金的偿还顺序；

(4) 合理确定内债和外债的比例；

(5) 合理选择外汇币种；

(6) 合理确定利率结构。

5. 融资风险分析

融资方案的实施经常会受到各种风险因素的影响。融资风险分析就是对可能影响融资方案的风险因素进行识别和预测。通常可能的融资风险因素有下列几种。

1) 资金供应风险

资金供应风险是指融资方案在实施过程中，可能出现资金不落实，导致建设工期长，工程造价升高，原定投资效益目标难以实现的风险。主要风险有以下 4 方面：

(1) 原定筹资额全部或部分落空，如已承诺出资的投资者中途变故，不能兑现承诺；
(2) 原定发行股票、债券计划不能实现；
(3) 既有项目法人融资项目由于企业经营状况恶化，无力按原定计划出资；
(4) 其他资金不能按建设进度足额及时到位。

2) 利率风险

在负债融资的情况下，利率水平随着金融市场行情而变动，如果融资方案中采用浮动利率计息，则应分析贷款利率变动的可能性及其对项目造成的风险和损失。

3) 汇率风险

汇率风险是指国际金融市场外汇交易结算产生的风险，包括人民币对各种外币币值的变动风险和各外币之间比价变动的风险。利用外资数额较大的投资项目应对外汇汇率的趋势进行分析，估测汇率发生较大变动时，对项目造成的风险和损失。

4) 现金性融资风险

现金性融资风险是指在特定时点上，现金流出量超过现金流入量而产生的到期不能偿付债务本息的风险。现金性筹资风险是由于现金短缺、债务的期限结构与现金注入的时间结构不相配套引起的，表现为预算与实际不符出现的支付危机或者由于资本结构安排不当。如在资金利润率较低时安排了较高的债务，以及在债务的期限安排上不合理而引起某一时点的偿债高峰等。

5) 收支性融资风险

收支性融资风险是指企业在收不抵支情况下出现的不能偿还到期债务本息的风险。收支性融资风险意味着企业经营失败，企业将面临破产或清算。

5.2.3 筹资方案的优化

所谓筹资方案的优化，就是通过合理地选择资金来源及数量而达到增加收益和弱化风险的目的。其实质是选择最佳资本结构，在这种资本结构下财务杠杆的有利效应和不利效应在一定条件下取得合理平衡。

从财务管理角度来看，筹资方案的优化就是寻找加权平均资金成本最低的筹资方案。一般地说，适当增加某种资金成本较低的资金来源比重，经加权平均后，加权平均资金成本会降低。但是，即使不考虑资金筹措的种种条件限制，当该种来源资金的比重增加到一定程度，可能会使全部资金的加权平均资金成本反而上升。例如，通常长期债券的资金成本最低，而普通股成本最高。如果企业提高长期债券筹资的比重，在这种提高对其他方面的影响不大时，会使加权平均资金成本下降；但是，如果肆意提高长期债券筹资的比重，超过了一定的限度，会由于企业负债过高，使债券和普通股的风险增加，从而使两种来源的资金成本不仅不会下降，反而使企业加权平均资金成本提高。由此可见，全部资金的加权平均资金成本是由所选择的各种资金来源及数量相互影响、相互作用，综合形成的。从这种意义上说，拟建项目筹集资金的来源与方式应是多种多样的，而且多种资金筹集来源还应存在一个合理的资金结构。

选择加权平均资金成本最低的筹资方案的一般程序：
(1) 开拓资金来源，寻找更多的筹资方式；
(2) 计算各种筹资来源的资金成本；
(3) 拟定多种可行的筹资方案，并分别计算每个筹资方案中各种资金来源的比重；
(4) 计算各筹资方案的加权平均资金成本；
(5) 分析比较、选择加权平均资金成本最低的筹资方案。

【例 5.1】 某拟建项目有 3 个可行的筹资方案供选择，有关数据见表 5－1。试确定最优筹资方案。

表 5－1 某拟建项目可供选择的筹资方案

资金来源	A 方案		B 方案		C 方案	
	筹资额（万元）	资金成本（%）	筹资额（万元）	资金成本（%）	筹资额（万元）	资金成本（%）
普通股	500	12	400	12	350	13
优先股	300	10	200	10	150	10.5
长期借债	100	8	300	8	300	8.5
长期债券	100	6	100	7	200	7.5
合计	1 000		1 000		1 000	

解：(1) 计算每个方案中各种来源资金的比重。A 方案中，
普通股占 $500/1\,000 \times 100\% = 50\%$
优先股占 $300/1\,000 \times 100\% = 30\%$
长期借款占 $100/1\,000 \times 100\% = 10\%$
长期债券占 $100/1\,000 \times 100\% = 10\%$

同理，B 方案中各种来源资金的比重分别为 40%、20%、30%、10%；C 方案中各种来源资金的比重分别为 35%、15%、30%、20%。

(2) 计算各方案的加权平均资金成本。
A 方案加权平均资金成本为 $50\% \times 12\% + 30\% \times 10\% + 10\% \times 8\% + 10\% \times 6\% = 10.4\%$
B 方案加权平均资金成本为 $40\% \times 12\% + 20\% \times 10\% + 30\% \times 8\% + 10\% \times 7\% = 9.9\%$
C 方案加权平均资金成本为 $35\% \times 13\% + 15\% \times 10.5\% + 30\% \times 8.5\% + 20\% \times 7.5\% = 10.2\%$

(3) 从上述计算结果可以看出，B 方案加权平均资金成本最低(9.9%)，因此，B 方案最优。

5.3 投资项目盈利能力分析

盈利性分析是项目财务分析的内容之一。财务分析是在财务效益与费用的估算以及编

制财务辅助报表的基础上，编制财务报表，计算财务分析指标，考察和分析项目的盈利能力、偿债能力和财务生存能力，判断项目的财务可行性，明确项目对财务主体的价值以及对投资者的贡献，为投资决策、融资决策以及银行审贷提供依据。

项目决策可分为投资决策和融资决策两个层次。投资决策重在考察项目净现金流的价值是否大于其投资成本，融资决策重在考察资金筹措方案能否满足要求。严格分，投资决策在先，融资决策在后。根据不同决策的需要，财务分析可分为融资前分析和融资后分析。

财务分析一般宜先进行融资前分析。融资前分析是指在考虑融资方案前就可以开始进行的财务分析，即不考虑债务融资条件下进行的财务分析。在融资前分析结论满足要求的情况下，初步设定融资方案，再进行融资后分析。融资后分析是指以设定的融资方案为基础进行的财务分析。

在项目的初期研究阶段，也可只进行融资前分析。

融资前分析只进行盈利能力分析，并以项目投资折现现金流量分析为主，计算项目投资内部收益率和净现值指标，也可计算投资回收期指标（静态）。融资后分析主要是针对项目资本金折现现金流量和投资各方折现现金流量进行分析，既包括盈利能力分析，又包括偿债能力分析和财务生存能力分析等内容。

财务分析的内容和步骤以及与财务效益与费用估算的关系如图 5.1 所示。

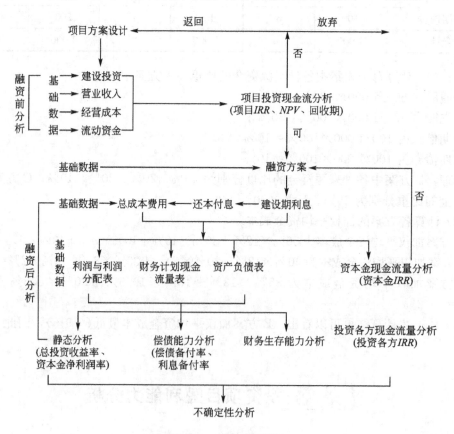

图 5.1　财务分析图

5.3.1 盈利能力分析的主要指标

盈利能力分析运用第3章讲过的主要指标,包括项目投资财务内部收益率和财务净现值、项目资本金财务内部收益率、投资回收期、总投资收益率、项目资本金净利润率等,可根据项目的特点及财务分析的目的、要求等选用。

5.3.2 项目投资盈利能力分析

项目投资盈利能力分析不考虑资金来源,从项目投资总获利能力的角度,通过编制项目投资现金流量表,考察项目方案设计的合理性。

项目投资现金流量表见表5-2,在现金流出中包括了全部的建设投资(既包括投资者的权益投资,也包括用于投资的借贷资金和融资租赁的资产投入)、流动资金以及经营期的现金流出经营成本、营业税金及附加、所得税;现金流入为营业收入,当然还包括计算期末可以回收的固定资产余值和回收的流动资金。融资前的项目投资现金流量表是全部投资和全部投资收益现金流量的汇总,其中项目投资不考虑资金来源。总成本费用中的利息支出为零,该表中的"调整所得税"应根据息税前利润(EBIT)乘以所得税率计算,所得税额要大一些,以便与加权平均资金成本(WACC)进行比较分析。融资后的项目投资现金流量表,它把用于投资的债权人的贷款也看成现金流出,把利息和借款的偿还看做是投资的回收,所得税根据抵扣利息后的利润总额计算。

表5-2 项目投资现金流量表　　　　　　　　单位:万元

序号	项目	合计	计算期					
			1	2	3	4	…	n
1	现金流入							
1.1	营业收入							
1.2	补贴收入							
1.3	回收固定资产余值							
1.4	回收流动资金							
2	现金流出							
2.1	建设投资							
2.2	流动资金							
2.3	经营成本							
2.4	营业税金及附加							
2.5	维持运营投资							
3	所得税前净现金流量(1-2)							

(续表)

序号	项目	合计	计算期					
			1	2	3	4	…	n
4	累计所得税前净现金流量					计算指标 项目投资财务内部收益率 项目投资财务净现值 项目投资回收期(年)		
5	调整所得税							
6	所得税后净现金流量(3-5)							
7	累计所是税后净现金流量							

注意：建设投资(固定投资)包括固定资产、无形资产和其他资产投资，不包括建设期借款利息。

按惯例，表5-2中的计算期指的是该年年末，当年的现金流入减去当年的现金流出就得到当年的净现金流量。显然，计算期开始的几年，净现金流量是负的，它们代表投资资金的支出；计算期后面若干年的净现金流量一般是正的，它们表示投资的收益，主要是指税后利润、折旧费、摊销费和利息支出等。在计算期的最后一年(即第 n 年)还有资产回收的现金流入。融资前盈利性分析，可作为投资决策的依据和融资方案研究的基础。

5.3.3 权益投资盈利能力分析

权益投资营利性分析是融资后分析，目的是考察项目权益资金投资者的获利能力，分析判断项目方案在融资条件下的合理性。进行投资营利性分析应从投资者整体的角度，分析其现金流量，通过编制项目权益投资现金流量表计算内部收益率、净现值等指标，分析投资者可获得收益的水平。在市场经济条件下，对项目整体获得能力有所判断的基础上，权益投资盈利能力指标是比较和取舍融资方案的重要依据。权益投资盈利性分析根据需要可再细分各投资方的盈利水平的分析。

1. 项目资本金现金流量表

与项目投资现金流量表(表5-2)不同的是，项目资本金现金流量表现金流出的投资中只包括权益投资，此外增加了借款的本金偿还和利息的支付，该表详情可见表5-3。从表5-2中把借款(假定全部投资减去权益投资就是借款额)去掉，同时也去掉债权人的收益(利息收入和本金收回)，就得到表5-3。

表5-3 项目资本金现金流量表　　　　　　　　　　单位：万元

序号	项目	合计	计算期					
			1	2	3	4	…	n
1	现金流入							
1.1	营业收入							
1.2	补贴收入							
1.3	回收固定资产余值							
1.4	回收流动资金							

(续表)

序号	项目	合计	计算期					
			1	2	3	4	...	n
2	现金流出							
2.1	项目资本金							
2.2	借款本金偿还							
2.3	借款利息支付							
2.4	经营成本							
2.5	营业税金及附加							
2.6	所得税							
2.7	维持运营投资				计算指标 资本金财务内部收益率			
3	净现金流量(1-2)							

2. 项目投资各方现金流量表

投资各方现金流量表中现金流入是指出资方因该项目的实施将实际获得的各种收入；现金流出是指出资方因该项目实际投入的各种支出，该表详情可见表5-4。表中科目应根据项目具体情况进行调整。

表5-4 项目投资各方现金流量表　　　　　　单位：万元

序号	项目	合计	计算期					
			1	2	3	4	...	n
1	现金流入							
1.1	实分利润							
1.2	资产处置收益分配							
1.3	租赁费收入							
1.4	技术转让或使用收入							
1.5	其他现金流入							
2	现金流出							
2.1	实缴资本							
2.2	租赁资产支出							
2.3	其他现金流出				计算指标 投资各方财务内部收益率			
3	净现金流量(1-2)							

3. 权益投资盈利能力分析的指标及判据

在研究权益投资的盈利能力时，可以按表5-3和表5-4所列的净现金流量计算项目资本金财务内部收益率和投资各方内部收益率。

计算权益投资营利性时的基准收益率应体现项目发起人(代表项目所有权益投资者)对投资获利的最低期望值 MARR(最低可接受收益率)。即当 $IRR \geqslant MARR$ 时,说明在该融资方案下,项目资金获利水平超过或达到了要求,该融资方案是可以接受的。

【例 5.2】 某工业项目计算期为 15 年,建设期为 3 年,第 4 年投产,第 5 年开始达到设计生产能力。

(1) 建设投资(固定资产投资)9 000 万元分年度投资情况见表 5-5。

表 5-5 建设投资情况表 单位:万元

年 份	1	2	3	合计
建设投资	3 000	4 000	2 000	9 000

该项目的固定资产综合折旧年限为 15 年,残值率为 5%。期末余值等于账面余值。

(2) 流动资金投资约需 2 850 万元。

(3) 营业收入、营业税金及附加和经营成本的预测值见表 5-6,其他支出忽略不计。

表 5-6 营业收入、税金及附加和经营成本预测表 单位:万元

年 份	4	5	6	…	15
营业收入	6 000	8 600	8 600	…	8 600
营业税金及附加	340	490	490	…	490
经营成本	3 600	5 200	5 200	…	5 200

请根据以上资料作项目融资前投资盈利能力分析。

解: 在计算折旧、利润和所得税时,均不考虑资金来源,即不考虑借款和利息。

(1) 固定资产折旧计算。平均折旧年限为 15 年,残值率为 5%,则

$$年折旧额 = \frac{9\,000(1-5\%)}{15} \approx 570(万元)$$

第 15 年末回收固定资产余值(假定余值与帐面折余价值相等)为

$$9\,000 - 570 \times 12 = 2\,160(万元)$$

(2) 利润与所得税计算。融资前的利息支出为零,利润与所得税的计算见表 5-7。根据表 5-7 编制项目投资现金流量表见表 5-8。

(3) 项目投资现金流量表及内部收益率。

表 5-7 利润与所得税计算表(融资前) 单位:万元

序号	项目	计算期											
		4	5	6	7	8	9	10	11	12	13	14	15
1	营业收入	6 000	8 600	8 600	8 600	8 600	8 600	8 600	8 600	8 600	8 600	8 600	8 600
2	营业税金及附加	340	490	490	490	490	490	490	490	490	490	490	490
3	总成本费用	4 202	5 802	5 802	5 802	5 802	5 802	5 802	5 802	5 802	5 802	5 802	5 802

(续表)

序号	项目	计算期											
		4	5	6	7	8	9	10	11	12	13	14	15
3.1	经营成本	3 600	5 200	5 200	5 200	5 200	5 200	5 200	5 200	5 200	5 200	5 200	5 200
3.2	折旧费	602	602	602	602	602	602	602	602	602	602	602	602
3.3	利息支出	0	0	0	0	0	0	0	0	0	0	0	0
4	利润总额(1−2−3)	1 458	2 308	2 308	2 308	2 308	2 308	2 308	2 308	2 308	2 308	2 308	2 308
5	所得税(4×25%)	365	577	577	577	577	577	577	577	577	577	577	577
6	税后利润	1 094	1 731	1 731	1 731	1 731	1 731	1 731	1 731	1 731	1 731	1 731	1 731

表 5−8 项目投资现金流量表(融资前)　　　　　　　　单位：万元

序号	项目	计算期													
		1	2	3	4	5	6	7	8	9	10	11	12	13	14	15
1	现金流入				6 000	8 600	8 600	8 600	8 600	8 600	8 600	8 600	8 600	8 600	8 600	13 226
1.1	营业收入				6 000	8 600	8 600	8 600	8 600	8 600	8 600	8 600	8 600	8 600	8 600	8 600
1.2	补贴收入															
1.3	回收固定资产余值															1 776
1.4	回收流动资金															2 850
2	现金流出	3 000	4 000	4 850	3 940	5 690	5 690	5 690	5 690	5 690	5 690	5 690	5 690	5 690	5 690	5 690
2.1	建设投资	3 000	4 000	2 000												
2.2	流动资金			2 850												
3.3	经营成本				3 600	5 200	5 200	5 200	5 200	5 200	5 200	5 200	5 200	5 200	5 200	5 200
2.4	营业税金及附加				340	490	490	490	490	490	490	490	490	490	490	490
2.5	维持运营投资	0	0	0	0	0	0	0	0	0	0	0	0	0	0	0
3	所得税前净现金流量(1−2)	−3 000	−4 000	−4 850	2 060	2 910	2 910	2 910	2 910	2 910	2 910	2 910	2 910	2 910	2 910	7 536
4	累计所得税前净现金流量	−3 000	−7 000	−11 850	−9 790	−6 880	−3 970	−1 060	1 850	4 760	7 670	10 580	13 490	16 400	19 310	26 846
5	调整所得税				365	577	577	577	577	577	577	577	577	577	577	577
6	所得税后净现金流量(3−5)	−3 000	−4 000	−4 850	1 695	2 333	2 333	2 333	2 333	2 333	2 333	2 333	2 333	2 333	2 333	6 959
7	累计所得税后净现金流量	−3 000	−7 000	−11 850	−10 155	−7 822	−5 489	−3 156	−823	1 510	3 843	6 176	8 509	10 842	13 175	20 134

根据表 5−8，计算得到项目投资的税后内部收益率 $FIRR = 14.49\%$，投资回收期 $P_t = 8.65$ 年。将该项目的投资内部收益率与可能的资金来源成本进行比较，以确定是否有必要进一步研究。即使长期借款的利率为 16%，全部通过借贷筹资，还是具有偿付能力

的,因为 $FIRR=14.49\%>(1-25\%)\times16\%=12\%$。如果股权融资要求的投资回报率为 16%,而一半的初始投资可从银行借贷,银行的长期贷款利率为 10%,那么加权平均的资金成本是

$$WACC=0.5\times16\%+0.5\times(1-25\%)\times10\%=11.75\%$$

项目的内部收益率还是大于资金成本,说明这个项目从盈利能力上还是可以考虑的。

【例 5.3】 在例 5.2 中,如果给定的融资方案为下述内容:

(1) 建设投资 9 000 万元中,项目资本金为 4 600 万元,分年出资为 1 400 万元、2 000 万元和 1 200 万元,不足部分向银行借款,银行贷款条件是年利率 10%,建设期只计息不付息还款,将利息按复利计算到第 4 年初,作为全部借款本金。投产后(第 4 年末)开始还贷,每年付清利息,并分 10 年等额还本。

(2) 流动资金投资 2 850 万元,全部向银行借款(始终维持借款状态),年利率也是 10%。

请就此例进行融资后的盈利能力分析。

解:(1) 借款需要量计算,且其见表 5-9。

表 5-9 借款需要量计算表　　　　　　　　　　单位:万元

年份	1	2	3	4	合计
建设投资总额	3 000	4 000	2 000		9 000
流动资金			2 850		2 850
权益资金	1 400	2 000	1 200		4 600
借款需要量	1 600	2 000	3 650	0	7 250

(2) 固定资产投资借款建设期利息计算。建设期利息计算表见表 5-10。假定每年借款发生在年中,当年借款只计一半利息。第 4 年初累计的欠款即为利息资本化后的总本金。

表 5-10 建设期利息计算表　　　　　　　　　　单位:万元

年份	1	2	3	4	附注
年初欠款	0	1 680	3 948	5 183	建设期利息为 783
当年借款	1 600	2 000	800		
当年利息	80	268	435		
年末欠款累计	1 680	3 948	5 183		

(3) 固定资产折旧计算。融资后的年折旧费计算,建设期利息计入固定资产原值内,年折旧费为

$$年折旧费=\frac{(9\,000+783)(1-5\%)}{15}\approx620(万元)$$

第 15 年末回收资产余值为

$(9\,000+783)-620\times12=2\,343(万元)$

(4) 固定资产投资还款计划与利息计算,且其表见表 5-11。根据与银行商定的条件,第 4 年开始支付每年的利息再还本金的 1/10,10 年内还清,利息可计入当期损益。

表 5-11 固定资产投资还贷计划与利息计算　　　　　　　　　　　单位:万元

项目	计算期									
	4	5	6	7	8	9	10	11	12	13
期初本息余额	5 183	4 662	4 144	3 626	3 108	2 590	2 072	1 554	1 036	518
本期付息	518	466	414	363	311	259	207	155	104	52
本期还本	518	518	518	518	518	518	518	518	518	518
期末本息余额	4 662	4 144	3 626	3 108	2 590	2 072	1 554	1 036	518	0

(5) 利润与所得税计算。融资后的利润与所得税的计算表见表 5-12,据以编制项目投资(融资后)及项目资本金现金流量表。

表 5-12 利润与所得税计算表(融资后)　　　　　　　　　　　　　单位:万元

序号	项目	计算期											
		4	5	6	7	8	9	10	11	12	13	14	15
1	营业收入	6 000	8 600	8 600	8 600	8 600	8 600	8 600	8 600	8 600	8 600	8 600	8 600
2	营业税金及增加	340	490	490	490	490	490	490	490	490	490	490	490
3	总成本费用	5 023	6 571	6 519	6 468	6 416	6 364	6 312	6 260	6 209	6 157	6 105	6 105
3.1	经营成本	3 600	5 200	5 200	5 200	5 200	5 200	5 200	5 200	5 200	5 200	5 200	5 200
3.2	折旧费	620	620	620	620	620	620	620	620	620	620	620	620
3.3	利息支出	803	751	699	648	596	544	492	440	389	337	285	285
4	利润总额(1-2-3)	637	1 539	1 591	1 642	1 694	1 746	1 798	1 850	1 901	1 953	2 005	2 005
5	所得税(4×25%)	159	385	398	411	424	437	450	463	475	488	501	501
6	税后利润	478	1 154	1 193	1 232	1 271	1 310	1 349	1 388	1 426	1 465	1 504	1 504
7	息税前利润	1 440	2 290	2 290	2 290	2 290	2 290	2 290	2 290	2 290	2 290	2 290	2 290
8	息税折旧摊销前利润	2 060	2 910	2 910	2 910	2 910	2 910	2 910	2 910	2 910	2 910	2 910	2 910

(6) 融资后的项目投资现金流量表见表 5-13。

表 5-13 项目投资现金流量表(融资后)　　　　　　　　　　　　　单位:万元

序号	项目	计算期													
		1	2	3	4	5	6	7	8	9	10	11	12	13	14	15
1	现金流入	0	0	0	6 000	8 600	8 600	8 600	8 600	8 600	8 600	8 600	8 600	8 600	8 600	13 226
1.1	营业收入	0	0	0	6 000	8 600	8 600	8 600	8 600	8 600	8 600	8 600	8 600	8 600	8 600	8 600
1.2	补贴收入															
1.3	回收固定资产余值															1 776

（续表）

序号	项目	计算期														
		1	2	3	4	5	6	7	8	9	10	11	12	13	14	15
1.4	回收流动资金															2 850
2	现金流出	3 000	4 000	4 850	3 940	5 690	5 690	5 690	5 690	5 690	5 690	5 690	5 690	5 690	5 690	5 690
2.1	建设投资	3 000	4 000	2 000												
2.2	流动资金			2 850												
2.3	经营成本				3 600	5 200	5 200	5 200	5 200	5 200	5 200	5 200	5 200	5 200	5 200	5 200
2.4	营业税金及附加				340	490	490	490	490	490	490	490	490	490	490	490
2.5	维持运营投资															
3	所得税前净现金流量(1-2)	-3 000	-4 000	-4 850	2 060	2 910	2 910	2 910	2 910	2 910	2 910	2 910	2 910	2 910	2 910	7 536
4	累计所得税前净现金流量	-3 000	-7 000	-11 850	-9 790	-6 880	-3 970	-1 060	1 850	4 760	7 670	10 580	13 490	16 400	19 310	26 846
5	调整所得税				159	385	398	411	424	437	450	463	475	488	501	501
6	所得税后净现金流量(3-5)	-3 000	-4 000	-4 850	1 901	2 525	2 512	2 499	2 486	2 473	2 460	2 447	2 435	2 422	2 409	7 035
7	累计所得税后净现金流量	-3 000	-7 000	-11 850	-9 949	-7 424	-4 912	-2 413	73	2 546	5 006	7 453	9 888	12 310	14 719	21 754

融资后的项目投资内部收益率 $FIRR=15.58\%$，投资回收期 $P_t=7.97$ 年。

（7）项目资本金现金流量表见表 5-14。

表 5-14 项目资本金现金流量表　　　　　　　　　　单位：万元

序号	项目	计算期														
		1	2	3	4	5	6	7	8	9	10	11	12	13	14	15
1	现金流入	0	0	0	6 000	8 600	8 600	8 600	8 600	8 600	8 600	8 600	8 600	8 600	8 600	13 226
1.1	营业收入	0	0	0	6 000	8 600	8 600	8 600	8 600	8 600	8 600	8 600	8 600	8 600	8 600	8 600
1.2	回收固定资产余值															1 776
1.3	回收流动资金															2 850
2	现金流出	1 400	2 000	1 200	5 420	7 344	7 305	7 267	7 228	7 189	7 150	7 111	7 072	7 033	6 476	9 326
2.1	权益投资	1 400	2 000	1 200												
2.2	借款本金偿还				518	518	518	518	518	518	518	518	518	518	0	2 850
2.3	借款利息支付				803	751	699	648	596	544	492	440	389	337	285	285
2.4	经营成本				3 600	5 200	5 200	5 200	5 200	5 200	5 200	5 200	5 200	5 200	5 200	5 200
2.5	营业税金及附加				340	490	490	490	490	490	490	490	490	490	490	490
2.6	所得税				159	385	398	411	424	437	450	463	475	488	501	501
3	净现金流量(1-2)	-1 400	-2 000	-1 200	580	1 256	1 295	1 333	1 372	1 411	1 450	1 489	1 528	1 567	2 124	3 900

权益资金投资的内部收益率 $FIRR=20.71\%$。这比项目投资的内部收益率高 5.13%，其财务杠杆作用还是比较明显的。

5.4 投资项目偿债能力分析

有些项目的投资盈利水平虽然很高，但由于资金筹措不足、资金到位迟缓、应收账款收不上来以及汇率和利率的变化都会对项目的财务生存能力（Financial Viability）产生影响，导致资金链断裂，使项目无法持续。因此，工程项目投资财务分析的一项重要工作就是要在投资决策的前期认真分析项目在进行过程中的各个阶段的资金是否充裕、是否有足够的能力偿还债务、项目在财务安排上负债比例是否合适等。这类分析称为偿债能力分析（Liquidity Analysis）。一般来说，项目在筹建的后期到生产经营达到正常的这段时间资金平衡最为困难，此时项目占用的资金量大，利息支付也多，借款也开始要求偿还；而投产试生产阶段成本费用高，产量低，资金流入偏少。因此，有必要对资产负债表进行分析，分析项目的总体负债水平、清偿长期债务及短期债务的能力，为信贷决策提供评估依据。

5.4.1 资产负债表的预测

偿债能力分析要考察企业（项目）的资产负债变化情况，保证企业（项目）有较好的偿债能力和资金流动性，这些分析可以通过资产负债表的预测来实现。资产负债表见表 5-15。

表 5-15 资产负债表　　　　　　　　　　　单位：万元

序号	项目	合计	计算期					
			1	2	3	4	…	n
1	资产							
1.1	流动资产总额							
1.1.1	货币资金							
1.1.2	应收账款							
1.1.3	预付账款							
1.1.4	存货							
1.1.5	其他							
1.2	在建工程							
1.3	固定资产净值							
1.4	无形及其他资产净值							
2	负债及所有者权益(2.4+2.5)							
2.1	流动负债总额							
2.1.1	短期借款							

(续表)

序号	项目	合计	计算期					
			1	2	3	4	…	n
2.1.2	应付账款							
2.1.3	预收账款							
2.1.4	其他							
2.2	建设投资借款							
2.3	流动资金借款							
2.4	负债小计(2.1+2.2+2.3)							
2.5	所有者权益						计算指标资产负债率(%)	
2.5.1	资本金							
2.5.2	资本公积							
2.5.3	累计盈余公积							
2.5.4	累计未分配利润							

资产负债表记录的是存量即某一时刻的累计值。其中的基本恒等关系是

资产＝负债＋所有者权益

流动资产总额包括了生产经营中所必需的最低要求的流动资产，即应收帐款、存货和现金，也包括累计盈余资金，后者在形式上也是一种现金，但它是多于周转的必要部分。在建工程记录的是包括施工前期准备、正在施工中和虽已完工但尚未交付使用的建筑工程和安装工程所花的投资费用。它与建设期的固定投资和利息支出是一致的。固定资产、无形资产及其他资产的净值是资产原值减去累计的折旧和摊销费所得。流动负债总额除各种应付帐款外，还包括短期借款的债务值。权益资金投资和资本公积等于权益资金的出资累计值；累计盈余公积金和累计未分配利润可以从利润分配表中的有关数字累计中得到。

5.4.2 借款还本付息计划表

借款还本付息计划表反映项目计算期内各种借款本金偿还和利息支付情况。借款还本付息计划表见表 5-16。

表 5-16 借款还本付息计划表　　　　　　单位：万元

序号	项目	合计	计算期				
			1	2	3	4	…
1	借款						
1.1	期初借款余额						
1.2	当期还本付息						

(续表)

序号	项目		合计	计算期				
				1	2	3	4	…
	其中	还本						
		付息						
1.3	期末借款余额							
2	债券							
2.1	期初债务余额							
2.2	当期还本付息							
	其中	还本						
		付息						
2.3	期末债务余额							
3	借款和债券合计							
3.1	期初余额							
3.2	当期还本付息							
	其中	还本			计算指标 利息备付率 偿债备付率			
		付息						
3.3	期末余额							
4	还本资金来源							
4.1	当期可用于还本的不分配利润							
4.2	当期可用还本的折旧费							
4.3	当期可用于还本的摊销费							
4.4	以前年度结余可用于还本资金							

5.4.3 投资项目偿债能力分析指标

偿债能力分析应通过计算利息备付率（ICR）、偿债备付率（DSCR）和资产负债率（LOAR）等指标，分析判断财务主体的偿债能力。

1. 利息备付率

利息备付率（Interest Coverage Ratio，ICR）系指在借款偿还期内的息税前利润（EBIT）与应付利息（PI）的比值，它从付息资金来源的充裕性角度反映项目偿付债务利息的保障程度，应按下式计算：

$$ICR = \frac{EBIT}{PI} \tag{5-8}$$

利息备付率应分年计算。利息备付率高，表明利息偿付的程度高。

利息备付率应当大于1，并结合债权人的要求确定。

2. 偿债备付率

偿债备付率(Debt Service Coverage Ratio, DSCR)是指在借款偿还期内，用于计算还本付息的资金($EBITDA - T_{AX}$)与应还本付息金额(PD)的比值，它表示可用于还本付息的资金偿还借款本息的保障程度，应按下式计算：

$$DSCR = \frac{EBITDA - T_{AX}}{PD} \tag{5-9}$$

式中：$EBITDA$——息税前利润加折旧和摊销；

T_{AX}——企业所得税；

PD——应还本付息金额，包括还本金额和计入总成本费用的全部利息。

融资租赁费用可视同借款偿还。运营期内的短期借款本息也应纳入计算。如果项目在运行期内有维持运营的投资，可用于还本付息的资金应扣除维持运营的投资。

偿债备付率应分年计算，偿债备付率高，表明可用于还本付息的资金保障程度高。

偿债备付率应大于1，并结合债权人的要求确定。

3. 资产负债率

资产负债率($LOAR$)是指各期末负债总额(TL)同资产总额(TA)的比值，应按下式计算：

$$LOAR = \frac{TL}{TA} \times 100\% \tag{5-10}$$

适度的资产负债率，表明企业经营安全、稳健，具有较强的筹资能力，也表明企业和债权人的风险较小。对该指标的分析，应结合国家宏观经济状况、行业发展趋势、企业所处竞争环境等具体条件判定。项目财务分析中，在长期债务还清后，可不再计算资产负债率。

5.5 投资项目财务生存能力分析

财务生存能力分析，应在财务分析辅助表和利润与利润分配表的基础上编制财务计划现金流量表，通过考察项目计算期内的投资、融资和经营活动所产生的各项现金流入和流出，计算净现金流量和累计盈余资金，分析项目是否有足够的净现金流量维持正常运营，以实现财务可持续性。

财务可持续性应首先体现在有足够大的经营活动净现金流量，其次各年累计盈余资金不应出现负值。若出现负值，应进行短期借款，同时分析该短期借款的年份长短和数额大小，进一步判断项目的财务生存能力。短期借款应体现在财务计划现金流量表中，其利息应计入财务费用。为维持项目正常运营，还应分析短期借款的可靠性。

5.5.1 利润与利润分配

利润与利润分配表见表 5-17。

表 5-17　利润与利润分配表　　　　　　　　　　　　　　单位：万元

序号	项　目	合计	计算期					
			1	2	3	4	…	n
1	营业收入							
2	营业税金及附加							
3	总成本费用							
4	补贴收入							
5	利润总额(1-2-3+4)							
6	弥补以前年度亏损							
7	应纳税所得额(5-6)							
8	所得税							
9	净利润(5-8)							
10	期初未分配利润							
11	可供分配的利润(9+10)							
12	提取法定盈余公积金							
13	可代投资者分配的利润(11-12)							
14	应付优先股股利							
15	提取任意盈余公积金							
16	应付普通股股利(13-14-15)							
17	各投资方利润分配							
	其中：××方							
	××方							
18	未分配利润(13-14-15-17)							
19	息税利润(利润总额+利息支出)							
20	息税折旧摊销前利润(息税前利润+折旧+摊销)							

5.5.2　财务计划现金流量

财务计划现金流量表见表 5-18。

财务计划现金流量表与用于营利性分析的投资(包括全部投资和权益资金投资)现金流量表有本质的不同。前者从项目的资金平衡出发，后者从投资者角度出发。在财务计划现金流量表中把用于项目的全部资金来源都看做现金流入，包括借款和权益资金投资，而把利润分配作为流出；在权益投资现金流量表中把权益资金投入看做现金流出，而把包括利润分配和资金盈余都看做投资者的所得(流入)。所以，也可以这样说，财务计划现金流的主体是项目主持人(不一定是投资者);投资现金流的主体是投资者。

表 5-18 财务计划现金流量表　　　　　　　　　　　　单位:万元

序号	项目	合计	计算期					期末余值
			1	2	3	…	n	
1	经营活动净现金流量(1.1—1.2)							
1.1	现金流入							
1.1.1	营业收入							
1.1.2	增值税销项税额							
1.1.3	补贴收入							
1.1.4	其他流入							
1.2	现金流出							
1.2.1	经营成本							
1.2.2	增值税进项税额							
1.2.3	营业税金及附加							
1.2.4	增值税							
1.2.5	所得税							
1.2.6	其他流出							
2	投资活动净现金流量(2.1—2.2)							
2.1	现金流入							
2.2	现金流出							
2.2.1	建设投资							
2.2.2	维持运营投资							
2.2.3	流动资金							
2.2.4	其他流出							
3	筹资活动净现金流量(3.1-3.2)							
3.1	现金流入							
3.1.1	项目资本金投入							
3.1.2	建设投资借款							
3.1.3	流动资金借款							
3.1.4	债券							
3.1.5	短期借款							
3.1.6	其他流入							
3.2	现金流出							
3.2.1	各种利息支出							
3.2.2	偿还债务本金							

（续表）

序号	项目	合计	计算期					期末余值
			1	2	3	…	n	
3.2.3	应付利润（股利分配）							
3.2.4	其他流出							
4	净现金流量(1+2+3)							
5	累计盈余资金							

对没有营业收入的非经营性项目，不进行盈利能力分析，主要考察项目财务生存能力。此类项目通常需要政府长期补贴才能维持运营，应合理估算项目运营期各处所需的政府补贴数额，并分析政府补贴的可能性与支付能力。对其中有债务资金的项目，还应结合借款偿还要求进行财务生存能力分析。

【例 5.4】 对于例 5.2 及例 5.3，假定利润的分配按以下原则进行：按当年的税后利润的 10% 提取盈余公积金（如企业以前年度亏损，则按弥补亏损后的数字提取10%）；余下部分全部作为应付利润分配，如果当年折旧费不足以归还借款的本金，则先归还借款本金后再分配利润。请根据以上条件，对项目进行偿债能力分析和生存能力分析。

解：（1）利润分配表见表 5-19，该例固定投资中的借款都是长期借款；流动资金全部由短期借款解决，在第 3 年末一次投入。当年还款后当年再借，互相抵消，直到计算期末还清，故每年只支付流动资金的利息。

表 5-19 利润分配表　　　　　　　　　　　　　　　　　　　单位：万元

项目	计算期										
	4	5	6	7	8	9	10	11	12	13	14	15
利润总额	637	1 539	1 591	1 642	1 694	1 746	1 798	1 850	1 901	1 953	2 005	2 005
所得税	159	385	398	411	424	437	450	463	475	488	501	501
税后利润	478	1 154	1 193	1 231	1 270	1 309	1 348	1 387	1 426	1 465	1 504	1 504
盈余公积金	48	115	119	123	127	131	135	139	143	147	150	150
应付利润	430	1 039	1 074	1 108	1 143	1 178	1 213	1 248	1 283	1 319	1 354	1 354
未分配利润	0	0	0	0	0	0	0	0	0	0	0	0

（2）财务计划现金流量表见表 5-20。

表 5-20 财务计划现金流量表　　　　　　　　　　　　　　单位：万元

序号	项目	计算期													
		1	2	3	4	5	6	7	8	9	10	11	12	13	14	15
1	资金流入	0	0	0	6 000	8 600	8 600	8 600	8 600	8 600	8 600	8 600	8 600	8 600	8 600	8 600
1.1	营业收入				6 000	8 600	8 600	8 600	8 600	8 600	8 600	8 600	8 600	8 600	8 600	8 600

(续表)

序号	项目	计算期														
		1	2	3	4	5	6	7	8	9	10	11	12	13	14	15
1.2	长期借款	1 600	2 000	800												
1.3	短期借款	0	0	2 850												
1.4	权益资金	1 400	2 000	1 200												
1.5	回收固定资产余额															
1.6	回收流动资金															
1.7	其他流入															
2	资金流出	3 000	4 000	4 850	5 850	8 383	8 379	8 375	8 371	8 367	8 363	8 359	8 355	8 352	7 830	7 830
2.1	建设投资	3 000	4 000	2 000	0	0	0	0	0	0	0	0	0	0	0	0
2.2	流动资金	0	0	2 850	0	0	0	0	0	0	0	0	0	0	0	0
2.3	经营成本				3 600	5 200	5 200	5 200	5 200	5 200	5 200	5 200	5 200	5 200	5 200	5 200
2.4	营业税金及附加				340	490	490	490	490	490	490	490	490	490	490	490
2.5	所得税				159	385	398	411	424	437	450	463	475	488	501	501
2.6	偿还债务本金				518	518	518	518	518	518	518	518	518	518	0	
2.7	各种利息支出				803	751	699	648	596	544	492	440	389	337	285	285
2.8	应付利润				430	1 039	1 074	1 108	1 143	1 178	1 213	1 248	1 283	1 319	1 354	1 354
2.9	其他流出				0	0	0	0	0	0	0	0	0	0	0	0
3	盈余资金	0	0	0	150	217	221	225	229	233	237	241	245	248	770	770
4	累计盈余资金	0	0	0	150	367	588	813	1 042	1 275	1 512	1 753	1 998	2 246	3 016	3 786
	息税前利润				1 440	2 290	2 290	2 290	2 290	2 290	2 290	2 290	2 290	2 290	2 290	2 290
	企业所得税				159	385	398	411	424	437	450	463	475	488	501	501
	利息备付率				1.79	3.05	3.28	3.53	3.84	4.21	4.65	5.20	5.89	6.80	8.04	8.04
	偿债备付率				0.97	1.50	1.55	1.61	1.68	1.74	1.82	1.91	2.00	2.11	6.28	6.28

除未达到生产能力的第 4 年外,其他生产年份的利息备付率均大于 2,偿债备付率均大于 1.3,表示企业付息能力富足,当年资金来源足以偿付当期债务,偿债能力较强。企业在投产后,每年均有盈余资金,有较大的现金流,累计盈余资金均保持为正值,说明企业财务有可持续性。

(3) 资产负债表见表 5-21。

表 5-21 资产负债表　　　单位:万元

序号	项目	计算期														
		1	2	3	4	5	6	7	8	9	10	11	12	13	14	15
1	资产	3 080	7 348	12 633	12 163	11 760	11 361	10 966	10 575	10 188	9 805	9 426	9 051	8 679	8 829	8 979
1.1	流动资产总额	0	0	2 850	3 000	3 217	3 438	3 663	3 892	4 125	4 362	4 603	4 848	5 096	5 866	6 636
1.1.1	流动资产			2 850	2 850	2 850	2 850	2 850	2 850	2 850	2 850	2 850	2 850	2 850	2 850	2 850

(续表)

序号	项目	计算期														
		1	2	3	4	5	6	7	8	9	10	11	12	13	14	15
1.1.2	货币资金	0	0	0	150	367	588	813	1 042	1 275	1 512	1 753	1 998	2 246	3 016	3 786
1.2	在建工程	3 080	7 348	9 783												
1.3	固定资产净值				9 163	8 543	7 923	7 303	6 683	6 063	5 443	4 823	4 203	3 583	2 963	2 343
2	负债及所有者权益(2.4+2.5)	3 080	7 348	12 633	12 163	11 760	11 361	10 966	10 575	10 188	9 805	9 426	9 051	8 680	8 827	8 977
2.1	流动负债总额	0	0	2 850	2 850	2 850	2 850	2 850	2 850	2 850	2 850	2 850	2 850	2 850	2 850	2 850
2.1.1	短期借款			2 850	2 850	2 850	2 850	2 850	2 850	2 850	2 850	2 850	2 850	2 850	2 850	2 850
2.1.2	应付账款															
2.2	建设投资借款	1 680	3 948	5 183	4 665	4 147	3 629	3 111	2 593	2 075	1 557	1 039	521	3		
2.3	流动资金借款															
2.4	负债小计(2.1+2.2+2.3)	1 680	3 948	8 033	7 515	6 997	6 479	5 961	5 443	4 925	4 407	3 889	3 371	2 853	2 850	2 850
2.5	所有者权益	1 400	3 400	4 600	4 648	4 763	4 882	5 005	5 132	5 263	5 398	5 537	5 680	5 827	5 977	6 127
2.5.1	资本金	1 400	3 400	4 600	4 600	4 600	4 600	4 600	4 600	4 600	4 600	4 600	4 600	4 600	4 600	4 600
2.5.3	累计盈余公积				48	163	282	405	532	663	798	937	1 080	1 227	1 377	1 527
2.5.4	累计未分配利润															
	资产负责率	0.545	0.537	0.636	0.618	0.595	0.570	0.544	0.515	0.483	0.449	0.413	0.372	0.329	0.323	0.317

本 章 小 结

本章主要介绍工程项目的财务评价。财务评价是在国家现行财税制度和市场价格体系下,分析预测项目的财务效益与费用,计算财务评价指标,考察拟建项目的盈利能力和清偿能力,据以判断项目的财务可行性。

预测项目的财务效益与费用,需要实地调研,熟悉拟建项目的基本情况,收集整理相关信息,并编制部分财务分析辅助报表。它包括建设投资估算表、流动资金估算表、营业收入、营业税金及附加和增值税估算表、总成本费用估算表等。

项目的财务分析包括融资前分析和融资后分析。

融资前分析属项目投资决策,是不考虑债务融资条件下的财务分析。对投资的各个备选方案列出融资前的现金流量,计算相关评价指标,对这些方案进行初步的比较或排序。作为投资的必备条件判据,项目融资前全部投资的税后盈利能力不能低于可能资金来源的加权平均成本(WACC)。

融资后分析属项目的融资决策。通过融资后的全部投资的盈利能力指标和权益投资者的盈利能力指标的比较,确定合适的融资杠杆和资产负债比值。在形成融资方案的过程中,同时要进行清偿能力分析和财务生存能力分析,通过财务计划现金流量表,计算各期盈余资金和累计盈余资金,保证项目有足够的资金维持投资和运营的需要。

小 链 接

《建设项目经济评价方法与参数》(第三版)

《建设项目经济评价方法与参数》(第三版)的修订工作,是在国家发展改革委与建设部(现在的住房与城乡建设部)组织建设部标准定额研究所等单位和专家编制完成的。

修订过程中,修订组以科学发展观为指导,按照国家投资体制改革的总体要求,在认真总结《建设项目经济评价方法与参数》(第二版)实施经验的基础上,立足我国国情,借鉴国际上项目经济评价研究成果,本着继承与创新的精神,开展了大量深入细致的调查研究工作,针对相关内容开展了专题科研,组织了较大规模的经济参数测算,提出了一套比较完整、适用广泛、切实可行的经济评价方法与参数体系。《建设项目经济评价方法与参数》(第三版)征求意见稿完成后,在全国范围内广泛征求了有关部门、单位和专家的意见,后经反复修改形成了送审稿,于2005年5月通过了国家发展改革委投资司和建设部标准定额司共同组织的审查。《建设项目经济评价方法与参数》(第三版)由国家发改委和建设部于2006年7月3日以发改投资[2006]1325号文批准发布,要求在开展投资建设项目经济评价工作中使用。

《建设项目经济评价方法与参数》(第三版)包括《关于建设项目经济评价工作的若干规定》、《建设项目经济评价方法》和《建设项目经济评价参数》3部分。

《建设项目经济评价方法与参数》(第三版)的财务分析较之以前有很大调整:

(1) 明确指出了不同类型项目的财务分析内容可以不同,继续表明经济评价工作应按需而取,并分别对经营性项目和非经营性项目的财务分析内容做了明确规定。

(2) 明确指出财务分析包括了融资前分析和融资后分析两个层次,指出融资前分析为考虑融资方案前的项目现金流量分析,分析项目自身的盈利能力,考察项目是否具有投资价值;融资后分析是在通过融资前分析的检验后,考虑融资方案,分析项目的生存能力,项目投资人的盈利能力等。

(3) 引入了"项目投资现金流量表"代替"全部投资财务现金流量表",并在该表引入了"调整所得税"项,以实现项目投资现金流量分析排除融资方案变化的影响,从项目投资总获利能力的角度,考察项目方案设计合理性的初衷。

(4) 对于偿债能力分析,弱化了"资产负债率",偿债能力指标不再使用贷款偿还期,引入了更能明确表明项目偿债能力的"偿债备付率"和"利息备付率"指标。

(5) 以"利润与利润分配表"替换了"损益表",在该表中列入了"息税前利润"、"息税前折旧摊销利润",用于计算"调整所得税","利息备付率"和"偿债备付率"。

(6) 针对非营利性项目特点,补充了财务生存能力分析内容和方法,完善后的"财务计划现金流量表"用于项目的财务生存能力分析。

(7) 依据财政部《关于〈公司法〉施行后有关企业财务处理问题的通知》,在财务报表中删除了"公益金"项目。

习 题

(1) 多项选择题。

① 财务评价的作用(　　)。
  A. 是确定项目赢利能力的依据
  B. 是项目资金筹措的依据
  C. 是确定中外合资项目必要性和可行性的依据
  D. 是项目可行性研究的依据
  E. 是编制项目国民经济评价的基础

② 在项目财务评价中，涉及的税费有(　　)、所得税、城市维护建设税和教育附加等。
  A. 增值税　　　　　　　　B. 营业税
  C. 资源税　　　　　　　　D. 调节税
  E. 消费税

③ 新设项目法人项目财务评价的主要内容，是在编制财务报表的基础上进行(　　)分析。
  A. 赢利能力　　　　　　　B. 偿债能力
  C. 融资能力　　　　　　　D. 抗风险能力
  E. 资金的回收能力

④ 借款偿还计划表用于反映项目计算期内各年借款的使用、还本付息及(　　)等指标。
  A. 偿债资金来源　　　　　B. 利润总额
  C. 偿债备付率　　　　　　D. 利息备付率
  E. 计算借款偿还期

(2) 某建设工程在建设期初的建安工程费和设备购置费为 50 000 万元。按本项目实施进度计划，项目建设期为 3 年，投资分年使用比例为第 1 年 25%，第 2 年 55%，第 3 年 20%，投资在每年平均支用，建设期内预计年平均价格总水平上涨率为 4%。建设工程其他费用为 4 000 万元，基本预备费率为 8%。试估算该项目的建设投资。

(3) 某项目全市投资资金的 40% 由银行贷款，年利率为 6.25%，其余由企业盈余的权益资金和募股筹集。根据该行业的净资产收益率，股东要求的回报率不低于 8%。目前该企业属盈利状态，所得税率为 25%。求该项目全部投资的资金加权平均成本。

(4) 某工业项目计算期为 15 年，建设期为 3 年，第 4 年投产，第 5 年开始达到生产能力。项目建设投资(未包含建设期借款利息)为 8 000 万元，其中自有投资为 4 000 万元，不足部分向银行贷款，银行贷款利率为 10%，假定每年贷款发生在年中。建设期只计算不还款，第 4 年初投产后开始还贷，每年付清利息并分 10 年等额偿还建设期利息资本化后的全部借款本金。现金流量的发生时点遵循年末习惯法。分年投资情况见表 5-22。

表 5-22　分年投资情况

年数	1	2	3	合计
建设投资总额(万元)	2 500	3 500	2 000	8 000
其中：自有资金投资(万元)	1 500	1 500	1 000	4 000

第 4 年初投入生产所需的全部流动资金 2 500 万元，全部用银行贷款，年利率 8%。项目营业税金及附加和经营成本的预测值见表 5-23。

表 5-23　项目经营情况

年数	4	5	6	…	15
营业收入(万元)	5 600	8 000	8 000	…	8 000
营业税金及附加(万元)	320	480	480	…	480
经营成本(万元)	3 500	5 000	5 000	…	5 000

固定资产折旧采用直线折旧法，折旧年限为 15 年，残值率为 5%，建设期利息计入固定资产原值。所得税税率为 25%。基准收益率为 10%。试完成建设期利息计算表、贷款偿还计划及利息计算表、利润与所得税计算表和项目投资现金流量表，并计算该项目投资财务净现值和静态投资回收期。

第6章 工程项目的国民经济评价

教学目标

本章主要讲述国民经济评价的基本理论和方法。通过本章的学习,应达到以下目标:
(1) 理解国民经济评价的概念和程序;
(2) 熟悉费用与效益的概念和识别方法;
(3) 熟悉国民经济评价参数的计算方法。

通过教学,使学生了解国民经济评价、费用与效益的概念,国民经济评价的作用、范围及其与财务评价的关系,掌握费用与效益的识别原则、直接效果、外部效果与转移支付的内容,熟练掌握影子价格、影子汇率、影子工资等参数的意义和确定方法。

教学要求

知识要点	能力要求	相关知识
国民经济评价的范围和内容	(1) 准确理解国民经济评价的概念 (2) 理解国民经济评价与财务评价的异同 (3) 掌握国民经济评价的内容和程序	(1) 宏观经济 (2) 公益性和公共性项目 (3) 国民经济评价的基础数据
费用与效益分析	(1) 掌握识别费用效益的原则 (2) 掌握国民经济效益与费用的内容 (3) 掌握外部效果与转移支付的内容	(1) 直接效果、直接费用 (2) 间接效果、间接费用 (3) 税金、利息、补贴和折旧
国民经济评价参数	(1) 理解国民经济评价主要参数的概念 (2) 掌握影子价格、影子工资、影子汇率的计算方法	(1) 影子价格、影子工资、影子汇率和社会折现率 (2) 一般投入物和产出物,不具有市场价值的产出物,特殊投入物
国民经济评价指标	(1) 准确理解国民经济各评价指标的概念 (2) 掌握国民经济各评价指标的计算方法	(1) 经济内部收益率 (2) 经济净现值 (3) 费用—效益比

基本概念

国民经济评价、费用效益、社会折现率、影子价格、经济内部收益率、经济净现值。

国民经济评价,是在合理配置社会资源的前提下,从国民经济整体利益的角度出发,计算项目对国民经济的贡献,分析项目的经济效率、效果和对社会的影响,评价项目在宏观经济上的合理性。国民经济评价和财务评价共同构成了完整的工程项目的经济评价体系。工程项目的国民经济评价,主要采用费用效益分析方法。分析项目的国名经济费用—效益是本章的要点。

例如,某建设项目期初投资 5 000 万元,建设期两年,属于公共性项目,每年有直接收益 200 万元,直接费用 50 万元,土地和建设投资全部为政府无偿划拨,社会折现率按 8% 计算,项目计算期 20 年。试对项目进行国民经济评价,以便政府部门决定是否投资建设该项目。

6.1 国民经济评价的范围和内容

6.1.1 国民经济评价的概念与作用

按照《建设项目经济评价方法与参数》(第三版)(由国家发改委和建设部发布)的定义,所谓国民经济评价,是在合理配置社会资源的前提下,从国民经济整体利益的角度出发,计算项目对国民经济的贡献,分析项目的经济效率、效果和对社会的影响,评价项目在宏观经济上的合理性。国民经济评价和财务评价共同构成了完整的工程项目的经济评价体系。项目的国民经济评价使用基本的经济评价理论,采用费用效益分析方法,寻求以最小的投入(费用)获取最大的产出(效益)。

工程项目的经济评价最早可以追溯到资本主义社会初期,其产生的主要动力来自对最大利润的追求。但在 20 世纪 30 年代经济大萧条之前,资本主义国家政府奉行自由放任的经济学说,对工程项目的经济评价主要是财务评价。为了摆脱经济危机,美国政府采取了"罗斯福新政",开始干预调控国家经济事务,如大量增加公共开支,上马众多的公共工程项目等。由于这些项目是以宏观经济效益和社会效益为主,单纯采用财务评价无法反映项目的实际效益,故此国民经济评价开始得以运用,并取得了较好的效果。随着二战后各国政府管理公共事务经验的积累,国民经济评价得到了进一步的推广和应用。当前我国所采用的国民经济评价方法,是在参考联合国工业发展组织(United Nations Industrial Development Organization, UNIDO)所提出《项目评价手册》的基础上,结合我国的实际情况,综合考虑了必要性和可行性,在具体手段上进行了简化处理的评价方法。

工程项目的国民经济评价,是把工程项目放到整个国民经济体系中来研究考察,从国民经济的角度来分析、计算和比较国民经济为项目所要付出的全部成本和国民经济从项目中可能获得的全部效益，并据此评价项目的经济合理性，从而选择对国民经济最有利的方案。国民经济评价是针对工程项目所进行的宏观效益分析，其主要目的是实现国家资源的优化配置和有效利用，以保证国民经济能够可持续地稳定发展。

工程项目的经济评价由传统的财务评价发展到国民经济评价，是一大飞跃，其重要作用主要体现在以下3方面。

（1）可以从宏观上优化配置国家的有限资源。对于一个国家来说，其用于发展的资源（如人才、资金、土地、自然资源等）总是有限的，资源的稀缺与社会需求的增长之间存在着较大的矛盾，只有通过优化资源配置，使资源得到最佳利用，才能有效地促进国民经济的发展。而仅仅通过财务评价，是无法正确反映资源是否得到了有效利用的，只有通过国民经济评价，才能从宏观上引导国家有限的资源进行合理配置，鼓励和促进那些对国民经济有正面影响的项目的发展，而相应抑制和淘汰那些对国民经济有负面影响的项目。

（2）可以真实反映工程项目对国民经济的净贡献。在很多国家，主要是发展中国家，由于产业结构不合理、市场体系不健全以及过度保护民族工业等原因，导致国内的价格体系产生较严重的扭曲和失真，不少商品的价格既不能反映价值，也不能反映供求关系。在此情形下，按现行价格计算工程项目的投入与产出，是无法正确反映出项目对国民经济的影响的。只有通过国民经济评价，运用能反映商品真实价值的影子价格来计算项目的费用与效益，才能真实反映工程项目对国民经济的净贡献，从而判断项目的建设对国民经济总目标的实现是否有利。

（3）可以使投资决策科学化。通过国民经济评价，合理运用经济净现值、经济内部收益率等指标以及影子汇率、影子价格、社会折现率等参数，可以有效地引导投资方向，控制投资规模，提高计划质量。对于国家决策部门和经济计划部门来说，必须高度重视国民经济评价的结论，把工程项目的国民经济评价作为主要的决策手段，使投资决策科学化。

6.1.2 国民经济评价与财务评价的关系

对工程项目进行财务评价和国民经济评价所得到的结论，是项目决策的主要依据。企业的财务评价注重的是项目的盈利能力和财务生存能力，而国民经济评价注重的则是国家经济资源的合理配置以及项目对整个国民经济的影响。财务评价是国民经济评价的基础，国民经济评价则是财务评价的深化。二者相辅相成，互为参考和补充，既有联系，又有区别。

1. 财务评价和国民经济评价的共同点

（1）评价目的相同。二者都以寻求经济效益最好的项目为目的，都追求以最小的投入获得最大的产出。

（2）评价基础相同。二者都是项目可行性研究的组成部分，都要在完成项目的市场预测、方案构思、投资金额估算和资金筹措的基础上进行，评价的结论也都取决于项目本身的客观条件。

（3）基本分析方法以及评价指标相类似。二者都采用现金流量法通过基本报表来计算净现值、内部收益率等经济指标，经济指标的含义也基本相同。二者也都是从项目的成本与收益着手来评价项目的经济合理性以及项目建设的可行性。

2. 财务评价与国民经济评价的区别

（1）评价的角度和立场不同。财务评价是站在企业的立场，从项目的微观角度按照现行的财税制度去分析项目的盈利能力和贷款偿还能力，以判断项目是否具有财务上的生存能力；而国民经济评价则是站在国家整体的立场上，从国民经济综合平衡的宏观角度去分析项目对国民经济发展、国家资源配置等方面的影响，以考察投资行为的经济合理性。

（2）跟踪的对象不同。财务评价跟踪的是与项目直接相关的货币流动，由项目之外流入项目之内的货币为财务收益，而由项目之内流出项目之外的则为财务费用；国民经济评价跟踪的则是围绕项目发生的资源流动，减少社会资源的项目投入为国民经济费用，而增加社会资源的项目产出则为国民经济收益。

（3）费用和效益的划分范围不同。财务评价根据项目的实际收支来计算项目的效益与费用，凡是项目的收入均计为效益，凡是项目的支出均计为费用，如工资、税金、利息都作为项目的费用，财政补贴则作为项目的效益；而国民经济评价则根据项目实际耗费的有用资源以及项目向社会贡献的有用产品或服务来计算项目的效益与费用。在财务评价中作为费用或效益的税金、国内借款利息、财政补贴等，在国民经济评价中被视为国民经济内部转移支付，不作为项目的费用或效益。而在财务评价中不计为费用或效益的环境污染、降低劳动强度等，在国民经济评价中则需计为费用或效益。

（4）使用的价格体系不同。在分析项目的费用与效益时，财务评价使用的是以现行市场价格体系为基础的预测价格，而考虑到国内市场价格体系的失真，国民经济评价使用的是对现行市场价格进行调整所得到的影子价格体系，影子价格能够更确切地反映资源的真实经济价值。

（5）采用的主要参数不同。财务评价采用的汇率是官方汇率，折现率是因行业而各异的行业基准收益率；而国民经济评价采用的汇率是影子汇率，折现率是国家统一测定的社会折现率。

（6）评价的组成内容不同。财务评价包括盈利能力分析、清偿能力分析和外汇平衡分析3方面的内容，而国民经济评价只包括盈利能力分析和外汇效果分析两方面的内容。

任何一项重大工程项目的建设，都要进行财务评价和国民经济评价。由于投资主体的立场和利益不完全一致，故决策必须同时考虑项目财务上的盈利能力以及项目对国民经济的影响。当财务评价与国民经济评价的结论不一致时，我国一般以国民经济评价的结论为主来进行投资决策，国民经济评价起着主导和决定性的作用。具体而言，对一个工程项目，其取舍标准如下。

① 财务评价和国民经济评价的结论均认为可行，应予通过。

② 财务评价和国民经济评价的结论均认为不可行，应予否定。

③ 财务评价的结论认为可行，而国民经济评价的结论认为不可行，一般应予否定。

④ 对于关系公共利益、国家安全和市场不能有效配置资源的经济和社会发展项目，若财务评价的结论认为不可行，而国民经济评价的结论认为可行，应重新考虑方案，必要时可向国家有关部门提出采取经济优惠措施（如财政补贴、减免税等）的建议，使项目具有财务上的生存能力。

6.1.3 国民经济评价的范围、内容和程序

国民经济评价包括国民经济盈利能力分析以及对难以量化的外部效果和无形效果的定性分析。国民经济评价既可以在财务评价的基础上进行,也可以直接进行。

1. 国民经济评价的范围

需要进行国民经济评价的项目主要包括以下3类。

(1) 基础设施项目和公益性项目。财务评价是通过市场价格分析项目的收支情况,考察项目的盈利能力和偿债能力。在市场经济条件下,财务评价可以反映项目带来的直接效果。但由于项目外部经济性的存在,财务评价无法将项目产生的所有效果全部反映出来,特别是水利水电、市政工程、铁路、公路等基础设施项目以及教科文卫等公益性项目,其外部效果十分显著,必须采用国民经济评价将外部效果内部化。

(2) 市场价格不能真实反映价值的项目。由于某些项目所在行业的市场发展不完善甚至不存在。例如,带垄断性质的行业,使得其资源或服务的市场价格失真。此外,如果国内统一市场尚未形成,或者国内市场未能与国际市场接轨,失真的市场价格会导致项目的收支状况变得过于乐观或过于悲观。因此,有必要通过国民经济评价对其进行修正。

(3) 资源开发项目。自然资源、生态环境的保护和经济的可持续发展,意味着为了整体利益和长远利益,有时必须牺牲眼前利益和局部利益。对于涉及自然资源开发、生态环境保护的项目,必须通过国民经济评价来选择社会对资源使用的时机,如国家控制的战略性资源开发项目、动用社会资源和自然资源较大的中外合资项目等。

2. 国民经济评价的内容

具体而言,国民经济评价的内容主要包括以下3方面。

(1) 国民经济费用与效益的识别与处理。如前所述,国民经济评价中的费用与效益和财务评价中的相比,其划分范围是不同的。国民经济评价以工程项目耗费国家资源的多少和项目给国民经济带来的收益来界定项目的费用与效益,只要是项目在客观上引起的费用与效益,包括间接产生的费用与效益,无论最终是由谁来支付和获取,都要视为该项目的费用与效益,而不仅仅是考察项目账面上直接显现的收支。因此,在国民经济评价中,需要对这些直接或间接的费用与效益——加以识别、归类和定量处理(或定性处理)。

(2) 影子价格的确定和基础数据的调整。在绝大多数发展中国家,现行价格体系一般都存在着较严重的扭曲和失真现象,使用现行市场价格是无法进行国民经济评价的。只有采用通过对现行市场价格进行调整计算而获得的,能够反映资源真实经济价值和市场供求关系的影子价格,才能保证国民经济评价的科学性,这是因为与项目有关的各项基础数据都必须以影子价格为基础进行调整,这样才能正确地计算出项目的各项国民经济费用与效益。

(3) 国民经济效果分析。根据所确定的各项国民经济费用与效益,结合社会折现率等相关经济参数,计算工程项目的国民经济评价指标,编制国民经济评价报表,最终对工程项目是否具有经济合理性得出结论。

3. 国民经济评价的程序

国民经济评价可以在财务评价的基础上进行,也可以直接进行。

(1) 直接进行国民经济评价的程序。

① 识别和计算项目的直接效益、间接效益、直接费用、间接费用，以影子价格计算项目效益和费用。

② 编制国民经济评价基本报表。

③ 依据基本报表进行国民经济评价指标计算。

④ 依据国民经济评价的基准参数和计算指标进行国民经济评价。

(2) 在财务评价的基础上进行国民经济评价的程序。

① 经济价值调整。剔除在财务评价中已计算为效益和费用的转移支付，增加财务评价中未反映的外部效果，用影子价格计算项目的效益和费用。

② 编制国民经济评价基本报表。

③ 依据基本报表进行国民经济评价指标计算。

④ 依据国民经济的基本参数和计算指标进行国民经济评价。

以上两种方法的区别在于效益和费用的计算程序不同。

6.2 经济费用与效益的分析

6.2.1 费用和效益的概念和识别原则

费用效益法是发达国家广泛采用的用于对工程项目进行国民经济评价的方法，也是联合国向发展中国家推荐的评价方法。所谓费用效益分析是指从国家和社会的宏观利益出发，通过对工程项目的经济费用和经济效益进行系统、全面的识别和分析，求得项目的经济净收益，并以此来评价工程项目可行性的一种方法。

费用效益分析最初是作为评价公共事业部门投资的一种方法而发展起来的，其起源于法国人杜波伊特(Jules Dupuit)于1844年撰写的一篇论文《论公共工程效益的衡量》。后来这种方法被广泛应用于评价各种工程项目方案，并扩展到对发展计划和重大政策的评价。

费用效益分析的核心是通过比较各种备选方案的全部预期效益和全部预计费用的现值来评价这些备选方案，并以此作为决策的参考依据。项目的效益是对项目的正贡献，而费用则是对项目的反贡献，或者说是对项目的损失。但必须指出的是，工程项目的效益和费用是两个相对的概念，都是针对特定的目标而言的。例如，由于某生产化纤原料的大型工程项目投产，使得该化纤原料的价格下降，从而导致同行业利润的下降，对该行业来说，这是费用；但服装生产商的成本下降，对服装生产行业来说，则是效益。因此，无论是什么样的项目，在分析、评价的过程中，都有一个费用与效益识别的问题。

在项目的财务评价中，由于项目可视为一个相对独立的封闭系统，货币在这一系统的流入和流出容易识别，且大都可以从相应的会计核算科目中找到答案。因此在财务评价中，费用和效益识别的重要性未能充分表现出来。在项目的国民经济评价中，费用和效益的划分与财务评价相比已有了质的变化，通常识别起来是比较困难的。例如，烟草工业，一方面给政府提供了巨额税收,增加了大量的就业岗位,有时甚至成为一个地区的支柱产业;另一方面,烟草对消费者的健康构成了很大的损害,极大地增加了国家和消费者个人的医疗负担。显然对国民经济整体而言,烟草工业究竟是费用还是效益仅仅从项目的财务收支上进行判别是无法找到答案的。

正确地识别费用与效益,是保证国民经济评价正确的前提。费用与效益的识别原则:凡是工程项目使国民经济发生的实际资源消耗,或者国民经济为工程项目付出的代价,即为费用;凡是工程项目对国民经济发生的实际资源产出与节约,或者对国民经济作出的贡献,即为效益。例如,某大型水利工程项目,所导致的航运减少,航运、航道工人失业,直接的基建开支、移民开支、电费降价引起的国家收入减少等,这些都是费用;而由该工程所导致的水力发电净收益增加,洪水灾害的减轻,农业增产,国家灌溉费的增加,电力用户支出的减少,国家救济费用的节省等,则都是效益。在考察工程项目的费用与效益时,必须遵循费用与效益的识别原则。

效益与费用是指工程项目对国民经济所做的贡献与反贡献。人们往往将项目对国民经济产生的影响称为效果。这种效果可分为直接效果和外部效果。

6.2.2 直接效果

直接效果是工程项目直接效益和直接费用的统称。

1. 直接效益

工程项目的直接效益是由项目自身产出,由其产出物提供,并应用影子价格计算出来的产出物的经济价值,是项目自身直接增加销售量和劳动量所获得的效益。

工程项目直接效益的确定可分为以下两种情况。

(1) 在项目的产出物用于增加国内市场供应量的情况下,项目的效益即为其所满足的国内需求,可由消费者的支付意愿来确定。

(2) 在国内市场总供应量不变的情况下,当项目产出物增加了出口量时,项目的效益即为其出口所获得的外汇;当项目产出物可替代进口时,为国家减少了总进口量,项目的效益即为其替代进口所节约的外汇;当项目产出物顶替了原有项目的生产,致使原有项目减停产时,项目的效益即为由原有项目减停产而向社会释放出来的资源,其价值也就等于这些资源的支付意愿。

2. 直接费用

工程项目的直接费用是国家为项目的建设和生产经营而投入的各种资源(固定资产投资、流动资金以及经常性投入等)用影子价格计算出来的经济价值。

工程项目直接费用的确定可分为以下两种情况。

(1) 在项目所需投入物来自国内供应总量增加(即依靠增加国内生产来满足该项目的需求)的情况下,项目的费用即为增加国内生产所耗用的资源价值。

(2) 在国内市场总供应量不变的情况下,当项目的投入物依靠从国际市场进口来满足需求时,项目的费用即为进口投入物所花费的外汇;当项目的投入物为本可出口的资源(即依靠减少出口来满足该项目的需求)时,项目的费用即为因减少出口量而减少的外汇收入；当项目的投入物为本应用于其他项目的资源（即依靠减少对其他项目的投入来满足该项目的需求）时，项目的费用即为其他项目因减少投入量而减少的效益，也就是其他项目对该投入物的支付意愿。

6.2.3 外部效果

外部效果是工程项目间接效益和间接费用的统称，是由于项目实施所导致的在项目之外未计入项目效益与费用的效果。

间接效益，也称为外部效益，是指项目对国民经济作出了贡献，而项目自身并未得益的那部分效益。例如，果农栽种果树，客观上使养蜂者得益，这部分效益即为果农生产的间接效益。

间接费用，也称为外部费用，是指国民经济为项目付出了代价，而项目自身却不必实际支付的那部分费用。例如，某耗能巨大的工业项目投产，有可能导致当地其他项目用电紧张，而其他项目因此而减少的效益即为该项目的间接费用。

显然，在对工程项目进行国民经济评价时，必须计算外部效果。计算外部效果时，必须同时满足两个条件：相关性条件和不计价条件。所谓相关性条件，是指工程项目的经济活动会影响到与本项目没有直接关系的其他生产者和消费者的生产水平或消费质量。所谓不计价条件，是指这种效果不计价或无须补偿。例如，烟草公司生产的香烟，使得烟民的健康受到损害，这是一种间接费用；如果烟草公司给烟民以相应的赔偿，那就不再是间接费用了。

外部效果的计算，通常是比较困难的。为了减少计算上的困难，可以适当地扩大计算范围和调整价格，使许多外部效果内部化，扩大项目的范围，将一些相互关联的项目合并在一起作为一个联合体进行评价，从而使一些间接费用和间接效益转化为直接费用和直接效益。在用影子价格计算项目的效益和费用时，已在一定程度上使项目的外部效果在项目内部得到了体现。必须注意的是，在国民经济评价中，既要充分考虑项目的外部效果，也要防止外部效果扩大化。

经过上述处理后，可能还有一些外部效果须要单独考虑和计算。这些外部效果主要包括以下几个方面。

1. 环境影响

工程项目对自然环境和生态环境造成的污染和破坏，如工业企业排放的"三废"对环境产生的污染，是项目的间接费用。这种间接费用要定量计算比较困难，一般可按同类企业所造成的损失或者按恢复环境质量所需的费用来近似估算，若难以定量计算则应作定性说明。此外，某些工程项目，如环境治理项目，对环境产生的影响是正面的，在国民经济评价中也应估算其相应的间接效益。例如，很多洗衣粉都含磷，这种洗衣粉通过下水道最终都排向了河流、湖泊或海洋，使水质混浊。磷是植物生长的肥料，水草和藻类因此而大量繁殖，其后果是水中养分减少，鱼类大量死亡，变质的水发出恶臭。这种水体环境的污染，洗衣粉项目并不支出任何费用，但国民经济在灌溉、民生用水、旅游、养殖等多方面都付出了代价。

2. 价格影响

若项目的产出物大量出口,导致国内同类产品的出口价格下跌,则由此造成的外汇收益的减少,应计为该项目的间接费用。若项目的产出物只是增加了国内市场的供应量,导致产品的市场价格下跌,可使产品的消费者获得降价的好处,但这种好处只是将原生产商减少的收益转移给了产品的消费者而已,对于整个国民经济而言,效益并未改变,因此消费者得到的收益并不能计为该项目的间接收益。

3. 相邻效果

相邻效果是指由于项目的实施而给上游企业(为该项目提供原材料和半成品的企业)和下游企业(使用该项目的产出物作为原材料和半成品的企业)带来的辐射效果。项目的实施会使上游企业得到发展,增加新的生产能力或使其原有生产能力得到更充分的利用,也会使下游企业的生产成本下降或使其闲置的生产能力得到充分的利用。实践经验证明,对相邻效果不应估计过大,因为大多数情况下,项目对上、下游企业的相邻效果可以在项目投入物和产出物的影子价格中得到体现。只有在某些特殊情况下,间接影响难于在影子价格中反映时,才需要作为项目的外部效果计算。

4. 技术扩散效果

建设一个具有先进技术的项目,由于其人才流动、技术推广和扩散等原因,使得整个社会都将受益。例如,我国发展航天工业,极大地促进了电子、材料、化工、农业等多个行业的技术水平。但这类间接效益一般具有隐蔽性和滞后性,通常难以识别和定量计算,因此在国民经济评价中一般只作定性说明。

5. 乘数效果

乘数效果是指由于项目的实施而使与该项目相关的产业部门的闲置资源得到有效利用,进而产生一系列的连锁反应,带动某一行业、地区或全国的经济发展所带来的外部净效益。例如,当国内钢材生产能力过剩时,国家投资修建铁路干线,需要大量钢材,就会使原来闲置的生产能力得到启用,使钢铁厂的成本下降,效益提高。同时由于钢铁厂的生产扩大,连带使得炼铁、炼焦以及采矿等部门原来剩余的生产能力得以利用,效益增加,由此产生一系列的连锁反应。在进行扶贫工作时,就可以优先选择乘数效果大的项目。一般情况下,乘数效果不能连续扩展计算,只需计算一次相关效果即可。

6.2.4 转移支付

在工程项目费用与效益的识别过程中,经常会遇到国内借款利息、税金、折旧以及财政补贴等问题的处理。这些都是财务评价中的实际收支,但从国民经济整体的角度来看,这些收支并不影响社会最终产品的增减,都未造成资源的实际耗用和增加,而仅仅是资源的使用权在不同的社会实体之间的一种转移。这种并不伴随着资源增减的纯粹货币性质的转移,即为转移支付。因此,在国民经济评价中,转移支付不能计为项目的费用或效益。

在工程项目的国民经济评价中,对转移支付的识别和处理是关键内容之一。常见的转移支付有税金、利息、补贴和折旧等。

1. 税金

在财务评价中,税金显然是工程项目的一种费用。但从国民经济整体来看,税金作为国家财政收入的主要来源,是国家进行国民收入二次分配的重要手段,交税只不过表明税金代表的那部分资源的使用权从纳税人那里转移到了国家手里。也就是说,税金只是一种转移支付,不能计为国民经济评价中的费用或效益。

2. 利息

利息是利润的一种转化形式,是客户与银行之间的一种资金转移,从国民经济整体来看,并不会导致资源的增减,因此也不能计为国民经济评价中的费用或效益。

3. 补贴

补贴是一种货币流动方向与税收相反的转移支付,包括价格补贴、出口补贴等。补贴虽然使工程项目的财务收益增加,但同时也使国家财政收入减少,实质上仍然是国民经济中不同实体之间的货币转移,整个国民经济并没有因此发生变化。因此,国家给予的各种形式的补贴,都不能计为国民经济评价中的费用或效益。

4. 折旧

折旧是会计意义上的生产费用要素,是从收益中提取的部分资金,与实际资源的耗用无关。因为在经济分析时已将固定资产投资所耗用的资源视为项目的投资费用,而折旧无非是投资形成的固定资产在再生产过程中价值转移的一种方式而已。故此不能将折旧计为国民经济评价中的费用或效益,否则就是重复计算。

如果以项目的财务评价为基础进行费用效益分析时,应从财务效益和费用中剔除其中的转移支付部分。

企业向员工支付工资,也是社会内不同成员之间的相互支付,那么是不是要将工资也视为"转移支付"呢?现在通常认为不是,因为劳动力是一种资源,项目使用了劳动力,就消耗了社会资源,就会产生费用。但是,财务上的工资并不一定与实际的劳动力资源价值相等,需要用真实的劳动力资源价值代替财务工资,以计算劳动力费用。

6.3 国民经济评价参数

国民经济评价参数是指在工程项目经济评价中为计算费用和效益,衡量技术经济指标而使用的一些参数,主要包括影子价格、影子汇率、影子工资和社会折现率等。其中,社会折现率和影子汇率换算系数等在各类建设项目的国民经济评价中必须采用,影子工资换算系数和土地影子价格等在各类建设项目的国民经济评价中可以参考使用。

国民经济评价参数是国民经济评价的基础,正确理解和使用这些参数,对于正确计算费用、效益和评价指标以及方案的优化比选是必不可少的。国民经济评价参数是由国家有关部门统一组织测算的,并实行阶段性的调整。1987年,原国家计委发布了《建设项目经济评价方法与参数》(第一版),对我国建设项目的科学决策起了巨大推动作用,举世瞩目的长江三峡工程就是按照《方法与参数》(第一版)做了详细的财务评价与国民经济评价。1993年,由建设部和原国家计委联合批准发布了《建设项目经济评价方法与参数》

（第二版），推动了我国投资决策科学化进程。2006 年 7 月，国家发改委和建设部联合发布了《建设项目经济评价方法与参数》（第三版），目前我国现行的国民经济评价参数即出自于此。

6.3.1 影子价格

如前所述，在大多数发展中国家，包括我国在内，都或多或少地存在着产品市场价格的扭曲或失真现象。而在计算工程项目的费用和效益时，都需要使用各类产品的价格，若价格失真，则必将影响到项目经济评价的可靠性和科学性，导致决策失误。因此，为了真实反应项目的费用和效益，有必要在项目经济评价中对某些投入物和产出物的市场价格进行调整，采用一种更为合理的计算价格，即影子价格。

影子价格这个术语是 20 世纪 30 年代末 40 年代初，由荷兰数理经济学家、计量经济学创始人之一的詹恩·丁伯根和前苏联数学家、经济学家、诺贝尔经济学奖获得者列·维·康托罗维奇分别提出来的。它在西方最初称为预测价格或计算价格，在前苏联则称为最优计划价格。后来，美籍荷兰经济学家库普曼主张统一称为影子价格，这一提法为理论界所普遍接受。

所谓影子价格，是指当社会经济处于某种最优状态时，能够反映社会劳动的消耗、资源稀缺程度和最终产品需求状况的价格。可见，影子价格是一种理论上的虚拟价格，是为了实现一定的社会经济发展目标而人为确定的、更为合理（相对于实际交换价格）的价格。此处所说的"合理"，从定价原则来看，应该能更好地反映产品的价值，反映市场供求状况，反映资源的稀缺程度；从价格产出的效果来看，应该能够使资源配置向优化的方向发展。

一般而言，项目投入物的影子价格即为其机会成本，所谓机会成本，是指当一种资源用在某个特定领域，从而失去在其他领域可以获得的最大收益。而项目产出物的影子价格则为其支付意愿，所谓支付意愿，是指消费者对购买某一产品所愿意支付的最高价格。影子价格不是产品的实际交换价格，而是作为优化配置社会资源，衡量产品社会价值的价格尺度，在工程项目的国民经济评价中用来代替市场价格进行费用与效益的计算，从而消除在市场不完善的条件下由于市场价格失真可能导致的评价结论失实。

至于影子价格的确定方法，将在 6.4 节详细论述。

6.3.2 影子汇率

一般发展中国家都存在着外汇短缺的问题，政府在不同程度上实行外汇管制和外贸管制，外汇不允许自由兑换，在此情形下，官方汇率往往不能真实地反映外汇的价值。因此，在工程项目的国民经济评价中，为了消除用官方汇率度量外汇价值所导致的误差，有必要采用一种更合理的汇率，也就是影子汇率，来使外贸品和非外贸品之间建立一种合理的价格转换关系，使二者具有统一的度量标准。

影子汇率，即外汇的影子价格，它不同于官方汇率或国家外汇牌价，是指能够正确反映国家外汇经济价值的汇率，是项目在国民经济评价中，将外汇换算为本国货币的系数。

影子汇率实际是外汇的机会成本,即项目投入或产出所导致的外汇减少或增加给国民经济带来的损失或收益。

影子汇率是一个重要的国家经济参数,它体现了从国民经济角度对外汇价值的估量,在工程项目的国民经济评价中除了用于外汇与本国货币之间的换算外,还是经济换汇和经济节汇成本的判据。国家可以利用影子汇率作为经济杠杆来影响项目方案的选择和项目的取舍。例如,某项目的投入物可以使用进口设备,也可以使用国产设备,当影子汇率较高时,就有利于后一种方案;对于主要产出物为外贸货物的工程项目,当影子汇率较高时,将有利于项目获得批准实施。

影子汇率的发布形式有两种,一种是直接发布,如我国在1987年、1990年两次发布参数时都采取了直接发布影子汇率的做法,分别为1美元等于4.70元和5.80元人民币;另一种是间接给出,我国在1993年发布《建设项目经济评价方法与参数》(第二版)时开始采用转换系数法计算影子汇率,第三版延续了该方法,其计算公式为

$$影子汇率 = 外汇牌价 \times 影子汇率换算系数 \tag{6-1}$$

影子汇率换算系数是国家相关部门根据国家现阶段的外汇收支、外汇供求、进出口结构、进出口关税、进出口增值税及出口退税补贴等综合因素统一测算和发布的,目前影子汇率换算系数取1.08。

例如,中国银行外汇牌价为1美元兑换6.70元人民币,则此时的影子汇率为1美元等于7.24元人民币(6.70×1.08=7.24)。

6.3.3 影子工资

在大多数国家中,由于社会的、经济的或传统的原因,劳动者的货币工资常常偏离竞争性劳动市场所决定的工资水平,因此不能真实地反映单位劳动的边际产品价值,因而产生了劳动市场供求失衡问题。在此情形下,对工程项目进行国民经济评价,就不能简单地把项目中的货币工资支付直接视为该项目的劳动成本,而要通过"影子工资"对此劳动成本进行必要的调整。

影子工资,即劳动力的影子价格,是指由于工程项目使用劳动力资源而使社会所付出的代价,由劳动力的机会成本和劳动力转移而引起的新增资源消耗两部分组成,其计算公式为

$$影子工资 = 劳动力机会成本 + 新增资源消耗 \tag{6-2}$$

劳动力机会成本是指劳动力在本工程项目被使用,而不能在其他项目中使用而被迫放弃的劳动收益。它与劳动力的技术熟练程度和供求状况有关,技术越熟练,社会需求程度越高,其机会成本越高,反之越低。劳动力的机会成本是影子工资的主要组成部分。新增资源消耗是指劳动力在本工程项目新就业或者由其他就业岗位转移来本项目而发生的社会资源消耗,如交通运输费用、城市管理费用、培训费用等,这些资源的消耗并没有提高劳动者的收入水平。

在国民经济评价中,影子工资作为费用计入经营成本。影子工资的计算可采用转换系数法,即将财务评价时所用的劳动力工资乘以影子工资换算系数求得,其计算公式为

$$影子工资 = 财务工资 \times 影子工资换算系数 \tag{6-3}$$

影子工资应根据工程项目所在地的劳动力就业状况、劳动力就业或转移成本来测定。在《建设项目经济评价方法与参数》(第三版)中规定，技术劳动力的工资报酬一般可由市场供求来决定，即影子工资一般可以根据财务实际支付工资来计算，影子工资换算系数为1；而对于非技术劳动力，根据我国非技术劳动力就业状况，其影子工资换算系数一般取为0.25~0.8，具体可由国民经济评价人员根据当地的非技术劳动力供求情况确定，非技术劳动力较为富裕的地区可取较低值，不太富裕的地区可取较高值，中间状况可取0.5。

例如，一内地人口大省某建筑施工公司的工人，其财务工资为1 500元，在国民经济评价中，评价人员根据各方面情况综合分析，确定其影子工资换算系数为0.4，则

$$1\,500 \times 0.4 = 600 \text{ 元}$$

该工人的影子工资为600元。

6.3.4 社会折现率

在国民经济评价中所追求的目标是国民经济收益的最大化，而所有的工程项目都将是这一目标的承担者。在采用了影子价格、影子汇率、影子工资等合理参数后，国民经济中所有的工程项目均将在同等的经济条件下使用各种社会资源以为社会创造效益，这就需要规定适用于各行业所有工程项目都应达到的最低收益水平，也就是社会折现率。

社会折现率，也称影子利率，是指工程项目国民经济评价中衡量经济内部收益率的基准值，也是计算项目经济净现值的折现率，是项目经济可行性和方案比选的主要判据。社会折现率是从国民经济角度考察工程项目投资所应达到的最低收益水平，实际上也是资金的机会成本和影子价格。社会折现率作为资金的影子价格，代表着资金占用在一定时间内应达到的最低增值率，体现了社会对资金时间价值的期望和对资金盈利能力的估算。

社会折现率作为国民经济评价中的一项重要参数，是国家评价和调控投资活动的重要经济杠杆之一。国家可以选用适当的社会折现率来进行项目的国民经济评价，从而促进资源的优化配置，引导投资方向，调控投资规模。例如，国家在需要经济软着陆时，可以适当调高社会折现率，使得本来可获得通过的某些投资项目难以达到这一折现率标准，从而达到间接调控投资规模的目的。

社会折现率需要根据国家社会经济的发展目标、发展战略、发展优先顺序、发展水平、宏观调控意图、社会成员的费用效益时间偏好、社会投资收益水平、资金供应状况、资金机会成本等因素进行综合分析，由国家相关部门统一测定和发布。1987年原国家计委发布的《建设项目经济评价方法与参数》(第一版)中规定，社会折现率为10%。1993年，由建设部和原国家计委联合批准发布的《建设项目经济评价方法与参数》(第二版)中规定，社会折现率为12%。经过专题研究和测算，在2006年发布的《建设项目经济评价方法与参数》(第三版)中规定社会折现率为8%，但对于受益期长的工程项目，如水利工程、环境改良工程或者某些稀缺资源的开发利用项目，如果远期收益率较大，效益实现的风险较小，社会折现率可以适当降低，但不应低于6%。

发达国家近年来有将社会折现率取值降低的趋势。例如，美国为2%~3%，英国为3.5%，日本为4%，欧盟为5%。世界银行、亚洲开发银行等国际组织为发展中国家使用

的社会折现率较高,发展中国家自己制定的社会折现率也较高,如亚洲开发银行的社会折现率取值为10%～12%。可以这样认为,我国目前属于较先进的发展中国家。

6.4 影子价格的确定

如前所述,在工程项目的国民经济评价中,必须确定出项目投入物和产出物的影子价格,并以之代替市场价格来计算项目的真实费用与效益。

影子价格的计算在理论上是以线性规划法为基础的,或者说影子价格是一种用数学方法计算出来的最优价格。但在实际工作中,由于各种条件的限制,一般不可能及时准确地获得建立数学模型所需的各类数据,因此需要采取某些实用方法来确定。当前国际上通常采用的方法主要有联合国工业发展组织推荐的UNIDO法以及经济合作与发展组织和世界银行采用的利特尔-米尔里斯法(L-M法)。

在确定影子价格时,以上两种方法首先都要把货物区分为贸易货物和非贸易货物两大类,然后根据项目的各种投入物和产出物对国民经济的影响分别进行处理;而在我国,根据《建设项目经济评价方法与参数》(第三版)的规定,通常将项目的投入物和产出物划分为具有市场价格的投入物及产出物、不具有市场价格的产出物和特殊投入物共3种类型分别进行处理。

6.4.1 具有市场价格的投入物及产出物的影子价格

在计算时,一般将项目的投入物和产出物划分为可外贸货物和非外贸货物分别处理。可外贸货物和非外贸货物的划分原则是看工程项目的投入或产出主要是影响对外贸易还是影响国内消费。只有在明确了货物的类型之后,才能有针对性地采取不同方法确定货物的影子价格。

1. 可外贸货物

所谓可外贸货物,是指其生产和使用将对国家进出口产生直接或间接影响的货物。项目产出物外贸货物,包括直接出口(增加出口)、间接出口(替代其他企业产品使其增加出口)和替代进口(以产顶进减少进口)的货物;项目投入物中的外贸货物,包括直接进口(增加进口)、间接进口(占用其他企业的投入物使其增加进口)和减少进口(占用原本可以出口的国内产品)的货物。

可外贸货物的影子价格的确定,是以实际将要发生的口岸价格为基础,按照项目各项产出和投入对国民经济的影响,根据口岸、项目所在地、投入物的国内产地、项目产出物的主要市场所在地以及交通运输条件的差异,对流通领域的费用支出进行调整而分别制定的,其计算公式为

$$\text{出口产出的影子价格(出厂价)} = \text{离岸价} \times \text{影子汇率} - \text{出口费用} \quad (6-4)$$

$$\text{进口投入的影子价格(到厂价)} = \text{到岸价} \times \text{影子汇率} + \text{进口费用} \quad (6-5)$$

其中,离岸价(FOB)是指出口货物运抵我国出口口岸交货的价格;到岸价(CIF)是指进

口货物运抵我国进口口岸交货的价格,包括货物进口的货价、运抵我国口岸之前所发生的运输费用和保险费用;出口或进口费用是指货物进出口环节在国内所发生的所有相关费用,包括运输费用、储运、装卸运输保险等各种费用支出及物流环节的各种损失、损耗等。

另外须说明的是,如果可外贸货物以财务成本或价格为基础调整计算经济费用效益,应该注意以下两点。

(1) 如果不存在关税、增值税、消费税、补贴等转移支付因素,则项目的投入物或产出物价值将直接采用口岸价格进行调整计算。

(2) 如果在货物的进出口环节存在转移支付因素,则应区分不同情况进行处理。

2. 非外贸货物

所谓非外贸货物,是指生产和使用对国家进出口不产生影响的货物,除了包括所谓的天然非外贸货物,如国内建筑、国内运输、商业及其他基础设施的产品和服务以外,还包括由于地理位置所限而使国内运费过高不能进行外贸的货物以及受国内外贸易政策和其他条件限制而不能进行外贸的货物等所谓的非天然非外贸货物。

当工程项目的货物或服务处于竞争性市场环境中,市场价格能够反映支付意愿或机会成本时,就应该采用市场价格作为计算项目投入物和产出物影子价格的依据。

如果项目的投入或产出的规模很大,项目的实施将足以影响其市场价格,导致"有项目"和"无项目"两种情况下市场价格不一致,那么在项目评价中,应取二者的平均值作为测算影子价格的依据。

另外,影子价格中的流转税,如消费税、增值税、营业税等,宜根据项目产品在整个市场中所发挥的作用,分别计入或不计入影子价格。

6.4.2　不具有市场价格的产出物的影子价格

当工程项目的产出物不具有市场价格,或者市场价格难以真实反映其经济价值时,对项目的产品或服务的影子价格进行重新测算应采用的方法有以下两种。

(1) 遵循消费者支付意愿的原则,通过其他相关市场价格信号,按照"显示偏好"的方法,寻找揭示这些影响的隐含价值,对其效果进行间接估算,得到影子价格。如果项目的外部效果导致关联对象产出水平或成本费用的变动,则通过对这些变动进行客观量化分析,作为对项目外部效果进行量化的依据。

(2) 根据意愿调查评估法,按照"陈述偏好"的方法进行间接估算。一般通过对被评估者的直接调查,直接评价调查对象的支付意愿或接受补偿的意愿,从中推断出项目造成的有关外部影响的影子价格。在使用这种方法时,应该注意调查评估中可能出现的以下偏差:

① 调查对象相信所述的回答能够影响决策,从而使其实际支付的私人成本低于正常条件下的预期值时,调查结果可能产生的策略性偏倚;

② 调查者对各种备选方案介绍得不完全或使人误解时,调查结果可能产生的资料性偏倚;

③ 问卷调查的收款或付款方式不当,调查结果可能产生的手段性偏倚;

④ 调查对象长期免费享受环境和生态资源等形成的"免费搭车"心理，导致调查对象将这种享受看做是天赋权利而反对为此付款，从而导致调查结果的假想性偏倚。

6.4.3 特殊投入物的影子价格

所谓特殊投入物，一般是指项目在建设和生产经营中使用的土地和劳动力。劳动力的影子价格，也就是影子工资，其确定方法在前面已经论述过，主要采用转换系数法。下面主要介绍土地影子价格的确定方法。

土地作为可供多种可能用途的稀缺资源，一旦被某个工程项目占用，就意味着其对国民经济的其他潜在贡献不能实现。因此，在项目的国民经济评价中必须给土地一个合适的影子价格。工程项目获得土地的财务费用因土地获得方式的不同而不同，但对于同一块土地，其在国民经济评价中的影子价格却是唯一的。

土地的影子价格，是指因工程项目使用土地而使社会付出的代价。一般而言，土地的影子价格包括两个部分：

$$\text{土地影子价格} = \text{土地机会成本} + \text{新增资源消耗} \qquad (6-6)$$

式中，土地机会成本按照拟建项目占用土地而使国民经济为此所放弃的该土地"最佳替代用途"的净效益计算；因土地改变用途而发生的新增资源消耗主要包括拆迁补偿费、农民安置补助费等。在实践中，土地平整等开发成本通常计入工程建设费用中，在土地影子价格中不再重复计算。

在项目的国民经济评价中，占用土地的机会成本和新增资源消耗应当充分估计。拟建项目占用的土地位于城镇与农村，具有不同的机会成本和新增资源消耗构成，要采取不同的估算方法，具体可参阅《建设项目经济评价方法与参数》（第三版）的规定。

在土地市场机制比较健全的国家或地区，土地使用权可以自由地在土地批租市场流动，那么土地的影子价格可以近似地根据市场价格来定价，只是在确定土地影子价格时，需要从土地市场价格中剔除政府对土地使用权买卖征收的税款部分，因为这部分费用属于转移支付性质。

在土地市场机制不健全的国家或地区，土地的使用价格因政府的干预存在扭曲，则需要按土地影子价格的两个组成部分分别进行计算后汇总，得到土地的影子价格。

6.5 经济费用效益分析指标

费用效益分析和财务分析相类似，也是通过评价指标的计算，编制相关报表来反映项目的国民经济效果。

工程项目国民经济评价中的经济效果，主要反映在国民经济盈利能力上，其基本评价指标为经济内部收益率、经济净现值和经济效益费用比。

1. 经济内部收益率

经济内部收益率（EIRR）是反映工程项目对国民经济净贡献的相对指标，是项目在计算期内经济净效益流量的现值累计等于零时的折现率。其表达式为

$$\sum_{t=1}^{n}(B-C)_t(1+\text{EIRR})^{-t}=0 \qquad (6-7)$$

式中：B——项目的效益流入量；
C——项目的费用流出量；
$(B-C)_t$——第 t 年的净现金流量；
n——项目的计算期(年)；
EIRR——经济内部收益率。

在评价工程项目的国民经济贡献能力时，若经济内部收益率等于或大于社会折现率，表明项目对国民经济的净贡献达到或超过了要求的水平，此时项目是可以接受的；反之，则应拒绝。

2. 经济净现值

经济净现值(ENPV)是反映工程项目对国民经济净贡献的绝对指标，是指项目按照社会折现率将计算期内各年的经济净效益流量折现到建设期初的现值之和。其表达式为

$$\text{ENPV}=\sum_{t=1}^{n}(B-C)_t(1+i_s)^{-t} \qquad (6-8)$$

式中：$ENPV$——经济净现值；
i_s——社会折现率；
其他符号的意义同前式。

在评价工程项目的国民经济贡献能力时，若经济净现值等于零，则表示国家为拟建项目付出代价后，可以得到符合社会折现率的社会盈余；若经济净现值大于零，则表示国家除得到符合社会折现率的社会盈余外，还可以得到以现值计算的超额社会盈余。在以上两种情况下，项目是可以接受的；反之，则应拒绝。

3. 经济效益费用比

经济效益费用比(R_{BC})是经济净现值的一个辅助指标，是指项目在计算期内效益流量的现值与费用流量的现值之比。其表达式为

$$R_{BC}=\frac{\sum_{t=1}^{n}B_t(1+i_s)^{-t}}{\sum_{t=1}^{n}C_t(1+i_s)^{-t}} \qquad (6-9)$$

式中：R_{BC}——经济效益费用比；
B_t——第 t 期的经济效益；
C_t——第 t 期的经济费用；
其他符号的意义同前式。

在评价工程项目的国民经济贡献能力时，若经济效益费用比大于1，则表明项目资源配置的经济效率达到了可以被接受的水平，此时项目是可以接受的；反之，则应拒绝。

【例 6.1】 国内一公司目前年销售收入为人民币 3 200 万元，年经营成本为人民币 2 400 万元，财务效益较好。现计划从国外引进一套设备进行改扩建。该设备的离岸价格

为163万美元，海上运输及保险费用为17万美元，运到中国口岸后需要缴纳费用：关税人民币41.5万元；国内运输费用人民币12.7万元；外贸手续费（费率为3.5%）；增值税及其他附加税费人民币87.5万元。通过扩大生产规模，该企业年销售收入可增加到人民币4 500万元，年经营成本提高到人民币3 200万元。设备投资假定发生在期初，当年即投产运营。

该企业生产的产品为市场竞争类产品，产出物的影子价格与市场销售价格一致。在经营成本的计算中，包含国家环保部门规定的每年收取人民币200万元的排污费。该企业污染严重，经济及环境保护专家通过分析认为，该企业排放的污染物对国民经济的时机损害应为销售收入的10%才合理。经营成本其余部分及国内运输费用和贸易费用的费用效益分析的计算结果与财务分析相同。

市场研究表明，该产品还可以在市场上销售5年，5年后停止生产。第5年末进口设备残值为人民币50万元，并可以此价格在国内市场售出。如果决定现在实施此项目，原有生产线一部分设备可以以人民币100万元的资产净值在市场售出。设备的影子价格与市场出售价格相同。本企业的财务基准收益率为10%，社会折现率为8%，美元兑人民币官方汇率为1∶6.7，影子汇率换算系数为1.08。问：

(1) 用财务净现值法，从财务分析的角度分析此项目是否可行？
(2) 用经济净现值法，从费用效益分析的角度分析此项目是否可行？

解：（1）由题意得

该进口设备的购置费 $=(163+17)\times 6.7\times(1+3.5\%)+41.5+87.5+12.7$
$=1\,389.91$（万元）

该扩建项目期初投资额 $=1\,389.91-100=1\,289.91$（万元）

扩建项目运营期间年增加的净现金流量 $=(4\,500-3\,200)-(3\,200-2\,400)$
$=500$（万元）

扩建项目运营期满时的净现金流量 $=50$（万元）

则该项目 $ENPV=-1\,289.91+500(P/A,10\%,5)+50(P/F,10\%,5)$
$=-1\,289.91+500\times 3.790\,8+50\times 0.620\,9$
$=636.535$（万元）

所以，该项目财务分析可行。

(2) 由题意得

该进口设备的影子价格 $=(163+17)\times 6.7\times 1.08+(163+17)\times 6.7\times 3.5\%+12.7$
$=1\,357.39$（万元）

扩建前经营成本调整额 $=2\,400-200+3\,200\times 10\%=2\,520$（万元）

扩建后经营成本调整额 $=3\,200-200+4500\times 10\%=3\,450$（万元）

该项目运营期间年增加的国民经济净现金流量 $=(4\,500-3\,200)-(3\,450-2\,520)$
$=370$（万元）

则该项目 $ENPV=-(1\,357.39-100)+370(P/A,8\%,5)+50(P/F,8\%,5)$
$=-1\,257.39+370\times 3.992\,7+50\times 0.680\,6$
$=253.939$（万元）

所以，该项目费用效益分析可行。

本 章 小 结

国民经济评价是指从国家或全社会的立场出发，以资源的最佳配置为原则，以国民收入增长为目标的营利性分析。要求用影子价格、影子工资、影子汇率和社会折现率等经济参数分析、计算建设项目对国民经济整体的贡献，评价项目的经济合理性。

国民经济评价可以保证拟建项目符合社会主义目的的需求，拟建项目的产品符合社会的需要。因为国民经济评价是以社会需求作为项目取舍的依据，而不是单纯地看项目是否盈利。进行国民经济分析与评价可以避免拟建项目的重复和盲目建设，并有利于避免投资决策的失误。因为，国民经济评价是从国家的角度即宏观角度出发，而不是从地区或企业的角度（即微观角度）出发考察项目的收益和费用，这样可避免地方保护主义和企业的片面性、局限性。

思 考 题

(1) 什么是工程项目的国民经济评价？它与财务评价有何异同？
(2) 根据国民经济评价和财务评价的结论，工程项目的取舍标准是什么？
(3) 国民经济评价中费用与效益的识别原则是什么？
(4) 什么是直接效益、直接费用和间接效益、间接费用？
(5) 需要单独考虑和计算的外部效果有哪些？
(6) 什么是转移支付？常见的转移支付有哪些？
(7) 试从国民经济评价角度列出下列工程项目的效益与费用：高速公路、卷烟厂及果园。
(8) 在国民经济评价中采用的经济参数主要有哪些？
(9) 什么是影子价格？在国民经济评价中为什么要采用影子价格来度量工程项目的费用与效益？
(10) 什么是影子汇率、影子工资、社会折现率？它们的取值是如何确定的？
(11) 什么是外贸货物和非外贸货物？它们的影子价格是如何确定的？
(12) 什么是土地的影子价格？它的组成部分包括什么？
(13) 国民经济评价的指标主要有哪些？它们的判别标准各是什么？

习 题

(1) 已知某出口产品的影子价格为 1 480 元/吨，国内的现行市场价格为 1 000 元/吨，试求该产品的价格换算系数。
(2) 已知某项目产出物在距项目所在地最近的口岸的离岸价格为 50 美元/吨，影子汇率为 8.76 元人民币/美元，项目所在地距口岸 300 公里，国内运费为 0.06 元/吨·公里，贸易费用率按离岸价格的 6% 计算，试求该项目产出物出厂价的影子价格。

（3）某进口产品的国内现行市场价格为 800 元/吨，其价格换算系数为 2.2，国内运费和贸易费用为 120 元/吨，影子汇率为 8.76 元人民币/美元，试求该进口产品的到岸价格。

第 7 章 基本建设程序及工程项目的可行性研究

教学目标

本章主要讲述基本建设的程序、工程项目可行性研究的基本理论和方法。通过本章的学习，应达到以下目标：
(1) 理解基本建设的概念、类型和程序；
(2) 熟悉可行性研究的内容；
(3) 熟悉市场分析和市场调查的内容、程序和方法；
(4) 熟悉市场预测的方法。

教学要求

知识要点	能力要求	相关知识
基本建设及程序	(1) 准确理解基本建设的概念 (2) 理解基本建设的类型 (3) 掌握基本建设的程序	(1) 固定资产投资 (2) 项目建议书、可行性研究、设计、施工
可行性研究的内容	(1) 理解可行性研究的含义及作用 (2) 了解可行性研究的阶段划分 (3) 了解可行性研究的内容	机会研究、初步可行性研究、详细可行性研究、投资决策
市场调查与市场预测	(1) 理解市场调查和市场预测的概念 (2) 掌握市场调查和市场预测的内容、程序和方法	(1) 资料分析法、直接调查法、抽样调查法 (2) 德尔菲法、年平均增长率法、回归分析法、平滑预测法
可行性研究报告大纲	(1) 了解一般工业项目可行性研究报告大纲的主要内容 (2) 了解公路项目可行性研究报告大纲的主要内容 (3) 了解水利水电项目可行性研究报告大纲的主要内容	市场研究、建设条件、场址选择、技术方案、原材料供应、总图运输、环境评价、投资估算、融资、财务评价、国民经济评价、社会效益评价

基本概念

基本建设程序、可行性研究、机会研究、初步可行性研究、详细可行性研究、市场调查、市场预测。

引例

工程建设项目投资大，建成后对经济、社会、环境等影响大，建设前必须对其进行详细的技术和经济上的分析，即可行性研究，以确保项目在技术上可行，且投资耗费少，社会和经济效益好，环境影响小。分析项目建设的可行性是本章的要点。

例如，某地区人口逐渐增加，已有的医院难以满足日益增长的就医需求，拟新建设一家医院。但该医院建设规模为多大，建设在什么地点，建设投资多少，建成后经济效益、社会效益有多大，对地区的环境影响怎样，这些都必须通过可行性研究解决。

7.1 基本建设与基本建设程序

7.1.1 基本建设的概念与分类

1. 基本建设

基本建设是指建筑、购置和安装固定资产的活动以及与此相联系的其他工作，是形成新的整体性固定资产的投资经济活动。

2. 基本建设项目分类

(1) 按投资用途分：生产性建设和非生产性建设项目。
(2) 按项目性质分：新建、改建、扩建、恢复和迁建项目。
(3) 按项目规模分：大型、中型、小型建设项目。
(4) 按投资额构成分：建设安装工程、设备工程器具购置和其他基本建设。
(5) 按投资主体分：中央、地方、企业、外商投资的建设项目。

7.1.2 基本建设程序

1. 基本建设程序的概念

基本建设是指建设项目从策划、选择、评估、决策、设计、施工到竣工验收交付使用整个建设过程中，各项工作必须遵循的先后次序。

2. 基本建设程序的阶段和内容

1) 基本程序

基本程序如图 7.1 所示。

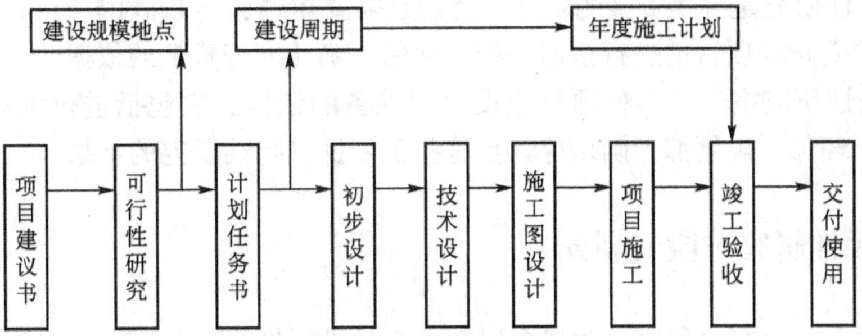

图 7.1 基本程序图

（流程：项目建议书 → 可行性研究 → 计划任务书 → 初步设计 → 技术设计 → 施工图设计 → 项目施工 → 竣工验收 → 交付使用；其中"计划任务书"关联"建设规模地点"，"初步设计"关联"建设周期"，"施工图设计"关联"年度施工计划"）

2）主要内容

（1）编制项目建议书。建设项目建议书是对拟建项目的一个总体轮廓设想，着重从客观上对项目立项的必要性做出分析衡量，并初步分析项目建设的可能性，向业主推荐项目。

（2）可行性研究。可行性研究是一项十分重要的工作。加强可行性研究，是提高项目决策水平的关键。通过对拟建项目进行技术、经济的评价论证，为项目决策提供依据。

（3）编制设计任务书。项目设计任务书是建筑工程项目确定建设方案的决策性文件，是进一步编制设计文件，确定项目实施的投资目标、进度目标、质量目标的主要依据。它一般包括建设目的和依据、建设规模及生产方式、资源利用、环境保护、建设地区与土地占用等方面内容。

（4）编制设计文件。对于一个建设项目，设计文件是在已批准的项目任务书和确定项目地址的基础上编制的。对于一般建设项目实施两阶段设计，即初步设计和施工图设计；对于重要项目实施 3 阶段设计，即初步设计后增加技术设计阶段。

（5）项目施工。在施工准备工作达到开工要求，经审批即可组织全面施工。

（6）竣工验收交付使用。所有建设项目施工按设计完成后，通过检查验收和试运行即可交付使用。

7.2 可行性研究概述

7.2.1 工程项目可行性研究的概念与作用

项目可行性研究（Feasibility Study）是指对工程项目建设投资决策前进行技术经济分析、论证的科学方法和合理的手段。它以保证项目建设以最小的投资耗费取得最佳的经济效果，是实现项目技术在技术上先进、经济上合理和建设上可行的科学方法。

可行性研究的主要作用有以下几点。

（1）可行性研究是建设项目投资决策和编制设计任务书的依据，决定一个项目是否应该投资，主要依据项目可行性研究所用的定性的、定量的技术经济分析。因此，它是投资决策的主要依据，只有决策后，才能编制设计任务书，才能产生项目决策性的法人文件。

(2) 可行性研究是筹集资金的依据。特别是需要申请银行贷款的项目，可行性研究报告是银行在接受贷款项目前进行全面分析、评估、确认能否贷款的依据。

(3) 可行性研究报告是工程项目建设前期准备的依据。它包括进行设计，设备订货、合同的洽谈，环保、规划部门确认等，且这些都依据可行性研究的结果。

7.2.2 可行性研究阶段的划分

国际上通常将可行性研究分为机会研究、初步可行性研究和（最终）可行性研究3个阶段。其中，（最终）可行性研究通常也简称为可行性研究，其工作深度已大体做到了相当于我国的设计任务书及项目初步设计的程度。其基本特征见表7-1。

表7-1 可行性研究阶段的划分

	阶段名称	投资误差范围	研究所需时间	研究费用占总投资额的比重
1	机会研究	±30%	1～2个月	0.2%～1%
2	初步可行性研究	±20%	4个月左右	0.25%～1.25%
3	可行性研究	±10%	6个月以上	1%～3%

国外初步可行性研究是在机会研究的基础上，对拟建项目的进一步论证分析。其任务是确定项目是否真的有投资价值，是否应对该项目展开全面的、详尽的（最终）可行性研究。对于大型复杂项目，需要进行辅助性专题研究的课题，提前进行论证分析并得出明确的结论，初步可行性研究的工作精度一般介于机会研究与（最终）可行性研究之间。

我国的基本建设程序中，将机会研究的全部工作内容及部分初步可行性研究的工作内容纳入项目建议书阶段。在调研基础上初步确定应上什么项目，宏观上阐明项目建设的必要性、可行性，向决策部门提供建议，推荐项目。

7.3 组织进行可行性研究的方法

在项目建设书被有关部门批准以后，建设单位即可着手组织对建设项目进行可行性研究，主要环节如下所述。

7.3.1 选定项目研究委托单位

1. 委托专业设计单位承担

专业技术性较强的建设项目，一般可委托国家批准的具有相应研究资格的大、中型设计单位来承担。

2. 委托工程咨询公司承担

工程咨询公司是近年来随我国经济技术改革不断深化，为适应基本建设形势和投资环境要求而建立起来的专门从事工程项目建设过程中专业技术咨询、管理和服务的机构。以承担民用建筑和一般性工业建设项目的技术咨询为主。在委托工程咨询公司承担可行性研究时，建设单位必须对其能力、包括专业技术人员的构成、承担研究项目的能力、主要承担完成的研究项目及准确性等进行充分的调查。

3. 委托专业银行承担

各种专业银行在基本建设和技术改造贷款项目的管理中，积累了一定的项目可行性研究经验，也是承担项目可行性研究可供选择的单位。

7.3.2　确定研究内容

在选定了承担项目研究单位之后，要将项目可行性研究的内容按有关要求确定下来，作为项目研究委托协议的主要内容。可行性研究的基本内容一般包括以下几方面。

（1）根据经济预测，市场预测确定的建设规模和生产方案。
（2）资源、原材料、燃料、动力、供水、运输条件。
（3）建厂条件和厂址方案。
（4）技术工艺主要设备选型和相应的技术经济指标。
（5）主要单项工程、公用辅助设施、配套工程。
（6）环境保护、城市规划、防震、防洪等要求和相应的措施方案。
（7）企业组织、劳动定员和管理制度。
（8）建设进度和工期。
（9）投资估算和资金筹措。
（10）经济效益和社会效益。

7.3.3　签订委托可行性研究协议

建设单位在选择委托研究单位并确定委托研究的内容以后，应当与承担可行性研究的单位签订委托协议。

7.4　市场分析与市场调查

7.4.1　市场分析的概念与作用

市场分析是指通过必要的市场调查和市场预测，对项目产品（或服务）的市场环境、竞争能力和对手进行分析和判断，进而分析和判断项目（或服务）在可预见时间内是否有市场，以及采取怎样的策略实现项目目标。

由于在不同的可行性研究阶段，研究深度不同，同时不同性质的项目有不同的市场，所以，不同条件下的市场分析的程度或深度也是不一样的。

市场调查之所以重要，是因为它具有以下几个方面的作用(或功能)。

(1) 市场调查有助于寻求和发现市场需要的新产品。
(2) 市场调查可以发掘新产品和现有产品的新用途。
(3) 市场调查可以发现新的需求市场和需求量。
(4) 市场调查可以发现用户和竞争者的新动向。
(5) 市场调查可以预测市场的增减量。
(6) 市场调查是确定销售策略的依据。

7.4.2 市场调查的基本内容

由于出发点和目的不同，市场调查的内容、范围也有所差别。从市场需求预测的要求来看，主要有产品需求调查、销售调查和竞争调查3大方面。

产品需求调查，主要是了解市场上需要什么产品，需要量多大，对产品有什么新的要求或需求；销售调查就是通过对销路、购买行为和购买力的了解，达到了解谁需要，为什么需要的目的。它主要包括产品销路调查、购买行为调查和购买力调查等；竞争调查是企业产品综合竞争能力的调查。其内容涉及生产、质量、价格、功能、经营、销售、服务等多方面。

以上所给出的3大方面的调查，其内容是相互联系和相互交叉的。事实上，生产资料市场和消费资料市场是很难截然分开的，因此，往往需要同时进行，并加以对比分析和研究。

7.4.3 市场调查的程序

1. 制订调查计划

市场调查是一项费时费力的工作。因此，必须有针对性地进行特定问题的调查，并根据所要调查的问题，明确调查目的、对象、范围、方法、进度、分工等，这是市场调查的第一步。其基本要点包括以下几点。

1) 明确调查目的和目标

一般来讲，市场调查的起因都源于一些不明确或把握不准的问题。当已掌握了一些基本情况，但这些情况只能提供方向性的启示，还不足以说明问题时，就必须进行市场调查。例如，某产品的销售额或销售量下降，但尚难明确是产品质量的原因，还是产品价格的原因，或者是出了新的替代品。这时，就应该通过初步的调查分析，明确产品销售量下降的具体原因。然后据以制订调查的详细计划，明确调查的目的、主题和目标。一般情况下，调查的问题不能过多，最好确定一两个主要问题进行重点调查，否则，调查的效果就会受到影响。

2) 确定调查对象和范围

在明确了调查的方向、目的和目标后，就要根据所需调查的主要问题，确定和选择具体的范围和对象。所谓明确调查范围，就是根据调查对象的分布特点，确定是全面调查还是抽样调查；如果采用抽样调查，则要确定如何抽样等。

3）选择调查方法

市场调查的方法很多，每种方法都有其各自的优缺点。因此，必须根据调查的内容和要求来选择合适的调查方法。

4）设计调查数据表

市场调查的内容和要求决定了市场调查的各类问题。对各类问题的调查结果，都要设计出数据表格，需要进行汇总的，还要设计汇总表格。对于一些原始答案或数据，不应在加以分类和统计后就弃之不用。这些第一手资料数据往往是十分重要的，从不同的角度去观察它，可能得出不同的结论。因此，这些资料数据应出现在分类统计表中。同样，分类统计表中的资料数据也应出现在汇总表中。

5）明确调查进度和分工

一般的市场调查，都要在允许的时间范围内完成。因此，根据调查目的、对象、范围和要求，确定调查的时间安排和人员分工，是一项十分重要的工作。市场调查不可能由一个人全部承担，一般是多人分工协作进行。这样有利于节约时间，或者说，有利于缩短市场调查的总体时间。

2．收集情报资料

一般而言，情报的来源有两种，一种是已有的各种统计资料出版物，一种是现时发生的情况。

1）已有情报资料的收集

利用已有的各种情报资料，是市场调查工作中节约时间和费用的一步，也是极为重要的一步。一般有以下几种可以利用的情报源：一是政府统计部门公布的各种统计资料，包括宏观的、中观的和微观的 3 种；二是行业和行业学会出版的资料汇编和调研报告等；三是一些大型的工具类图书，如年鉴、手册、百科全书等；四是杂志、报纸、广告和产品目录等出版物。

2）实际情况的收集

对于一些市场变化迅速的行业和企业，将历史统计资料作为市场调查的依据往往是不准确的。有些历史资料是不充分的，有的甚至是残缺不全的。而实际发生的情况通常正是人们更需要，更现实、更可取和更有说服力的依据。此外，一些保密性极强的资料和数据是不可能在出版物中找到的，所以，对实际情况的搜集必不可少，具体方法可参考本章市场调查方法部分内容。

3．分析处理情报资料

由于统计口径、目的和方法的不同，收集到的情报资料有时可能出现较大误差，甚至互相矛盾的现象。造成这一现象的原因是多方面的，一种情况是调查问题含糊不清造成回答者的理解错误，从而出现答案的错误；另一种情况是问题比较清楚而回答者理解有误，从而出现错误的答案。还有可能是回答者有意做出的歪曲回答，或是不正确和不确切的解释和联想，造成了答案的偏差。因此，市场调查所得的资料数据必须经过分析和处理，并正确地作出解释。其主要过程如下。

1）比较、鉴别资料数据

比较和鉴别资料数据的可靠性和真实性，无论对历史统计资料，还是对实际调查资料，都是必须进行的工作。这是因为调查资料的真实性和可靠性，将直接导致市场调查结论的准确性和可取性，进而影响到决策的成败。

2) 归纳处理资料数据

在进行了资料数据可取性和准确性的鉴别，并剔除了不真实和矛盾的资料数据之后，就要利用适宜的方法进行数据分类处理，制作统计分析图表。需要有计算机进行处理的还应进行分类编号，以便于计算和处理。

3) 分析、解释调查结论

在资料数据整理成表后，还要进行分析和研究，写出有依据、有分析、有结论的调查报告。

4. 编写调查报告

这是市场调查的最后一步，编写调查报告应简明扼要，重点突出，内容充实，分析客观，结论明确，其内容包括下述3个方面。

(1) 总论。总论中应详细而准确地说明市场调查的目的、对象、范围和方法。

(2) 结论。结论部分是调查报告的重点内容，应描述市场调查的结论，并对其进行论据充足、观点明确而客观的说明和解释，以及建议。

(3) 附件。附件部分包括市场调查所得到的图、表及参考文献。

至此，一个完整的市场调查便宣告结束。

7.4.4 市场调查的方法

市场调查的方法较多，从可行性研究的需求预测的角度来看有资料分析法、直接调查法和抽样分析法3大类。

1. 资料分析法

资料分析法是对已有的情报资料和数据进行归纳、整理和分析，来确定市场动态和发展趋向的方法。市场调查人员平时应注意对与自己工作关系密切的各种情报资料进行日积月累的收集。在市场调查的目的和主题确定后，就可以对现有资料进行分类、归类和挑选，针对市场调查的目标和要求，给出分析和研究的结论。

例如，平时没有积累有关资料，在明确市场调查主题后，可以通过情报资料的检索来查找所需的各种情报资料，包括政府部门的统计资料、年鉴、数据手册、期刊、产品资料、报纸、广告和新闻稿等。

资料分析法的优点是省时、省力。缺点是多数资料都是第二手或第三手的，其准确性也不好判断。如果可供分析用的资料数据缺乏完整性和齐全性，则分标结论的准确性和可靠性将会降低。

2. 直接调查法

直接调查法是调查者通过一定的形式向被调查者提问，来获取第一手资料的方法。常用的方法有电话查询、实地访谈和邮件调查3种方法。

1) 电话查询

电话查询是借助电话直接向使用者或有关单位和个人进行调查的方法。这种方法的优点首先是迅速，节省时间，对于急需得到的资料或信息来讲，这种方法最简单易行；其次，这种方法在经济上较合算，电话费较之其他调查所需费用是便宜的。此外，这种方法易于为被调查者所接受，避免调查者与被调查者直面相对。但是，这种方法的缺点也比较明确。

(1) 被调查者必须是有电话的人。

(2) 跨越省区较大时，长途传呼容易出现找人不在或交谈困难(如电话杂音过大)的现象。

(3) 直接提问直接回答，容易使被调查者在考虑时间有限的情况下，对问题做出不太确切或模棱两可的回答。

所以，使用这种方法应注意以下几个原则。

(1) 所提的问题应明确清楚。

(2) 对于较为复杂的问题，应预先告之谈话内容，约好谈话时间。

(3) 要对被调查者有深入的了解，根据其个性等特征确定适宜的谈话技巧。

2) 实地访谈

实地访谈就是通过采访、讨论、咨询和参加专题会议等形式进行调查的方法。

这种方法的最大优点是灵活性和适应性较强。由于调查者和被调查者直接见面，在谈话时可以观察和了解被调查者的心理活动和状态，确定适宜的谈话角度和提问方式。同时，还可以对被调查者的回答进行归纳整理，明确其答案的要点，或从中获取到其他信息。这种方法的另一个优点是可以一次或多次反复地进行探讨，直至问题清清晰晰明了为止。这就为调查者把握调查的方向和主题创造了良好条件。一般来讲，这种方法适用于市场调查的所有内容，但是，如果调查对象较多、范围较大，其费用和时间支出也较大，而且，这种调查的效果直接取决于市场调查人员的能力、经验和素质。

在使用这种方法进行市场调查时，应注意以下几点。

(1) 明确市场调查的时间要求。

(2) 根据市场调查费用选定调查对象和范围。

(3) 选择好能够胜任该项工作的市场调查人员。

3) 邮件调查

邮件调查包括邮寄信函或以电子邮件的方式发出调查表进行调查的方法。调查表的设计和提问可根据调查目的和主题确定。调查所提问题的内容应明确具体，并力求简短。提问的次序应遵循先易后难、先浅后深和先宽后窄的原则。

邮件调查的最大缺点是回收率低，而且调查项问题回答可能不全。此外，对于一些较复杂的问题，无法断定回答者是否真正理解，以及回答这一问题时的动机和态度。但是，由于邮件调查费用较低、调查范围广且调查范围可大可小，尤其是能给被调查者充分的思考时间，所以，这种方法也是市场调查中常用的方法之一。

3. 抽样分析法

抽样分析法是根据数理统计原理和概率分析进行抽样分析的方法，包括随机抽样分析法、标准抽样分析法和分项抽样分析法 3 种。

1) 随机抽样分析法

这种方法就是对全部调查对象的任意部分进行抽取，然后根据抽取部分的结果去推断整体比例。

2) 标准抽样分析法

随机抽样分析法的缺点，在于没有考虑到所抽样本的代表性。对于样本个体差别较大的调查来讲，其结果可能出现较大的偏差，为弥补随机抽样分析法的这一缺点，可以采用标准抽样分析法，即在全体调查对象中，选取若干个具有代表性的个体进行调查分析。其分析计算过程和方法与随机抽样分析法相同，不同之处是这种方法首先设立了样本标准，不像随机抽样那样任意选取样本，其结果较随机抽样更具代表性和普遍性。难点在于选取标准样本。

3) 分项抽样分析法

分项抽样分析法是把全体调查对象按划定的项目分成若干组，通过对各组进行抽样分析后，再综合起来反映全体。分组时可按地区、职业、收入水平等各种标准进行。具体的划分标准应根据实际调查的要求和需要来确定。这种抽样分析方法同时具有随机抽样和标准抽样分析法的优点，是一种比较普通和常用的分析方法。

资料分析法、直接调查法和抽样分析法各有其优缺点，一般来讲，如果有条件的话，这些方法应结合使用，这样才有利于达到市场调查的准确性和实用性。

7.5 市场预测方法

7.5.1 市场预测的程序与分类

市场预测的方法种类很多，各有其优缺点。从总体上说，有定性预测和定量预测两大类。可行性研究中主要是预测需求，说明拟建项目的必要性，并为确定拟建规模和服务周期等提供依据。

按照预测的长短，可以分为短期预测（一年内）、中期预测（2～5年）和长期预测（5年以上）。

无论是定性预测还是定量预测，都可能存在难以预计因素影响预测工作的准确性。所以预测工作应当遵守一定科学的预测程序：

(1) 确定预测目标，如市场需求量等。
(2) 调查研究，收集资料与数据。
(3) 选择预测方法。
(4) 计算预测结果。
(5) 分析预测误差，改进预测模型。

7.5.2 市场预测的常用方法

现将几种市场预测的常用方法介绍如下。

1. 德尔菲法

1) 德尔菲法的由来与发展

德尔菲(Detphi)是古希腊的都城，即阿波罗神庙的所在地。美国兰德公司在20世纪50年代初研究如何使专家预测更为准确和可靠时，是以德尔菲为代号的，德尔菲法由此得名。

一般来讲，预测是以客观历史和现实数据为依据的，但是，在缺少历史数据的情况下，唯一可供选择的预测方法就是征询专家的意见，尤其是预测一些崭新的科学技术，是很难根据资料数据来进行的。征询专家意见，客观上存在一个如何征询的问题。首先是专家的数量问题，即是征询几个专家的意见还是征询几十个专家的意见，还是征询近百个专家的意见还是征询几百个专家的意见。从德尔菲预测的实际经验看，一般是数十人至100人左右较佳，有的可达到200人左右。实际数量的选择，应根据具体预测问题，选定对比问题具有专长的专家。其次，是对专家进行征询的方式问题。最初的专家征询通常采用召开专家会议的方式来进行。这种方法存在明显的缺点，主要有以下4个方面。

（1）能够及时参加专家会议的人数毕竟是有限的，因此，专家意见的代表性不充分。

（2）集体意见往往会对个人观点形成压力，其结果是，一方面，即使多数意见是错误的，也迫使少数人屈从于压力而放弃自己的观点；另一方面，常常使持少数意见的专家因各种因素自动放弃陈述其意见的权利。

（3）权威性人物的影响过大。权威性人物一发表意见和看法，容易使其他人随波逐流，或者使其他人因其他因素放弃发表不同看法和意见。

（4）由于自尊心等因素的作用，容易促使一些专家在公开发表意见后，明知自己的观点有误而不愿公开承认和作出修改。

德尔菲方法就是针对专家会议这些主要缺点而采用的一种专家预测方法，其特点如下。

① 以不具名的调查表形式向专家征询意见，避免了专家与专家之间的面对面接触和观点的撞击，消除了专家之间的各种不良影响。

② 不断进行有控制的反馈。预测组织者通过对专家答复的统计，使集体意见的赞成观点相反的意见变成对预测问题进行说明的信息，并将其返回每个专家的手中，然后对群体意见进行评述，这就使专家意见征询工作始终按照组织者的预定目标进行。

③ 进行统计处理。德尔菲法对专家意见进行统计回归处理，并用大多数专家的意见反映预测的结果。

2）德尔菲法的预测程序和步骤

德尔菲法的预测程序一般包括确定征询课题、选定专家、实际征询和征询结果的处理。

（1）确定征询课题。征询课题调查表的提问要准确明晰，所问问题的解答只能有一种含义，否则，会造成专家的理解不一而形成答非所问的现象。当然这种要求并不排除让专家自由发表意见和提出建议的提问方式。

（2）选定专家。一般来讲，德尔菲法的征询对象——专家的选择，应以对征询课题熟悉为原则。专家应对该征询课题最了解，知道得最多。

（3）实际征询。德尔菲法的征询一般分为4轮。第1轮的征询表问题设计可以适当放宽，给专家们留出一定的自由度，以便让专家们尽其所能地发表对征询课题的意见和建议，从而使征询组织者从中得到意外的收获。第2轮，将第1轮的结果进行归纳分类，删去次要问题，明确主要问题，并判定相应的问题征询表，要求专家围绕既定的主题发表意见和看法。第3轮，进行回答结果的统计，给出大多数专家的意见统计值，并连同相应的资料和说明材料一起返回给各个专家，允许其提出对多数意见的反对理由，或者进行新的预测。第四轮，根据专家预测结果的实际情况，或要求专家回答修正原预测的理由；或要求专家回答其少数者意见的依据；或要求专家对第3轮的论点加以评价。

当然，以上轮次是就一般情况而言的，如果在任何一个轮次中得到了相当一致的征询结论，那么，就可以停止下一轮次的征询。

(4) 对征询结果进行统计处理。专家征询的结果，一般采用上、下四分位数的统计评估，以中位数为预测结论。例如，对其产品增长量预测，有25%的专家认为只能增长10%以下，有25%的专家认为可能增长60%以上，而50%的专家认为将增至30%～40%。这样，增长30%～40%就是中位数，而10%以下和60%以上则为上、下四分位数。预测结果即为中位数的预测增长量。

2. 年平均增长率法

年平均增长率法是一种极为简单而常用的需求预测方法，适用于历史资料数据较全，且变化比较稳定的需求量预测。其优点是方便且迅速。缺点是比较笼统和粗略。

相关概念有以下两点。

1) 年增长率

所谓年增长率 (R_0) 是指计算年的增长量与基准量的比值，用公式表示为

$$R_0=(Y-Y_0)/Y_0$$

整理得

$$R_0=Y/Y_0-1 \tag{7-1}$$

式中：R_0——年增长率；

Y——计算年的实际发生量；

Y_0——计算年的前一年，即基准年的实际发生量。

2) 年平均增长率

若假设 n 年间的逐年平均增长率为 R，则

$$Y=Y_0(1+R) \tag{7-2}$$

第 n 年的发生量则为

$$Y_n=Y_0(1+R)^{n-1} \tag{7-3}$$

$$R=\left(\frac{Y_n}{Y_0}\right)^{\frac{1}{n-1}}-1 \tag{7-4}$$

式中：Y_i、Y_0——统计数据中的终年和首年 (基准年) 的实际发生量；

n——统计终止年份。

下面通过一个实例，介绍该方法的计算和注意事项。

【例 7.1】 某产品历年需求量的发生值见表 7-2，试求 2006 年的需求量。

表 7-2 其产品历年的需求量 单位：吨

年份	1988	1989	1990	1991	1992	1993	1994	1995	1996	1997	1998	1999
需求量	380	425	470	510	600	540	590	625	670	715	740	785

解：设 12 年间的逐年平均增长率为 R，$n=12$，$Y_n=785$，$Y_0=380$，则

$$R=\left(\frac{Y_n}{Y_0}\right)^{\frac{1}{n-1}}-1=\left(\frac{785}{380}\right)^{\frac{1}{12-1}}-1=6.8\%$$

据此,计算 2006 年的需求量。此时,式中的基准年发生量 $Y_0=785$,即 1999 年的发生量,n 从 1999 年起至 2006 年止为 8 年,Y_t 即为所求的 2006 年 n 待求量,即

$$Y_{2006}=Y_{1999}(1+0.068)^{8-1}=1\,244.1(吨)$$

式中的 $(n-1)$ 也可直接转换为预测年与基准年的年份之差,即 $n-1=2006-1999=7$(年)。

在本例中,可以看到,在 1992 年和 1993 年之间,实际需求量产生了数值上的波动,也就是说,12 年间的前 5 年,其平均增长率为 9.6%,12 年间的后 7 年,其平均增长率为 6.4%,两个区段内的平均增长率是不同的。所以,为使预测结果更符合实际情况,应加重近期 7 年的权数,即将 6.4% 与 6.8% 再取平均值,得 $R=6.6\%$,再次带入得

$$Y_{2006}=Y_{1999}(1+0.066)^{8-1}=1\,228.0(吨)$$

3. 回归预测法

回归预测法是根据历史资料和调查数据,通过确定自变量与因变量之间的函数关系,以历史和现状去推测未来变化趋势的数学方法。

1)一元线性回归

一元线性回归方法适用于资料数据比较系统完整的线性关系问题的分析,所谓"一元"是指因变量 Y 只与一个自变量 x 具有函数关系,即

$$Y=a+bx \tag{7-5}$$

式中:Y——因变量(随 x 的变化而变化的量);

x——自变量;

a、b——回归系数。

通常情况下,需求预测资料都是按时间顺序排列的统计数据,这些数据是散布在平面直角坐标系上的数据点 (X_i,Y_i)。所有这些数据点大致分布在一条直线的两侧,显然,这样的直线具有数学意义上的"无数条",其中肯定有一条对所有数据点来讲都最为合适的直线。根据高等数学原理可知,这条直线就是"离差平方和最小"的直线。

计算公式如下。

假设该直线的方程式为

$$y=a+bx$$

式中:y——预测值因变量;

x——自变量;

a、b——分别为直线在纵轴上的截距和直线的斜率。a 与 b 称为回归系数。

实际值 y_i 与利用直线方程求出的因变量 $\hat{y}_i=a+bx_i$ 有一偏差,即

$$\delta_i=y_i-\hat{y}_i=y_i-(a+bx_i)$$

根据最小二乘法原理,当所有数据点偏差的平方和为最小时,该直线是数据点的最优数学模型,根据这个条件可以求出回归系数 a 与 b,即

$$Q=\sum_{i=1}^{n}\delta_i^2=\sum(y_i-\hat{y}_i)^2=\sum[y_i-(a+bx_i)]^2$$

分别求出 Q 对 a 与 b 的偏导数,并令其等于零,得

$$\frac{\partial Q}{\partial a} = -2\sum(y_i - a - bx_i) = 0$$

$$\frac{\partial Q}{\partial b} = -2\sum x_i(y_i - a - bx_i) = 0$$

整理为

$$\sum y_i - na - b\sum x_i = 0$$
$$\sum x_i y_i - a\sum x_i - b\sum x_i^2 = 0$$

设

$$\bar{x} = \frac{1}{n}\sum x_i \quad \bar{y} = \frac{1}{n}\sum y_i$$

求得

$$b = \frac{\sum x_i y_i - \bar{x}\sum y_i}{\sum x_i^2 - \bar{x}\sum x_i} \tag{7-6}$$

$$a = \bar{y} - b\bar{x} \tag{7-7}$$

下面，请通过实例看一下该方法的运用。

【例 7.2】 已知某产品历年消费统计资料见表 7-3，试预测 2004 年的需求量。

表 7-3 某产品历年的消费统计　　　　　　　　　　　　单位：吨

年份	1990	1991	1992	1993	1994	1995	1996
需求量	4.0	5.1	5.9	7.0	7.8	9.0	9.9

解：解题的思路是根据式(7-5)预测 2004 年的需求量 y，但需要确定 a 和 b 的数值。根据式(7-6)和式(7-7)可计算出 a 和 b 值，式中 $\bar{x}$、$\bar{y}$ 和 n 均为已知数，所以，可由此出发进行计算。

在进行时间序列类的计算时，可适当设定 x 的值，使 $\sum x_i = 0$。本例中，设 1993 年的时间为 0，则 1992 年、1991 年和 1990 年的 x_i 值分别为 -1、-2 和 -3，则 1994 年、1995 年和 1996 年的 x_i 值分别 1，2 和 3。所以

$$\sum x_i = (-3) + (-2) + (-1) + 0 + 1 + 2 + 3 = 0$$
$$\sum y_i = 4.0 + 5.1 + 5.9 + 7.0 + 7.8 + 9.0 + 9.9 = 48.7$$
$$\sum x_i^2 = (-3)^2 + (-2)^2 + (-1)^2 + 0^2 + 1^2 + 2^2 + 3^2 = 28$$
$$\sum x_i y_i = -3 \times 4.0 - 2 \times 5.1 - 3 \times 5.9 + 0 \times 7.0 + 1 \times 7.8 + 2 \times 9.0 + 3 \times 9.9 = 15.6$$

由于 $n=7$，所以

$$\bar{x} = \frac{\sum x_i}{n} = 0/7 = 0$$

$$\bar{y} = \frac{\sum y_i}{n} = 48.7/7 = 6.96$$

可得

$$b = \frac{\sum x_i \cdot y_i - \bar{x}\sum y_i}{\sum x_i^2 - \bar{x}\sum x_i} = (15.6 - 0 \times 48.7)/(28 - 0 \times 0) = 0.56$$

$$a = \bar{y} - b\bar{x} = 6.96 - 0.56 \times 0 = 6.96$$

将 $a=6.96$,$b=0.56$,$x_i=11$ 代入式中,可得
$$y_{2004}=6.96+0.56\times 11=13.12(吨)$$

2）多元线性回归

在实际的经济生活中,某一产品的需求量往往是在多种因素作用下发生变化的,从数学语言描绘来讲,因变量(变品得求量)是在多个自变量 x_1、x_2、$\cdots$、x_n 的共同作用下变化的,即因变量与自变量之间并不是简单的一元线性关系,而是多元曲线性关系,其数学表达式为

$$Y=a+b_1X_1+b_2X_2+b_3X_3+\cdots+b_NX_N \tag{7-8}$$

式中： Y——因变量；

X_1、X_2、$\cdots$、X_N——自变量；

b_1、b_2、$\cdots$、b_N——回归系数。

多元回归的关键仍然在于确定回归系数 a 和 b_1、b_2、$\cdots$、b_N 的值。其计算工作量较大,一般需编制好程序,然后用电子计算机进行计算。

3）非线性回归

在实际计算过程中,往往许多变量之间的关系并不是简单的线性关系,而是复杂的曲线关系。因此,在遇到此类问题时,应首先判别曲线的类型,然后将其转化为直线形式,最后建立线性回归模型。下面介绍几种规范型曲线函数化为直线函数的方法。

(1) 指数函数。设指数函数的原函数关系式为
$$Y_0=ae^{bx}$$

两边取对数得
$$\lg Y_0=\lg a+(b\lg e)x$$

设 $Y=\lg Y_0$,$A=\lg a$,$B=b\lg e$,则有
$$Y=A+Bx$$

此式即为一元线性函数关系式。

(2) 对数函数。设对数函数的原函数关系式为
$$Y=a+b\lg X_0$$

设 $X=\lg X_0$,则有
$$Y=A+Bx$$

此式即为一元线性函数关系式。

(3) 双曲线函数。设双曲线函数的原函数关系式为
$$1/Y_0=a+b/X_0$$

设 $Y=1/Y_0$,$X=1/X_0$,则有
$$Y=a+bX$$

(4) S 曲线模型。这种曲线模型为
$$Y_m=\frac{A}{1+ae^{bE_m}}$$

这种 S 曲线也称为罗结斯蒂曲线。其特点是在某一经济指标变化系列中,按例数等比例递减,算术坐标图上是一条先上凹上升,后又下凹上升,呈非对称的 S 曲线,两端无限延伸时,有以 $Y=A$ 和 $Y=0$ 的渐近线。

式中：Y_m——m 年的交通量；

E_m——m 年某一经济指标，远景年份的指标需作预测；

A——曲线上限，可采用饱和交通量；

a、b——待定回归参数，可以用于预测年交通量的预测。

为求解 a、b 参数，需要将上式做如下演变：

$$\frac{A}{Y_m} = 1 + a e^{bE_m}$$

$$\frac{A}{Y_m} - 1 = a e^{bE_m}$$

两边取对数得

$$\ln\left(\frac{A}{Y_m} - 1\right) = \ln a + b E_m$$

设 $\ln a = A$，$b = B$，$E_m = X$，则有

$$Y = A + BX$$

此式即为一元线性函数关系式。

还有许多可化为直线方程求解的曲线方程，读者可仿此思路进行曲线方程的化解。

【例 7.3】 已知工厂的某产品的 1998—2004 年的销售额见表 7-4，单位为万元，试预测 2005 年的销售额。分别以自变量 x_i 代表年，因变量 y_i 代表销售额（万元）。求回归系数 a 与 b，此处 $n = 7$。

表 7-4 某产品在 1998~2004 年的销售额　　　　　　　　　　单位：万元

年 份	x_i	y_i	x_i^2	$x_i \cdot y_i$
(1)	(2)	(3)	(4)	(5)
1998	1	4.80	1	4.80
1999	2	4.50	4	9.00
2000	3	5.10	9	15.30
2001	4	5.00	16	20.00
2002	5	5.20	25	26.00
2003	6	5.60	36	33.60
2004	7	5.80	49	40.60
合计	$\sum x_i = 28$	$\sum y_i = 36$	$\sum x_i^2 = 140$	$\sum x_i \cdot y_i = 149.30$

解：

$$\bar{x} = \frac{\sum x_i}{n} = \frac{28}{7} = 4 \quad \bar{y} = \frac{\sum y_i}{n} = \frac{36}{7} = 5.14$$

$$b = \frac{\sum x_i \cdot y_i - \bar{x} \cdot \sum y_i}{\sum x_i^2 - \bar{x} \sum x_i} = \frac{149.3 - 4 \times 36}{140 - 4 \times 28} = 0.189$$

$$a = \bar{y} - b\bar{x} = 5.14 - 0.189 \times 4 = 4.384$$

将 2005 年 $x = 8$ 代入回归方程，得

$$\hat{y} = a + bx = 4.384 + 0.189 \times 8 = 5.896（万）$$

所以，预测 2005 年的销售额为 5.896 万。

4. 平滑预测法

平滑预测法是适用于短期和中期预测的一种时间序列分析方法。平滑预测方法并不像回归预测方法那样，采用简单的平均数进行数据处理。它是在假定过去和现在的变化特征可以代表未来，并在排除外界随机因素干扰的前提下，通过移动平均的方法来推判未来发展趋势。对于增长率变化趋势很大的产品，不能用这种方法进行需求预测。

平滑预测法分为移动平均法和指数平滑法两种，其具体介绍分别如下所述。

1) 移动平均法

移动平均法也称为滑行平均预测法。假定以几个时间单位为计算周期，则可由近及远取 N 个时间序列的数据计算，设 X_i 为最近的时间序列数据，依次向前取，则为 X_{i-1}，X_{i-2}，…，X_{i-n+2}，X_{i-n+1}，下一时间单位的预测值公式为

$$M_{i+1}=(X_{i-1}+X_{i-2}+\cdots+X_{i-n+2}+X_{i-n+1})/N \tag{7-9}$$

式中：M_{i+1}——下一时间单位的预测值；
N——一个时间周期的时间单位数。

【例 7.4】 某企业产品的各年销售数据见表 7-5，当 $N=3$ 及 $N=4$ 时，各年预测值见表 7-5(4)、(5)栏。

表 7-5 某企业产品的各年销售数据

年份	时间序列(年)	实际销售量 X_i(万元)	M_{i+1}，$N=3$	M_{i+1}，$N=4$
(1)	(2)	(3)	(4)	(5)
2000	1	4.70		
2001	2	4.50		
2002	3	4.90		
2003	4	5.10	4.70	
2004	5	5.00	4.83	4.80
2005	6	5.30	5.00	4.88
2006	7	5.70	5.13	5.08
2007	8		5.30	5.28

例如，当 $N=4$ 时，预测 2007 年的销售额 $M_8=M_{i+1}$，$i=7$。

$$M_8=M_{i+1}=(X_7+X_6+X_5+X_4)/4=(5.70+5.30+5.00+5.10)/4=5.28$$

如果已知上时间的预测值 M_i，也可用下列公式计算 M_{i+1}，即

$$M_{i+1}=M_i+(X_i-X_{i-n})/N$$

$$M_8=M_7+(X_7-X_3)/4=5.08+(5.70-4.90)/4=5.28$$

对于时间单位数 N 的取值应视问题实际情况适当地选取。例如，预测值只与近期数据关系较大时，N 宜取小值，否则可取大些。

2) 指数滑动法

上述移动平均法使用算术平均值预测，认为过去不同时间序列的数据对预测值具有相同影响，这种假设是不尽合理的，指数滑动法将时间序列的数据各乘一个不同值的影响系数，相当于不同权重，则有

$$M_{i+1} = a_0 x_i + a_1 x_{i-1} + a_2 x_{i-2} + \cdots + a_j x_{i-j} + \cdots$$

其中，$a_j \geq 0$ 且 $\sum_{j=0}^{\infty} a_j = 1$。

例如，令 $a_0 = a$，$a_j = a + a(1-a) + a(1-a)^2 + \cdots = a \dfrac{1}{a} = 1$，这样预测值为

$$\begin{aligned}M_{i+1} &= a x_i + a(1-a) x_{i-1} + a(1-a)^2 x_{i-2} + \cdots \\ &= a x_i + (1-a) M_i\end{aligned} \tag{7-10}$$

式中：a——平滑指数，且 $0 \leq a \leq 1$。

可见平滑指数 a 是上一时间单位的实际值与预测值的分配比值。当 a 增大时，下一时间单位的预测值接近上一时间单位的实际值；当 a 减小时，下一时间单位的预测值接近上一时间单位的预测值。所以，当近期数据影响较大时，a 值应相对取大，否则可相对取小。

所以，指数滑动法既考虑到了近期数据作用，又兼顾了远期数据的影响。

【例 7.5】 用指数滑动法计算上例各时间序列预测值。

解： 设 $a = 0.8$，因第 1 年无预测值，为计算方便取其实际值。

则第 2 年预测值 $M_2 = a x_1 + (1-a) M_1 = 4.70$。

第 3 年预测值 $M_3 = a x_2 + (1-a) M_2 = 0.8 \times 4.50 + 0.2 \times 4.70 = 4.54$。

同理可计算各年预测值，计算结果见表 7-6。

表 7-6 各年的预测值计算结果

年份	时间序列(年)	实际销售量 x_i(万元)	M_{i+1}，$a=0.8$
(1)	(2)	(3)	(4)
2000	1	4.70	4.70*
2001	2	4.50	4.70
2002	3	4.90	4.54
2003	4	5.10	4.83
2004	5	5.00	5.05
2005	6	5.30	5.01
2006	7	5.70	5.24
2007	8		5.61

7.6 一般工业项目可行性研究报告编制大纲

7.6.1 总论

(1) 项目背景。

① 项目名称。
② 承办单位概括(新建项目指筹建单位情况，技术改造项目指原企业情况，合资项目指合资各方情况)。
③ 可行性研究报告编制依据。
④ 项目提出的理由与过程。
(2) 项目概况。
① 拟建地点。
② 建设规模与目标。
③ 主要建设条件。
④ 项目投入总资金及效益情况。
⑤ 主要技术经济指标。
(3) 问题与建议。

7.6.2 市场预测

1. 产品市场供应预测
(1) 国内外市场供应现状。
(2) 国内外市场供应预测。

2. 产品市场需求预测
(1) 国内外市场需求现状。
(2) 国内外市场需求预测。

3. 产品目标市场分析
(1) 产品国内市场销售价格。
(2) 产品国际市场销售价格。

4. 市场竞争力分析
(1) 主要竞争对手情况。
(2) 产品市场竞争力优势、劣势。
(3) 营销策略。

5. 市场风险

7.6.3 资源条件评价(指资源开发项目)

(1) 资源可利用量。它包括矿产地质储量、可采储量、水利水能资源蕴藏量、森林蓄积量等。
(2) 资源品质情况。它包括矿产品味、物理性能、化学组分、煤炭热值、灰分、硫分等。
(3) 资源赋存条件。它包括矿体结构、埋藏深度、岩体性质、含油气地质构造等。

(4) 资源开发价值。

7.6.4 资源开发利用的技术经济指标

(1) 建设规模。
① 建设规模方案比较。
② 推荐方案及其理由。
(2) 产品方案。
① 产品方案构成。
② 产品方案比较。
(3) 推荐方案及其理由。

7.6.5 场址选择

1. 场址所在位置现状

(1) 地点与地理位置。
(2) 场址土地权属类别及土地面积。
(3) 土地利用现状。
(4) 技术改造项目现有场地利用情况。

2. 场址建设条件

(1) 地形、地貌、地震情况。
(2) 工程地质与水文地质。
(3) 气象条件。
(4) 城镇规划及社会环境条件。
(5) 交通运输条件。
(6) 公用实施社会依托条件(水、电、汽、生活福利)。
(7) 防洪、防潮、排涝实施条件。
(8) 环境保护条件。
(9) 法律支持条件。
(10) 征地、拆迁、移民安置条件。
(11) 施工条件。

3. 场址条件比较

(1) 建设条件比较。
(2) 建设投资比较。
(3) 运营费用比较。
(4) 推荐场址方案。
(5) 场址地理位置图。

7.6.6 技术方案、设备方案比较

1. 技术方案

(1) 生产方法(包括原料路线)。
(2) 工艺流程。
(3) 工艺技术来源(需引进国外技术的,应说明理由)。
(4) 推荐方案的主要工艺(生产装置)流程图、物料平衡图、物料消耗定额表。

2. 主要设备方案

(1) 主要设备选型。
(2) 主要设备来源(进口设备应提出供应方式)。
(3) 推荐方案的主要设备清单。

3. 工程方案

(1) 主要建、构筑物的建筑特征、结构及面积方案。
(2) 矿建工程方案。
(3) 特殊基础工程方案。
(4) 建筑安装工程量及"三材"用量估算。
(5) 技术改造项目原有建、构筑物利用情况。
(6) 主要建、构筑物工程一览表。

7.6.7 主要原材料、燃料供应

(1) 主要原材料供应。
① 主要原材料品种、质量与年需要量。
② 主要辅助材料品种、质量与年需要量。
③ 原材料、辅助材料来源与运输方式。
(2) 燃料供应。
① 燃料品种、质量与年需要量。
② 燃料供应来源与运输方式。
(3) 主要原材料、燃料价格。
① 价格现状。
② 主要原材料、燃料价格预测。
(4) 编制主要原材料、燃料年需要量表。

7.6.8 总图运输与公用辅助工程

1. 总图布置

(1) 平面布置。列出项目的主要单项工程名称、生产能力、占地面积、外形尺寸、流

程顺序和布置方案。

(2) 竖向布置。

① 场区地形条件。

② 竖向布置方案。

③ 场地标高及土石方工程量。

(3) 技术改造项目原有建、构筑物利用情况。

(4) 总平面布置图(技术改造项目应标明新建和原有以及拆除的建、构筑物的位置)。

(5) 总平面布置主要指标表。

2. 公用辅助工程

(1) 给排水工程。

① 给水工程。用水负荷、水质要求、给水方案。

② 排水工程。排水总量、排水水质、排放方式和泵站管网实施。

(2) 供电工程。

① 供电负荷(年用电量、最大用电负荷)。

② 供电回路及电压等级的确定。

③ 电源选择。

④ 场内供电输变电方式及设备设施。

(3) 通信设施。

① 通信方式。

② 通信线路及设施。

(4) 供热设施。

(5) 空分、空压及制冷设施。

(6) 维修设施。

(7) 仓储设施。

7.6.9 环境影响评价

(1) 场址环境条件。

(2) 项目建设和生产对环境的影响。

① 项目建设对环境的影响。

② 项目生产过程产生的污染物对环境的影响。

(3) 环境保护措施方案。

(4) 环境保护投资。

(5) 环境影响评价。

7.6.10 项目实施进度

(1) 建设工期。

(2) 项目实施进度安排。

(3) 项目实施进度表(横线图)。

7.6.11 投资估算

(1) 投资估算依据。
(2) 建设投资估算。
① 建筑工程费。
② 设备及工器具购置费。
③ 安装工程费。
④ 工程建设其他费用。
⑤ 基本预备费。
⑥ 涨价预备费。
⑦ 建设期利息。
(3) 流动资金估算。
(4) 投资估算表。
① 项目投入总资金估算汇总表。
② 单项工程投资估算表。
③ 分年投资计划表。
④ 流动资金估算表。

7.6.12 融资方案

(1) 资本金筹措。
① 新设项目法人项目资本金筹措。
② 既有项目法人项目资本金筹措。
(2) 债务资金筹措。
(3) 融资方案分析。

7.6.13 财务评价

1. 新设项目法人项目财务评价

(1) 财务评价基础数据与参数选取。
① 财务价格。
② 计算期与生产负荷。
③ 财务基准收益率设定。
④ 其他计算参数。
(2) 销售收入估算(编制销售收入估算表)。
(3) 成本费用估算(编制总成本费用估算表和分项成本估算表)。
(4) 财务评价报表。

① 财务现金流量表。
② 损益和利润分配表。
③ 资金来源与运用表。
④ 借款偿还计划表。
(5) 财务评价指标。
① 盈利能力分析。
● 项目财务内部收益率。
● 资本金收益率。
● 投资各方收益率。
● 财务净现值。
● 投资回收期。
● 投资利润率。
② 偿还能力分析(借款偿还期或利息备付率和偿还备付率)。

2. 既有项目法人项目财务条件

(1) 财务评价范围确定。
(2) 财务评价基础数据与参数选取。
① "有项目"数据。
② "无项目"数据。
③ 增量数据。
④ 其他计算参数。
(3) 销售收入估算(编制销售收入估算表)。
(4) 成本费用估算(编制总成本费用估算表)。
(5) 财务评价报表。
① 增量财务现金流量表。
② "有项目"损益和利润分配表。
③ "有项目"资金来源与运用表。
④ 借款偿还计划表。
(6) 财务评价指标。
① 项目财务内部收益率。
② 资本金收益率。
③ 投资各方收益率。
④ 财务净现值。
⑤ 投资回收期。
⑥ 投资利润率。

3. 偿还能力分析

从借款偿还期或利息备付率和偿还备付率方面进行偿还能力的分析。

4. 不确定分析

(1) 敏感性分析(编制敏感性分析表,绘制敏感性分析图)。

(2) 盈亏平衡分析(绘制盈亏平衡分析图)。

5. 财务评价结论

写出财务评价的结论。

7.6.14 国民经济评价

(1) 影子价格及通用参数选取。
(2) 效益费用范围调整。
① 转移支付处理。
② 间接效益和间接费用计算。
(3) 效益费用数值调整。
① 投资调整。
② 流动资金调整。
③ 销售收入调整。
④ 经营费用调整。
(4) 国民经济效益费用流量表。
① 项目国民经济效益费用流量表。
② 国内投资国民经济效益费用流量表。
(5) 国民经济评价指标。
① 经济内部收益率。
② 经济净现值。
(6) 国民经济评价结论。

7.6.15 社会评价

(1) 项目对社会的影响分析。
(2) 项目与所在地互适性分析。
① 利益群体对项目的态度及参与程度。
② 各级组织对项目的态度及支持程度。
③ 地区文化状况对项目的适应程度。
(3) 社会风险分析。
(4) 社会评价结论。

7.6.16 研究结论与建议

(1) 推荐方案的总体描述。
(2) 推荐方案的优缺点描述。
① 优点。
② 存在问题。

③ 主要争论与分歧意见。
(3) 主要对比方案。
① 方案描述。
② 未被采纳的理由。
(4) 结论与建议。

7.6.17　附图、附表及附件

1. 附图
(1) 场地位置图。
(2) 工艺流程图。
(3) 总平面布置图。

2. 附表
(1) 投资估算表。
① 项目投资总资金估算汇总表。
② 主要单项工程投资估算表。
③ 流动资金估算表。
(2) 财务评价报表。
① 销售收入、销售税金及附加估算表。
② 总成本费用估算表。
③ 财务现金流量表。
④ 损益和利润分配表。
⑤ 资金来源与运用表。
⑥ 借款偿还计划表。
(3) 国民经济评价报表。
① 国民经济效益费用流量表。
② 国内投资国民经济效益费用流量表。

3. 附件
(1) 建议书(初步可行性研究报告)的批复文件。
(2) 环保部门对项目环境影响的批复文件。
(3) 资源开发项目有关资源及开发的审批文件。
(4) 主要原材料、燃料及水、电、气供应的意向性协议。
(5) 项目资本金的承诺证明及银行等金融机构对项目贷款的承诺函。
(6) 中外合资、合作项目各方草签的协议。
(7) 引进技术考察报告。
(8) 土地管理部门对场址批复文件。
(9) 新技术开发的技术鉴定报告。
(10) 组织股份公司草签的协议。

7.7 公路项目可行性研究报告编制大纲

7.7.1 总论

(1) 项目背景。
① 项目名称。
② 承办单位概况。
③ 可行性研究报告编制依据。
④ 项目提出的过程、理由及意义(在全国路网及地区路网中的地位和作用;项目在地区综合运输网中的地位和作用;项目对地区经济发展的影响)。
(2) 项目概况。
① 线路起讫点、经由。
② 建设规模与目标(公路等级、线路长度、运输能力等)。
③ 主要建设条件。
④ 项目投入总资金及效益情况。
⑤ 主要技术经济指标。
(3) 问题与建议。

7.7.2 运输量预测

(1) 预测的依据与范围。
(2) 项目影响区内经济发展状况。
① 项目影响区的确定。
② 项目影响区内经济状况与发展前景。
(3) 项目影响区内交通运输状况。
① 综合运输网状况及发展规划。它包括综合运输网的构成、运输能力的历年变化情况,社会客货运输总量的变化趋势,以及各种运输方式的市场占有份额分析。
② 公路交通运输状况。它包括主要相关公路历年交通量及其构成,公路客货运输量,汽车保有量与交通发展相关趋势分析及其他与交通量有关指标分析,确定与拟建项目最为密切的相关公路的技术状况、交通量、适应程度等。
(4) 拟建项目交通量预测。
① 交通量现状调查。
● 汽车起讫点调查(OD 调查)。
● 汽车运输指标调查。它包括平均吨位、实载率、车速、油耗、运输成本、货类等。
● 交通量分析。它包括客货流量、流向、客货运线性平均运距、公路网在综合运输体系中合理分配的客货运量或交通量,以及路段运输量、交通量与地区经济增长率的关系。

② 交通量预测。
- 正常交通量。
- 转移交通量。
- 诱发交通量。
- 互通立交交通量。

7.7.3 线路方案

1. 备选线路条件

(1) 线路起讫点、走向、经由。
(2) 沿线地理位置条件。它包括地理位置、地形、地貌、地质、水文、气候等。
(3) 筑路材料来源及运输条件。它包括筑路材料质量、数量、平均运距、运输方式等。
(4) 社会条件。它包括沿线村镇居民点、建构筑物、拆迁补偿对公路选线的制约程度。
(5) 线路沿线城市及与附近公路、铁路、水运、航空交通的衔接情况。
(6) 线路所经地区的法律支持条件。

2. 线路方案比选

(1) 线路条件比选。
(2) 占地及土石主工程量比选。
(3) 投资费用比选。

7.7.4 建设规模与技术标准

(1) 线路长度。
(2) 路线等级(高速、一级、二级等)。
(3) 线路通过能力与输送能力。
(4) 线路宽度及车道数。

7.7.5 工程方案

(1) 线路路面工程。
(2) 桥涵工程。
(3) 隧道工程。
(4) 附属配套建筑工程。
(5) 建筑安装工程量及"三材"用量。
(6) 主要建、构筑物工程一览表。

7.7.6 环境影响评价

(1) 沿线环境条件。

(2) 项目施工与运营对环境的影响。
(3) 环境保护设施与投资。
(4) 环境影响评价。

7.7.7 劳动安全设施

(1) 影响劳动安全的因素分析。
(2) 防护和监控措施。

7.7.8 组织机构与人力资源配置

(1) 组织机构及适应性分析。
(2) 人力资源配置。

7.7.9 项目实施进度

(1) 建设工期。
(2) 项目实施进度安排。
(3) 项目实施进度表(横线图)。

7.7.10 投资估算

(1) 投资估算依据。
(2) 建设投资估算。
① 建筑工程费。
② 设备及工器具购置费。
③ 安装工程费。
④ 工程建设其他费用。
⑤ 基本预备费。
⑥ 涨价预备费。
⑦ 建设期利息。
(3) 流动资金估算。
(4) 投资估算表。
① 项目投入总资金估算汇总表。
② 单项工程投资估算表。
③ 分年投资计划表。
④ 流动资金估算表。

7.7.11 融资方案

(1) 资本金筹措。
① 新设项目法人项目资本金筹措。
② 既有项目法人项目资本金筹措。
(2) 债务资金筹措。
(3) 融资方案分析。

7.7.12 财务评价

1. 新设项目法人项目财务评价
(1) 财务评价基础数据与参数选取。
① 财务价格。
② 计算期与运输负荷。
③ 财务基数收益率设定。
④ 其他计算参数。
(2) 运营收入估算(编制运营收入估算表)。
(3) 成本费用估算(编制总成本费用估算表和分项成本费用估算表)。
(4) 财务评价报表。
① 财务现金流量表。
② 损益和利润分配表。
③ 资金来源与运用表。
④ 借款偿还计划表。
(5) 财务评价指标。
① 盈利能力分析。
- 项目财务内部收益率。
- 资本金收益率。
- 投资各方收益率。
- 财务净现值。
- 投资回收期。
- 投资利润率。
② 偿债能力分析(借款偿还期或利息备付率和偿债备付率)。

2. 既有项目法人项目财务评价
(1) 财务评价范围确定。
(2) 财务评价基础数据与参数选取。
①"有项目"数据。
②"无项目"数据。

③ 增量数据。
(3) 运营收入估算（编制运营收入估算表）。
(4) 成本费用估算（编制总成本费用估算表和分项成本费用估算表）。
(5) 财务评价报表。
① 增量财务现金流量表。
②"有项目"损益和利润分配表。
③"有项目"资金来源与运用表。
④ 借款偿还计划表。
(6) 财务评价指标。
① 盈利能力分析。
- 项目财务内部收益率。
- 资本金收益率。
- 投资各方收益率。
- 财务净现值。
- 投资回收期。
- 投资利润率。
② 偿债能力分析（借款偿还期或利息备付率和偿债备付率）。

3. 不确定性分析

(1) 敏感性分析（编制敏感性分析表，绘制敏感性分析图）。
(2) 盈亏平衡分析（绘制盈亏平衡分析图）。

4. 财务评价结论

写出财务评价的结论。

7.7.13 国民经济评价

(1) 影子价格及通用参数选取。
(2) 效益费用范围调整。
① 间接效益与间接费用计算。
② 转移支付处理。
(3) 效益费用数值调整。
① 投资调整。
② 运营费用调整。
③ 效益计算。
- 运输费用节约效益。
- 运输时间节约效益。
- 减少拥挤效益。
- 提高交通安全效益。
- 提高运输质量效益。
- 包装费用节约效益。

(4) 国民经济效益费用流量表。
① 项目国民经济效益费用流量表。
② 国内投资国民经济效益费用流量表。
(5) 国民经济评价指标。
① 经济内部收益率。
② 经济净现值。
(6) 国民经济评价结论。

7.7.14　社会评价

(1) 项目对社会的影响分析。
(2) 项目与所在地互适性分析。
① 不同利益群体对项目的态度及参与程度。
② 各级组织对项目的态度及支持程度。
③ 地区文化状况对项目的适应程度。
(3) 社会风险分析。
(4) 社会评价结论。

7.7.15　风险分析

(1) 项目主要风险因素识别。
(2) 风险程度分析。
(3) 防范和降低风险措施。

7.7.16　研究结论与建议

(1) 推荐方案总体描述。
(2) 推荐方案优缺点描述。
① 优点。
② 存在的问题。
③ 要争论与分歧意见。
(3) 主要对比方案。
① 方案描述。
② 未被采纳的理由。
(4) 结论与建议。

7.7.17　附图、附表、附件

1. 附图

(1) 线路地理位置图(按项目影响范围确定,比例尺 1∶50 万~1∶200 万)。

(2) 线路平面、纵断面缩图(包括比较方案)起讫点、控制点、地形、主要城镇、与其他交通线路的关系以及县以上境界。简明标出大桥、隧道、主要线路交叉等位置。比例尺 1∶5万～1∶20万。

(3) 线路平面图(高速公路、一级公路及专供汽车行驶的二级公路,应在万分之一地形图上标出路线平纵面对应的全线推荐方案)。

(4) 路基标准横断面图。

(5) 路面结构方案图。

(6) 大桥方案图(包括 1∶2 000～1∶5 000 平面图)。

(7) 大桥布置图。

(8) 隧道方案比较图。

(9) 互通式立交布置图。

(10) 筑路材料运距示意图。

2. 附表

(1) 投资估算表。

① 项目投入总资金估算汇总表。

② 主要单项工程投资估算表。

③ 分年投资计划表。

④ 流动资金估算表。

(2) 财务评价报表。

① 营业收入、营业税金及附加估算表。

② 总成本费用估算表。

③ 财务现金流量表。

④ 损益和利润分配表。

⑤ 资金来源与运用表。

⑥ 借款偿还计划表。

(3) 国民经济评价报表。

① 项目国民经济效益费用流量表。

② 国内投资国民经济效益费用流量表。

(4) 工程量表。

(5) 交通量调查。

① 项目影响区内主要运输方式运输量表。

② 当地经济指标与公路运输量调查表。

③ 公路交通量构成表。

④ 沿线交通事故调查表。

⑤ 基年公路交通量 OD 表。

(6) 交通量预测表。

预测年度公路交通量 OD 表

① 分类交通量预测表。

② 互通式立交及路段交通量预测表。

③ 公路交叉、互通式立交及路段交通量预测分布图。
④ 公路客货周转量、交通量预测表。

3. 附件

（1）项目建议书（初步可行性研究报告）的批复文件。
（2）国家有关部门或地方编制的地区规划、流域规划、运输规划。
（3）项目征地、拆迁、移民批准文件。
（4）环保部门对项目环境影响的审批意见。
（5）项目资本金承诺证明及银行等金融机构对项目贷款的承诺函。
（6）项目利用外资的意向书。
（7）供水、供电等外部配套工程意向书。

本 章 小 结

可行性研究是项目投资前期最重要的一项工作，它从市场需求预测开始，通过拟订多个方案进行比较论证，研究项目的建设规模、工艺技术方案、原材料及动力供应、设备选址、厂址选址、投资估算、资金筹措与偿还、生产成本等，对工程项目的建设方案进行详细规划，最后评价项目的盈利能力和经济上的合理性，提出项目可行或不可行的结论，从而回答项目是否要投资建设和如何投资建设的问题，为投资者的最终决策提供准确的科学依据。

可行性研究也是项目决策的依据。可行性研究的目的是论证项目是否值得建设、技术上是否可靠、经济上是否合理。可行性研究内容包括选定建设地点，研究建设条件，以及分析生产成本和利润，预测投资收益等。

小 链 接

三峡工程的可行性研究提纲

（1）三峡工程的背景。
① 长江的自然状态。
② 长江的防洪能力。
（2）三峡工程的必要性分析。
① 防洪的需要。
② 对电力能源的需要。
③ 改善航运，促进内河航运业的发展。

④ 巨大投资带动内需，促进相关产业的发展。
⑤ 有着较好的综合效益。
(3) 三峡工程的地址选择。
(4) 三峡工程的技术可行性。
① 淤泥的技术解决方案。
② 设备和技术的难点。
③ 其他技术准点。
(5) 三峡工程的施工安排。
(6) 三峡工程对环境的影响。
① 对生态的影响。
● 有利影响。
● 不利影响。
② 对居民生活、文物保护的影响。
③ 其他影响。
(7) 三峡工程的人防问题。
(8) 三峡工程的经济效益和社会效益。
① 防洪效益。
② 发电效益。
③ 航运效益。
(9) 对是否实施三峡工程的综合评价。

根据重新论证提出来的三峡工程可行性研究报告，总的结论是，三峡工程对我国的现代化建设是必要的，技术上是可行的，经济上是合理的，建比不建好，早建比晚建好。

思 考 题

(1) 什么是基本建设和基本建设程序？
(2) 可行性研究作用是什么？其基本内容有哪些？
(3) 市场调查的基本程序和方法是什么？
(4) 试分析比较一般工业项目和道路工程项目可行性研究的特点。

习 题

(1) 某软件历年需求量的发生值见表7-7，试求2004年的需求量。

表 7-7 习题(1)　　　　　　　　　　　　　　　单位：套

年份	1989	1990	1991	1992	1993	1994	1995	1996	1997	1998
需求量	240	300	340	390	435	400	430	475	530	580

(2) 已知某化工厂的某种产品的 1999—2004 年的销售额见表 7-8，单位为万元，分别以自变量 x_i 代表年，因变量 y_i 代表销售额（万元），试预测 2005 年的销售额。

表 7-8 习题(2)

年份 (1)	x_i（年） (2)	y_i（万元） (3)
1999	1	3.20
2000	2	3.45
2001	3	3.70
2002	4	4.00
2003	5	4.10
2004	6	4.40

第 8 章 设备的经济分析

教学目标

本章主要讲述设备经济分析的基本理论和方法。通过本章的学习,应达到以下目标:
(1) 理解设备磨损的概念和设备磨损的补偿形式;
(2) 熟悉设备3种寿命的概念,并掌握设备经济寿命的计算方法;
(3) 掌握设备更新的方案比较和设备改造的方案比较;
(4) 掌握设备租赁和购置的方案比较。

教学要求

知识要点	能力要求	相关知识
设备的磨损	(1) 准确理解设备磨损的概念 (2) 了解设备磨损补偿的几种形式	(1) 设备的有形磨损和无形磨损 (2) 设备磨损规律
设备的寿命	(1) 准确理解设备寿命的概念 (2) 掌握设备经济寿命的计算方法	(1) 物质寿命、技术寿命和经济寿命的关系 (2) 年折旧费和年使用费的关系
设备选择的经济分析	(1) 准确理解设备更新、设备改造和设备租赁的概念 (2) 掌握设备更新的经济分析与比选 (3) 掌握设备改造的经济分析与比选 (4) 掌握设备租赁的经济分析与比选	(1) 沉没成本 (2) 经济寿命时的年费用 (3) 设备租赁和购置的净现金流量

基本概念

设备、设备的磨损、设备磨损的补偿、设备的寿命、设备的年费用、设备更新、设备改造、设备租赁。

 引例

设备是现代企业生产的重要物质和技术基础,任何企业或项目的生产与经营都离不开设备的运行。设备在其运行过程中会发生磨损,磨损需要进行补偿。补偿方式的选择就需要通过经济分析来确定。设备的经济分析是选择设备更新方案、设备现代化改装方案、设备修理方案、设备租赁方案及在各方案之间选择的依据。设备的经济分析是本章的要点。

例如,某企业有一台设备已经使用了很多年,要继续使用就必须进行大修,估计大修需要费用 10 000 元,大修后可以继续使用 3 年,每年的维修费为 2 000 元。现在有另一方案:重新购置一台功能相同的设备,购置成本需 30 000 元,可使用 10 年,每年的维修费为 800 元。如果基准折现率为 5%,请你帮助企业决策:是继续使用旧设备好还是更新设备好?

设备是现代企业生产的重要物质和技术基础,是扩大再生产的重要生产资料。各种机器设备的质量和技术水平是衡量一个国家工业化水平的重要标志,是判断一个企业技术能力、开发能力和创新能力的重要标准,也是影响企业和国民经济各项经济技术指标的重要因素。因此,做好设备更新分析工作,有利于设备的管理和效益的提高。

设备是生产和生活中所使用的各种器具的总称,如办公用的计算机、复印机,生产中所用的汽车、车床、容器等都是设备。在资产管理中,设备属于固定资产。设备的投资大、使用时间长。由于设备属于固定资产,所以设备在使用中按照固定资产进行管理。设备的价值是逐渐转移到新产品中去,然后通过销售产品收回其投资。设备这种逐渐转移的价值就是折旧,而折旧又是由设备的磨损引起。

企业购置设备之后,从投入使用到最后报废,通常要经历一段较长的时间,在这段时间里,设备会逐渐磨损。当设备因物理损坏或陈旧落后后不能继续使用或不宜继续使用时,就需要进行更新。由于技术进步的速度加快,设备更新的速度也相应加快。作为企业,为了促进技术发展和提高经济效益,需要对设备整个运行期间的技术经济状况进行分析和研究,以作出正确的决策。

8.1 设备的磨损与补偿

8.1.1 设备的磨损

设备在使用或闲置过程中,零件或实体均会发生磨损。设备磨损分两种形式,即有形磨损和无形磨损。而有形磨损又包括第Ⅰ种有形磨损和第Ⅱ种有形磨损；无形磨损也包括第Ⅰ种无形磨损和第Ⅱ种无形磨损，如图8.1所示。

1. 设备的有形磨损

设备的有形磨损（Material Abrasion of Equipment）也称为物质磨损，是指设备在外力作用下，或在自然放置过程中零部件产生磨损、振动、疲劳、生锈等现象，致使设备的实体产生磨损。

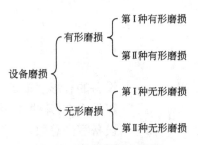

图8.1 设备磨损分类图

引起设备有形磨损的主要原因是在生产中对设备的使用。这种由于使用而产生的有形磨损称为第Ⅰ种有形磨损。它是指设备在使用过程中，由于各种外力作用使零部件产生实体磨损，导致零部件尺寸形状和精度的改变，直至损坏。第Ⅰ种有形磨损可以使设备精度降低，劳动生产率下降。当这种磨损达到一定程度时，整个机器的功能就会下降，发生故障，导致设备使用费用剧增，甚至难以继续正常工作，失去工作能力，丧失使用价值。加强维护保养和提高工人操作技能，可以降低这种磨损。

造成有形磨损的另一个原因是自然力的作用，由此而产生的磨损称为第Ⅱ种有形磨损。它是指设备在闲置过程中，由于自然力的作用而生锈、腐蚀、老化，丧失了工作精度和使用价值。第Ⅱ种有形磨损与生产中的使用无关，甚至在一定程度上还同使用程度成反比，因此，设备闲置或封存不动同样也会产生这种磨损。设备闲置时间越长，第Ⅱ种有形磨损量会越大，设备最终将失去使用价值。加强维护保养和管理，可以减少第Ⅱ种有形磨损。

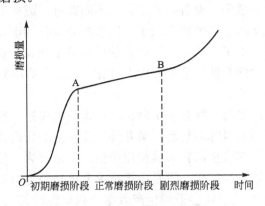

图8.2 设备的有形磨损规律

设备的有形磨损是有一定规律的。一般情况下，设备在初期阶段磨损量增加较快，当磨损量达到一定程度时，磨损缓慢增加，在这一阶段是设备的正常使用阶段。当设备使用到一定时间，磨损的"量变"积聚到一定程度，就会发生"质变"，这时磨损迅速增加，最后致使设备零件实体全部损坏直至报废。设备有形磨损的规律如图8.2所示。

图8.2中，设备的有形磨损从时间上分成3个阶段，即初期磨损阶段、正常磨损阶段和剧烈磨损阶段。在设备的初期磨损阶段，由于工人操作不熟练，使设备表面的粗糙不平部分在相对运动中被迅速磨去，磨损很快，但这段时间较短。在设备的正常磨损阶段，工人操作逐渐熟练，零件的磨损趋于缓慢，磨损量基本上随时间而均匀增加，这段时间较长，是磨损的"量变"过程。

在设备的剧烈磨损阶段，零件的磨损超过一定限度，正常的磨损关系被破坏，工作情况恶化而磨损加快，设备精度、性能和生产效率迅速下降。此时如果不停止使用设备，并进行修理的话，设备将会损坏或者报废。这段时间较短，是磨损的"质变"过程。

那么，怎样度量设备的有形磨损呢？这里可以用技术经济指标来度量。设整机的平均磨损程度为 α_p，且 α_p 是在综合单个零件磨损程度的基础上确定的，即

$$\alpha_p = \frac{\sum_{i=1}^{n} \alpha_i k_i}{\sum_{i=1}^{n} k_i} \tag{8-1}$$

式中：α_p——设备的有形磨损量；

α_i——零件 i 的实体磨损量；

n——设备零件总数；

k_i——零件 i 的价值。

设备的有形磨损也可以用下式表示：

$$\alpha_p = R/K_1 \tag{8-2}$$

式中：R——修复全部磨损零件所用的修理费用；

K_1——在确定磨损时该种设备的再生产价值。

2. 设备的无形磨损

设备在使用或闲置过程中除了产生有形磨损以外，还会遭受无形磨损（Immaterial Abrasion of Equipment）。设备的无形磨损也称为精神磨损，是指由于科学技术的进步而不断出现性能更加完善、生产效率更高的设备，相比之下原有设备的价值降低或者是生产同样结构设备的价值不断降低而使原有设备贬值。由此可见，无形磨损不是由于生产过程中的使用或自然力作用造成的，所以，它不表现为设备实体的变化，而表现为设备原始价值的贬值。

设备的无形磨损按照其成因也可以分为两种：第Ⅰ种无形磨损和第Ⅱ种无形磨损。

设备的第Ⅰ种无形磨损是指由于科学技术的进步，设备制造工艺的不断改进，成本不断降低，劳动生产率不断提高，使相同结构设备再生产价值降低了，因而机器设备的市场价格也降低，这样就使得原有设备的价值相应贬值了。这种无形磨损的后果只是现有设备的原始价值部分贬值，设备本身的技术特性和功能即使用价值并没有变化，故不会影响现有设备的使用。

设备的第Ⅱ种无形磨损是指由于科学技术的发展，社会上不断出现结构更加先进，技术更加完善，经济更加合理的设备，使原有设备显得陈旧落后。第Ⅱ种无形磨损的后果是不仅使原有设备价值降低，而且会使原有设备局部或全部丧失其使用价值。这是因为，虽然原有设备的使用期还未达到其物理寿命，能够正常工作，但是由于技术上更加先进的新设备的发明和应用，使原有设备的生产效率大大低于社会平均生产效率，如果继续使用，就会使产品成本大大高于社会平均成本。在这种情况下，由于使用新设备比使用旧设备在经济上更合算，所以原有设备应该被淘汰。

设备的第Ⅱ种无形磨损的程度与技术进步的具体形式有关。例如，当技术进步表现为不断出现性能更好、效率更高的新设备，但加工方法没有原则性的变化时，原有设备使用价值降低。如果这种技术进步的速度很快，则继续使用旧设备就可能不经济了。当技术进步表现为加工材料的变化，如采用新材料，那么加工旧材料的设备就应该被淘汰掉。当技术进步表现为加工工艺的变化，即采用新工艺，那么采用旧工艺的加工设备将被淘汰。当技术进步表现为产品更新换代时，不能适应于新产品加工的设备也将被淘汰掉。

设备的无形磨损也可以度量。其度量公式为

$$\alpha_1 = \frac{K_0 - K_1}{K_0} = 1 - \frac{K_1}{K_0} \tag{8-3}$$

式中：α_1——设备的无形磨损程度；
　　　K_0——设备的原始价值；
　　　K_1——等效设备的再生价值。

在计算设备的无形磨损程度时，K_1 必须反映两个方面的技术进步：一是相同设备再生产价值的降低；二是具有较好功能和更高效率的新设备的出现对现有设备的影响。

3. 设备的综合磨损

机器设备在使用中，既要遭受有形磨损，又要遭受无形磨损，所以机器设备所受的磨损是双重的、综合的，即综合磨损（Composite Abrasion of Equipment）。两种磨损都引起设备原始价值贬值。不同的是，遭受有形磨损的设备，特别是有形磨损严重的设备，在修理之前，常常不能正常工作。而遭受无形磨损的设备，即使无形磨损损失严重，仍可以继续使用，只不过继续使用在经济上不合算了，需要分析研究。

设备综合磨损的度量可以按照如下的方法进行：假设设备遭受有形磨损后的尚余部分或剩余残值部分（用百分比表示）为 $1-\alpha_p$，设备遭受无形磨损后尚余部分或剩余残值部分（用百分比表示）为 $1-\alpha_I$，设备遭受综合磨损后尚余部分或剩余残值部分（用百分比表示）为 $(1-\alpha_p)(1-\alpha_I)$。若 α 为设备的综合磨损程度，则设备的综合磨损程度公式为

$$\alpha = 1 - (1-\alpha_p)(1-\alpha_I) \tag{8-4}$$

若设备在任一时期遭受综合磨损后的净值为 K，即 $K=(1-\alpha)K_0$。将式(8-4)综合磨损代入得

$$K = (1-\alpha)K_0 = [1-1+(1-\alpha_p)(1-\alpha_I)]K_0$$
$$= \left(1-\frac{R}{K_1}\right)\left(1-\frac{K_0-K_1}{K_0}\right)K_0 = K_1 - R$$

从上式可以看出，设备遭受综合磨损后的净值等于等效设备的再生价值减去修理费用。

8.1.2　设备磨损的补偿

设备在使用或闲置过程中会发生磨损，磨损会使机器设备的精度、尺寸和经济效益受到影响。要维持企业生产的正常进行，必须对设备的磨损进行补偿，即设备磨损的补偿（Compensation of Equipment Abrasion）。由于机器设备遭受磨损的形式不同，补偿磨损的方式也不同。补偿分局部补偿和完全补偿。局部补偿只对磨损的设备进行局部的替换或修理。完全补偿是对磨损设备进行全部替换。设备有形磨损的局部补偿是修理，设备无形磨损的局部补偿是现代化改装。有形磨损和无形磨损的完全补偿是更新，如图8.3所示。

1. 设备大修理

设备修理（Equipment Repair）是修复由于正常的或不正常的原因造成的设备损坏和精度劣化的过程。通过修理，更换已经磨损、老化和腐蚀的零部件，使得设备性能得到恢复。按照修理的程度和工作量的大小，修理分为大修、中修和小修。大修、中修和小修修理的内容不同，间隔时间也不同，所花费的资金及资金来源也不同。中修和小修所需要的

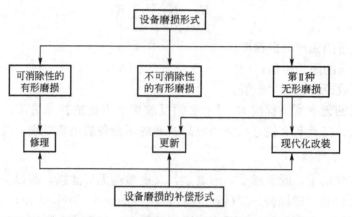

图 8.3 设备磨损形式与补偿方式的关系

资金一般直接计入生产成本,而大修费用则由大修费用专项资金开支。

设备大修是通过调整、修复或更换磨损的零部件的办法,恢复设备的精度、生产效率,恢复零部件及整机的全部或接近全部的功能,以达到出厂的标准精度。设备中修、小修是通过调整、修复和更换易损件的办法,以达到工艺要求。

2. 设备更新

设备更新(Equipment Renewal)是指以结构更先进、技术更完善、效率更高、性能更好、消耗更低、外观更新颖的设备代替落后、陈旧,遭受第Ⅱ种无形磨损,且在经济上不宜继续使用的设备。这是实现企业技术进步,提高经济效益的主要途径。也可以用结构相同的新设备去代替遭受严重有形磨损而不能继续使用的设备。但是,由于当今科学技术发展迅速,对后一种更新不宜过多采用,否则会导致企业技术停滞。

3. 设备现代化改装

设备现代化改装(Equpment Modern Remake)及设备的技术改造,就是应用现代化的技术成就和先进的经验,根据生产的具体需要,改变旧设备的结构或增加新装置、新部件等,以改善旧设备的技术性能与使用指标,使它局部或全部达到所需要的新设备的水平。

设备现代化改装,主要目的有提高机械化、自动化水平;扩大设备的工艺范围;改善设备的技术性能;提高设备的精度;增加设备的寿命;改善劳动条件和安全作业等。

8.2 设备的寿命

由于设备磨损的存在,设备的使用价值和经济价值都将逐渐减少,最终消失,因此,设备具有一定的寿命。正确确定设备的寿命,对于提高企业经济效益很有帮助。

8.2.1 设备寿命的类型

设备的寿命有自然寿命、技术寿命和经济寿命 3 种。

1. 自然寿命

自然寿命(Natural Life Span)也称为"物质寿命",是指设备从开始使用,逐渐产生有形磨损,造成设备逐渐老化、损坏、直到报废所延续的全部时间。它是由有形磨损决定的一种寿命。正确使用,搞好维护保养,计划检修等可以延长设备的自然寿命,但不能从根本上避免有形磨损。任何一台设备磨损到一定的程度时,必须进行修理或更新。

2. 技术寿命

技术寿命(Technical Life Span)也称为设备的技术老化周期,是指从设备开始使用到因为技术落后而被淘汰所经历的全部时间。它是由无形磨损决定的,一般比自然寿命短。技术寿命的长短主要决定于技术进步的发展速度,而与有形磨损无关。科学技术进步越快,技术寿命越短。当更先进的设备出现时,现有设备在物质寿命尚未结束前就可能被淘汰。通过现代化改装,可以延长设备的技术寿命。

3. 经济寿命

当设备处于自然寿命期的后期时,由于设备老化,磨损严重,要花费大量的维修费用才能保证设备正常使用,因此,从经济上考虑,要对使用费用加以限制,从而终止自然寿命,这就产生了经济寿命的概念。所谓经济寿命(Economical Life Span)是指从设备开始使用到其年平均使用成本最低年份的延续时间长短。它是由设备维持费用的提高和使用价值的降低所决定的,是设备的有形磨损和无形磨损共同作用的结果。正确使用设备,搞好维护保养,局部进行现代化改装,都可以延长设备的经济寿命。

一般情况下,设备的技术寿命短于经济寿命,而经济寿命又短于自然寿命。经济寿命是设备经济分析中最重要的概念,设备更新的依据往往就是经济寿命。

8.2.2 设备经济寿命的确定

1. 设备经济寿命的确定方法

根据经济寿命的概念,经济寿命可以用一个图来表示,如图8.4所示。在图8.4中,随着设备使用时间的增长,设备逐渐老化,年维持费用逐渐增加,设备的残值越来越少,相应设备的年折旧额逐渐减少。设备的年维持费用(Annual Maintenance Cost)与年折旧额(Annual Depreciation)之和就是设备的年平均费用(Annual Average Cost),即

设备的年平均费用=设备的年折旧费+年维持费用

当设备的年平均费用最低时,所对应的时间即为设备的经济寿命。图8.4中的 n 就是设备的经济寿命。无论是时间小于 n 还是时间大于 n,设备的年平均费用都高于 n 年对应的费用。

有的书上把设备的"年折旧费"称为"年恢复费用",是指用设备每年的折旧来收

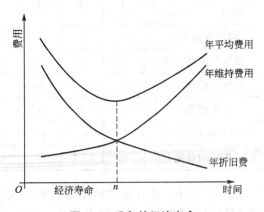

图8.4 设备的经济寿命

回最初的一次性投资，那么折旧费就可以看做初期投资的恢复费用。设备的年折旧费按照设备折旧计算方法计算。设备属于固定资产，因此设备的折旧方法与固定资产的折旧计算方法相同，这部分内容见第5章工程项目的财务评价中关于折旧的估算内容。

设备的年维持费用包括年运行费用和修理费用两部分。运行费用主要是指设备在使用过程中耗费的水、电、油、燃料等费用。修理费用是指设备在使用过程中对磨损零部件的修复、更换的费用，包括购买零部件的费用和操作人工费用。

设备的年平均费用可以用公式表示为

$$C=\frac{P-F}{N}+O+M \tag{8-5}$$

式中：C——设备的年平均费用；
P——设备原值；
F——设备残值；
O——设备的年运行费用；
M——设备的年维修费用；
N——设备的自然寿命。

【例8.1】 已知某设备的寿命期为10年，期初的原值为800万元，每年的年度使用费用和年末残值见表8-1。计算该设备的经济寿命。

表8-1 设备每年的费用　　　　　　　　　　　　单位：万元

年份 费用	1	2	3	4	5	6	7	8	9	10
年度使用费用	10	15	20	20	25	25	30	35	45	50
年末残值	740	700	680	650	600	560	520	480	450	300

解：根据上面的公式可以计算设备的经济寿命。年份数用 t 表示，t 是一个变数，设备的原值用 P 表示，残值用 F 表示。为了计算方便，可以列表计算。计算过程和结果见表8-2。

表8-2 设备每年的费用　　　　　　　　　　　　单位：万元

年份 费用	1	2	3	4	5	6	7	8	9	10
年度使用费用	10	15	20	20	25	25	30	35	45	50
累计年度使用费	10	25	45	65	90	115	145	180	225	275
平均年度使用费	10	12.5	15	16.3	18	19.2	20.7	22.5	25	27.5
年末残值 F	740	700	680	650	600	560	520	480	450	300
年折旧费 $(P-F)/t$	60	50	40	37.5	40	40	40	40	38.9	50
年平均费用	70	62.5	55	53.8*	58	59.2	60.7	62.5	63.9	77.5

表8-2中，累计年度使用费是各年使用费用的累计值，平均年度使用费等于各年的累计年度使用费除以对应的年份数，年平均费用＝平均年度使用费＋年折旧费。

从表8-2中的计算可见，年平均费用最低的年份数是4年，因此，该设备的经济寿命就是4年。

现在讨论设备的年度使用费用呈规则变化时设备经济寿命的确定。这时有两种情况：一是设备的年度使用费用逐年增加且呈等差序列变化的情况；二是设备的年度使用费用逐年增加但不呈等差序列变化的情况。

1) 年度使用费用逐年增加且呈等差序列变化

随着设备使用时间的增长，设备的有形磨损和无形磨损都将增加，设备的维护修理费用及燃料、动力费用也会逐渐增加，这种费用的增加称为设备的低劣化(Subnormal Value)，即设备的低劣化表现为设备的使用费用的增加。若这种低劣化每年以 q 的数值增加，设设备第1年的使用费用为 Q，那么就可以计算设备的经济寿命。分下面两种情况计算：

(1) 不考虑资金的时间价值，且每年残值固定不变。如果不考虑资金的时间价值，且设备每年残值固定不变，那么设备的年平均使用费用为

$$C = \frac{P-F}{N} + Q + \frac{q+2q+3q+\cdots+(N-1)q}{N}$$

$$= \frac{P-F}{N} + Q + \frac{\frac{1}{2}(N-1)(N-1+1)q}{N}$$

$$= \frac{P-F}{N} + Q + \frac{q}{2}(N-1) \tag{8-6}$$

式中各符号与前面一致。

根据导数的性质，要使 C 为最小，就需要对式(8-6)求导数并令其等于零，然后求解。

求经济寿命实际上就是求式(8-6)中的时间。为了求解，可以把自然寿命期 N 换成 T，然后对上式求导数并令其为零，即可有下列等式：

$$\frac{dC}{dT} = -\frac{P-F}{T^2} + \frac{q}{2} = 0$$

求解得设备的经济寿命为

$$T^* = \sqrt{\frac{2(P-F)}{q}} \tag{8-7}$$

设备在经济寿命时的年平均费用为

$$C = \frac{P-F}{T^*} + Q + \frac{q}{2}(T^*-1) \tag{8-8}$$

【例8.2】 有一台车床原值为800元，不论使用几年其残值均为50元。该车床第一年的使用费用为200元，以后每年增加100元，不考虑利息。试计算该车床的经济寿命，并求经济寿命时该车床的年平均费用。

解：根据已知条件有 $P=800$ 元，$F=50$ 元，$Q=200$ 元，$q=100$ 元，那么该车床的经济寿命为

$$T^* = \sqrt{\frac{2(P-F)}{q}} = \sqrt{\frac{2(800-50)}{100}} = 3.87(年)$$

经济寿命时该车床的年平均费用为

$$C=\frac{P-F}{T^*}+Q+\frac{q}{2}(T^*-1)=\frac{800-50}{3.87}+200+\frac{100}{2}(3.87-1)=537.30(元)$$

（2）考虑资金的时间价值。若考虑资金的时间价值，即从动态上计算设备的经济寿命，这时不能直接用公式计算，那么设备的年平均使用费用为

$$C=P(A/P,i,t)-F_t(A/F,i,t)+Q+q(A/G,i,t) \tag{8-9}$$

式中： F_t——设备第 t 年的残值；

$(A/P,i,t)$——等额支付偿债基金系数；

$(A/F,i,t)$——等额支付资本回收系数；

$(A/G,i,t)$——梯度系数；

i——基准折现率；

其他符号意义与前面相同。

当式（8-8）中 C 最小时对应的年份就是设备的经济寿命。由于式（8-8）求导数比较复杂，因此最好用列表计算设备的经济寿命。

【例 8.3】 有一台挖土机，原始价值为 60 000 元，每年的残值估计见表 8-3。该挖土机第一年的使用费为 10 000 元，以后每年以 2 000 元的数值递增。若基准折现率为 6%，那么该挖土机的经济寿命多少？并计算经济寿命时的年平均费用。

表 8-3 挖土机每年的费用　　　　　　　　　　　　　　　单位：元

费用＼年份	1	2	3	4	5	6	7	8	9
年末估计残值	30 000	15 000	7 500	3 750	2 000	2 000	2 000	1 500	1 000

解： 根据已知条件，有 $P=60\,000$ 元，$Q=10\,000$ 元，$q=2\,000$ 元。

现在按照式（8-8）中各项内容列表计算挖土机的经济寿命，计算过程见表 8-4。

表 8-4 挖土机经济寿命的计算过程　　　　　　　　　　　单位：元

年份	$P(A/P,6\%,t)$	F_t	$F_t(A/F,6\%,t)$	$Q+q(A/G,6\%,t)$	C
1	63 600	30 000	30 000	10 000	43 600
2	32 724	15 000	7 281	10 970.8	36 413.8
3	22 446	7 500	2 355.75	11 922.4	32 012.65
4	17 316	3 750	857.25	12 854.4	29 313.15
5	14 244	2 000	354.8	13 767.2	27 656.4
6	12 204	2 000	286.8	14 660.8	26 578
7	10 746	2 000	238.2	15 535.2	26 043
8	9 660	1 500	151.5	16 390.4	25 898.9*
9	8 820	1 000	87	17 226.6	25 959.6

从表 8-4 的计算可见，第 8 年时挖土机的年平均费用最低，因此，该挖土机的经济寿命为 $T^*=8$（年）。

挖土机经济寿命时的年平均费用为 $C=25\,898.9$ 元。

2) 年度使用费用逐年增加但不呈规律变化

当设备每年的使用费用逐年增加但不呈规律变化，且每年的残值也不相等，也分以下两种情况。

(1) 不考虑资金的时间价值。这时计算设备经济寿命的最好方法也是用列表计算。设备的年平均费用为

$$C = \frac{P-F_t}{t} + \frac{\sum_{t=1}^{t} Q_t}{t} \qquad (8-10)$$

式中：t——设备的使用年份；

Q_t——第 t 年设备的使用费用；

其他符号与前同。

式(8-9)中 C 最小时对应的时间即为设备的经济寿命。由于式(8-9)中 t 是一个变数，因此只能用列表法计算。

【例8.4】 有一台推土机，每年的使用费和残值估计见表8-5，其自然寿命为7年，原始价值为60 000元。若不考虑利息，试计算推土机的经济寿命。

表8-5 推土机每年的费用　　　　　　　　　　　　　单位：元

年份 费用	1	2	3	4	5	6	7
年度使用费用	10 000	12 000	14 000	18 000	23 000	28 000	34 000
年末残值	30 000	15 000	7 500	3 750	2 000	2 000	2 000

解： 已经 $P=60\,000$ 元，为计算方便，按照式(8-9)中各项内容列表计算推土机的经济寿命，计算过程见表8-6。

表8-6 推土机经济寿命的计算过程　　　　　　　　　　　单位：元

年份	F_t	Q_t	$\dfrac{P-F_t}{t}$	$\sum_{t=1}^{t} Q_t$	$\dfrac{\sum_{t=1}^{t} Q_t}{t}$	C
1	30 000	10 000	30 000	10 000	10 000	40 000
2	15 000	12 000	22 500	22 000	11 000	33 500
3	7 500	14 000	17 500	36 000	12 000	29 500
4	3 750	18 000	14 063	54 000	13 500	27 563
5	2 000	23 000	11 600	77 000	15 400	27 000*
6	2 000	28 000	9 667	105 000	17 500	27 167
7	2 000	34 000	8 286	139 000	19 857	28 143

从表8-6的计算可见，第5年时推土机的年平均费用最低，因此，该推土机的经济寿命为 $T^*=5$(年)。

推土机经济寿命时的年平均费用为 $C=27\,000$(元)。

(2)考虑资金的时间价值。当考虑资金的时间价值时,设备的年平均使用费用为

$$C = P(A/P, i, t) - F_t(A/F, i, t) + \left[\sum_{t=1}^{t} Q_t(1+i)^{-t}\right](A/P, i, t) \tag{8-11}$$

式中所有符号含义与前面相同。

式(8-10)中 C 最小时对应的时间即为设备的经济寿命。从(8-11)式看,t 是一个变数,因此只能用列表法计算设备的经济寿命。

【例8.5】 用例8.4的资料数据,当考虑资金利息时,若基准折现率为6%时,计算推土机的经济寿命。

解:按照式(8-11)所列各项内容列表计算推土机的经济寿命。计算过程见表8-7。

表8-7 推土机经济寿命的计算过程　　　　　　　　　　　　单位:元

年　份	1	2	3	4	5	6	7
F_t	30 000	15 000	7 500	3 750	2 000	2 000	2 000
Q_t	10 000	12 000	14 000	18 000	23 000	28 000	34 000
$P(A/P, 6\%, t)$	63 600	32 724	22 446	17 316	14 244	12 204	10 746
$F_t(A/F, 6\%, t)$	30 000	7 281	2 355.8	857.3	354.8	286.8	238.2
$Q_t(1+6\%)^{-t}$	9 434	10 680	11 755	14 257.7	17 186.9	19 738.9	22 611.9
$\sum Q_t(1+6\%)^{-t}$	9 434	20 114	31 869	46 126.7	63 313.6	83 052.25	10 5664.4
$\sum Q_t(1+6\%)^{-t}(A/P, 6\%, t)$	10 000	10 970.2	11 922.2	13 312.2	15 030.6	16 892.9	18 924.5
C	43 600	36 413.2	32 012.4	29 770.9	28 919.8	28 810.1*	29 432.3

从表8-7的计算中可以看出,第6年时推土机的年平均费用最低,为28 810.1元,因此,该推土机的经济寿命为 $T^*=6$(年)。

2. 几种特殊情况下设备经济寿命的确定

1) 年度使用费固定不变

如果年度使用费在设备的使用年限中一直保持不变,且不考虑利息和残值,则:

$$C = \frac{P}{N} + 年使用费(常数)$$

此时,C 永远不会达到一个最小值,只有在寿命期结束时才有最小值,如图8.5所示,机器也永远不需要更新,只有在寿命期结束时才更新。

2) 年折旧费固定不变

如果设备在使用年限中每年的磨损程度相同,每年的年折旧额相等或固定不变时,随着设备使用时间的增加,年平均费用会越来越高,设备的年平均费用只有在使用一年时最低,因此,在这种情况下,设备的经济寿命就是1年,如图8.6所示。

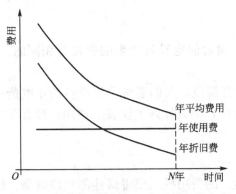

图 8.5 年度使用费固定不变时的经济寿命

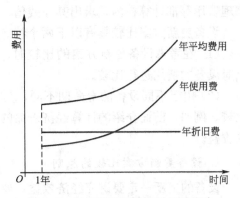

图 8.6 每年折旧相等时的经济寿命

3) 年使用费呈不规则变化

如果设备在使用年限中,不论设备的年折旧费是固定不变的还是逐渐减少的,只要年使用费呈不规则变化,忽高忽低,两项费用之和就没有最小值,设备就不存在经济寿命,如图 8.7 所示。图 8.7 中设备的年平均费用没有最低点,因此不存在经济寿命。

经济寿命是设备经济分析中非常重要的一个参数,它是设备更新的依据。

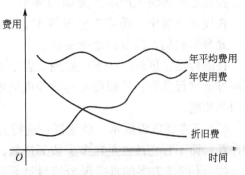

图 8.7 年使用费呈不规则变化的情况

8.3 设备更新的经济分析

设备更新从战略上讲是一项很重要的工作。因为新设备的原始费用很高,但运行费用低,而旧设备恰恰相反。这样,设备的更新不仅会影响企业眼前的利益,而且还会影响企业的长远经济效益。为了决定设备是否需要更新,应权衡利弊,全面比较,以经济效果的高低作为判断的依据。这就是设备更新的经济分析。

设备更新的经济分析包括两个方面的内容:一是确定设备更新的最佳时期,二是对不同的更新方案进行比较,选择最优更新方案。设备更新的最佳时期主要是依据设备的经济寿命,当设备在经济寿命结束时就是设备的最佳更新期。设备经济寿命的确定前面已经介绍,本节重点介绍设备不同更新方案的比选。

8.3.1 设备更新方案比较的特点和原则

1. 设备更新方案比较的特点

在采用新设备时,一切有关的费用,包括购置费、运输费、装置费等都应该考虑进去,作为原始费用。在更换旧设备时,应把旧设备出售的收入、拆卸费用以及可能发生的修理费用等都计算在内,求出其净残值。

设备更新方案比较具有以下两个特点。

(1) 在考虑设备更新方案的比较时,人们通常假定设备产生的收益是相同的,因此,只对设备的费用进行比较。

(2) 由于不同设备的寿命期不同,为了计算简便,人们通常采用设备的年度费用进行比较。例如,前面介绍的计算经济寿命的内容中,都只计算了设备的费用,没有考虑设备的收益。

2. 设备更新方案比较的原则

设备的更新一定要讲究经济效益,要以最少的费用投入获得最佳的经济效果。任何企业的资金都是有限的,因此设备更新应根据需要与可能,有计划、有步骤、有重点地进行,要注意先解决生产能力薄弱的环节,使设备能力配套,提高企业综合生产能力。此外,在设备更新中,还应充分发挥本企业的生产和技术潜力。对更新下来的设备也应合理、充分地利用,以节约企业资金。

在进行设备更新时,不仅要确定多个更新方案,还要充分利用经济指标,对各比较的更新方案进行分析,从而保证科学合理地更新设备。进行设备更新方案比较时,应遵循下面两条原则。

(1) 不考虑沉没成本,就是说在进行方案比较时,原设备的价值按目前实际所值的价值计算,而不管它过去是花多少钱买进的。

(2) 不要按方案的直接现金流量计算比较,而应从一个客观的立场上去比较。例如,两台新、旧设备进行比较时,不能把旧设备的销售收入作为新设备的现金流入,而应把旧设备所能卖的钱作为购买旧设备的费用。

【例8.6】 假设某施工企业3年前花5 000元购买了一台搅拌机A,估计还可以使用6年。第6年末估计残值为300元,年度使用费为1 000元。现在市场上出现了一种新型的搅拌机B,售价为7 000元,估计可以使用10年,第10年年末估计残值为400元,年度使用费为800元。现有两个方案:方案甲是继续使用搅拌机A;方案乙是把旧的搅拌机A以1 000元卖掉,然后购买新搅拌机B。如果基准折现率为10%,问:该施工企业应选择哪个方案?

解:根据设备更新方案比较的原则,不考虑沉没成本和不要按方案的直接现金流量计算比较,而应从一个客观的立场上去比较。旧的搅拌机A可以卖1 000元,相当于花1 000元去购买旧搅拌机A,旧搅拌机A的初始费用为1 000元,与3年前花费的购买价5 000元无关,这5 000元是沉没成本。因此,两个方案的现金流量图如图8.8所示。

依据图8.8(a)图可以计算旧搅拌机A的年平均使用费为

$$AC_A = 1\,000 + 1\,000(A/P, 10\%, 6) - 300(A/F, 10\%, 6) = 1\,190.72 \text{元}$$

依据图8.8(b)图可以计算旧搅拌机B的年平均使用费为

$$AC_B = 800 + 7\,000(A/P, 10\%, 10) - 400(A/F, 10\%, 10) = 1\,913.82 \text{元}$$

由于$AC_A < AC_B$,所以应选择方案甲——继续使用旧搅拌机A。

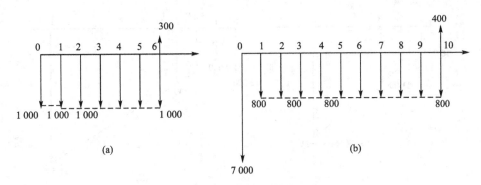

图 8.8 新旧搅拌机的现金流量图

8.3.2 设备更新方案的比较

对于单台设备更新期的确定，常见的方法是以设备的寿命期为依据进行。但对多台设备，不仅要确定每台设备的合理更新期(Reasonable Renovate Time)，还要对多方案进行比较。对多台设备的比较也可以用设备的寿命期为依据进行，但分析处理方案有些差异。设备更新方案的比较最常见的方法如下。

1. 以经济寿命为依据的更新分析

以经济寿命为依据的更新方案比较，使设备都使用到最有利的年限来进行分析。在比较时必须注意以下几点。

(1) 不考虑沉没成本。

(2) 求出各种设备的经济寿命。如果年度使用费固定不变，那么估计残值也固定不变，此时应选尽可能长的寿命。如果年度使用费逐年增加而目前残值和未来残值相等，应尽可能选寿命期短的方案。

(3) 达到经济寿命时年度费用最小者为优。

【例 8.7】 有一企业 3 年前花 20 000 元安装了一套设备。这套设备的年度使用费估计下年度为 10 000 元，以后逐年增加 500 元。现在设计了一套新设备，其原始费用为 12 000 元，年度使用费估计第 1 年为 9 000 元，以后逐年增加 900 元。新设备使用寿命估计为 15 年。由于这两套设备都是为这个企业专门设计的，因此都能满足相同的需要，且其任何时刻的残值均为零。若基准折现率为 10%，问：该企业是否应该对现有设备进行更新？

解：题目中 3 年前花 20 000 元安装的原设备是沉没成本，分析计算时不考虑在内。

两套设备"任何时刻的残值均为零"说明旧设备的现在购买费用和将来的残值都为零，即 $P=F=0$。新设备的 $F=0$。由此，两套设备的现金流量图如图 8.9 所示。

依据图 8.9(a)图可以计算旧设备的年平均使用费为

$$AC_{旧} = 10\,000 + 500(A/G, 10\%, n)$$

要使 $AC_{旧}$ 最小，只有 $n=1$ 时使 $AC_{旧}$ 最小。也就是说旧设备的经济寿命为 1 年。此时的年度费用为 $AC_{旧} = 10\,000$ 元。

依据图 8.9(b)图可以计算新设备的年平均使用费为

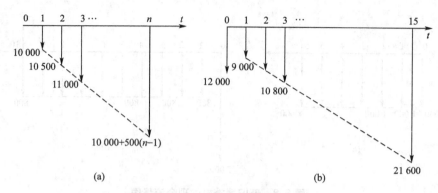

图 8.9 例 8.7 新旧设备现金流量图

$$AC_{新}=9\,000+900(A/G,10\%,t)+12\,000(A/P,10\%,t)$$

为了计算经济寿命,必须列表计算。现在计算新设备的经济寿命,计算过程见表 8-8。

表 8-8 新设备的经济寿命计算过程 单位:元

n	1	2	3	4	5	6	7	8	9
第 1 年使用费	9 000	9 000	9 000	9 000	9 000	9 000	9 000	9 000	9 000
$900(A/G,10\%,t)$	0	428.6	842.9	1 243.1	1 629.1	2 001.2	2 359.4	2 704.1	3 035.2
$12\,000(A/P,10\%,t)$	13 200	6 914.4	4 825.2	3 786	3 165.6	2 755.2	2 464.8	2 248.8	2 083.2
$AC_{新}$	22 200	16 343	14 668	14 029	13 795	13 756*	13 824	13 953	14 118

从表 8-8 中的计算可知,新设备年平均费用最小是在第 6 年,因此新设备的经济寿命是 6 年,此时的年度费用为 13 756 元,即 $AC_{新}=13\,756$ 元。

旧设备在其经济寿命时的年度费用低于新设备在其经济寿命时的年度费用,因此,应选择旧设备。

2. 对寿命不等的方案比选方法

设备更新方案的比较犹如第 3 章中的工程项目投资方案的比较,对寿命不等的方案的比较,也应考虑时间上的可比。在第 3 章的多方案比选中,对寿命不同的方案的比选,处理方法有年值法、最小公倍数法、合理分析期法和年值折现法。这些方法在这里也可以应用。只不过在设备更新方案的现金流量分析中有些差异。下面通过例子说明。

【例 8.8】某企业正在使用一台机器 A,目前残值估计为 2 000 元。根据估计这部机器还可以使用 5 年,每年的使用费为 1 000 元,第 5 年年末的残值为零。但是这部机器生产能力有些不足了,需要改进或更新。现在提出两个方案,方案甲:5 年之后用机器 B 代替机器 A。机器 B 的原始购买费用估计为 10 000 元,寿命估计为 10 年,残值为 0,每年的使用费用为 600 元。方案乙:现在就用机器 C 来代替机器 A,机器 C 的原始购买费用为 7 000 元,寿命估计也为 10 年,残值为 0,每年使用费用为 800 元。若基准折现率为 10%,试选择方案。

解:根据已知条件,可以画出两方案的现金流量图,如图 8.10 所示。

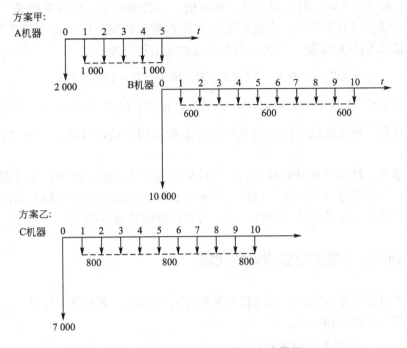

图8.10 甲、乙两方案的现金流量图

方法一：用年值法比较方案。

两方案的费用年值为

$AC_甲=\{[600(P/A,10\%,10)+10\,000](P/F,10\%,5)+1\,000(P/A,10\%,5)+2\,000\}(A/P,10\%,15)=1\,878.99$ 元

$$AC_乙=800+7\,000(A/P,10\%,10)=1\,938.9 \text{ 元}$$

从费用年值计算看，甲方案的费用低于乙方案的费用，因此，应选甲方案，即5年以后再用机器B代替机器A。

方法二：用合理分析期法比较方案。

(1) 选分析期为10年，并考虑未使用的价值。由于人们对更远期的估计误差大，因此选定10年作为研究分析期，这相当于机器C的寿命。计算甲方案的费用现值时，由于要考虑未使用的价值，因此应先将B机器的费用按照10年折算成费用年值，再计算5年的费用现值。甲方案的费用现值为

$PC_甲=2\,000+1\,000(P/A,10\%,5)+[600+10\,000(A/P,10\%,10)]$
$\qquad(P/A,10\%,5)(P/F,10\%,5)$
$\qquad=11\,032.51$ 元

此时机器B未使用的价值（现值）为 $10\,000(A/P,10\%,10)(P/A,10\%,5)=6\,167.63$元。

乙方案的费用现值为

$$PC_乙=7\,000+800(P/A,10\%,10)=11\,915.68 \text{ 元}$$

从以上计算可知，甲方案的费用现值小于乙方案的费用现值，因此，甲方案优于乙方案，应选甲方案。

(2) 选分析期为 5 年，并考虑未使用的价值。一般情况下，分析期越长，估计越不准确，或者有时情报资料不准确，也选较短的时间作为分析期。所以选 5 年作为分析期。5 年正好是机器 A 的使用年限。因此，两个方案的费用年值为

$$AC_甲 = 1\,000 + 2\,000(A/P, 10\%, 5) = 1\,527.6 \text{ 元}$$

$$AC_乙 = [7000 + 800(P/A, 10\%, 10)](A/P, 10\%, 5) = 3\,143.36 \text{ 元}$$

从计算可见，甲方案的费用年值低于乙方案的费用年值，因此，甲方案优于乙方案，应选甲方案。

分析期越长，计算结果可能越准确，但计算的估计数据越不准确；分析期越短，估计越准确，但计算结果越粗。因此，在进行设备更新方案比较时一定要根据估计和判断综合选择分析期。既要考虑估计的准确性，又要考虑计算结果的精确性。

8.3.3 各种因素下设备更新方案的比较

设备需要更新的原因很多，归纳起来主要有能力不足、使用费用过多、效率降低、无形磨损严重等。下面分别介绍。

1. 由于能力不足而引起的更新

在企业生产经营中，有时设备既没有技术上的陈旧落后，也没有经济上的不可行，仅仅是因为生产的发展而引起的生产能力或加工精度难以满足要求，这时也需要更新。例如，某企业现有的设备是生产 1.5m 钢板的设备，现在有一用户订货要求为 1.7m 钢板，这时企业就需要更新设备了。

【例 8.9】 某公司在 4 年前花 23 000 元买了一台设备，估计该设备的寿命为 15 年，年度使用费每年固定为 1 200 元。由于企业产品数量增加了一倍，原来的设备能力已经不能满足生产的要求了。为了满足生产需要，企业现在提出两种解决方案：方案 A 是原有设备继续使用，同时再花 17 000 元购置一台与原设备消耗和能力相同的新设备；方案 B 是将原来的旧设备以 6 000 元售出，再花 28 000 元购买一台能力增加一倍的设备，估计新设备的寿命为 15 年，年度使用费为 2 400 元。3 台设备的残值均为购置成本的 10%。如果基准折现率为 10%，试比较方案。

解： 根据已知条件，方案 A 中的旧设备现在的购买价相当于 6 000 元。旧设备估计的寿命为 15 年，但因为是 4 年前购买的，因此，从现在算起旧设备的寿命就只有 11 年了。3 台设备的残值计算分别用最原始的购买价乘 10%。方案 A 中的新设备的年固定使用费与旧设备相同，也为每年 1 200 元，寿命也与旧设备相同，为 11 年。于是 A、B 两方案的现金流量图如图 8.11 和图 8.12 所示。

根据现金流量图，计算两方案的费用现值为

$$AC_A = (6\,000 + 17\,000)(A/P, 10\%, 11) + 1\,200 \times 2 - (2\,300 + 1\,700)(A/F, 10\%, 11)$$
$$= 5\,726 \text{ 元}$$

$$AC_B = 28\,000(A/P, 10\%, 15) + 2\,400 - 2\,800(A/F, 10\%, 15) = 5\,993.8 \text{ 元}$$

从以上计算中可见，$AC_A < AC_B$，所以方案 A 优于方案 B，因此应选择方案 A，即原

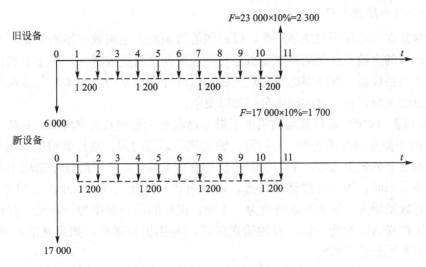

图 8.11　方案 A 的现金流量图

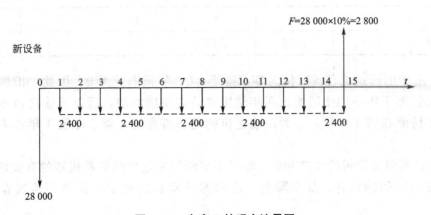

图 8.12　方案 B 的现金流量图

有设备继续使用，同时再花 17 000 元购置一台与原设备消耗和能力相同的新设备。

2. 由于维修过多而引起的更新

由于机器设备在使用过程中发生磨损，需要进行临时性的修理或定期大修。但是，在大修以前，应该分析计算大修和更新的优越性，看是继续大修合算还是更新合算。

【例 8.10】　某企业有一台设备已经使用了很多年，要继续使用就必须进行大修，估计大修需要费用 10 000 元，大修后可以继续使用 3 年，每年的维修费为 2 000 元。现在有另一方案：重新购置一台功能相同的设备，购置成本需 30 000 元，可使用 10 年，每年的维修费为 800 元。如果基准折现率为 5%，问：该企业是继续使用旧设备好还是更新设备好？

解： 把大修的费用看做是购买旧设备的费用。为计算简便，可以直接用费用年值计算两方案的费用。两方案的费用年值为

$$AC_{大修}=2\,000+10\,000(A/P,5\%,3)=5\,672\text{ 元}$$
$$AC_{更新}=800+30\,000(A/P,5\%,10)=4\,685\text{ 元}$$

从以上计算中可见，$AC_{大修}>AC_{更新}$，所以更新方案优于大修方案，因此应选择更新方案。

3. 由于效率降低而引起的更新

设备常常在开始使用时效率最高,以后随着磨损的产生而效率不断降低。当效率的降低是由于机械的少数零件受到磨损而引起时,应定期更新这些零件,使整个机械保持较高的效率。但有些设备,其效率的降低是无法通过修理来恢复的,如冰箱制冷系统损坏。这时就要通过经济分析在一定的时候全部加以更新。

【例 8.11】 假定一部带式运输机由于提斗逐渐磨损而使其效率降低,每年年初效率见表 8-9。由于提斗的容量变小,必须延长输送机的运行时间,这样就增加了运行费用。设原有输送机目前的残值为零,下一年度的使用费为 8 900 元,以后每年递增 100 元。当提斗处于崭新状态时,为了完成运输任务,输送机每年应运行 1 200 小时。当效率降低时,每年运行时数就增加。每小时运行费为 6.4 元,提斗的更新费用为 960 元。假设现在有一台与原输送机崭新时性能一模一样的输送机可以替换旧输送机,如果基准折现率为 7%,问:是否需要更新输送机?

表 8-9 运输机提斗的运行效率

年数	1	2	3	4	5	6
年初效率	1.00	0.94	0.88	0.84	0.80	0.76

解: 由于旧输送机目前残值为零,即 $F=0$,年折旧费为 0,因此,旧输送机的年平均费用就等于年平均使用费,而年使用费是逐年增加的,所以旧输送机年平均费用最低的年份就在第 1 年年末,即旧输送机的经济寿命为 1 年,在第 1 年年末的费用为 8 900 元。

现在计算新输送机的经济寿命。题目中崭新的输送机就是新机器的有关数据。新机器随着使用时间的延长,效率降低。已知的是年初的效率,这里必须换算成年平均效率。

$$年平均效率 = \frac{年初的效率 + 年末的效率}{2}$$

当效率降低时,新输送机每年的运行时数就会增加,每年的实际运行时数为

$$实际年运行时数 = \frac{计划年总运行时数}{年平均效率}$$

$$年运行费 = 年运行时数 \times 6.40$$

最后输送机的年平均费用为

$$年平均费用 = 年平均运行费 + 年折旧费用$$

提斗的更新费用 960 元就看做输送机现在的购买费用,新机器的残值也为零,那么,输送机的年折旧费用就为

$$年折旧费用 = 960(A/P, 7\%, t)$$

年运行费和年折旧费用都不是一个固定数,是一个变数,因此计算经济寿命时需要列表计算。经济寿命的计算过程见表 8-10。

表 8-10 新输送机经济寿命计算过程   单位：元

年份	1	2	3	4	5	6
年初效率	1.00	0.94	0.88	0.84	0.80	0.76
年平均效率	0.97	0.91	0.86	0.82	0.78	
年运行时数	1 237	1 319	1 395	1 463	1 538	
年运行费 Q_t	7 916.8	8 441.6	8 928	9 363.2	9 843.2	
年运行费的现值 $Q_t(1+7\%)^{-t}$	7 398.8	7 373.2	7 287.9	7 143.1	7 018.1	
$\sum Q_t(1+7\%)^{-t}$	7 398.8	14 772	22 059.9	29 203	36 221.1	
年平均运行费 $[\sum Q_t(1+7\%)^{-t}](A/P, 7\%, t)$	7 916.8	8 170.4	8 407	8 620.7	8 834.3	
$960(A/P, 7\%, t)$	1 027.2	531	365.9	283.4	234.1	
年平均费用	8 944	8 701.4*	8 772.9	8 904.1	9 068.4	

从表 8-10 的计算可见，新输送机的经济寿命为两年，这时年平均费用最低，为 8 701.4 元。又由于在新旧输送机的经济寿命时刻，新输送机的费用最低，因此，应该进行更新。

4. 由于无形磨损而引起的更新

由于设备存在无形磨损，当无形磨损达到一定的限度，现代化的改装也不经济时，往往就采取更新的方案。

【例 8.12】 某企业在 10 年前用 6 300 元购买了一台机床，用来制造管子套头，每幅需要 0.047 6 工时。现在市场上出现了一种新机床，价格为 15 000 元，制造管子套头每幅需要 0.038 4 工时。假定该企业每年准备生产套头 4 万幅。新旧机床运行费每小时均为 8.50 元。旧机床还可以使用 2 年，2 年年末的残值为 250 元。旧机床可以出售 1 200 元。新机床估计可使用 10 年，10 年末残值为原始费用的 10%。若基准折现率为 12%，试问：是否应当更新旧机床？

解： 根据已知条件可得

$$旧机床的年运行费 = 8.50 \times 0.047\,6 \times 40\,000 = 16\,184 \text{ 元}$$

$$新机床的年运行费 = 8.50 \times 0.038\,4 \times 40\,000 = 13\,056 \text{ 元}$$

$$新机床的期末残值 = 15\,000 \times 10\% = 1\,500 \text{ 元}$$

于是，可以绘制新旧机床的现金流量图，如图 8.13 所示。

新旧机床的年平均费用为

$$AC_{旧} = 16\,184 + 1\,200(A/P, 12\%, 2) - 250(A/F, 12\%, 2) = 16\,776.1 \text{ 元}$$

$$AC_{新} = 13\,056 + 15\,000(A/P, 12\%, 10) - 1\,500(A/F, 12\%, 10) = 15\,625.5 \text{ 元}$$

从计算中可见，$AC_{旧} > AC_{新}$，所以应该更新机床。

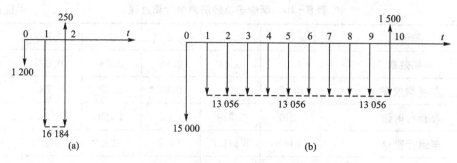

图 8.13 新旧机床的现金流量图

8.4 设备现代化改装的经济分析

设备现代化改装是现有企业技术改造的有效措施,在技术上能克服现有设备的技术落后状态,促进设备技术进步,扩大生产能力,提高设备质量。在经济上可以节约资金。现代化改装有很强的针对性和适应性,在某些情况下,其适应程度甚至超过新设备。由此可见,设备的现代化改装较设备更新更具有现实意义。随着科学技术的突飞猛进,旧设备的无形磨损加快,按理说,在设备的新型号一出现时,旧设备就应该更新。但事实上,世界上的哪个国家也办不到。在我国这样一个发展中国家,更是难以实现!所以,设备的现代化改装就更具有巨大的现实意义。

与设备更新的计算思路相同,设备现代化改装的费用要通过计算设备改装的年平均费用进行比较。但不同的是,一般改造方案只有一个,所以改造方案要与更新方案进行比较才能进行决策。决策时,选择费用最小的方案。

如果不考虑资金的时间价值,则设备现代化改装费用计算公式为

$$AC_{改} = \frac{1}{\beta_{改}}\left[\frac{K_1}{t} + \frac{\sum_{t=1}^{N} O_t}{t} + \frac{P_0}{t} - \frac{F_t}{t}\right] \tag{8-12}$$

式中:$AC_{改}$——设备现代化改装后使用 t 年的平均费用;

K_1——旧设备现代化改装的费用;

O_t——改装后的旧设备第 t 年的经营费用;

P_0——原有设备在决策时的净值;

N——改装后的设备使用时间;

F_t——改装后的设备使用 t 年的残值;

$\beta_{改}$——改装后设备的劳动生产率提高系数,其计算公式为

$$\beta_{改} = \frac{改装前单位产品工时定额}{改装后单位产品工时定额}$$

如果考虑资金的时间价值,则设备现代化改装费用计算公式为

$$AC_{改} = \frac{1}{\beta_{改}}\{K_1(A/P,i,t) + [\sum_{t=1}^{N} O_t(1+i)^{-t}](A/P,i,t) +$$

$$P_0(A/P,i,t) - F_t(A/F,i,t)\} \quad (8-13)$$

式中： i ——基准折现率；

$(A/P, i, t)$ ——等额分付偿债基金系数；

$(A/F, i, t)$ ——等额分付资本回收系数；

其他符号意义与前面相同。

在对设备改装方案进行分析时，设备更新方案常常也需要考虑设备的劳动生产率提高系数。若用 $\beta_{更}$ 表示设备更新后的劳动生产率提高系数，那么在利用前面章节的设备更新年费用计算公式时，需要将公式除以劳动生产率提高系数 $\beta_{更}$。如式(8-10)考虑劳动生产率提高系数 $\beta_{更}$ 后变成

$$C = \frac{1}{\beta_{更}}\{P(A/P, i, t) - F_t(A/F, i, t) + \left[\sum_{t=1}^{t} Q_t(1+i)^{-t}\right](A/P, i, t)\}$$

$$(8-14)$$

【例 8.13】 某企业有一台设备已经使用了很多年，目前净值为 3 000 元，从技术上讲已经陈旧落后了，要继续使用就必须进行现代化改装，估计改造需要费用 10 000 元，改造后生产效率可以提高产品质量 25%，可以继续使用 3 年，每年的经营费为 2 000 元，3 年末残值为零。现在有另一方案：重新购置一台功能相同的设备，购置成本需 40 000 元，新设备的生产效率可以提高 30%，可使用 10 年，期末残值为零，每年的维修费为 1 000 元。问：该企业是对旧设备进行改造好还是更新好？如果基准折现率为 5%，决策又会怎样？

解： 根据题意，有 $\beta_{改} = \frac{1}{1-0.25} = \frac{1}{0.75}$，$\beta_{更} = \frac{1}{1-0.30} = \frac{1}{0.70}$。

(1) 不考虑资金利息时，改造的年平均费用为

$$AC_{改} = 0.75 \times \left[\frac{10\,000}{3} + \frac{3\,000}{3} + 2\,000\right] = 4\,750 \text{ 元}$$

更新设备的年平均费用为

$$AC_{更} = 0.70 \times (40\,000/10 + 1\,000) = 3\,500 \text{ 元}$$

(2) 如果考虑自己利息，那么改造的年平均费用为

$$AC_{改} = 0.75[10\,000(A/P, 5\%, 3) + 3\,000(A/P, 5\%, 3) + 2\,000] = 5\,080.2 \text{ 元}$$

更新设备的年平均费用为

$$AC_{更} = 0.70[40\,000(A/P, 5\%, 10) + 1\,000] = 4\,326 \text{ 元}$$

从以上计算可见，无论是考虑资金的利息还是不考虑资金的利息，现代化改装的年平均费用都高于更新的费用，因此应该选择更新方案。

8.5 设备租赁的经济分析

企业在生产经营中，有时由于资金紧张，除自行购买外，还采用租赁的方式取得设备。

设备租赁(Lease of Equipments)是指设备的使用者(或租赁者)按照合同规定，按规定的时间支付给设备出租者一定的费用而取得设备使用权的一种设备融资方式。设备租赁主

要有两种方式：运行租赁(Operating Lease)和财务租赁(Financial Lease)。运行租赁就是指在设备租赁期间，任何一方可以随时以一定方式在通知对方的规定时间内取消或中止租约，一般临时使用的设备常采用这种方式。财务租赁是指在设备租赁期间，双方承担确定时间的租让和付费的义务，而不得任意中止和取消租约。一般贵重的设备都采用这种租赁方式。

从全局范围来看，这种方式在一定条件下有利于设备的管理和保养，提高设备的利用率和节省投资。从使用者来看，设备租赁有以下好处：一是在缺乏资金购买设备的情况下，也能使用设备，即可以缓解企业资金紧张的矛盾；二是提高设备利用率，即可以减少购买设备后不能连续使用而闲置造成的无形磨损；三是一定条件下可以减少税金的支出。因为企业里设备的折旧算收入，用于支付税金，如果租赁设备就可以把租赁费充当年度经营费，不存在折旧费，因而可以少交税。

租赁设备需要大笔的资金，不仅需要一次性支付一定的资金，更多的是在租赁期间，需要长期支付租金。因此，为了提高资金的利用效率，必须对设备的租赁进行经济分析，看是否值得租赁，如果不值得，就不能租赁。对于使用者来说，是采用新购置设备还是采用租赁设备，应取决于这两种方案在经济上的比较，其比较的原则和方法与前面章节介绍的互斥方案的比较相同。

采用设备租赁方案，就没有年折旧费，租赁费用可以直接进入生产成本，其净现金流量为

净现金流量＝销售收入－经营成本－租赁费用－税率×(销售收入－经营成本－租赁费)

而在相同条件下购置设备方案的净现金流量为

净现金流量＝销售收入－经营成本－设备购置费－税率×(销售收入－经营成本－折旧费)

从以上两式可以看出，当租赁费等于折旧费时，区别仅在于税金的大小。当采用直线法折旧时，租赁费高于折旧费，因此所付的税金较少，有利于企业。

【例8.14】 某企业需要某种设备，其购置费为10 000元，打算使用10年，残值为零。这种设备也可以租到，每年租赁费为1 600元。两种方案运行费都是每年1 200元。政府规定的所得税率为55%，采用直线折旧。若基准折现率为10%，试问：企业是采用租赁设备还是采用购置设备？

解： 企业若采用购置方案，直线折旧法，年折旧费为10 000/10＝1 000元，计入总成本。而租赁方案每年的租赁费1 600元也计入总成本，因此，后者少交的税金为

$$55\% \times (1\,600 - 1\,000) = 330 \text{ 元/年}$$

租赁方案每年少交的税金在现金流量图中表现为收入。

租赁方案每年的租赁费和运行费和为1 600＋1 200＝2 800元。因此，两个方案的现金流量图如图8.14所示。

两个方案的年平均费用为

$$AC_{购} = 10\,000(A/P, 10\%, 10) + 1\,200 = 2\,827 \text{ 元}$$

$$AC_{租} = 2\,800 - 330 = 2\,470 \text{ 元}$$

从计算中可见，$AC_{购} > AC_{租}$，所以应选择租赁设备。

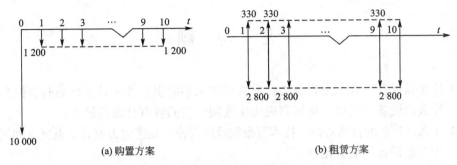

(a) 购置方案　　　　　　　　(b) 租赁方案

图 8.14　购置设备和租赁设备的现金流量图

本例也可以采用直接计算的方法，即

$$AC_{购} = 10\ 000(A/P, 10\%, 10) + 1\ 200 - 1\ 000 \times 55\% = 2\ 277\ 元$$

$$AC_{租} = 2\ 800 - 1\ 600 \times 55\% = 1\ 920\ 元$$

从计算中可见，$AC_{购} > AC_{租}$，所以应选择租赁设备。

本 章 小 结

本章主要介绍设备的磨损、设备的寿命，以及设备的更新、改造、租赁的经济评价。

设备是生产和生活中所使用的各种器具的总称。设备在使用或闲置过程中，零件或实体均会发生磨损。设备的磨损包括两种形式：有形磨损和无形磨损。设备的有形磨损也称为物质磨损，是指设备在外力作用下，或在自然放置过程中零部件产生磨损、振动、疲劳、生锈等现象，致使设备的实体产生磨损。设备的无形磨损也称为精神磨损，是指由于科学技术的进步而不断出现性能更加完善、生产效率更高的设备，相比之下原有设备的价值降低或者是生产同样结构设备的价值不断降低而使原有设备贬值。

由于设备存在磨损，在使用过程中，其使用价值和经济价值都将逐渐减少，最终消失，因此，设备具有一定的寿命。设备的寿命有自然寿命、技术寿命和经济寿命3种。其中经济寿命是设备更新的依据。设备的经济寿命是指从设备开始使用到其年平均使用成本最低年份的延续时间长短。设备的经济寿命是通过计算"设备的年折旧费+年维持费用"最低的方式来确定。

设备更新和设备现代化改装时间的确定和方案的选择一般都是通过计算设备每年的年平均总费用最低来选择，且一般不考虑沉没成本。

对于设备购置和租赁方案的比选，是通过比较两个方案下净现金流量来比选。设备租赁方案的净现金流量为，净现金流量＝销售收入－经营成本－租赁费用－税率×（销售收入－经营成本－租赁费）。设备购置的净现金流量为，净现金流量＝销售收入－经营成本－设备购置费－税率×（销售收入－经营成本－折旧费）。

思 考 题

(1) 什么是设备？什么是设备的有形磨损和无形磨损？如何补偿设备的磨损？
(2) 什么是设备的大修、更新和现代化改装？它们各有什么优缺点？
(3) 什么是设备的自然寿命、技术寿命和经济寿命？经济寿命有什么意义，如何确定？
(4) 什么是设备的低劣化值？
(5) 设备更新方案的特点和原则有哪些？设备更新期如何确定？
(6) 如何进行设备更新方案的经济分析？
(7) 如何进行设备现代化改装的经济分析？
(8) 什么是设备租赁？设备租赁有哪几种方式？设备租赁有哪些好处？
(9) 如何进行设备租赁的经济分析？

习 题

(1) 某设备原始价值为 10 000 元，目前需要修理，修理费用为 3 000 元。该种设备的再生产的价值是 7 000 元。试计算该设备的有形磨损量、无形磨损量和综合磨损量。

(2) 一台生产用机器一次投资 3 750 元，且在任何时候都没有残值，第 1 年的操作与维修费用为 300 元，以后每年增加 300 元，求该机器的经济寿命。（不计利息，用直线折旧法）

(3) 有一台特殊效用的机器，原始费用为 20 000 元，表 8-11 列出了机器各年的使用费和各服务年年末的残值。假如 $i_0=10\%$，求这台机器的经济寿命。

表 8-11 题(3)的数据资料　　　　　　　　　　　　　　　　　　　　单位：元

服务年数	1	2	3	4	5	6	7	8	9
年使用费	2 200	3 300	4 400	5 500	6 600	7 700	8 800	9 900	11 000
年末残值	10 000	9 000	8 000	7 000	6 000	5 000	4 000	3 000	2 000

(4) 某设备原值 5 000 元，其各年残值及维持费用资料见表 8-12，若不考虑利率，试计算设备的合理更新期。

表 8-12 题(4)的数据资料　　　　　　　　　　　　　　　　　　　　单位：元

使用年数	1	2	3	4	5	6
年维持费	100	193	207	300	1 100	2 300
年末残值	3 700	2 600	1 786	900	400	200

(5) 某机床原始价值为 8 000 元，每年低劣化质为 320 元。设机床使用到任何时候的残值都为零，那么求机床的经济寿命及最小年费用。

(6) 更新某旧设备有两种方法：方案 A 为购置新设备，方案 B 为改造旧设备的发动机。10 年前现有设备的原值为 9 000 元。改造其发动机使其寿命延长 5 年，要花 200 元。一台能力相同的新设备初始费用为 12 300 元，预计寿命为 10 年。旧设备的燃料和润滑油每年要花 4 000 元，新设备的同类消耗大约为 15%。预计新设备的维修费用每年要比旧设备少 300 元。两个设备在退役时均无残值。假设基准折现率为 8%，问：方案 A 和方案 B 哪个更经济？

（7）机器 A 的初始费用为 9 000 元，在 6 年使用寿命期结束时没有残值，年度运行费用为 5 000 元。机器 B 初始费用为 16 000 元，在 9 年寿命期结束时可转卖 4 000 元，年度运行费用为 4 000 元，假定年利率为 10%，试比较两种方案。

（8）五年前花 27 000 元在工厂内安装一套输送系统设备，估计系统的使用寿命为 20 年，年度使用费为 1 350 元。由于输送的零件数增加了一倍。现有两种方案可供选择：方案 A，保留原输送系统设备，再花 22 000 元安装一套输送能力，使用寿命，年度使用费等和原系统完全相同的输送设备；方案 B，花 31 000 元安装一套输送能力增加一倍的系统，其年度使用费为 2 500 元其使用寿命为 20 年，安装此系统后原系统以 6 500 元出售。3 种系统使用寿命期末的残值均为原始费用的 10%，$i_0=12\%$，选择研究期为 15 年，试比较 A、B 两种方案。

（9）现有 A、B、C 三种设备可供选择，其有关数据见表 8-13，若利率为 10%，试选择最优设备。

表 8-13 题(9)的数据资料

项 设备	A	B	C
原值(元)	14 000	16 000	23 000
年运行经营费用(元/年)	800	700	600
服务年限(年数)	10	13	15
年产量(W)	100	110	120
残值(元)	0	0	0

（10）某施工企业有一台升降机，已经使用了很多年，目前净值为 4 000 元，要继续使用就必须进行现代化改装，估计改造需要费用 8 000 元，改造后生产效率可以提高产品质量 20%，可以继续使用 5 年，每年的经营费为 2 000 元，5 年年末残值为 500。现在有另一方案：重新购置一台功能相同的升降机，购置成本需 40 000 元，新设备的生产效率可以提高 30%，可使用 10 年，期末残值估计为 1 000 元，每年的维修费为 1 000 元。问：该企业是对旧升降机进行改造好还是更新好？如果基准折现率为 10%，决策又会怎样？

（11）某企业需要某种设备，其购置费为 20 000 元，打算使用 10 年，残值为 2 000 元。这种设备也可以租到，每年租赁费为 3 000 元。两种方案运行费都是每年 2 000 元。政府规定的所得税率为 55%，采用直线折旧。若基准折现率为 12%，试问：企业应采用租赁设备还是采用购置设备？

第 9 章 价值工程

教学目标

通过本章的学习,掌握价值工程的基本概念、价值工程的用途、价值工程的工作程序、价值功能寿命周期和成本寿命周期等分析方法。

教学要求

知识要点	能力要求	相关知识
价值工程的基本概念	(1) 了解价值工程的概念及特点 (2) 了解提高价值途径	价值工程的产生与发展
价值工程的工作流程	(1) 了解价值工程的方案产生评价方法 (2) 掌握价值工程工作流程与步骤	(1) 价值工程对象的选择 (2) 搜集情报 (3) 功能分析 (4) 创造新方案 (5) 分析与评价方案 (6) 验证和定案 (7) 检查实施情况,评价活动成果

基本概念

价值工程、功能定义、功能评价、功能系统图。

 引例

价值的大小是用户对商品的功能与成本之间的关系所作的评价,用户在选购某种商品时,考虑的是这种商品价值的比值,即以最小的成本获取最大的功能。因此,评价一种产品,要看它的功能和与获得该功能的成本之间的比值。

9.1 价值工程概述

9.1.1 价值工程的产生和发展

价值工程(简称 VE)是一门新兴的科学管理技术,是降低成本提高经济效益的一种有效方法。它于 20 世纪 40 年代起源于美国。第二次世界大战结束前不久,美国的军事工业发展很快,造成原材料供应紧缺,一些重要的材料很难买到。时任设计师的麦尔斯(L. S. Miles)在石棉短缺问题上研究出代替材料的方法,他总结出一套在保证相同功能的前提下降低成本的较完整的科学技术方法,其后又发展到改进设计、工艺和生产领域,而至目前完善成为一种技术经济分析方法,统称为价值工程。

价值工程首先在美国得到广泛重视和推广,由于麦尔斯《价值分析程序》的发展,1955 年价值工程传入日本后,他们把价值工程与全面质量管理结合起来,形成具有日本特色的管理方法,并取得了极大的成功。我国运用价值工程是从 20 世纪 70 年代末开始的。1984 年国家经委将价值工程作为 18 种现代化管理方法之一,向全国推广。1987 年国家标准局颁布了第一个价值工程标准《价值工程基本术语和一般工作程序》。

9.1.2 价值工程相关概念及其特点

1. 价值工程概念

以谋求最低的产品全寿命周期成本,可靠地实现使用者所需的必要功能,对产品的功能成本进行有组织的系统分析的一种技术经济思想方法和管理技术。

价值工程可以用下式表达:

$$价值 = \frac{功能}{成本}, \quad 即 \quad V = \frac{F}{C} \qquad (9-1)$$

式中:V(Value)——价值;
F(Function)——功能;
C(Cost)——成本。

价值工程的基本原理涉及以下 3 个重要的基本概念。

1) 价值

价值工程中的"价值"与一般所说的"价值"不同。从通俗意义来讲，许多人会把价值理解为某种商品有用的或者有意义的一种性质。从政治经济学的角度来看，价值是商品的社会属性，表现为一种商品同另一种商品相互交换的数量上的关系或比例。它是由社会的必要劳动量来决定的。这种凝聚在商品中的、一般的、无差别的人类劳动就是价值。

价值工程中所说的"价值"则是把它作为一种衡量尺度提出来的。例如，用户需要购买128MB的MP3播放器，假设此市场上有两种型号的MP3播放器，当两种MP3播放器价格相同时，用户当然会选择播放音质好的那一种，因为它的价值大；当两种播放器价格不同时，用户会面临两种情况：第一种情况是播放音质好的MP3播放器价格低，而另一种性能低但价格又高，这时用户当然会选择性能高价格低的MP3播放器，因为它的价值大；第二种情况是音质好的MP3播放器价格高，而性能低的那种MP3播放器价格低，这时顾客就要权衡一下，到底是购买性能高价格高的还是购买性能低价格低的MP3播放器，这时就需要衡量为得到商品的有用性而付出的花费是否合适。从这个意义上讲，价值是被当做衡量物品(事物或产品)有益程度的一种尺度，或者说是物品的效用(功能)与费用(成本)的比值。上述定义除了表明价值或由于增加功能或由于降低成本而增加外，还可以说明价值是可以测定的变化的量。

此外，还须进一步指出的是，就产品而言，同一件产品的功能是随着使用条件、时间、地点和对象的不同，对它的需求程度不一样，当然评价也不相同。同时，还应看到，成本也是可以改变的。所以说，通过功能和成本的改变来达到提高价值的目的，正是价值工程研究问题的实质。

2) 功能

功能是对象能够满足某种需求的一种属性。具体来说，功能就是功用、效用。其分类如下所述。

(1) 使用功能(Use Function)和品位功能(Esteem Function)。使用功能是对象所具有的与技术经济用途直接有关的功能；品位功能是与使用者的精神感觉、主观意识有关的功能，如美观、豪华等。

(2) 基本功能(Basic Function)和辅助功能(Supporting Function)。基本功能是决定对象性质和存在的基本要素；辅助功能是为更好实现基本功能而附加的一些因素。

(3) 必要功能(Necessary Function)和不必要功能(Unnecessary Function)。必要功能是为满足使用者的要求而必须具备的功能；不必要功能是与满足使用者的需求无关的功能。

(4) 不足功能(Insufficient Function)和过剩功能(Plethoric Function)。不足功能是对象尚未满足使用者需求的必要功能；过剩功能是超过使用者需求的功能。

3) 成本

价值工程中的成本指的是寿命周期成本(life cycle cost)，包括产品从研究、设计、制造、销售、使用直至报废为止的整个期间的全部费用。它由生产成本和使用成本两部分构成，生产成本包括研究开发费、设计费、原材料费、能源费、加工费、包装费、运输费、销售费、税收等构成，用户的使用成本包括使用过程中的安装费、运行费、维修费等各项费用，如图9.1所示。

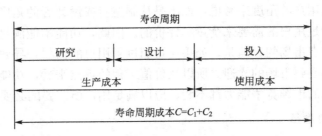

图 9.1 生产成本

在价值工程活动中,虽然把重点放在产品的设计阶段,但既要重视降低设计制造成本,也必须重视降低维护使用成本,把产品的生产和使用作为一个整体。这样做,不仅对企业有利,对用户有利,对整个社会也有极大的益处。

2. 价值工程的特点

价值工程强调的是以功能分析为核心,力求用最低的全寿命周期费用,可靠地实现产品或作业的必要功能的一种有组织的创造性活动。

价值工程既不片面地强调提高功能,也不单纯地追求降低成本,而是把功能和成本作为一个问题的两个方面,把技术和经济有机地结合起来,在保证产品具有使用者所要求的必要功能的前提下,尽可能地降低成本,提高产品的价值,使用户和企业都获得效益。生产企业的效益主要是为社会提供有用的产品或服务,并增加利润;用户的效益主要是享受更满意的产品功能或服务,并节约支付的费用。所以,价值工程需要把两者结合起来,使用户和企业都获得效益,才是价值工程的根本目的。

价值工程包含以下 4 个方面的特点。

(1) 功能分析是价值工程的核心,即准确地分析产品或作业的必要功能、剩余功能、不必要功能是价值工程实施效果的关键;功能分析是价值工程特有的一种分析方法,也是价值工程的重要特点。价值工程活动之所以能取得显著效果,其关键就在于抓住了功能系统分析这一环节。只有通过功能系统分析,才能了解现有功能的性质,明确功能的满足程度及各功能之间的逻辑关系,为研究功能与成本之间的关系打下基础。由于功能与成本的关系是相当复杂的,只有采用系统的观点和方法,进行定性和定量的分析研究,才能达到满足功能需求,降低成本,提高研究对象价值的目的。

(2) 追求的是全寿命周期费用最低,这就说明仅仅追求产品的生产成本最低是不够的,还需要考虑产品在其寿命周期的使用成本。

(3) 价值工程是有组织的创造性活动,价值工程的活动范围涉及企业内外生产经营活动的许多环节,必须把与价值工程对象相关的环节,从产品的开发、设计、制造、供销、成本核算直到产品用户的有关人员组织起来、有组织、有计划、有步骤地展开,形成功能与成本综合分析的创造性活动。价值工程强调,要想提高价值必须有创造性的活动,它是通过对研究对象进行功能与成本的系统分析,找出改进目标后,突出价值工程活动过程中"不断创新"环节,充分发挥人的主观能动性和创新精神,并把突破、创新的思想移植到价值工程的具体操作上,把提高价值的目标和提高功能或降低成本的具体创新结合起来。从而创造出新的功能载体或者新的生产载体来,使指导思想转化为一种具体的技法。

(4) 从消费者角度分析必要功能,价值工程的目的是以最低的费用实现产品的必要功能,因此价值应从用户的角度来考虑,而不是从制造者或设计者的角度来考虑。产品功能的高低是以能否满足用户的需要来衡量和评价的。因此,功能不能满足用户的要求,即质量再高的产品是没有市场的;但是,如果质量超过了用户的需要,导致费用和价格的大幅提高,显然也不会受到市场的欢迎。所以从价值工程的观点来看,功能不足、功能过剩或不必要功能对产品的市场竞争能力都不利,应以满足用户所需要的必要功能为目标。

3. 提高价值的途径

根据价值、功能、成本的上述关系,提高价值的途径总体上可以分为两类:一类是以提高功能为主的途径,一类是以降低成本为主的途径。既提高功能,又降低成本,是一种理想途径。提高价值的基本途径见表 9-1,其具体表现为以下 5 个方面。

表 9-1 提高价值的主要途径表

提高价值途径	表达式	着重点
功能不变,成本降低	$F/C\downarrow = V\uparrow$	着重于降低成本
成本不变,功能提高	$F\uparrow/C = V\uparrow$	着重于提高功能
功能提高,成本降低	$F\uparrow/C\downarrow = V\uparrow\uparrow$	理想途径
成本略增,功能大幅度提高	$F\uparrow\uparrow/C\uparrow = V\uparrow$	着重于提高功能
功能略减,成本大幅度下降	$F\downarrow/C\downarrow\downarrow = V\uparrow$	着重于降低成本

上述 5 种基本途径,仅是依据价值工程的基本关系式 $V=F/C$,从定性的角度所提出来的一些思路。在价值工程活动中,具体选择提高价值途径时,则需进一步进行市场调查,依据用户的要求,按照价值分析的重点,针对不同途径的适用特点和企业的实际条件进行具体的选择。

9.1.3 价值工程的指导原则及工作程序

麦尔斯在长期实践过程中,总结了一套开展价值工作的原则,用于指导价值工程活动的各步骤的工作。这些原则包括以下几个方面。

(1) 分析问题要避免一般化、概念化,要作具体分析。
(2) 收集一切可用的成本资料。
(3) 使用最好、最可靠的情报。
(4) 打破现有常规,进行创新和提高。
(5) 发挥真正的独创性。
(6) 找出障碍,克服障碍。
(7) 充分利用有关专家,扩大专业知识面。
(8) 对于重要的公差,要换算成加工费用来认真考虑。
(9) 尽量采用专业化工厂的现成产品。
(10) 利用和购买专业化工厂的生产技术。
(11) 采用专门生产工艺。
(12) 尽量采用标准。

(13) 以"我是否这样花自己的钱"作为判断标准。

这 13 条原则中,第 1 条至第 5 条是属于思想方法和精神状态的要求,提出要实事求是,要有创新精神;第 6 条至第 12 条是组织方法和技术方法的要求,提出要重专家、重专业化、重标准化;第 13 条则提出了价值分析的判断标准。

价值工程已发展成为一门比较完善的管理技术,在实践中已形成了一套科学的实施程序。这套实施程序实际上是分析问题、综合研究和方案评价的 3 个一般决策程序,通常是围绕以下 7 个合乎逻辑程序的问题展开的。

(1) 这是什么?
(2) 这是干什么用的?
(3) 它的成本多少?
(4) 它的价值多少?
(5) 有其他方法能实现这个功能吗?
(6) 新的方案成本多少?功能如何?
(7) 新的方案能满足要求吗?

按顺序回答和解决这 7 个问题的过程,就是价值工程的工作程序和步骤。其主要是选择价值工程对象,收集情报,功能系统分析,功能评价,方案创造、方案评价,方案试验和提案,活动成果评价。其具体内容如下。

1) 选择价值工程对象

价值工程的主要途径是进行分析,选择对象是在总体中确定功能分析的对象。它是根据企业、市场的需要,从得到效益出发来分析确定的。对象选择的基本原则:在生产经营上有迫切的必要性,在改进功能、降低成本上有取得较大成果的潜力。

2) 搜集情报

通过搜集情报,可以从情报中得到进行价值工程活动的依据、标准、对比对象,同时可以受到启发、打开思路,深入地发现问题,科学地确定问题的所在和问题的性质,以及设想改进方向、方针和方法。

3) 功能系统分析

功能分析也称为功能研究,对于新产品来讲,又称为功能设计,是价值工程的核心。价值工程的活动就是围绕这个中心环节在进行。因为价值工程的目的是用最低的寿命周期成本,可靠地实现用户所需的必要的功能。所以,价值工程师对产品的分析,首先不是分析产品的结构,而是分析产品的功能,也即从传统的对产品结构的分析(研究)转移到对产品功能的分析(研究)。这样就摆脱现存结构对设计思路的束缚,为广泛联系科学技术的新成果,找出实现所需功能的最优方案,提供了一种有效方法。

功能分析包括功能定义、功能分类和功能整理。功能定义是指用来确定分析对象的功能。功能分类是指确定功能的类型和重要程度,如基本功能、辅助功能、使用功能、美观功能、必要功能、不必要功能等。功能整理是指制作功能系统图,用来表示功能间的"目的"和"手段"关系,确定和去除不必要功能。

(1) 确定功能定义。对功能要给予科学的定义,进行按类整理,理顺功能之间的逻辑关系,为功能分析提供系统资料。

(2) 功能整理。功能整理目的是确切地定义功能,正确地划分功能类别,科学地确定功能系统，发现和提出不必要的功能和不正确的或可以简化的功能。

4）功能评价

功能评价的目的是寻求功能最低的成本。它是用量化手段来描述功能的重要程度和价值，以找出低价值区域。明确实施价值工程的目标、重点和大致的经济效果。功能评价的主要尺度是价值系数，可由功能和费用来求得。此时，要将功能用成本来表示，以此将功能量化，并可确定与功能的重要程度相对应的功能成本。

5）方案创新和评价

为了改进设计，就必须提出创新方案，麦尔斯曾说过，要得到价值高的设计，必须有20～50个可选方案。提出实现某一功能的各种各样的设想，逐步使其完善和具体化，形成若干个在技术上和经济上比较完善的方案。提出改进方案是一个创造的过程，在进行中应注意以下几点。

（1）要敢于打破常规，不受原设计的束缚，完全根据功能定义来设想实现功能的手段，要从各种不同角度来设想。

（2）要发动大家参加这一工作，组织不同学科、不同经验的人在一起商讨改进方案，互相启发。

（3）把不同想法集中，发展成方案，逐步使其完善。在提出设想阶段形成的若干种改进新方案，不可能十分完善，也必然有好有坏。

因此，一方面要使方案具体化，另一方面要分析其优缺点，进行评价，最后选出最佳方案。

方案评价要从两方面进行：一方面要从满足需要、满足要求、保证功能等方面进行评价；另一方面要从降低费用，降低成本等经济方面进行评价。总之，要看是否提高了价值，增加了经济效果。

6）方案试验和提案

为了确保选用的方案是先进可行的，必须对选出的最优方案进行试验。验证的内容有方案的规格和条件是否合理、恰当，方案的优缺点是否确切，存在的问题有无进一步解决的措施，并将选出方案及有关技术经济资料编写成正式提案。

7）评价活动成果

在方案实施以后，需要对实施方案的技术、经济、社会效果进行分析总结。

以上工作程序和问题见表 9-2。

表 9-2 价值工程活动程序表

一般决策程序	价值工程程序		价值工程提问
	基本步骤	详细步骤	
分析问题	确定 VE 工作对象	（1）选择对象	这是什么？
		（2）搜集情报	
	功能系统分析	（3）功能定义、分类和整理	它的作用是什么？
	功能评价	（4）功能评价	它的成本是什么？
			它的价值是什么？

(续表)

一般决策程序	价值工程程序		价值工程提问
	基本步骤	详细步骤	
综合研究	方案创造	(5) 方案创造	有其他方法实现这个功能吗?
方案评价	方案评价	(6) 概略评价	(7) 方案具体化	新方案的成本是多少?
		(8) 详细评价	(9) 方案评审	
	方案实施	(10) 方案试验、实施	新方案能满足要求吗?
		(11) 成果评价	

9.2 价值工程对象选择和情报搜集

9.2.1 价值工程对象选择的原则

选择价值工程活动的对象，就是要具体确定功能成本分析的产品与零部件。这是决定价值工程活动收效大小的第一个步骤。在一个企业里，并不是对所有产品都要进行价值工程分析，而是有选择、有重点地进行。这样就可以提高价值工程活动的效果，在工作量相同的情况下，力争取得最好的成效。一般来说，选择价值工程活动的对象，必须遵循一定的原则，运用适当的方法保证对象选择得合理。

价值工程是就某个具体对象开展的有针对性的分析评价和改进，有了对象才有分析的具体内容和目标。价值工程的对象选择过程就是逐步收缩研究范围、寻找目标、确定主攻方向的过程。一般来说，对象的选择有以下几个原则。

1. 与企业生产经营发展相一致的原则

由于行业、部门不同，环境、条件不同，企业经营目标的侧重点也必然不同。企业可以根据一定时期的主要经营目标，有针对性地选择价值工程的改进对象。通常企业经营目标有如下 9 个方面。

(1) 对国计民生影响较大的产品。
(2) 国家计划任务和社会需要较大的产品。
(3) 对企业经济效益影响较大的产品。
(4) 竞争激烈的产品。
(5) 扩大销售量，提高市场占有率的产品。
(6) 计划延长产品寿命周期的产品。
(7) 用户意见大，质量有待继续提高的产品。
(8) 成本高、利润少的产品。
(9) 出口创汇的产品。

2. 潜力大、易于提高价值的原则

对象选择要围绕提高经济效益这个中心，选择价值低、潜力大并和企业人力、设备、技术条件相适应，在预定时间能取得成功的产品或零部件作为价值工程活动对象。具体可以从下列几个方面进行分析和选择。

（1）从设计方面来看，对产品结构复杂、性能和技术指标差距大、体积大、重量大的产品、部件进行价值工程活动，可使产品结构、性能、技术水平得到优化，从而提高产品价值。

（2）从生产方面来看，对数量多、关键部件、工艺复杂、原材料消耗高和废品率高的产品或零部件，特别是对量多、产值比重大的产品，如果把成本降下来，所取得的总的经济效果会比较大。

（3）从市场销售方面来看，选择用户意见多、系统配套差、维修能力低、竞争力差、利润率低的，或者选择市场上畅销但竞争激烈的产品。对于新产品、新工艺和寿命周期较长的产品也可以列为重点。

（4）从成本方面来看，选择成本高于同类产品、成本比重大的，如材料费、管理费、人工费等。推行价值工程就是要降低成本，以最低的寿命周期成本可靠地实现必要功能。

根据以上原则，对生产企业，有以下情况之一者，应优先选择为价值工程的对象。
① 结构复杂或落后的产品。
② 制造工序多或制造方法落后及手工劳动较多的产品。
③ 原材料种类繁多和互换材料较多的产品。
④ 在总成本中所占比重大的产品。

对由各组成部分组成的产品，应优先选择以下部分作为价值工程的对象。
① 造价高的组成部分。
② 占产品成本比重大的组成部分。
③ 数量多的组成部分。
④ 体积或重量大的组成部分。
⑤ 加工工序多的组成部分。
⑥ 废品率高和关键性的组成部分。

9.2.2　价值工程对象选择的方法

价值工程对象选择的方法有定性和定量两大类别，对其介绍分别如下所述。

1. 定性的方法

定性的方法主要有经验分析法和寿命周期分析法。

1）经验分析法

这是一种定性分析法，也称为因素分析法。它依靠价值工程人员的经验和知识，来选择和确定分析对象。在对各因素进行综合分析时，既要区别轻重缓急，考虑需要，又要考虑可能性。经验分析法的优点是简便易行，不需要特殊训练，能综合考虑问题。缺点是缺

乏定量依据，受分析人员的水平和主观因素的影响较大，可结合决策树分析法使用。一般用于下列情况。

(1) 供选择的对象，其条件比较悬殊。

(2) 预计几种对象能够提高经济效益的差异比较明显的。

(3) 在繁多的产品、品种(或零部件)中，粗略筛选工作对象。

2) 寿命周期分析法

产品寿命周期是指产品从投入市场开始直至被淘汰为止所经历的时间，实际是指产品的技术寿命。这段时间一般按产品在市场上的销售量多少分为投入期、发展期(成长期)、成熟期(饱和期)、衰退期4个阶段。

使用产品寿命周期分析法，首先确定产品在寿命周期中处在哪个阶段，然后采取相应措施提高产品的价值。

(1) 对于处在投入期的新产品，价值工程活动的重点是使产品的功能和成本尽可能满足用户的要求，使产品具有较大价值，投入市场就能扩大销售，有较大盈利空间。

(2) 对于处在发展期的产品，价值工程活动的重点是改进产品的工艺和物资供应条件，增加产量并扩大销售量。

(3) 对于处在成熟期的产品，首先是少许投资尚能较大降低成本或增加功能的产品，要着重价值工程分析。再就是产品销售已下降，但对购买力低的用户尚有吸引力的产品，也应着重价值分析。在该阶段，要努力降低成本和提高功能，增强产品竞争能力，并应抓住时机进行更新换代的研制工作。尽快开发新产品，一旦产品进入衰退期，应立即向市场投入具有更高价值的新产品。

2. 定量分析法

定量的分析方法主要有ABC分析法、强制确定法、价值系数法和最合适区域法等。

1) ABC分析法

ABC分析法是一种运用数理统计的分析技术原理，按照局部成本在总成本中的比重大小来选择价值工程对象的方法，国外也有把这种方法称为帕雷托分析法。此法是选择价值工程对象最常用的方法之一。其基本原理是在选择价值工程对象时，要分清主次、轻重，区别关键的少数和次要的多数，根据不同的情况进行分类对待。

ABC分类法是意大利经济学家帕雷托(Perato)于19世纪引入经济管理的，其在分析研究本国财富分配状况时从大量的统计资料中发现，占人口比例小的少数人，拥有绝大部分社会财富，而占有少量社会财富的则是大多数人。帕雷托用图直观地展示了这种现象。这个排列图由帕雷托首创，所以称为帕雷托图，如图9.2所示。这一曲线图能直观地表达产品成本中的主次因素，所以，也称为主次因素图或ABC分析图。后来在生产实践中，人们发现经济管理活动也存在此种不均分布的规律，因而，逐步把帕雷托的ABC分类法的原理和方法应用于选择价值工程活动的对象，效果十分显著。

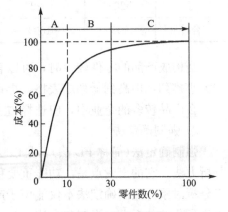

图9.2　ABC曲线图

对某一产品的全部零件的成本比重进行分析时,往往有少数几种零件在产品总成本中的比重很大,如有占零件总数10%~20%的零件的累计成本占总成本的70%~80%,这10%~20%的零件称为 A 类零件。A 类零件数量少而成本比重大,是对产品成本举足轻重的关键零件类,应列为价值工程对象;还有一些零件占零件总数的70%~80%,但成本仅占总成本的10%~20%,这类零件称为 C 类零件。C 类零件虽然数量多,但对整体成本影响不大。A、C 两种零件之外的其他零件归为 B 类零件。一般来说,A 类为重点研究对象,B 类作一般分析,C 类可不作分析。

ABC 分析法的具体步骤如下所述。

(1) 将所有研究对象(零部件或工序、项目),按其成本由多到少进行排列编号。
(2) 计算每个研究对象的累计个数占全部研究对象总数的百分比。
(3) 计算研究对象的累计成本。
(4) 计算累计成本占总成本的百分比。
(5) 按 ABC 分析法的分类原则进行分类。
(6) 画出 ABC 曲线图。
(7) 将 A 类作为价值工程的主要研究对象。其具体做法见表9-3。

表9-3 ABC 分析法

零件编号	零件数量	数量比例(%)	成本	成本比例(%)	成本累计(%)	分类
A	3	3	70	35	35	
B	7	7	50	25	60	A
C	6	6	36	18	78	
D	3	3	12	6	84	
F	9	9	8	4	88	B
E	2	2	6	3	91	
G	6	6	6	3	94	
H	10	10	4	2	96	
I	32	32	6	3	99	C
J	22	22	2	1	100	
合计	100	100%	200	100%	100%	

当构成产品的零件较少时,可以直接画出曲线图。如果零件数量很多,就要先将零件按大小排列,由高到低列成表格,再逐一画在坐标图上,然后作出曲线图。

在产品较多的企业中,应选择占主导地位的或对利润影响最大的产品作为 A 类对象。

2) 强制确定法

强制确定法(简称 FD 法),是以功能重要程度作为选择价值工程对象决策指标的一种分析方法。它的出发点是,功能重要程度高的零部件,是产品中的关键,因此,应当是重点分析对象。强制确定法不仅能用于产品,也可用于工程项目、工序、作业、服务项目或管理环节的分析上。强制确定法分为01评分法和04评分法两种,评分时由熟悉产品的专家5~15人参加，各自独立打分，不讨论，不干扰。

（1）01评分法。01评分法是先将构成产品的各零件（或项目因素）排列成矩阵，并站在用户的角度按功能重要程度进行一对一循环对比，两两打分，功能相对重要的零件得1分，不重要的得0分，每作一次比较有一个得1分，另一个得0分，合计各零件的得分值（取人均值）后除以全部零件的得分值总和，就得出各零件的功能评价系数。系数大者，表明此零件重要，应该列为重点。

有时某一零件的得分总值为0，但实际上该零件不能说是没有价值，为了避免这种误差，往往可对评分值加以修正，修正的方法是在全部零件得分基础上都各加1分，用修正后的得分值作为计算功能重要系数的参数。其具体做法见表9-4。

表9-4 01评分表

零部件名称 （或功能名称）	两两对比评分					得分值	修正值	功能重要度系数
	A	B	C	D	E			
A	×	1	1	1	1	4	5	0.333
B	0	×	1	1	1	2	3	0.2
C	0	0	×	0	1	1	2	0.133
D	0	1	1	×	1	3	4	0.266
E	0	0	0	0	×	0	1	0.066
合计						10	15	1.000

（2）04评分法。01评分法虽然能判别零件的功能重要程度，但评分规定过于绝对，准确度不高，可以采用04评分法来计算功能重要系数。其具体做法见表9-5。

表9-5 功能评价系数表

评分者 零部件名称	甲	乙	丙	丁	戊	总得分	平均值分值	功能评价系数	VE·选择
	评分值								
A	3	4	4	4	4	19	3.8	0.38	√
B	2	3	2	3	2	12	2.4	0.24	
C	0	1	1	2	3	7	1.4	0.14	
D	4	2	3	1	1	11	2.2	0.22	
E	1	0	0	0	0	1	0.2	0.02	
合计	10	10	10	10	10	50	10	1.00	

04评分法的步骤、方法与01评分法基本相同，它也是采用一对一比较打分的方法，但两零件得分之和为4分。

采用"04"评分法进行一一比较时，分为以下4种情况：
① 非常重要的功能得4分，很不重要的功能得0分；
② 比较重要的功能得3分，不太重要的功能得1分；

③ 两个功能重要程度相同时各得 2 分；
④ 自身对比不得分。

各零件的得分值除以全部零件的得分值的总和，就得到该零件的功能评价系数。

强制确定法是国内外应用十分广泛的方法之一，它虽然在逻辑上不十分严密，又含有定性分析的因素，但却有一定的实用性，只要运用得当，在多数情况下所指示的方向与实际大致相同。

3) 价值系数法

价值系数法是根据零部件的功能重要程度进行评分，并确定功能评价系数和成本系数进而确定价值系数，据此选择价值工程对象，其具体做法见表 9-6。

表 9-6 04 评分表

作业名称 (或功能名称)	得分值		修正值		得分值	功能评价系数	作业的重要度顺序
	调整	整洁	润滑	紧固			
调整	×	3	3	2	8	0.333	1
清洁	1	×	1	1	3	0.125	4
润滑	1	3	×	2	6	0.250	3
紧固	2	3	2	×	7	0.292	2
合计	4	9	6	5	24	1.000	

(1) 确定产品零件的功能评价系数。功能评价系数主要采用强制确定法中 01 法和 04 法计算零件的功能评价系数。其可用公式表示为

$$某零件功能评价系数\ FI = \frac{该零件的功能分数}{全部零件功能总分数} \tag{9-2}$$

(2) 求出各零件的成本系数。成本系数是指每个零件的现实成本占产品总成本的比值。其可用公式表示为

$$某零件成本系数\ CI = \frac{该零件的成本}{全部零件总成本} \tag{9-3}$$

(3) 求出各零件的价值系数。零件的价值系数是指该零件的功能评价系数与其成本系数之比。其可用公式表示为

$$某零件价值系数\ VI = \frac{该零件的功能评价系数}{该零件的成本系数} \tag{9-4}$$

(4) 根据价值系数对零件进行分析评价、选择价值工程对象。当 $VI=1$ 时，表明零件的功能与成本相当，这样的零件不必进行价值分析；当 $VI>1$ 时，表明零件的成本分配偏低，与其功能不平衡，这种情况下，应该首先分析是否存在过剩的功能，并予以消除，否则应该适当增加成本；当 $VI<1$ 时，表明零件实现的功能所分配的成本偏高，应该把这样的零件作为价值工程重点对象。其具体做法见表 9-7。

3. 最合适区域法

这是一种在采用强制确定法选择价值工程对象时，综合考虑对象的价值系数大小和对

象是否处在最合适区域两种因素，从而确定价值工程对象的方法。

表9-7 价值系数法表

部件名称	现状成本	成本指数	功能评价系数	价值指数	选择
A	20	0.1	0.333	3.33	√
B	100	0.50	0.266	0.53	√
C	40	0.2	0.200	1	
D	28	0.14	0.133	0.95	
E	12	0.06	0.066	1.1	
合计	200	1.00	1.000		

最合适区域法的应用原则是，不把价值系数相等的对象同等看待，而优先选择对产品实际影响较大的对象，同时也根据功能评价系数和成本系数确定的最合适区域来确定价值工程对象。最合适区域为如图9.3所示的阴影部分。

图中倾角为45°的直线称为标准价值线，这条线上的点标志着功能与成本恰好平衡，此时$VI=1$。标准价值线左上方的区域表示$VI>1$，右下方的区域表示$VI<1$，其中离原点远的点表示功能重要成本高，其变化对整体影响大，必须严加控制，即使偏离标准价值线不多，也要列为价值工程对象。而离原点近的点，表明其功能次要成本低，其变化对整体影响小，可以放宽控制，允许对于标准价值线有较大的偏离。因此，分析对象所在的最合适区域应是上狭下宽。在最合适区域内的各点，如E、F、G虽然偏离标准线，但不选作价值工程对象，只将处于最合适区域外的各点即A、B、C、D选作价值工程对象。

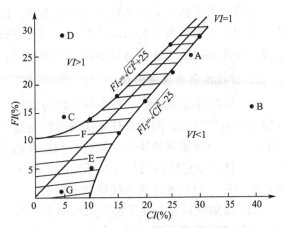

图9.3 最合适区域法价值系数图

最合适区域是根据数学原理确定的。其数学模型是

$$FI_1=\sqrt{CI^2+2S}（适用于标准价值线上方曲线方程） \quad (9-5)$$

$$FI_2=\sqrt{CI^2-2S}（适用于标准价值线下方曲线方程） \quad (9-6)$$

其中

$$2S=|CI^2-FI^2| \quad (9-7)$$

通过对功能和成本分析的基础上，S值在一定程度上揭示了评价对象的内在特性，S值较大时，则两条曲线偏离标准线较远，导致落在最合适区域以外的改进对象数量减少；S值较小时，则两条曲线距离标准线较近，导致落在最合适区域以外的改进对象数量较多。

上列各式在一定程度上反映了功能和成本的关系。如果 $2S=|CI^2-FI^2|$ 意味着每个零件都有它自己一个特定的常数 S，那么，S 值给定的大，则两条曲线偏离标准线的距离大，落在最合适区域外面的点少，VE 对象选的就少；反之，S 值给定的小，最合适区域缩小，则 VE 对象可能增加。至于 S 值取多少，可根据工作需要和人力、财力、设备能力的可能而定，原则是拉网式由大到小逐渐缩小，直到选择的对象与客观需要一致为止。

9.2.3 情报的搜集

当价值工程活动的对象选定之后，就要进一步开展情报搜集工作，这是价值工程不可缺少的重要环节。通过资料、信息的搜集、整理和汇总、分析，使人们开阔思路，发现差距，掌握依据，开拓创新，使价值工程活动加快速度、提高效率、减少费用、增大收益。因此，搜集信息情报的工作，不仅是选择对象的需要，也是整个价值工程活动的基础。

价值工程情报，就是以价值工程为主体，对其有关客体的内容通过识别、加工、整理、分析、综合、判断、选择等方式获得有用的资料，并为价值工程活动服务信息。

情报是为了达到某种特定目的而收集的。因此要着眼于寻找改进依据，要在庞大的总体系统中找出需要改进的薄弱环节，必须有充分的情报作为依据，如功能分析时需要经济情报，在此基础上才能创造性地运用多种手段，正确地进行对象选择和功能分析。

1. 情报搜集的注意方面

（1）情报搜集要广泛，要掌握全面的信息，以便从全局去观察、研究和分析问题，避免得出片面的结论。同时要注重所搜集的信息资料应是可靠无误的。错误的信息会导致错误的结论，导致错误的决策，这关系到企业的兴衰成败，所以信息要真实可靠。

（2）搜集信息资料的目的必须明确，力求避免盲目性。目的性就是要解决"专"的问题，即对每个问题要有深入细致的资料。

（3）搜集情报前，要了解对象和明确范围，只有对对象的功能及寿命周期有足够的了解，才能透过现象弄清本质，与用户的真正要求作比较，有效地进行研究分析。

（4）要注意时间的重要性，错过时机无可挽回，因而信息要及时，才能适应国民经济迅速发展、市场需求瞬息万变、竞争激烈的需要。

2. 情报搜集的内容

多数情况下，围绕价值工程的某一课题所需情报的内容不尽一致，但一般来说要涉及以下几个方面。

1）用户方面的情报

用户方面的情报对价值改善具有规定性作用，是产品设计的基本依据。其主要包括如下内容。

（1）用户的基本要求：用户要求产品必备的基本功能及其水平；对产品寿命与可靠性要求；希望价格降低幅度及交货时间；对技术服务的具体要求；对产品所产生副作用的最高限度等。

（2）用户的基本条件：用户所处的销售地区及其市场阶层；用户的经济条件及购买力水平；用户的文化水平及操作能力；用户的使用环境及维修、保养能力等。

2) 销售方面的情报

销售方面的情报,对价值改善具有指导性作用,是确定产品设计目标的重要基础。其主要包括以下内容。

(1) 产品方面:产品销售的市场范围及其发展趋势;产品销售数量的演变及其缘由;国家需求计划与市场需求预测;产品的技术现状及其发展的可能。

(2) 竞争方面:主要竞争对手的技术经济现状及其未来发展趋势;竞争对手的主要特性与问题;名牌产品的优势与特色;各家的产量、销量以及售后服务等。

3) 技术方面的情报

技术方面的情报,对价值改善具有方向性作用,是改进设计的主要来源。其主要包括以下内容。

(1) 科技方面:有关的科研成果及其应用情况新结构、新材料、新工艺的现状及其发展;标准化的具体要求及其存在问题;国内外同类产品的开发与研究方向。

(2) 设计方面:产品设计的主要功能标准与其相关要求;产品的结构原理及零部件配合的先进程度;材料价格、尺寸、精度;产品造型的适时程度及其体积、重量、色泽的发展趋向。

4) 成本方面的情报

成本方面的情报,对价值改善具有参考性作用,是确定成本目标的参照系统。其主要有以下内容。

(1) 同类企业成本:同类企业的生产成本、使用成本;主要原材料、能源费用的构成情况及其变化趋势;车间经费、企业管理费等有关资料;产品及其组件等历史资料中的最低成本。

(2) 供料企业成本:供料企业成本的变动,必将引起供应材料价格的变动。具体包括原材料、燃料生产企业的各种成本的现状;各历史时期的发展变化状况;未来发展的趋势与可能。

5) 本企业的情报

本企业的情报,主要指本企业生产经营方面的情报,对价值改善具有条件性作用,是产品开发的可能性依据。其主要包括以下内容。

(1) 经营概况:企业的经营思想、方针、目标;企业的近期发展与长远发展规划;企业的经营品种与相应的产量、质量情况;企业的技术经济指标在同行业中所处的地位与水平等。

(2) 综合能力:本企业的开发、设计、研究能力;技术经济的总体水平与试制能力;各有关环节的加工制造能力;通用设备、专业设备、工艺装备情况;质量保证能力,供应运输能力以及应变能力等。

6) 协作企业的情报

协作企业的情报,对改善价值具有制约的作用,它是产品开发设计可能性的外界因素,其主要包括以下内容。

(1) 涉及对象:产品开发、设计所涉及的原材料、辅助材料、半成品、外协件的品种、规格、数量、质量以及订货的难易程度。

(2) 企业概况:经常性的供应与协作企业地区分布、距离、交通运输、联络的难易程度；企业的经营管理水平，质量、价格、信誉情况；企业的长远发展趋势与可靠性状况。

另外，情报的内容还应包括国家与社会有关部门方面的情报。例如，国家的新经济政策，有关产品的优惠政策，国家有关部门的技术政策、能源政策，有关部门的对外贸易，技术引进，以及环保方面的法令规定等。

9.3 功能系统分析和评价

9.3.1 功能系统分析

价值工程旨在提高研究对象的价值，其目的是以对象的最低寿命周期成本可靠地实现使用者所需功能，以获取最佳的综合效益。显然，要想提高对象价值，获取最佳的综合效益，必须抓住对象的本质——功能。为此，只有通过功能系统分析，才能加深对功能的理解，探索功能要求，明确功能的性质和相互关系，并使功能数量化，进而对研究对象进行价值评价和成本评价，以利于方案创新。

功能系统分析包含功能定义和功能整理，进行功能系统分析的基础是功能分类。功能系统分析是价值工程的核心。

1. 功能分类

既然功能是满足某种需求的一种属性，那么，凡是满足用户需求的任何一种属性都应属于功能的范畴。功能的概念是广义的，它随着研究对象的不同，可以有多方面的含义，如就一个机构、一项活动来说，其功能可以解释为所具有的特定职能或任务。

例如，手表可以显示时间，还能防水、防磁、防震。显然，这些属性并非一样。如不能显示时间，就无法称其为手表；若不能防水，也就很难保证其可靠准确地显示时间，但对于大多数用户而言，手表缺乏防水功能并不一定就认为手表不能使用。一个产品可以有多种功能，为了更好地研究这些不同的功能，首先需要将功能进行分类。

1) 从功能的重要程度角度看可分为基本功能和辅助功能

(1) 基本功能。基本功能是与对象的主要目的直接有关的功能，是对象存在的主要理由。一个产品可以有多种功能来满足用户对产品所提出的各种要求，其中能满足用户基本要求的那一部分功能就是产品的基本功能，它是产品存在的基本条件，也是用户购买产品的主要原因。显然，一件产品并不一定只具有一项基本功能。例如，手表的基本功能是显示时间，而闹钟的基本功能是显示时间和定时产生响声。由于基本功能是用户需求的基本原因，因此不能由设计者或企业加以改变，相反却要想方设法给予保证。

(2) 辅助功能。辅助功能是为更好地实现基本功能服务的功能。辅助功能也称为二次功能，是为有效地实现基本功能而添加的功能。其作用虽然相对于基本功能是次要的，但它是实现基本功能的重要手段。例如，手表的基本功能是显示时间，而防水、防磁、防震则是为了更准确地显示时间而附加的辅助功能。又如，电视机的遥控功能就是为使基本功能能够得到更方便的实现而附加的辅助功能。

由于辅助功能是由设计者附加上去的功能，当然是可以改变的，所以，应该在确保基本功能实现的前提下,根据需要和可能来增加或剔除辅助功能。从开展价值工程活动本身来说,改进辅助功能是开展价值工程活动的重要课题,也是降低成本潜力较大的地方。

需要指出的是,随着科学技术的进步和用户需求的变化,基本功能和辅助功能的划分是相对的,有时辅助功能也可以转化为基本功能。例如,洗衣机的基本功能曾经是洗涤衣物,而自动、半自动、漂洗、脱水等为其辅助功能。但发展到目前的"全自动"洗衣机时,由于可以根据需要来预选操作程序,"自动洗涤"就成为其基本功能了。

2)从用户对功能需求角度看分为必要功能和不必要功能

必要功能是为满足使用者需求而必须具有的功能,不必要功能是对象所具有的、与满足使用者的需求无关的功能。

必要功能是用户所必要的功能,它包括基本功能与辅助功能,基本功能一定是必要功能,而辅助功能既有必要的部分,也可能包含有不必要的部分。不必要功能的发生,可能源于生产厂家的失误,也可能源于用户不同的要求。因此,区分功能必要与否,必须以用户的需求为准绳,而不能凭生产厂家的主观臆断。发现不必要功能并剔除不必要功能,正是价值工程活动中研究功能的重要目的。当然,功能是否必要,对于不同用户来说,有不同的划分标准,因此,在产品设计时,要有明确的市场目标群体才能准确地划分必要功能与不必要功能。

3)从功能的性质角度看可分为使用功能和美学功能

(1)使用功能。使用功能是对象所具有的与技术经济用途直接有关的功能。凡是从产品使用目的方面所提出的各项特性要求都属于使用功能,也就是产品及其组成部分的实际用途或给用户带来的效用,并体现用户要求效用的程度,如可靠性、安全性、维修性、操作性和有效性等。使用功能是用户最关心的功能。它们往往通过基本功能或辅助功能来实现,如热水瓶的保持水温、手表的显示时间和计时均是使用功能。

确定产品使用功能不仅要考虑使用目的(用户所要求的效用),也要考虑使用时间与条件,还要考虑企业的经营方针、生产技术水平及用户的购买能力。只有这样,才能使产品的使用功能既满足用户需求,又符合社会利益(如环境保护等)。

(2)美学功能。美学功能是与使用者的精神感觉、主观意识有关的功能,如贵重功能、美学功能、外观功能、欣赏功能等。美学功能是在满足用户对使用功能要求的前提下,为了吸引用户,提高竞争能力,在贵重、美学、外观、欣赏等方面所提供的功能,如产品的结构、造型、色彩、数字符号、商标图案、包装装潢等。美学功能多通过辅助功能来实现,但像工艺品、装饰品的美学功能则属于基本功能。

有些产品只要求使用功能,不要求美学功能,如矿产资源、地下管道及其他不需要外观要求的产品。有些产品却只要求美学功能,一般不要求使用功能,如工艺品等。但对大多数产品来说,则既有使用功能,又有美学功能,只不过因产品性质、经济发达程度、民族特点、风俗文化的不同,使用功能与美学功能的构成比例不同而已。但随着生产的发展和生活水平的不断提高,美学功能越来越显示出重要的作用。

4)从功能的满足程度角度看,可分为不足功能和过剩功能

不足功能是对象尚未满足使用者需求的必要功能,过剩功能是对象所具有的、超过使用者需求的必要功能。不足功能既可以表现为产品的整体功能在数量上低于某一确定标准,也可以表现为某些零部件的功能对于产品整体功能的需求,而这些都必然导致产品在

使用中表现为功能不足以满足使用者的需求。例如，手表的准确性不够，洗衣机把衣服洗得不够干净，钢笔墨水流出不够均匀等。过剩功能虽然从定性的角度来看属于必要功能，但在数量上超过了使用者的需求。它可以表现为产品的整体功能在数量上超过了某一确定标准，也可以表现为某些零部件的功能超出产品整体功能的需求，造成了资源的浪费。例如，某汽车国家规定的报废里程限额为30万公里，但该汽车在运行了30万公里后其主要零部件依然性能稳定，可以继续安全运行5万公里，那么该汽车的主要零部件相对于用户而言就属于过剩功能。过剩功能虽然从功能角度相对用户来说没有造成问题，但过剩功能增加了不必要的成本，提高了产品的价格，削弱了产品的市场竞争力。

功能是对象满足某种需求的一种属性。这也就是说，在价值工程活动中，功能作为一种属性是价值工程对象所固有的性质，是客观存在的。它不随时间、地点、条件和人的主观感受而变化，可以用客观的技术指标来衡量。但作为满足某种需求的一种属性，功能又与需求偏好和特点有关，即与人的主观感受有关。这种主观感受不仅含有心理因素，还含有技术因素、经济因素和其他因素，是这些因素的结合统一，由用户在市场购买时进行评估。因此，功能又是主观的。因此，在对功能进行描述时，是需要建立在充分的市场调查的基础之上的。

功能的客观属性取决于功能载体的客观性，但功能与其载体在概念上应该分开。这是因为用户购买物品时需要的是它的功能，而不是物品本身，只要功能相同，物品是可以替代的，像防火纸替代石棉板那样。由于人们需求的本质是产品的功能，而同一功能具有多个载体，为实现同一功能，也可能有多种手段。所以，功能可以与现有载体或手段相分离，从而可以去寻找替代的新载体或新手段。例如，显示时间可由手表实现，也可以由手机实现；既可以是指针显示，也可以是液晶显示。电子管电路的功能先后由晶体管电路、集成电路实现，当然，这种实现已不是简单的载体替代或功能扩展，而是一种创新。从开展价值工程活动的实践看，功能载体的替代在价值工程初始阶段多表现为资源（特别是材料）的替代，但随着价值工程活动的深入开展，以功能创新的结构替代原有结构，特别是局部功能结构创新影响产品发生质变的应用实例越来越多。

2. 功能定义

功能定义，是通过对产品与其各组成部件的逐一解剖而认识它在产品中的具体效用，并用明确简练的语言给予结论上的表述。这一认识与表述的过程，就是功能定义。因为无论是产品或零部件，从现象来说它们具有作为物品所特有的外形或材质，及其所表现的物理性能。而功能定义就是要透过这些表面上的现象找出隐藏在背后的特性，从中抽出本质的东西——功能，并一项一项地加以区别和限定，特别是要把它们的关系搞清楚。显然，功能定义的过程，就是将实体结构向功能结构抽象化的过程，即透过现象看本质的过程。功能定义的主要方法如下所述。

1) 使用功能的定义方法

使用功能大多是以一定的动作行为作用于某一特定的对象。由于动作行为必然以动词来表述，被作用的对象是动词的宾语。因此，对使用功能下定义时，要用动词和名词构成的动宾词组来描述。动宾词组作为功能定义的主要形式，不仅适用于使用功能，还适用于基本功能的定义。

2) 辅助功能的定义方法

辅助功能的定义是对产品基本功能实施过程中的辅助性要求所进行的限定与描述。例如，收音机的基本功能是"发生音响信息"，其辅助功能有音质优美、性能稳定、造型大方、色泽美观等。

3) 美学功能的定义方法

对美学功能下定义，就是对研究对象所具有的外观、特性或艺术水平进行定性地表述。一般情况下，对象的外观、特性或艺术水平用形容词来描述，由此构成一个名词加形容词的陈述与被陈述关系的主谓词组。例如，前述收音机的美学功能造型大方、色泽美观就是这种结构。

在给功能下定义时，必须注意以下几点。

(1) 抓住功能本质。在给功能下定义时要围绕用户所要求的功能，对事物进行本质思考。只有这样，才能正确理解产品应具备的功能，才能抓住问题的本质。有些产品之所以给用户提供不必要的功能、过剩功能，或漏掉用户所需要的功能，或功能水平不能满足用户要求等，往往是由于设计者没有从用户的要求出发，真正理解产品应具备的功能而造成的。所以说，能否抓住问题的本质来准确描述功能定义，对价值工程活动的好坏与成败有着重大的影响。

(2) 表达准确简明。对于产品及其组成部分的功能定义的正确与否，直接关系到以后价值工程活动的成果。因此，必须定性准确，否则，以后在改进产品及组成部分的功能时，就会发生混乱现象。例如，钢笔的功能定义，如果认为是"写字"，这种表述就是不太合适的，因为这是站在人们使用钢笔的角度出发来给钢笔下的定义，所以，定性不准。如果站在客体的立场来给钢笔下功能定义，则可以是"有节奏均匀地流出墨水"，这就相对定性准确些了。又如，气压表的功能定义，如果描述为"测量压力"，这虽然是站在客体的立场上给气压表下的功能定义，但也不够精确。而应该是"测压准确"或者是"精确地测量压力"。因为，一个不精确的气压表是没有使用价值的。为此，有时在给产品下功能定义时，还要加上一个对客体功能说明的规定性副词。通过这样准确性的描述，才能为今后改进产品的功能指出方向。还要注意功能定义的表达必须简单明了，切合实际，不可一词多义，含混不清。

(3) 尽可能定量化。尽可能使用能够测定数量的名词来定义功能，以便于在功能评价和方案创造过程中将功能数量化，利于价值工程活动中的定量分析。例如，吊车的功能，不能用"起吊物品"，因为物品这种表述是无法测量的。若改用"起吊重物"的表述，这就可以通过吊车的起重重量来具体量化，而且，在评价功能和成本高低时，就有了定量化的依据。

(4) 要考虑实现功能的制约条件。虽然功能定义是从对象的实体中抽象"功能"这一本质的活动，但在进行功能定义时，不能忘记可靠的实现功能所应具备的制约条件。例如，对轴承和润滑油的功能，则不能简单地定义为减少摩擦，而应根据其特点（制约条件）描述为"减少滚动摩擦"或"减少滑动摩擦"。

在功能定义时，应该考虑的实现功能所需要的制约条件有以下几点。

① 功能承担对象是什么？
② 实现功能的目的是什么？
③ 功能何时实现？

④ 功能在何处实现？
⑤ 实现功能的方式有哪些？
⑥ 功能实现的程度怎样？

（5）注意功能定义表述的唯一性。在给功能下定义时，对研究对象及其构成要素所具有的功能要一项一项地明确，每一项功能只能有一个定义。若一个构成要素有几项功能，就要分别逐项下定义。例如，暖水瓶外壳有两项功能，则要分别定义为"保护瓶胆"和"美化外观"。而若几个构成要素同时具有某一项功能，则这些构成要素的功能定义中都应具有这一功能定义。也就是说，不论是构成要素具有几项功能，还是功能需要几个要素同时实现，都要满足某一特定功能必须对应于唯一的确定的功能定义。

功能定义确定以后，为了保证其准确无误，还可以通过以下检查提问的办法来验证。
① 是否用主谓词组或动宾词组简明扼要地给功能下定义？
② 对功能的理解是否一致？
③ 功能的表达是否一致？
④ 功能定义是否存在遗漏之处？
⑤ 功能的表达是否有利于定量化？
⑥ 给功能下定义时，是否考虑扩大改进思想？
⑦ 是否存在凭主观推断对功能下定义的现象？
⑧ 是否考虑了功能实现的制约条件？
⑨ 是否存在无法下定义的功能？
⑩ 是否每项功能只有一个定义？

3. 功能整理

所谓功能整理，就是在功能定义的基础上，按照功能之间的逻辑关系，把产品构成要素的功能按照一定的关系进行系统地整理与排列，然后绘制功能系统图，以便从局部与整体的相互关系上把握问题，从而达到掌握必要功能和发现不必要功能的目的，并提出改进的办法。对产品及其零部件进行功能定义和功能分类，这只是单独对各个零部件进行功能分析，而没有研究它们之间的内在依存关系。一个产品所属的零部件在结构上既相对独立，又相互联系；产品功能通过各零部件功能的相互联结得到实现，所以一个产品既存在一个结构系统，又存在一个功能系统，而功能系统是更本质的东西，是生产者和使用者最终的目的。所以，人们必须从功能的角度去分析研究产品各零部件担负的功能，零部件越多，它们之间的关系也越复杂。特别是一件大型产品，其零部件十分繁多，功能之间的内在关系错综复杂，如果不从功能系统的角度进行研究分析，就很难看清各个功能之间的逻辑关系及其重要程度。这样，就不便于开展价值工程活动。

功能整理的作用主要如下。

1) 明确功能体系关系

功能体系主要由两种关系构建：一种是从属关系，即某一部分功能是从属于另一部分功能的，表现为"目的与手段"的关系，手段是从属于目的的，是为目的服务的；另一种是并列关系，即它们在功能系统中相互独立，都是为了达到同一目的而设置的功能。通过功能整理，可以明确哪些是目的功能，哪些是手段功能，它们又是由哪些零部件（构成要素）来实现的。进而可以从大量的功能中明确它们之间的层次和从属关系，明确它们是如何组成与产品结构相对应的体系来实现产品总体功能的,并进一步整理出一个与产品结构系统相对应的功能系统来。

2) 判别功能必要性

在功能整理过程中,可能会发现某些特有目的或接不上上位关系或下位关系的功能。那么,这些功能是否必要,就会突现出该功能的零部件是否必要的问题,就很值得进一步探讨了。如果目的功能十分肯定,却找不到手段功能,就需要考虑是否应追加或补充其下位功能。同样,当有若干项手段功能为同一目的功能服务时,则要考虑是否存在重复功能的问题。

3) 检查功能定义准确性

在进行功能整理时,有时会发现有的功能找不到其目的功能。这种没目的功能是否就是不必要功能呢? 这时还需重新审核已有的功能定义。因为,有可能或者是功能定义表达不当,以致形成了目的性不明确的功能项目;或者是在功能定义过程中,遗漏了其目的功能。通过功能整理,进一步检查功能定义,通过修改和补充,达到完善功能定义的目的。

4) 奠定功能定量分析基础

功能分析的最终步骤是功能定量分析,通过功能整理,可以定性地分析出各单项功能之间的内在逻辑关系,并绘制出各功能系统框图,最终为进行有效的功能定量分析提供依据。

5) 明确改进重点

通过功能整理,可以清晰透彻地了解产品功能系统与产品结构系统的对应关系,可以准确地划分功能区域,并相应地确定价值工程活动的范围,做到抓大放小,突出重点,避免盲目低效价值工程工作。

功能整理的工作程序,通常按以下方面进行。

(1) 把功能定义写在小卡片上,每条写一张卡片,这样便于排列、调整和修改。

(2) 从基本功能中挑选出一个最基本的功能,也就是最上位的功能(产品的目的),排列在左边。其他卡片按功能的性质以树枝状结构的形式向右排列。

(3) 逐个研究功能之间的关系,也就是找出功能之间的上下位关系。例如,人们分析某一个功能时,如果提出一个问题,即为什么需要这个功能? 或者是这个功能为了达到什么目的? 那么就能找到它的上位功能。要查问它的下位功能,可以提问这个功能是怎样实现的? 这样通过回答为什么和怎么样,就能找到上位功能和下位功能。上位功能和下位功能的关系为上位功能是目的,下位功能是手段。当然目的和手段的关系是相对的。就某一个功能而言,对于它的上位功能来说是手段,对于它的下位功能来说却是目的。如图9.4所示为上位功能与下位功能关系图。

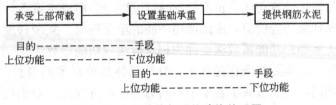

图9.4 上位功能与下位功能关系图

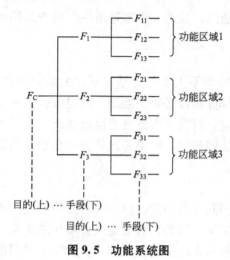

图 9.5 功能系统图

（4）功能的并列关系。它是指在功能系统中，在上位功能之后，往往有几个并列的功能存在，这些并列的功能又各自形成一个子系统，构成一个功能区域，称为"功能区"。

（5）编制功能系统图。根据上面所确定的功能间的上下关系和并列关系，把上位功能画在左边，下位功能排在右边，并列关系功能并列排列。即按其逻辑关系，从整体出发，用图形表示，就形成了功能系统图。初步形成的功能系统图，必须进一步地检查和验证功能关系是否正确，再经过充分地讨论和严格地审查，最后整理成逻辑严密、结构清晰的功能系统图，如图 9.5 所示。

9.3.2 功能评价

通过功能定义和功能整理，明确了用户所要求的功能，还仅仅是定性地解决了"功能是什么"的问题。而要有效地开展价值工程活动，还必须解决"功能的成本是多少"和"功能的价值是多少"的问题，即通过对功能进行定量的分析，确定重点改善的功能，这才是功能评价所要解决的问题。

所谓功能评价，是指对通过功能系统分析所确定的功能领域进行定量化计算，并定量地评价功能价值，从而选出功能价值低、改善期望值大的功能作为价值工程的重点改进对象的活动。依据价值工程的基本关系式 $V=F/C$，要定量地评价功能价值，必须先将功能和成本数量化。成本可以用货币单位直接进行定量度量，但功能却不同。一方面，大多数功能不易用数量准确计量；另一方面，有些功能虽可能直接计量，但一个产品各项功能的计量单位也会不尽相同，须找出一个共同的标准才能进行比较和评价；就是计量相同，也往往不能进行简单的计算与比较。因此，功能评价的关键是将功能数量化，即对功能价值进行测定与比较。

功能评价实际上就是将测定的功能价值通过与评价基准的比较来进行判断和评定。由于对功能价值的测定方法及相应评价基准选择的不同，形成了不同的评价方法。总的来讲，可将功能评价的方法分为两大类：功能成本法和功能系数法。

功能成本法是直接计算功能的货币量，用金额表达功能的量值，并与实现用户所需要的某项必要功能的最低成本相比较，故也称为绝对值法。这种方法便于更好地从功能成本的角度出发，合理地确定功能与成本的具体数值。

功能系数法是通过计算功能评价系数（简称功能系数）和成本系数，并通过功能系数与成本系数的比较来计算功能价值，由此描述功能的重要程度、复杂程度、用户需求强度与成本之间的协调关系等。功能系数法也称为相对值法或功能指数法。

上述两类方法，在实际的操作过程中，针对具体评价对象的差异，采用的评价方式、计算方法等各不相同，从而形成了若干个不同的具体评价方法。对于众多的评价方法，实际运用时无论选择哪一种方法，只要保证评价符合实际，有益于价值工程活动的有效开展,就是科学的。应该指出的是,在实际运用这些方法时,一定要以价值工程的基本思想为指导,切不可局限于方法的套用,更不能进行数字游戏。

1. 功能成本法

这种方法是通过设想方案的各功能成本与目前成本分别进行比较,寻求改进途径。其基本思路是,实现分析对象某一功能可以有几个方案,对应着几个成本,其中最低的成本称为目标成本,它与相应的目前成本之比为该功能的价值系数,二者之差为该功能的成本降低的期望值。该方法的基本步骤如下。

(1) 确定一个产品(或部件)的全部零件的现实成本。

(2) 把零件成本核算成功能成本。在实际产品中,常常有下列情况,即实现一个功能要由几个零件来完成,或者一个零件有几个功能。因此,零件的成本不等于功能的成本,要把零件成本换算成功能成本。换算的方法是,一个零件有一个功能,则零件的成本就是功能的成本;一个零件有两个或两个以上功能,就把零件成本按功能的重要程度分摊给各个功能;上位功能的成本是下位功能的成本之合计。功能成本分析见表9-8。

表 9-8 功能成本分析表　　　　　　　　　　　　　　　　　　　　　　单位:元

零部件			功能(或功能区)					
序号	名称	成本	F_1	F_2	F_3	F_4	F_5	F_6
1	A	150	50		50			50
2	B	250			75	100		50
3	C	30				20		10
4	D	70	25				25	
合计		C_0	C_1	C_2	C_3	C_4	C_5	C_6
		500	75	45	125	120	25	110

(3) 确定功能的必要成本(最低成本,也称为目标成本)。确定的方法:从实现每个功能的初步改进方案中找出最低的成本方案(要对改进方案的成本进行估算),以此方案的成本为功能的必要成本;或从厂内外已有的相同或相似零件的成本中找出最低成本,以此来确定功能的必要成本。

(4) 计算各功能的价值。计算公式仍采用 $V=F/C$,但这里的 V 以价值系数表示之,F 是以实现这一功能的必要成本来计量,C 表示实现这一功能的现实成本,即

$$价值系数 = \frac{实现功能的必要成本}{实现功能的现实成本} \tag{9-8}$$

通过这样计算,就知道了每一功能的现实价值的大小,计算出的功能价值(即价值系数)一般都小于1,即现实成本高于必要成本。现实成本和必要成本之差($C-F$)就是改善的幅度,也称为期望值。

(5) 按照价值系数从小到大的顺序排队,确定价值工程对象、重点、顺序和目标。

2. 功能系数法

功能评价系数法要求产品各构成部分都发挥最大功能,也就是使产品各构成部分的性能指标,如寿命、磨损度、强度等大致相同,即各部分价值系数大致相同。这就是从等价值的观点来进行功能评价。功能系数是指构成要素(如零部件等)的功能在总体功能中所占的比重。功能系数是通过评定总体功能中各构成要素功能的重要程度(或用户需求强度),并用功能分值来表达功能评价程度的大小,再化成百分数后得到的。功能系数法便是将评价对象的功能系数与相对应的成本系数(即构成要素的目前成本在总体成本中的比率)相比,算出评价对象的价值系数,并对其进行综合分析,确定价值工程重点改进对象的方法。

9.4 方案的创造与评价

9.4.1 方案的创造

方案创造,就是从改善对象的价值出发,针对应改进的具体目标,依据已建立的功能系统图和功能目标成本,通过创造性的思维活动,提出实现功能的各种改进方案。方案的提出是在收集情报和功能分析的基础上进行创造和开拓的过程,也是把经验和知识进行分析、提炼、组合的过程,需要有效的方法进行引导和激发,才能充分发挥分析能力、综合能力和创造技巧,并提出改进方案。方案创造的主要方法主要有以下几种。

1. 哥顿法

这是美国人哥顿在1964年提出的方法。这种方法的指导思想是,把要研究的问题适当抽象,以利于开阔思路。会议主持者并不把要解决的问题全部摊开,只把问题抽象地介绍给大家,要求海阔天空地提出各种设想。例如,要研究一种新型割稻机,则只提出如何把东西割断和分开,大家围绕这一问题提方案。会议主持者要善于引导,步步深入,等到适当时机,再把问题讲明,以作进一步研究。

2. 头脑风暴法

头脑风暴法(Brain Storming)是一种专家会议法,是用来产生有助于查明和概念化问题的思想、目标和策略的方法。它是1948年由创造性思维专家奥斯本(Alex F. Osborn)首先提出的一种加强创造性思维的手段,它可以用来产生大量关于解决问题的潜在解决办法的建议。它通过召集一定数量的专家(通常在10~15人之间)一道开会研究,共同对某一问题作出集体判断。

头脑风暴法的优点如下。

(1)它能够发挥一组专家的共同智慧,产生专家智能互补效应。

(2)它使专家交流信息、相互启发,产生"思维共振"作用,爆发出更多的创造性思维的火花。

(3) 专家团体所拥有及提供的知识和信息量比单个专家所有的知识和信息量要大得多。

(4) 专家会议所考虑的问题的方面以及所提供的备选方案,比单个成员单独思考及提供的备选方案更多、更全面和更合理。

这种方法的主要缺点:与会专家人数有限,代表性是否充分成问题;与会者易受权威及潮流的影响;出于自尊心等因素,有的专家易于固执己见等。

为了给专家提供一个充分发挥创造性思维的良好环境,获得真知灼见,采用头脑风暴法组织专家会议时,应遵守以下基本原则。

(1) 提出论题或议题的具体要求,限制议题的范围,并规定提出设想时所用的术语,使主题突出,而不至于漫无边际。

(2) 不能对别人的意见或建议评头品足、提出怀疑,不要放弃和中止讨论任何一个设想,而要对每一个设想加以认真研究,而不管它是否适当或可行。

(3) 鼓励与会者对已提出的设想或方案加以改进和综合,给予准备修改自己的设想者以优先发言权。

(4) 支持和鼓励与会者解放思想,创造一种自由讨论的氛围,激发其想象力和创造力。

(5) 发言要简练、不要详述,冗长的阐述将有碍创造性气氛,使人感到压抑。

(6) 不允许参加者宣读事先准备好的建议一览表。

头脑风暴法有各种类型,如直接的头脑风暴法——这是一种依一定的规则,鼓励创造性活动的一种专家集体评估的方法;质疑的头脑风暴法——这是一种同时召开两个专家会议的集体产生设想或方案的方法(第一个会议按照直接的头脑风暴法的要求进行,第二个会议对第一个会议提出的设想或方法加以质疑);有控制的产生设想的方法——这是一种利用定向智力活动作用于产生设想的过程,用于开拓远景设想和独到设想的方法;鼓励观察的方法——其目的是在一定限制条件下,就所讨论的问题找出合理的方案;对策创造方法——即就所讨论问题寻找一个统一的方案。

3. 德尔菲法

德尔菲法(Delphi technique)采用函询调查的形式,向与预测问题有关领域的专家分别提出问题,使专家在彼此不见面的情况下发表意见、交流信息,而后将其答复意见加以整理、综合。

德尔菲法的主要目的是使专家达成共识,得出最后预测结果。

9.4.2 方案的评价

方案评价是对创新阶段提出的设想和方案的优缺点和可行性作分析、比较、论证和评价,并在评论过程中对有希望的方案进一步完善的过程。方案评价的标准是价值的高低而不是功能成本的优劣,即以功能费用比作为最终的评价标准。方案评价的步骤可分为概略评价和详细评价两大步骤,其评价内容均围绕着技术评价、经济评价、社会评价进行,并在此基础上进行综合评价。概略评价是对方案创新中所提出的设想方案进行大致的粗略评价,筛选出有价值的设想,以便进行方案的具体制定。概略评价内容比较粗略,评价方法较

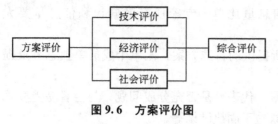

图 9.6　方案评价图

简单，力求尽快得出结论，以便有效利用时间。详细评价是对已经粗略筛选之后的若干有前途的方案进行细致评价，其主要目的是筛选出最佳方案，以便正式提交审查。因此，详细评价必须提供详尽、有说服力的数据，论证方案实施的效果，如图 9.6 所示。

1. 方案概略评价

在方案创造阶段，从不同的角度提出了许多可行方案。然而，对所有可行方案都要作出明确取舍。为了节省人力、物力、提高效率，通过初步筛选，把一些希望不大的方案首先淘汰，保留价值较高的可行方案为详细评价做好准备工作。

在概略评价阶段，具有预测的性质，属于探索性评价。此时，还没有开展大量的试验研究工作，还没有准确的实践方面的数据，主要是参考有关资料，汇总设计、生产及销售部门的意见，来全盘考虑方案中的各种问题。要用较短的时间，对众多的方案进行初步选择。方法要求简单、明确、易行。

1) 概略评价的内容

概略评价包括技术、经济、社会 3 个方面的主要影响因素，不同性质的方案，有不同的概略评价内容。一般可从以下几个方面进行评价。

（1）技术可行性。对功能是否满足用户要求，满足程度怎样，企业内部是否具备实施方案技术条件，技术难题能否解决，相关企业外部条件能否解决等方面进行评价。

（2）经济合理性。它主要是测算方案的寿命周期成本，与目标成本进行比较，是否能实现预定的期望目标，企业内部是否允许，投资是否可能。

（3）社会适宜性。它主要考虑是否符合国家政策法规，是否最有效地利用资源，有无造成环境污染或损害生态平衡，对国民经济是否存在不利影响等。

（4）综合分析。在结合技术、经济和社会 3 个方面因素基础上，根据企业经营方针的需要，进行综合分析、评价，并考虑能否盈利，是否能提高对象的价值，是否能提高社会效益和经济效益等。在以技术水平和成本水平为主要评价内容时，不能简单地从粗略对比结果来筛选，而要从价值的升降来综合考虑。因此，在概略评价的过程中，要在对比表格的基础上，根据价值的高低，全盘考虑该方案能否满足功能与成本方面的要求，从能否提高价值的角度来解决方案的取舍。

概略评价要求效率高，时间及时，而不要求详尽确切，所以，在方法上要求简便易行，形式灵活多样，不受严格限制。既可使用技术、经济指标类推，也可采用差异比较法或优缺点列举评价法。

2) 概略评价注意事项

（1）是对方案设想要进行系统整理。方案创新阶段采取有效的方法，可以激发价值工程人员的创意，获得众多的创新设想方案。在对其概略评价之前，为了提高评价效率，需要对众多的方案设想分别归类，系统整理。对内容大致相同的设想归为一类，以便取长补短，提高设想的质量，使之不断完善，并将整理后的各种设想方案按照产品或功能填入表 9-9 中。

表 9-9 概略评价一览表

方案	经济评价	技术评价	社会评价	综合评价
A	○	○	○	○
B	○	○	○	△
C	○	×	×	△
D	○	△		
E	○	○	×	○

注：×——不可行方案；
　　○——可行方案；
　　△——有待进一步研究的方案。

（2）概略评价不必要搞得很严密，评价标准不应过细过严，要透过现象抓住本质，以避免把好的方案扼杀在萌芽状态。一些有价值的方案，在设想阶段往往很不完善，初看起来毫无道理，如果标准过严过细，很容易把它们淘汰掉。应当以宽容、积极的态度去发现和扶持它们，从而提供更多的有可能带来突破性成效的备选方案。

（3）概略评价阶段不能确定最后的提案。

（4）小组成员中只要有一人坚持认为方案可行，也应当暂时保留。

（5）对不采用的方案要弄清楚原因。

（6）对经济性好而技术上难度大的方案，不可轻易否定。设想不明确的要适当具体化，表面上离题很远的设想，要抓住实质，联结主题，以利于评价的进行。

2. 方案的详细评价

详细评价是在概括评价筛选过的方案中，选出准备实施的最佳方案，进行全面、系统而确切的技术、经济、社会以及综合评价。详细评价的结果，是提案审批的依据。与概略评价相比，详细评价不论从内容或方法上来说，都较为复杂。下面从技术、经济、社会、综合评价 4 个方面分别加以叙述。

1）技术评价

技术评价就是评定新方案在技术上的可行性，以用户要求的功能为依据，评价方案的必要功能和实现功能条件的强度。技术评价是以能否实现预定功能为中心，对新方案的技术性能、可靠性、外观、协调性和成功率等方面进行逐项评价。对于产品来说，一般可从以下几个方面的内容进行评价。

（1）技术设计、设计原理、关键问题、先进性、成功率。

（2）产品或零件的功能、性能、加工性、装配性、搬运性、安装件、可靠性、维修性、操作性、安全性、外观、整体协调性。

（3）材料供应的保证程度。

（4）目前存在问题的解决程度。

（5）制约条件的满足程度。

技术评价一般可采用以下的工作步骤。

（1）准备工作。准备工作包括研究技术的目的，把握技术的要点，确定对比技术，确定替代方案。

（2）寻找影响。在技术开发和技术应用过程中，新技术除产生预期效果外，往往还产生许多副效果，这些副效果有的有利于社会的进步，称为正影响，但也有很多有碍社会的进步，称为负影响，有的负影响是直接的、明显的，有的负影响是潜在的，负影响中还有不可逆的负影响。寻找和分析这些负影响，特别是那些不可逆的负影响，是技术可行性评价的重要任务。要从各个方面、各种角度查明可能产生的直接影响及间接影响，必要时应通过各种试验、计算或评定，取得必要的数据和资料。

（3）整理分析，对查明的各种影响的内容、相互关系和影响程度进行分析，并进行系统整理。

（4）挑选出非容忍性的影响，即社会不容许存在影响或可能对社会带来极大危害的影响。这是方案的否决因素。

（5）制定对策，为消除非容忍性影响带来的危害，制订相应的技术对策，进一步修订替代方案。

（6）综合评价，得出结论。综合评价是技术评价的最后阶段，在上述各个阶段的基础上，对技术发展的各个替代方案进行综合比较，从而决定最优方案。同时对要研究的技术与现有技术进行对比，对拟研究的技术是否发展和如何发展，作出结论性意见。

2）经济评价

方案的经济可行性主要是以产品寿命周期成本为主要目标，同时，围绕着新方案在实施过程中所产生的成本、利润、年节约额，以及初期投资费用等进行测算和对比。

（1）成本评价。成本估算以寿命周期成本为标准，包括生产成本和使用成本两部分。评价时把两部分成本之和最低的方案视为经济性最优的方案。但是，生产成本是企业可控制的，而使用成本与使用方法、使用状态有关，企业难于控制，是不可控制成本。因此，评价时，实际上是以生产过程中产品产生的成本为主进行的。同时应该指出，进行成本预测时要以未来成本进行估算，不能简单地套用现行成本资料。

（2）利润评价。利润是销售收入减去成本和税金以及销售费用后的纯收入。利润是一个综合指标，它反映了企业在一定时期内的经营成果。在单位产品利润一定的情况下，产品销售收入越多，说明产品越受欢迎，满足用户要求的程度越高，方案的价值越高。

（3）方案措施费用评价。方案措施费用是指实施方案时所投入的设计费用、设备安装费用、试验与试制费用等技术措施费用、生产组织调整费用，以及因采用新方案而产生的损失费。同时还要估算失败风险损失，而且要评价与该方案所获利润的比值大小。

（4）节约额和投资回收期的评价。为了评价方案的经济效果，必须计算节约额和投资回收期。其中回收期越短的方案越有利。如果回收期超过标准回收期，则方案不可取。此外还要考虑，回收期应小于该产品的生产期限；回收期要小于措施装备和设备的使用年限；回收期内科学技术是否有大的突破等。

3）社会评价

方案的社会评价主要是谋求企业利益、用户利益及社会利益的一致性，谋求从企业角度对方案的评价与从其他角度对方案评价一致。社会评价的内容要根据方案的具体情况而定。一般要考虑以下几个方面的问题。

（1）政策法规方面：是否符合国家有关政策、法令、规定、标准以及科技发展规划的要求。

（2）国民经济方面：方案的实施效果是否与国家的长远规划及国民经济发展计划要求相一致。方案的社会效果是否与社会范围内的人、财、物、资源的合理利用相一致。

（3）生态环境方面：在防止环境污染、自然环境及保护生态平衡等方面是否存在抵触或危害。

（4）用户利益方面：是否符合使用者的风俗习惯，对身体健康、心理状态、人际关系等有无不利影响，能否满足使用要求。

（5）其他方面：包括发展对本地区、本部门产业经济的影响，对工业布局的影响，对出口创汇或节约外汇的影响，对填补国家空白及提高科技水平的影响，对改善社会就业及劳动条件的影响，对精神文明、人口素质、文化教育方面的影响等。社会评价是一个涉及范围广、关系复杂的问题，目前价值工程的方案评价只能作粗略评价。

4）综合评价

综合评价是在技术评价、经济评价、社会评价的基础上，对方案所做的整体评价。评价程序一般是首先确定评价项目，即需要用哪些指标或因素来衡量方案的优劣；然后分析每个方案对每一评价项目的满足程度，即分析该方案能否满足或实现该项目的要求，满足或实现的程度如何；最后根据方案对各评价项目的满足程度判断方案的总体价值，从对比方案中选择总体价值最大的定为最优方案。综合评价的方法多种多样，下面介绍几种简单常用的方法。

（1）加法评价法。加法评价法也称为等分制评分法，它是以方案的多项评价标准对各项评价项目逐一评分（百分制或五分制）。打分的依据是方案能满足标准的程度，然后将各项评价项目得分相加，以得分多少来评价方案的优劣。其具体步骤如下所述。

① 确定评价项目，划分评价等级，制定评分标准。评价项目、评价等级、评分标准的内容和粗细程度，均因评价对象而不同，可用类比法或经验法确定，一般包括技术、经济、社会3个方面。

② 根据各方案对评价项目的满足程度进行打分。

③ 汇总各方案的得分总值。

④ 以总分最高方案作为改善方案。以某房地产项目为例的加法评价法见表9-10。

表9-10 加法评价法

方案	评价项目						总分	结论
	户型结构	承重结构	立面效果	地段位置	小区环境	价格		
A	80	60	60	70	65	75	410	
B	90	65	70	80	70	70	445	√
C	90	80	60	70	60	60	420	
D	70	75	70	75	60	75	425	

（2）连乘评分法。同加法评分法类似，首先按照加法评分法评出各项功能的得分，然后将每种方案的每一项要素得分连乘，并将连乘所得到的积作为方案的评价值。其具体做法见表9-11。

表 9-11 连乘评分法

方案	评价项目						连乘积	结论
	户型结构	承重结构	立面效果	地段位置	小区环境	价格		
A	4	3	3	3	2	4	864	
B	5	3	4	4	3	3	2 160	√
C	4	4	3	4	3	3	1 728	
D	3	4	3	4	3	3	1 296	

(3) 加权评分法。加权评分法是同时考虑功能与成本两方面的各种因素,按重要性进行加权计算,并根据各方面对评价项目的满足程度进行评价。这种方法计算上比较麻烦,但结果能接近方案的实际情况。评价步骤:确定评价项目;评定各评价因素的重要系数,以此作为加权系数;评定方案对评价项目的满足程度;加权计算各方案得分,总分高者为最优方案。在加权评分法中,方案的满足程度由评分人员按计算、试验结果可凭经验直接打分评定。除百分制外,也可采用五分制或十分制。加权评分法见表 9-12。

表 9-12 加权评分法

方案	评价项目												总分	结论
	户型结构 加权系数 0.2		承重结构 加权系数 0.1		立面效果 加权系数 0.1		地段位置 加权系数 0.3		小区环境 加权系数 0.1		价格 加权系数 0.2			
A	4	0.8	3	0.3	3	0.3	3	0.9	2	0.2	4	0.8	3.3	
B	5	1	3	0.3	4	0.4	4	1.2	3	0.3	3	0.6	3.8	√
C	4	0.8	4	0.4	3	0.3	4	1.2	3	0.3	3	0.6	3.6	
D	3	0.6	4	0.4	3	0.3	4	1.2	3	0.3	3	0.6	3.4	

9.5 方案的试验与提案

9.5.1 方案的试验

经过分析评价得到的优选方案,仍不能完全保证实施中不发生问题,尤其是在方案中采用了某些新方法、新手段、新工艺、新材料时。为了保证方案切实可行和达到提高价值的目的,必须对方案进行全面的测试和试验。通过系统的测试和试验之后,方能最终肯定其先进性、效益性和可行性。测试试验的内容一般包括以下内容。

(1) 方案能否可靠地实现使用者所要求的功能?实现程度如何?

(2) 方案的技术性如何?根据是否可靠?

(3) 方案的技术性计算是否完整无缺?实验数据是否足够可靠?

(4) 方案的寿命周期成本是否最低？根据如何？
(5) 方案实施所需的人力、物力、财力有无保障？能否解决？
(6) 方案与外部环境的适应程度如何？有无严重不协调？
(7) 方案是否达到目标成本预期值和经济效益的要求？

方案的经济性方面的检查是不能缺少的，要从正式使用所处的内部与外部条件出发，检查方案整个寿命周期中的成本费用、工时消耗等各种数据、资料，计算、验证方案在正式使用时能否达到预计的经济性指标。

方案的技术性测试也是不可缺少的，即使是在方案评价阶段进行过单项的性能试验或样品试制，在正式编写方案和上报方案之前，有必要再次进行全面试验，试验条件要尽可能与正式使用的条件相同。

方案实验方法主要有性能试验、模拟试验、实地试验、样机试验和理论验证等。试验工作应当在方案上交之前完成。某些性能试验要贯穿在整个方案创造阶段中进行，以取得必要的数据和资料。

试验项目和试验条件，要按用户的实际需要来制定，尽量与实际使用条件相吻合，不能遗漏必要的项目，也不能降低要求。测试项目的确定，应注意避免条条框框的约束，尽可能只保留最必要的项目。

试验中取得的数据和资料，经过整理、分析之后，形成书面的试验报告，必要时可附在提案中作为定量分析的依据。

负责检查、测试的人员最好是没有参与本方案设计的同行专家，避免出现人为因素。

9.5.2 提案的编制和审批

价值工程一般采用提案表的形式，按照方案的每一项改进内容填写一张，对重大项目，诸如新产品的设计，老产品的重大改进等，除填写本表外还要汇总成价值工程提案总表，而且要求附有详细的调查资料和技术、经济、社会评价及设计图纸和提案说明书等。

根据提案的内容和重要程度的大小，按照审批权限上报有关决策部门，报告中应该包含以下内容。

(1) 价值工程分析对象产品的概况，选择理由。
(2) 价值工程提案表。
(3) 价值工程提案总表。
(4) 提案的有关技术设计和经济分析方面的资料。
(5) 价值工程工作表。它包括各项专门情报功能系统图、功能评价，方案的评价及具体化，试制验证和调查改进效果。
(6) 结论意见。

9.6 活动成果评价

方案评价是预测性质的测算与估计，价值工程最终的成果是在提案实施经过一定时间以后，对获得的技术、经济、社会的实际效果进行分析得出的。一般从企业和社会两个角度进行评价。

9.6.1 企业技术经济效果评价

（1）产品功能条件的改善。它包括产品的质量、寿命、使用的可靠性、维修的方便程度、运转的协调性、外观以及各项技术指标的改善情况等。

（2）产品经济指标的改善。它包括劳动生产率、市场占有率、设备利用率、资金利润率、资金利用率的提高和原材料及能源消耗的降低等。通常用以下几项指标来分析。

① 全年净节约额＝（改进前单位产品成本－改进后单位产品成本）×年产量－价值工程活动费用 　　　　　　　　　　　　　　　　　　　　　　　　　　　　　(9-9)

② 产品成本降低率＝$\dfrac{改进前单位产品成本－改进后单位产品成本}{改进前单位产品成本}×100\%$ 　　(9-10)

③ 价值工程效率＝$\dfrac{价值工程产品成本净节约额}{价值工程活动费}×100\%$ 　　(9-11)

9.6.2 社会效果评价

社会效果评价是比较广泛的，主要包括以下内容。

（1）是否填补地区或国家所需产品的空白。

（2）稀缺和贵重物资的节约。

（3）能源的节约和开发。

（4）使用成本的降低。

（5）公害的防止和减少。

（6）劳动强度的减轻等。

9.7 价值工程分析案例

某开发商在某一地块准备开发商品房，其中以多层住宅为主，为了优化设计，采用价值工程的方法进行分析。分析步骤如下：

1. 选择价值工程的研究对象

本小区多层住宅所占比重达，选取多层住宅设计方案作为价值工程的研究对象；

2. 资料收集，调查研究

收集有关住宅成本方面的信息，调查客户对住宅各方面的功能需求，收集客户各方面的偏好信息；

3. 功能分析

依据调查资料的分析，确定住宅功能评价因素，按照用户的偏好排序依次为：平面布局、采光通风、层高层数、坚固耐用、防火防震防空三防设施、室内外装饰、绿化及景观等环境设计。

4. 确定以上功能评价指标的权重系数

综合设计人员、用户意见和专家的建议，确定住宅功能评价指标的权重系数，可采用德尔菲法或层次分析法。得到各指标的权重系数如表 9-13 所示。

表 9-13 功能评价指标权重系数表

指标	平面布局	采光通风	层高层数	坚固耐用	三防设施	内外装饰	环境设计
权重	0.31	0.22	0.04	0.18	0.06	0.14	0.05

5. 方案创造

根据当地的地质特点、环境现状以及用户的意见等条件，设计单位提出了多种设计方案，各方案的特征和造价如表 9-14 所示。

表 9-14 设计方案的特征及造价

方案	主要特征	单方造价	成本系数
A	混合结构，层高 2.9m，240mm 内外砖墙，预制桩基础，半地下室储存间，外装修好，室内设备较好	700	0.315 3
B	混合结构，层高 3m，240mm 内外砖墙，120mm 非承重砖墙，条形基础，外装修好	520	0.234 2
C	混合结构，层高 2.9m，加气混凝土内墙，沉管灌注桩基础，外装修好	450	0.202 7
D	混合结构，层高 3m，空心砖内墙，满堂基础，装修及设备一般	550	0.247 7

6. 计算成本系数

根据成本系数 C＝该方案单方造价/各方案单方造价之和，求出各方案的成本系数。见表 9-14。

7. 求功能系数 F

采用专家打分法强制确定功能系数。各指标采用 10 分制有专家进行打分，打分结果见表 9-15。根据功能因素权重求各方案加权总分，并按下式求功能系数 F。

$$功能系数\ F=\frac{该方案加权总分}{各方案加权总分之和}$$

表 9-15 设计方案的功能系数表

功能指标		方案			
指标	权重	A	B	C	D
平面布局	0.31	10	10	9	10
采光通风	0.22	9	8	9	7
层高层数	0.04	8	8	7	9

(续表)

功能指标		方案			
指标	权重	A	B	C	D
坚固耐用	0.18	9	9	9	8
三防设施	0.06	6	5	7	6
内外装饰	0.14	10	8	6	5
环境设计	0.05	7	9	6	9
方案加权总分		9.13	8.67	8.23	7.95
功能系数		0.268 7	0.255 2	0.242 2	0.234 0

8. 计算价值系数 V，进行方案评价

根据价值系数 $V=$ 功能 $F/$ 成本 C，计算四个方案的价值系数如表9-16所示。

表9-16 价值系数表

方案	A	B	C	D
功能系数	0.268 7	0.255 2	0.242 2	0.234 0
成本系数	0.315 3	0.234 2	0.202 7	0.247 7
价值系数	0.852	1.090	1.195	0.945

从以上四个方案可以看出，方案C的价值系数最大，为最优方案。

本 章 小 结

价值工程是一门致力于提高产品或系统功能，降低产品或系统成本，从而以最低寿命周期成本来可靠地实现用户所要求功能的技术与经济相结合的学科。通过运用价值工程的原理和方法，对工程建设方案进行技术经济评价和比较，可以达到减少资源消耗，提高经济效益的目的。

价值的高低，取决于功能与成本的比值大小。因此，要提高某一产品的价值，必须从功能与成本两个方面来考虑。

价值工程的工作程序就是针对对象的功能和成本提出问题、分析问题、解决问题的过程，一般分为准备阶段、分析阶段、创新阶段和实施与评价阶段。

思 考 题

(1) 什么是价值工程？价值工程中的价值含义是什么？提高价值有哪些途径？

(2) 价值功能的工作程序是什么？
(3) ABC 分析法和强制确定法选择分析对象的基本思路和步骤是什么？
(4) 什么是功能？功能如何分类？什么是功能定义？怎样进行功能定义？
(5) 什么是功能整理？怎样绘制功能系统图？将你熟悉的某种生活日用品及其组成部分进行功能分析，并绘出功能系统图。
(6) 什么是功能评价？常用的功能评价方法有哪几种？其基本思想和特点是什么？怎样根据功能评价结果选择价值工程的改进对象？

习　题

(1) 从功能重要程度的角度分类，可分为(　　)。
　　A. 必要功能和非必要功能　　　B. 基本功能和辅助功能
　　C. 使用功能和美学功能　　　　D. 过剩功能和不足功能

(2) 从用户对功能需求角度进行分类，可分为(　　)。
　　A. 过剩功能和不足功能　　　　B. 必要功能和不必要功能
　　C. 使用功能和美学功能　　　　D. 基本功能和辅助必要功能

(3) 功能整理的主要任务是(　　)。
　　A. 确定功能定义　　　　　　　B. 确定功能成本
　　C. 建立功能系统图　　　　　　D. 确定功能系数

(4) 在价值工程的创造改进方案的方法中，有一种是以会议的形式进行，由熟悉业务并有经验的人员参加，但会议只解决一个问题，由主持人提出一个抽象的功能概要，要解决的问题只有主持人知道，不告诉大家，以免思路受限制，该方法是(　　)。
　　A. 头脑风暴法　　　　　　　　B. 德尔菲法
　　C. 经验法　　　　　　　　　　D. 哥顿法

(5) 价值工程中的总成本是指(　　)。
　　A. 生产成本　　　　　　　　　B. 产品寿命周期成本
　　C. 使用成本　　　　　　　　　D. 使用和维修费用成本

(6) 价值工程的目的是(　　)。
　　A. 以最低的生产成本实现最好的经济效益
　　B. 以最低的生产成本实现使用者所需的功能
　　C. 以最低的寿命周期成本实现使用者所需的最高功能
　　D. 以最低的寿命周期成本可靠的实现使用者所需的必要功能

(7) 价值工程的核心是(　　)。
　　A. 对象选择　　　　　　　　　B. 信息资料的收集
　　C. 功能评价　　　　　　　　　D. 功能分析

(8) 在进行产品功能价值分析时，若甲、乙、丙、丁四种零部件的价值系数分别为 $V_甲=0.5$，$V_乙=0.8$，$V_丙=1$，$V_丁=1.2$，则首选的改进对象是(　　)。
　　A. 零部件甲　　B. 零部件乙　　C. 零部件丙　　D. 零部件丁

(9) 运用价值工程优化设计方案所得结果是：方案甲价值系数为 1.28，单方造价为 156 元；方案乙价值系数为 1.20，单方造价为 140 元；方案丙价值系数为 1.05，单方造价为 175 元；方案丁价值系数为 1.18，单方造价 168 元，最佳是（　　）方案。

A. 甲　　　　B. 乙　　　　C. 丙　　　　D. 丁

(10) 某产品运用价值分析，进行方案创新，产生了甲、乙、丙、丁四个方案，有关各方案的部分数据见 9-17，则优选方案应是（　　）。

表 9-17　题(10)各方案数据表

方案	功能指数	成本指数
甲		0.28
乙	0.22	0.24
丙	0.26	0.26
丁	0.20	

A. 方案甲　　B. 方案乙　　C. 方案丙　　D. 方案丁

(11) 下列有关价值工程的表述中，不正确的是（　　）。

A. 价值工程着眼于产品功能提高

B. 价值工程的核心是功能分析

C. 价值工程的目标表现为产品价值的提高

D. 价值工程是有组织的创造性活动

(12) （　　）的依据是意大利经济学家帕累托（PA. reto）的不均匀分布定律，是一种按照局部成本在总成本中所占比重的多少以及根据"关键的少数，次要的多数"的思想来选择价值工程对象的方法。

A. 寿命周期法　　　　B. 强制确定法

C. 最合适区域法　　　D. ABC 分类法

(13) 洗衣机的目的是洗净衣服，实现这一目的的手段是提供动力。则洗净衣服的功能和提供动力的功能的关系是（　　）。

A. 左位功能和右位功能　　B. 右位功能和左位功能

C. 上位功能和下位功能　　D. 下位功能和上位功能

第10章 项目后评价

教学目标

本章主要讲述项目后评价的基本理论和方法。通过本章的学习,应达到以下目标:
(1) 理解项目后评价的概念、原则和程序;
(2) 熟悉项目后评价的方法;
(3) 熟悉经济后评价、社会和环境后评价的内容。

教学要求

知识要点	能力要求	相关知识
项目后评价程序	(1) 掌握项目后评价的原则和程序 (2) 掌握项目后评价内容与范围	(1) 项目后评价的概念 (2) 项目生命周期
项目后评价方法	(1) 熟悉对比分析法、成功度法 (2) 掌握逻辑框架法、综合评价法	(1) 前后对比、有无对比和横向对比 (2) 德尔菲法、层次分析法(AHP)、模糊综合评判法
经济效益后评价	(1) 掌握财务后评价的内容和方法 (2) 掌握国民经济后评价的内容和方法	(1) 盈利能力、偿债能力 (3) 经济内部收益率、经济内部净现值
社会环境影响后评价	(1) 掌握社会影响后评价的5项内容 (2) 掌握环境影响后评价的3点内容	(1) 单位就业人数定义与计算 (2) 地区收益分配系数 (3) 环境质量指数
后评价报告编制	(1) 熟悉后评价报告编写的基本要求 (2) 掌握编制报告的5大主要内容	项目(前)评估与后评价概念的区别

基本概念

项目后评价、项目生命周期、成功度法、逻辑框架法、财务后评价、国民经济后评价、社会影响后评价、环境影响后评价。

 引例

工程项目投资大,建设周期长,建成后项目的运营关系到国家经济的发展和人民生活质量的提高。已建设项目效益如何,对社会和环境有多大影响,如何为后续同类项目建设提供经验,这就需要项目的后评价。分析项目后评价是本章的要点。

10.1 概　　述

10.1.1 项目后评价的概念

项目后评价(Post Project Evaluation)是指对已完成的项目的目的、过程、效益、作用和影响所进行的系统的、客观的分析;通过对项目活动实践的检查总结,确定项目预期的目标是否达到,项目或规划是否合理,项目的主要效益指标是否实现;通过项目后评价分析找出项目失败的原因,总结经验教训并通过及时有效的信息反馈,为未来新项目的决策和提高完善投资决策管理水平提出建议,同时也为被评项目实施运营中出现的问题提出改进意见,从而达到提高投资效益的目的。

根据项目生命的全周期过程概念,一般认为项目后评价是在项目建成和竣工验收之后所进行的评价,其评价的时间范围如图 10.1 所示的 D 点到 F 点。此前的过程可分为项目前评估(可简称为项目评估)、项目中间评价(可称为跟踪评价),与项目后评价一起构成完整的项目评估评价过程。

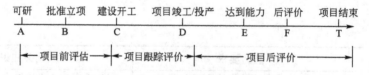

图 10.1　项目生命周期中的评价阶段

项目中间评价是指对正在建设尚未完工的项目所进行的评价。中间评价可以是全面、系统地对项目的决策、目标、过程及未来效益的全面评价;也可以是单独对项目建设过程中的某项内容进行的单项评价;或者对一个行业、产品、地区等的同类项目的评价。中间评价的作用是及时发现项目建设过程中存在的问题,分析产生的原因,重新评价项目的目标是否可能达到,项目的效益指标是否可以实现,并据此提出相应的对策和措施,以使决策者调整和完善方案,使项目得以顺利完成。项目中间评价包括项目实施过程中从立项到项目完成前的各种评价。例如,开工评价、跟踪评价、调整评价、阶段评价、完工评价等。国外把中间评价称为"绩效评价"。

项目后评价的内容包括项目效益后评价、项目影响后评价和项目管理后评价 3 大部分。

(1) 项目效益后评价主要是对应于项目前评估而言的,是指项目竣工后对项目投资经济效果的再评价。评价方式以项目建成运行后的实际数据为依据,重新计算项目的各项经济指标,并与项目评估时预测的经济指标(如项目净现值、项目内部收益率、项目获利指数等)进行纵向对比,评价分析两者的偏差及其产生的原因,进而总结其经验教训,为以后的相关项目决策提供借鉴和反馈信息。

(2) 项目影响后评价有环境影响后评价和社会影响后评价两个方面,环境影响后评价主要从环境对项目产生的影响方面对项目前评估所预测的情况与项目竣工后的实际环境影响效果进行对比分析,如环境污染、资源保护、生态平衡等方面。社会影响后评价是从项目的角度分析项目对国家或地区社会发展目标的贡献和影响,并与项目评估时的分析进行对比,重新确定其影响程度,以便决定是否采取新的措施,降低其负面影响。

(3) 项目管理后评价是指当项目竣工之后,对项目策划及实施阶段的项目管理工作所进行的评价,目的是通过对项目实施过程中管理行为及管理效果的分析,全面总结项目工作的管理经验,为类似项目的管理提供指导。

从以上 3 个方面的内容可以看出,项目后评价是全面提高项目决策和项目管理水平的必要而有效的手段。

10.1.2 项目后评价的一般性原则

1. 公正性

这一原则表示在评价时,应采取实事求是的态度,在发现问题、分析原因和作出结论时要避免主观臆断,应始终保持客观、公正的态度进行评价工作。公正性标志着项目后评价及评价者的信誉,因此这是项目后评价应坚持的一条重要的原则。

2. 独立性

该原则指项目后评价不受项目决策者、管理者和执行者的干扰,也不同于项目决策者和管理者自己开展的前评估,这是项目后评价公正性和客观性的重要保证。坚持独立性原则要从评价机构、评价人员、评价程序以及监督机制等方面来加以落实和保证,并且要自始至终贯穿于整个项目后评价过程,包括评价内容的确定、指标选择、调查范围和对象、报告编写及审稿等,都应独立地完成。

3. 科学性

科学性是指项目后评价所采用的理论、方法和技术手段是公认和经过实践验证为正确的,评价结果既要反映项目的成功经验,也要包括失败教训。科学性还要求项目后评价所采用的资料信息的完整性和可靠性。

4. 实用性

实用性原则强调项目后评价结果能对未来的类似项目提供借鉴和指导,对被评价项目本身的后期运行也具有指导和改进作用。因此对项目后评价报告提出的结论和建议要求具体、实用和可行。

5. 反馈性

这一原则的反馈包括两个方面的含义：一是用于项目后评价的信息资料是从项目竣工后实施过程中反馈回来的；二是后评价结果要及时反馈给各相关决策和实施部门。这种反馈可称为两级反馈，项目后评价是这两级反馈的中间加工过程：将工程项目运行的复杂信息通过分析、处理、归纳成具体的结论和建议，供相关部门和相关项目的立项评估使用。

10.1.3 项目后评价的程序

项目后评价的程序是指项目后评价工作开展的步骤，一般包括后评价项目选择、后评价计划、后评价内容与范围、后评价专家或机构确定、后评价实施及后评价报告编制等。

1. 后评价项目选择

一般根据下列条件选择须开展后评价的项目。

(1) 政府投资项目中规定需要进行后评价的项目。

(2) 特殊项目（如大型项目、复杂项目和试验性的新项目等）。

(3) 可为即将实施的国家预算、宏观战略和规划制定提供信息的项目。

(4) 具有未来发展方向的有代表性的项目。

(5) 对行业或地区的投资发展有重要意义的项目。

(6) 竣工运营后与前评估的预测结果有重大变化的项目。

(7) 其他需要了解项目的作用和效果的项目。

从原则上讲，为使项目的运营、管理更加完善和本着对投资者负责的态度，大、中型投资项目有条件都应进行项目后评价工作。

2. 项目后评价计划

确定需要进行后评价的项目后，就要制订项目后评价计划。制订项目后评价计划的时间应当尽可能地早，因为一旦确定需要进行后评价之后，从项目的可行性论证开始，就要注意收集和保存有关的信息资料。计划的内容要对后评价的预计时间、后评价范围、指标系统、技术方法以及人员机构等作出总体安排。

3. 项目后评价内容与范围

后评价计划主要强调各评价阶段的划分和时间安排，项目后评价的内容与范围则是以项目后评价任务书的形式加以确定，并对目的、内容、深度、范围和方法作出明确而具体的说明。其主要包括以下几点。

(1) 项目后评价的目的。

(2) 项目后评价的范围与内容。

(3) 项目后评价的方法。

(4) 项目后评价采用的指标体系。

(5) 项目后评价所需的经费。

(6) 项目后评价的时间安排。

4. 项目后评价机构和咨询专家的选择

项目后评价一般分为两个阶段：自我后评价和独立后评价。自我后评价通常由项目实施单位和项目使用单位，并以项目使用单位为主来完成，重点是记录和收集项目运行的原始数据，从使用者的角度来进行后评价；独立后评价由独立的评价机构完成。评价机构接受任务后，要确定一名专业负责人，并由专业负责人组织相关专家成立后评价小组，评价小组成员与被评价项目没有经济和社会利益关系，以保证项目后评价的公正性。

后评价机构也可聘请机构以外的独立后评价咨询专家，共同完成项目的后评价任务，以增加公正性和提高评价质量。

5. 项目后评价的实施

项目后评价的具体实施，根据不同类型的项目可能有所不同，从大的方面包括以下 3 个方面。

1) 项目后评价信息资料的收集

首先应尽可能全面地收集与后评价项目有关的原始资料，包括项目可行性论证(研究)报告、立项审批书、项目变更资料、竣工验收资料、决算审计报告、各项设计文件、项目运营情况的原始记录以及自我后评价报告等资料。

2) 项目后评价的现场调查资料

现场调查要预先做好现场调查设计，根据项目后评价内容的需要设计调查的内容和问题、调查对象、调查形式以及具体安排等。调查的内容要包括项目实施情况、项目目标的实现情况、项目各经济技术指标的合理性、项目产生的作用及影响等。

3) 项目后评价资料的整理与分析

资料的整理过程中要注意资料的客观性和有效性，只有同时满足这二者要求的资料才是合格的资料，对于非正常条件下及偶然因素作用下获取的信息数据不应作为项目后评价的分析依据。分析主要从 3 个方面进行：一是项目后评价结果与项目前评估预测结果的对比分析；二是对项目后评价本身结果所做的分析；三是对项目未来发展的分析。

6. 项目后评价报告的编写

项目后评价报告是后评价工作中的最后一项，也是反映项目后评价工作成果最关键的一项。报告的编写以前 5 项工作内容为依据，以评价原则为指导，客观、全面、公正地描述被评价项目的实施现状。项目后评价报告要具有项目绩效评价、改善项目后续发展和提高项目决策人员水平的功能和作用。报告的编写要求及主要内容参见 5.5 节的内容。

10.1.4 项目后评价的历史与发展

项目后评价和项目前评估在国外几乎是同时提出来的。20 世纪 30 年代，美国、瑞典等一些发达国家的财政、审计机构及援外单位就已经开始了工程项目的后评价工作，美国国会还以此作为监督政府投资新政政策的手段。到 20 世纪 60 年代，美国在实施"向贫困宣战"的计划中进一步采用项目评估和后评价方法进行监督。20 世纪 70 年代，项目后评价广泛地被国外许多国家政府、世界银行、亚洲开发银行等国际金融组织所采用,成为项目生命周期中的一个重要环节和投资管理的一种重要手段,并逐渐形成了一套比较完善的管理和评价体系。

在项目后评价机构方面,大部分西方发达国家将其隶属于立法机构或设立于政府部门中。例如美国的评价机构为美国会计总署(General Accounting Office,GAO),直接受美国国会领导;马来西亚则是在各级政府部门中建立项目监督和评价机构;韩国在政府中设立的经济企划院评价局则属于国家级的后评价机构。在许多国际金融组织中,一般设立独立的后评价机构,直接由董事会领导。例如,世界银行的后评价机构为业务评价局(The World Bank Operations Evaluation Department,OED)。在发展中国家当中,印度是开展后评价工作比较好的一个。印度于第一个五年计划(1951—1955年)期间就成立了规划评议组织,专门负责组织项目后评价工作。印度各邦也设有邦评议组织,负责各州的具体后评价事务。印度的规划评议组织设在国家计划委员会内,它直接向计划委员会副主席报告工作,并只对计划委员会而不对任何其他行政部门负责,以保证其独立性。

我国的投资项目后评价,始于20世纪80年代。1988年原国家计委委托中国国际工程咨询公司,进行了第一批国家重点投资建设项目的后评价,标志着项目后评价工作在我国应用的正式开始。到了20世纪90年代中期,项目后评价工作已在全国范围内得到普遍推广。为了总结经验、吸取教训,1996年,交通部颁发了《公路建设项目后评价工作管理办法》,并确定沪嘉、广佛、西三、沈大4条高速公路为国内首批高速公路后评价项目,标志着我国项目后评价管理水平已经上升到了一个新的高度。自2001年起国家开发银行全面实行了项目贷款后评价,其后评价工作由总行稽核评价局负责归口管理,后评价工作分为分行后评价、总行主要业务局后评价和后评价局进行的后评价3个层次,建立了比较完整的后评价体系,形成了自己的特色。2002年5月对广东省已建成营运的公路项目——深汕西高速公路开展了环境影响后评价试点工作,这是我国开展的第一个公路项目的环境影响后评价,2002年10月28日《中华人民共和国环境影响评价法》颁布,并于2003年9月1日施行。该法首次对规划、建设项目的环境影响提出了后评价(或跟踪评价)要求,这对加强我国规划、建设项目环境影响评价管理,健全环境影响评价体系具有重要的作用。2005年5月,国资委颁布了《中央企业固定资产投资项目后评价工作指南》,针对国资委管理的中央企业固定资产投资项目的后评价工作做出了具体规定。在该工作指南的指导下,各大型中央企业集团开展了一系列的后评价工作,并取得了较好的效果。

国家发展改革委也加快了政府投资项目后评价方法的制定,并于2008年11月颁布了《中央政府投资项目后评价管理办法(试行)》,标志着我国政府投资项目的全过程管理体系在制度安排和政策规定方面完成了基本的框架建设。随后,水利部于2010年2月发布了《水利建设项目后评价管理办法(试行)》,适用于包括防洪、排涝、灌溉、水力发电、引(供)水、滩涂治理、水土保持、水资源保护等方面有中央投资或中央补助投资的项目后评价。

经过近20年的时间,中国的后评价事业有了较快的发展,在公路、铁路、水利、火电站、大型建筑项目等工程中得到运用,但是由于投资、经济和管理体制等多种原因,中国的项目后评价制度、组织建设、理论与方法以及应用实践都尚不成熟,许多行业的后评价制度规范和宏观管理监督还未完全纳入法制化的轨道。

10.2 项目后评价方法

项目后评价工作包含的内容十分广泛，分析方法从总体上说是定量和定性相结合，其中主要的分析方法有对比分析法、逻辑框架法、成功度法和综合评价法。

10.2.1 对比分析法

对比法也是后评价方法的一条基本原则，包括前后对比、有无对比和横向对比。

前后对比是将项目可行性研究和评估时所预测的效益和项目竣工投产运行后的实际结果相比较，找出差异和原因。这种对比用于提示项目的计划、决策和实施的质量，是项目过程评价应遵循的原则。

有无对比是将项目投产后实际发生的情况与没有运行投资项目可能发生的情况进行对比，以度量项目的真实效益、影响和作用。对比的重点主要是分清项目自身的作用和项目以外的作用。这种对比用于项目的效益评价和影响评价。对比的关键是要求投入的代价与产出的效果口径一致，即所度量的效果要真正归因于此项目。有无对比法需要大量可靠的数据，最好有系统的项目监测资料，也可引用当地有效的统计资料。在进行对比时，先要确定评价内容和主要指标，选择可比的对象，用科学的方法收集资料，通过建立对比表来进行分析。

横向对比是同一行业内类似项目相关指标的对比，用以评价项目的绩效或竞争力。

10.2.2 逻辑框架法

逻辑框架法（Logical Framework Approach，LFA）是美国国际开发署在1970年开发并使用的一种设计、计划和评价的工具。目前大部分的国际组织把该方法作为援助项目的计划、管理和后评价的主要方法。LFA不是一种机械的方法或程序，而是一种综合、系统地研究问题的思维框架模式，这种方法有助于对关键因素和问题作出合乎逻辑的分析。

LFA是一种概念化论述项目的方法，即用一张简单的框图来清晰地分析一个复杂项目的内涵和关系，使之更易理解。LFA是将几个内容相关、必须同步考虑的动态因素组合起来，通过分析其间的逻辑关系，从设计、策划到目的、目标等方面来评价一项活动或项目。LFA为项目计划者和评价者提供一种分析框架，用以确定工作的范围和任务，并通过对项目目标和达到目标所需的手段进行逻辑关系的分析。

LFA的核心概念是事物的因果逻辑关系，即"如果"提供了某种条件，"那么"就会产生某种结果，这些条件包括事物内在的因素和事物所需要的外部因素。

LFA的基本模式见表10-1，其可用一张4×4的矩阵图来表示。

2005年5月，国务院国资委对中央企业固定资产投资项目后评价工作制定了工作指南，其中对逻辑框架法通过投入、产出、直接目的、宏观影响4个层面对项目进行分析和总结来加以描述，其评价模式见表10-2。

表10-1 逻辑框架法的模式

层次描述	客观验证指标	验证方法	重要外部条件
目标/影响	目标指标	监测和监督手段及方法	实现目标的主要条件
目的/作用	目的指标	监测和监督手段及方法	实现目的的主要条件
产出/结果	产出物定量指标	监测和监督手段及方法	实现产出的主要条件
投入/措施	投入物定量指标	监测和监督手段及方法	实现投入的主要条件

表10-2 国资委项目后评价逻辑框架表

项目描述	可客观验证的指标			原因分析		项目可持续能力
	原定指标	实现指标	差别或变化	内部原因	外部条件	
项目宏观目标						
项目直接目的						
产出/建设内容						
投入/活动						

10.2.3 成功度评价法

成功度评价法也就是所谓的打分方法，是以逻辑框架法分析的项目目标的实现程度和经济效益分析的评价结论为基础，以项目的目标和效益为核心所进行的全面系统评价。首先要确定成功度的等级及标准，再选择与项目相关的评价指标并确定其对应的重要性权重，通过指标重要性分析和单项成功度结论的综合，即可得到整个项目的成功度指标。

成功度评价法是依靠评价专家或专家组的经验，根据项目各方面的执行情况并通过系统准则或目标判断表来评价项目总体的成功程度。成功度评价是以逻辑框架法分析的项目目标的实现程度和经济效益分析的评价结论为基础，以项目的目标和效益为核心所进行的全面系统的评价。进行成功度分析时，首先确立项目绩效衡量指标，然后根据如下的评价体系对每个绩效衡量指标进行专家打分。

(1) 成功(AA)：完全实现或超出目标；相对成本而言，总体效益非常大。
(2) 基本成功(A)：目标大部分实现；相对成本而言，总体效益较大。
(3) 部分成功(B)：部分目标实现；相对成本而言，取得了一定效益。
(4) 不成功(C)：实现的目标很少；相对成本而言，取得的效益很少或不重要。
(5) 失败(D)：未实现目标；相对成本而言，没有取得效益或亏损，项目放弃。

项目成功度表可设置评价项目的主要指标。在评定具体项目的成功度时，并不一定要测定所有的指标，评价人员首先根据具体项目的类型和特点，确定表中指标与项目相关的程度，按重要性分为重要、次重要和不重要3类。其模式见表10-3。相关重要性不重要的指标就不用测定，对每项指标的成功率进行评价后，综合单项指标的成功度结论和指标重要性可得到整个项目的成功度评价结论。

表 10-3　项目成功度评价表

评定项目指标	项目相关重要性	评定等级
宏观目标和产业政策		
决策及其程序		
布局与规模		
项目目标及市场		
设计与技术装备水平		
资源和建设条件		
资金来源和融资		
项目进度及其控制		
项目质量及其控制		
项目投资及其控制		
项目经营		
机构和管理		
项目财务效益		
项目经济效益和影响		
社会和环境影响		
项目可持续性		
项目总评		

10.2.4　综合评价法

1. 综合评价的概念

建设项目的综合后评价，就是在建设项目的各分项分部工程、项目施工的各阶段以及从项目组织各层次评价的基础上，寻求项目的整体优化。由于建设项目的复杂性，技术、经济、环境和社会的影响因素众多，各种评判指标也只能反映投资项目的某些侧面或局部功能，因此采用综合评价法对项目进行综合后评价更能从整体上把握投资项目的建设质量和投资者的决策水平。

2. 综合评价法的一般步骤

（1）确定目标。

（2）确定评价范围。

（3）确定评价指标和标准。

（4）确定指标的权重。

（5）确定综合评价的判据。

综合评价法一般采用定性分析或定性分析与定量分析相结合的方法，常用的方法有德尔菲法、层次分析法(AHP)、模糊综合评判法等。

10.3 经济效益后评价

10.3.1 项目财务后评价

项目财务后评价是项目后评价的一项重要内容，它是对建成投产后的项目投资财务效益的再评价。项目财务后评价从企业角度出发，根据项目投产后的实际财务数据，如产品价格、生产成本、销售收入、销售利润等重新预测整个项目生命期的财务数据，计算项目投产后实际的财务评价指标，然后与项目前评价中预测的财务效益指标进行对比，分析二者偏离的原因，以对财务评价作出结论，吸取其经验教训，提高今后项目财务预测水平和项目微观决策科学化水平。但财务后评价中采用的数据不能简单地使用实际数，应扣除物价指数的因素，以使各项评价指标在前评估和后评价的不同时点上具有可比性。

在营利性分析中，通过全投资和自有资金现金流量表计算全投资税前内部收益率、净现值、自有资金税后内部收益率等指标；通过编制损益表，计算资金利润率、资金利税率、资本金利润率等指标，以反映项目和投资者的获利能力。

偿债能力分析主要是通过资产负债表、借款还本付息计算表，计算资产负债率、流动比率、速动比率等指标来反映建设项目的清偿能力。

财务后评价指标及与前评估的对比可按表 10-4 的形式列出。

表 10-4 财务后评价与前评估对比表

序号	分析内容	名称报表	评价指标名称	指标值		偏离值	偏离原因
				前评估	后评价		
1	营利性分析	全投资现金流量表	全部投产回收期				
2			财务内部(税前)				
3			财务净现值(税前)				
4		自有资金现金量表	财务内部收益率(税后)				
5			财务净现值(税后)				
6		损益表	资金利润率				
7			资金利税率				
8			资本金利润率				
9	偿还能力分析	资金来源与运用表	借债偿还期、偿债准备率				
10		资产负债表	资产负债率				
11			流动比率				
12			速动比率				

10.3.2 项目经济后评价

项目经济后评价的内容主要是通过编制全投资和国内投资经济效益和费用流量表、外汇流量表、国内资源流量表等计算出项目实际的国民经济营利性指标——全投资和国内投资经济内部收益率和经济净现值、经济换汇成本、经济节汇成本等指标,此外还应分析项目的建设对当地经济发展、所在行业和社会经济发展的影响;对收益公平分配的影响(提高低收入阶层收入水平的影响);对提高当地人口就业的影响和推动本地区、本行业技术进步的影响等。其主要作用是通过项目后评价指标与前评估指标的比较,分析项目前评估和项目决策质量以及项目实际的国民经济效益费用情况。经济后评价结果与前评估指标对比见表 10-5。

表 10-5 国民经济后评价指标与前评估对比表

序号	分析内容	名称报表	评价指标名称	指标值		偏离值	偏离原因
				前评估	后评价		
1	经济盈利性分析	全投资社会经济效益费用流量表	经济内部收益率				
2			经济净现值				
3		国内投资社会经济效益费用流量表	经济内部收益率				
4			经济净现值				
5	外汇效果分析	出口产品国内资源流量表及出口产品外汇流量	经济换汇成本				
6		替代出口产品国内资源流量表及替代出口产品外汇流量	经济节汇成本				

10.4 项目社会及环境影响后评价

10.4.1 项目社会影响后评价

项目社会影响后评价主要从两个方面进行分析:一是项目实施后对社会影响的实际结果;二是这种实际结果与前评估预测分析结果的差距及其原因。其具体内容包括以下几项。

1. 对社会就业的影响

项目对社会就业的影响包括直接和间接的影响,评价指标可采用新增就业人数或用剔除投资额影响的单位投资就业人数,前者为绝对量指标,后者为相对量指标。其计算公

式为

$$新增就业人数 = 项目直接就业人数 + 项目引起的其他就业人数 \quad (10-1)$$

$$单位就业人数 = \frac{新增就业人数}{项目总投资} \quad (10-2)$$

该指标可反映项目对区域或地区社会就业率的影响程度,分析时可与同地区或同行业的类似项目评价指标对比,项目对间接影响的其他就业人数要注意严格区分。

2. 对地区收入分配的影响

项目对地区收入分配的影响,主要是从国家对社会公平分配和扶贫政策的角度考虑。项目所处地区是处于相对富裕或贫困的状况用地区(省级)收益分配系数中的人均国民收入来描述,通过重新计算引入地区收益分配系数后的经济净现值指标(IDR),对项目的社会影响后评价进行分析。其计算公式为

$$D_i = \left(\frac{G}{G'}\right)^m \quad (10-3)$$

$$IDR = ENPV \cdot D_i = \sum_i^n (B-C)_i \cdot (1+i_s) \cdot D_i \quad (10-4)$$

式中:D_i——第 i 个地区(省级)收益分配系数;
G——项目评价时的全国人均国民收入;
G'——同一时间项目省份的人均国民收入;
IDR——地区收入分配效益(地区经济净现值);
$ENPV$——项目经济净现值;
n——地区数量;
B——经济效益流量;
C——费用效益流量;
i_s——社会折现率;
m——国家规定的贫困省份的收入分配参数,由国家定期公布,其值代表国家对贫困地区的投资扶贫政策。

3. 对居民生活条件和生活质量的影响

项目对于当地居民生活条件和生活质量的影响后评价主要考察项目实际引起的居民收入变化、人口增长率变化、住房条件和服务设施的改善、体育和娱乐设施的改善等。此外,同样也须做项目前评估与后评价的分析对比。

4. 项目对地方和社区发展的影响

评价项目实施后对当地社区发展的影响主要分析地方和社区的社会安定、社区福利、地方政府和社区的参与程度、社区的组织机构和管理机制等。

5. 项目对文化教育和民族宗教的影响

项目对文化、教育水平是否具有促进作用,对妇女社会地位的影响、特别是对当地风俗习惯、宗教信仰的影响以及对少数民族团结的影响等,主要以定性分析为主,也须从项目实施后的状况和项目前评估的预测情况及其对比的角度来分析。

10.4.2 项目环境影响后评价

项目环境影响后评价是指在规划、建设活动实施后，对照项目前评估时批准的项目环境影响报告书，将其对环境造成的实际影响程度进行系统调查和评价，检查减少环境影响措施的落实程度和实施效果，验证环境影响预测评估结论的正确性、可靠性，判断提出的环保措施的有效性，并对前评估时未认识到的一些环境影响进行分析研究，对项目竣工之后的各类变化情况进行补充完善，以达到改进环境质量和管理水平，并采取进一步的技术和经济措施，改善或减少项目对环境造成的不利影响。

项目环境影响后评价的主要内容有以下几项。

1. 项目对环境污染的影响

从污染源分析，项目对环境污染的影响后评价包括以下内容。

（1）噪声环境影响后评价。对建设项目环境影响后评价工作来说，噪声环境评价是比较重要的一项工作。根据前评估的项目环境影响报告，在确定主要噪声环境敏感区的基础上，对敏感区测点进行监测和评价。针对大型施工机具产生的工程噪声，也要进一步评价噪声影响状况和治理效果，以及前评估报告中已制定的针对防噪声的措施是否合理、有效等。

（2）空气环境影响后评价。项目竣工投产后，对周边地区空气环境的污染，有害、有毒气体的排放量等检测结果与前评估结果的对比评价。

（3）污水环境影响后评价。项目建成后，集中排放的污水处理情况及对周边地区环境的影响；项目区路面径流对周围水体水质的影响，以及其他（固体）污染物的排放对地区环境的影响，后评价的同时也要与前评估报告的预测结果进行对比分析。

对环境污染的影响可用环境质量指数来评价。环境质量指数的数值是相对于某一个环境质量标准而言的，当选取的环境质量标准变化时，尽管某种污染物的浓度并未变化，环境质量指数的取值也会不同，因此在进行横向比较时需注意各自采用的标准。环境质量标准根据项目所处地区或城市可能有所差别，受到社会、经济等因素的制约。环境质量指数的计算公式为

$$I_{EQ} = \sum_{i=1}^{n} Q_i / Q_{i0} \qquad (10-5)$$

式中：I_{EQ}——环境质量指数；
Q_i——第 i 种污染物的排放数量；
Q_{i0}——第 i 种污染物政府允许的最大排放量；
n——项目排放的污染物种类。

2. 项目对自然资源的利用和保护

项目对自然资源的利用和保护是指对包括水、海洋、土地、森林、草原、矿产、渔业、野生动植物等自然界中对人类有用的一切物质和能量的合理开发、利用、保护和再生增值。项目对资源利用与保护的后评价分析重点是节约能源和水资源、土地利用和资源的综合利用等。可参照 2002 年 10 月颁布的《中华人民共和国环境影响评价法》进行。

3. 项目对生态平衡的影响

项目对生态平衡的影响,是指由于人类的各种项目活动对自然界已形成的生态平衡的影响。它包括的范围有人类、植物和动物种群(特别是珍稀濒危的野生动植物)、重要水源涵养区、具有重大科教文化价值的地质构造(如著名溶洞、冰川、火山、温泉等自然景观)、人文遗迹、气候、土壤、植被等。

10.5 项目后评价报告的编制

10.5.1 项目后评价报告的编写要求

1. 文字图表要求

文字叙述应条理清晰,行文流畅,多用描述性文字,尽量少用评价性语言;报告中图表可对文字的表述起补充和提示作用,图表须具有唯一引用编号,文中有相应的引用位置,图表格式及安排应符合国家或地方行业颁布的项目评价规范要求。

2. 基础数据要求

客观、真实地反映项目事实是后评价报告的基本要求,报告中所有引用的数据要注明出处,对数据进行计算加工要写明详细过程,以方便检查。

3. 资料收集要求

资料收集需要齐全,不得遗漏,包括项目自我评价报告、项目建议书及批复文件、项目可研报告及其评估与批复文件、项目初步设计及其批复文件、项目建设开工报告、招投标文件、主要合同、工程概算调整报告、监理报告、竣工验收报告及其相关的批复文件与资料、项目运行和企业生产经营情况、财务报表以及其他相关资料、与项目有关的审计报告、稽查报告和统计资料等。

4. 编写格式要求

目前除了国家发展改革委颁布的《中央政府投资项目后评价管理办法(试行)》规定外,还有一些部委,如交通部、水利部以及部分省份,如安徽、江苏、河北等均公布了行业和地方规定,编写报告时要参照本行业和当地政府的相关规定,综合确定对格式的要求,常用的后评价报告格式如下:

(1) 封面
(2) 责任表

格式如下:
编制单位:
单位负责人:
总工程师:
总经济师:

总会计师：

项目负责人：

主要参加人员：

主要参加单位：

(3) 目录

(4) 正文内容

(5) 附件

其包括：有关委托、招标、评审、批复等主要文件的复印件；专题测试(算)研究报告；其他支撑证明材料等。

10.5.2 项目后评价报告的内容

现行的项目后评价内容，除了国资委和发展改革委颁布的有关规定外，各行业还陆续颁布了一些针对各类工程项目具体特点的项目后评价要求，一些专家学者也对评价内容和方法做了许多有益的探索，如针对建筑节能项目过程的后评价内容、高速公路后评价模型以及环境影响后评价等方面的研究。对于一般工程项目来说，项目后评价报告的主要内容包括以下几点。

1. 总论

总论主要包括项目背景，项目后评价的目的，后评价工作的组织管理，后评价报告的编制单位简介，后评价报告的编写依据和方法，项目的设计单位，项目可行性研究报告与评估报告的编写单位，项目的需求与市场前景预测等。

2. 项目前期工作后评价

项目前期工作的质量对整个项目的成功起着重要的作用，因此前期工作的后评价就显得越加重要。其主要任务是评价分析前期工作的业绩及其总结出的经验、失误及其分析找到的原因，在此基础上，还要分析前期工作的效果对项目实施运营会带来多大程度的影响，从而为今后类似项目的管理提供指导，也为加强项目前期工作找到依据。

项目前期工作后评价的主要内容有项目筹备工作后评价，项目决策工作后评价，项目贷款融资工作后评价，项目勘察设计工作后评价，项目招标工作后评价等。

3. 项目实施后评价

项目实施后评价是指对工程开工之后至验收完毕，投入运营前的工作进行的后评价，由于这段时间是资金大量投放阶段，因此，对于设备、材料采购、资金是否合理分配和运用的后评价是关键。

项目实施后评价的内容主要包括项目开工后评价，项目施工组织与管理后评价，项目分配与使用后评价，项目建设工期后评价，项目建设成本后评，项目变更索赔后评价，项目竣工验收后评价等。

4. 项目运营后评价

项目运营阶段是实现和发挥项目投资效益的阶段，也是全面考察项目建设合理性及其成果的阶段。需要注意的一点是项目运营后评价的所有数据都是来自项目投产后的实际

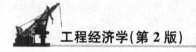

(生产)数据,因此可以用来与可行性研究、设计施工的分析预测数据作比较,充分地总结项目的经验和教训等。

项目运营后评价的主要内容包括项目产品方案合理性后评价,项目经营管理后评价,项目技术水平后评价,项目财务效益后评价,项目经济效益后评价,项目社会效益后评价等。

5. 项目影响后评价

项目影响后评价是从项目以外的范围来研究和分析项目对其产生的影响,这一阶段的后评价应注意不要与上述后评价重复分析或计算,还有这阶段是从更宏观的角度来考虑问题,因此有些因素可能无法量化,一般只作定性分析。

项目影响后评价的主要内容包括项目经济影响后评价,项目环境影响后评价,项目社会影响后评价,项目安全影响后评价等。

6. 项目可持续性评价

项目可持续性评价有时也称为项目目标后评价,主要目的是评价项目制定的既定目标是否按期完成,项目能否按设计的运营参数和按预期的效果在生命周期内持续稳定的运行。

项目可持续性评价涉及因素较复杂,评价时建议考虑以下几点。

(1) 技术装备在当地技术水平下能否保持持续性;
(2) 政府为实现项目目标所承诺提供的政策措施是否持续;
(3) 人、财、物等资源的配置能否保证项目的持续性。

7. 后评价结论与建议

这是项目后评价报告的最后一部分内容,主要包括项目的综合评价及结论、主要经验教训、建议和措施。

本章小结

本章划分了工程项目生命周期中的不同评价阶段,把项目实施前所完成的评价称为评估,由此引出了项目前评估(简称评估)和项目后评价的概念;在此基础上,阐述了工程项目后评价的基本原则、程序。本章还重点介绍了主要的评价技术方法;对经济效益后评价和社会环境影响后评级给予了较详细的介绍;最后给出了项目后评价报告的编写要求和主要内容。

思 考 题

(1) 项目前评估与项目后评价有何区别?
(2) 对比分析法有哪三种形式的对比?

(3) 逻辑框架法(LFA)的核心概念是什么？
(4) 成功度法为什么要依靠评价专家或专家组的经验？
(5) 项目后评价报告一般由哪几部分组成？

习　题

1. 选择题。
(1) 某工程项目结束后，拟进行试运行，试运行完成后验收。请问用试运行期间获得的收益数据所作的评价属于项目(　　)。
　　A. 前评估　　　B. 跟踪评价　　　C. 后评价　　　D. 综合评价
(2) 项目使用单位聘请的独立后评价咨询专家来对项目所做的项目后评价工作，属于(　　)。
　　A. 项目跟踪评价　　　　　　B. 项目审计评价
　　C. 项目独立后评价　　　　　D. 项目自我后评价
(3) 企业进行项目后评价时，与前评估中采用的一项类似项目的指标作对比，这种对比分析法称为(　　)。
　　A. 有无对比　　B. 横向对比　　C. 前后对比　　D. 纵向对比
(4) 逻辑框架法的模式描述中，有目标、产出、投入和(　　)。
　　A. 影响　　　　B. 措施　　　　C. 结果　　　　D. 作用
(5) 某社区政府投资的公益项目——文化体育中心建成后，由于附近没有类似设施，该项目取得了较大的收益，但主要是收费较高(与周边地区持平)，参与人数并不多。若用成功度法进行后评价，则该项目应是(　　)。
　　A. 成功　　　　B. 基本成功　　C. 部分成功　　D. 不成功

2. 计算题。
(1) 某公众图书馆工程投资 22 000 万元，建成后招收了当地 128 人进入图书馆工作，馆前一条街增加了大约 72 人从事服务性工作，新开张的 4 家书店 20 人。计算该图书馆项目的单位就业人数。
(2) 绿草湾花园住宅小区项目的实际建设工期变化率为 20%，由于对雨季估计不足，实际建设工期比预计的增加了 50 天。问该项目实际建设工期为多少天？

附录一 参考答案

第1章(略)

第2章

(1) 略。

(2) 略。

(3) 5 825 元；5 871.21 元；对还款人来说单利合算。

(4) 26 019 元。

(5) 318.50 万元。

(6) 905.73 万元；192.20 万元；188.43 万元。

(7) 245 000 元；255 000 元；293 201.03 元。

(8) 1 745.79 元。

(9) 2 285.06 元。

(10) 14.21 年。

(11) 7.18%。

(12) 34.883 6 万元。

(13) $P=213.48$ 元；$F=331.18$ 元；$A=30.04$ 元。

(14) 略。

(15) $P=5\,468.57$ 元；$F=6\,339.58$ 元；$A=1\,194.345$ 元。

(16) $P=90\,528.67$ 元；$F=99\,999.98$ 元；$A=9\,559.83$ 元。

(17) 389.12 元。

(18) $P=11\,878.54$ 元；$F=19\,348.88$ 元；$A=1\,538.27$ 元。

(19) ① 25 525.63 元；② 25 000 元；③ 23 000 元；④ 23 100 元。

(20) 3 273.92 元；3 308.99 元。

(21) ① 63 749.6 元；② 64 926.95 元；③ 67 689.78 元。

(22) ① 1 254.00 元；② 1 232.00 元；③ 1 181.86 元；④ $A_{季}=308.29$；$A_{年}=1\,164.6$ 元；

⑤ $A_{月}=103.47$ 元；$A_{年}=1\,285.71$ 元。

(23) ① 248 218.15 元；② 246 099.19 元；③ 241 388.26 元；第③种还款方式最合算。

(24) 74.40 元。

(25) $(F/A, r, n)=\dfrac{e^m-1}{e^r-1}$；$(P/A, r, n)=\dfrac{e^m-1}{e^m(e^r-1)}$；$(A/P, r, n)=\dfrac{e^m(e^r-1)}{e^m-1}$；$(A/F, r, n)=\dfrac{e^r-1}{e^m}$。

(26) 78.162 4 元。

第 3 章

(1) $T_p=6.67$ 年，$R=15\%$；$T_p^*=11.53$ 年，$T_p=6.64$ 年，$T_p^*=10.33$ 年。

(2) $T_p=3.25$ 年，小于基准投资回收期，可行；$T_p^*=3.99$ 年，小于基准投资回收期，可行。

(3) $NPV=8\,695.21$ 元，$NAV=1\,629.48$ 元，$NFV=18\,638.95$ 元，$NPVI=0.869\,5$。

(4) $NPV_A=353.866\,7$ 元，$NAV_A=45.825\,7$ 元，$NFV_A=576.411\,6$ 元；$NPV_B=192.333\,3$ 元，$NAV_B=24.907\,2$ 元，$NFV_B=313.290\,7$ 元；
$\dfrac{NPV_A}{NPV_B}=\dfrac{NAV_A}{NAV_B}=\dfrac{NFV_A}{NFV_B}=1.839\,9$。

(5) $PC_C=472.013\,4$ 万元，$AC_C=81.941\,5$ 万元；$PC_D=493.597\,3$ 万元，$AC_D=85.688\,5$ 万元，C 方案优于 D 方案。

(6) $NPV_G=2\,500(P/A,\ i,\ 4)-8\,000$

$NPV_F=1\,000+\dfrac{1\,500}{1+i}+\dfrac{2\,000}{(1+i)^2}-\dfrac{2\,500}{(1+i)^3}-\dfrac{3\,000}{(1+i)^4}$

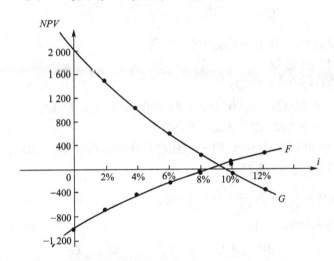

(7) $IRR_A=15.26\%$，$IRR_B=7.42\%$。

(8) $IRR_A=12.92\%$，方案不可行。

(9) $NPV_A=13\,937.498$ 元，$NPV_B=22\,231.30$ 元，$NPV_C=-1\,815.629$ 元，$NPV_D=-8\,182.60$ 元，$NPV_E=-74\,049.116\,8$ 元，$NPV_F=-123.123$ 元，只有 A、B 两方案可以接受。

(10) $T_p^*=7.61$ 年。

(11) A 方案存在内部收益率，B 方案不存在内部收益率。

(12) $IRR=2.18\%$，可行。

(13) ① 1 方案，28\,750 元，230\,000 元；2 方案，28\,040 元，224\,320 元；3 方案，26\,457 元，211\,656 元；机器 3 优。② $T_{a(2-1)}=5.1$ 年，$T_{a(3-2)}=4.34$ 年，$T_{a(3-1)}=4.61$ 年，机器 3 优。

(14) $T_a=2.45$（年），可行。

(15) $\Delta IRR=16.75\%$,当 $i<16.75\%$ 时,A 优,当 $i>16.75\%$ 时,B 优。
$\Delta NPV=475.474$ 元,A 方案优。

(16) 应该建 4 层高。

(17) 只建 C 浴场。

(18) 选甲、乙两方案;$\sum NPV=37.352$ 万元,$\sum K=700$ 万元。

(19) 选 A、B、E 3 方案;$\sum NPV=104.9456$ 万元,$\sum K=210$ 万元。

(20) 应选 B 方案。

第 4 章

(1) 略。

(2) ① 企业盈亏平衡点产量:

成本函数 $C(Q)=65\,000+(25-0.001Q)Q=65\,000+25Q-0.001Q^2$

销售收入函数 $S(Q)=(55-0.0035Q)Q=55Q-0.0035Q^2$

因 $C(Q)=S(Q)$,$0.0025Q^2-30Q+65\,000=0$,所以

$$Q=\frac{30\pm\sqrt{30^2-4\times 0.0025\times 65\,000}}{2\times 0.0025}$$

解得 $Q_{BE1}=2\,837$ 件;$Q_{BE2}=9\,162$ 件。

② 最大利润时的产量 Q_{OPi}:

利润函数 $E(Q)=S(Q)-C(Q)$

$=55(Q)-0.0035Q^2-65\,000-25Q+0.001Q^2$

$=0.0025Q^2+30Q-65\,000$

对上式求导,令 $dE(Q)/dq=0$,得 $-0.005Q+30=0$,所以 $Q_{OPi}=30\div 0.005=6\,000$(件)。

③ 单件成本最小时的产量 Q_{min}:

平均单件成本 $W=\dfrac{C}{Q}=\dfrac{C_F+C_V Q}{Q}=\dfrac{C_F}{Q}+C_V$

对 W 求导,并令其得 0,即

$$\frac{dW}{dQ}=\frac{d(C_V+C_F/Q)}{dQ}=0\Rightarrow \frac{dC_V}{dQ}=\frac{C_F}{Q^2}$$

则 $\dfrac{d(25-0.001Q)}{dQ}=\dfrac{6\,500}{Q^2}$,得 $0.001Q^2=65\,000$,$Q_{min}=\sqrt{\dfrac{65\,000}{0.001}}=8\,062$(件)。

画图:

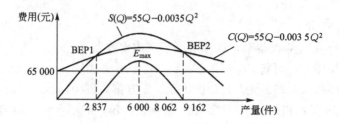

(3) 略。

(4)

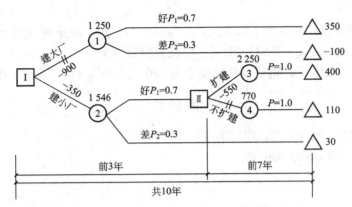

节点①：(350×0.7−100×0.3)×10−900＝1 250 万元。

节点③：400×1.0×7−550＝2 250 万元。

节点④：110×1.0×7＝770 万元。

决策点Ⅱ：比较扩建与不扩建。

∵ 2 250＞770，∴应选 3 年后扩建的方案。

节点②：2 250×0.7＋110×0.7×3＋30×0.3×10−350 ＝1 546 万元。

决策点Ⅰ：比较建大厂建小厂

∵ 1 546＞1 250，∴应选先建小厂。

(5) 略。

第 5 章

(1) ① ABCE；② ABCE；③ ABD；④ ACDE。

(2) 61 264.14 万元。

(3) 6.675%。

第 7 章

(1) Y_{2004}＝836.8(套)。

(2) 6.63 万元。

第 8 章

(1) a_p＝0.43，a_I＝0.30，a＝0.60。

(2) T^*＝5 年

(3) T^*＝5 年，C＝8 484.31 元。

(4) T^*＝4 年，C＝1 225 元。

(5) T^*＝7 年，C＝8 362.86 元。

(6) $\Delta PC_{(B-A)}$＝14 663.49 元，方案 A 最优。

(7) AC_A＝7 066.4 元，AC_B＝6 483.2 元，应选机器 B。

(8) 各方案 15 年的费用现值为，PC_A＝43 964.29 元，PC_B＝45 005.13 元，应选 A 方案。

(9) 各方案单位产量费用现值为，$PC_A = 30.78$ 元，$PC_B = 26.84$ 元，$PC_C = 30.20$ 元，应选 B 设备。

(10) 不考虑利息，$AC_{改} = 3\,520$ 元，$AC_{更} = 4\,410$ 元，应选择租赁方案；考虑利息，$AC_{改} = 4\,132.48$ 元，$AC_{更} = 5\,211.71$ 元；应选择租赁方案。

(11) $AC_{购} = 5\,426$ 元，租赁少交的税金为 550 元，$AC_{租} = 4\,450$ 元，租赁合算。

第 10 章

1. (1) B；(2) D；(3) C；(4) D；(5) D。

2. (1) 11 人/万；(2) 300 天。

附录二 复利系数表

$i=1\%$

n	$(F/P, i, n)$	$(P/F, i, n)$	$(F/A, i, n)$	$(A/F, i, n)$	$(P/A, i, n)$	$(A/P, i, n)$	$(A/G, i, n)$	$(P/G, i, n)$
1	1.010 0	0.990 1	1.000 0	1.000 0	0.990 1	1.010 0	0.000 0	0.000 0
2	1.020 1	0.980 3	2.010 0	0.497 5	1.970 4	0.507 5	0.497 5	0.980 3
3	1.030 3	0.970 6	3.030 1	0.330 0	2.941 0	0.340 0	0.993 4	2.921 5
4	1.040 6	0.961 0	4.060 4	0.246 3	3.902 0	0.256 3	1.487 6	5.804 4
5	1.051 0	0.951 5	5.101 0	0.196 0	4.853 4	0.206 0	1.980 1	9.610 3
6	1.061 5	0.942 0	6.152 0	0.162 5	5.795 5	0.172 5	2.471 0	14.320 5
7	1.072 1	0.932 7	7.213 5	0.138 6	6.728 2	0.148 6	2.960 2	19.916 8
8	1.082 9	0.923 5	8.285 7	0.120 7	7.651 7	0.130 7	3.447 8	26.381 2
9	1.093 7	0.914 3	9.368 5	0.106 7	8.566 0	0.116 7	3.933 7	33.695 9
10	1.104 6	0.905 3	10.462 2	0.095 6	9.471 3	0.105 6	4.417 9	41.843 5
11	1.115 7	0.896 3	11.566 8	0.086 5	10.367 6	0.096 5	4.900 5	50.806 7
12	1.126 8	0.887 4	12.682 5	0.078 8	11.255 1	0.088 8	5.381 5	60.568 7
13	1.138 1	0.878 7	13.809 3	0.072 4	12.133 7	0.082 4	5.860 7	71.112 6
14	1.149 5	0.870 0	14.947 4	0.066 9	13.003 7	0.076 9	6.338 4	82.422 1
15	1.161 0	0.861 3	16.096 9	0.062 1	13.865 1	0.072 1	6.814 3	94.481 0
16	1.172 6	0.852 8	17.257 9	0.057 9	14.717 9	0.067 9	7.288 6	107.273 4
17	1.184 3	0.844 4	18.430 4	0.054 3	15.562 3	0.064 3	7.761 3	120.783 4
18	1.196 1	0.836 0	19.614 7	0.051 0	16.398 3	0.061 0	8.232 3	134.995 7
19	1.208 1	0.827 7	20.810 9	0.048 1	17.226 0	0.058 1	8.701 7	149.895 0
20	1.220 2	0.819 5	22.019 0	0.045 4	18.045 6	0.055 4	9.169 4	165.466 4
21	1.232 4	0.811 4	23.239 2	0.043 0	18.857 0	0.053 0	9.635 4	181.695 0
22	1.244 7	0.803 4	24.471 6	0.040 9	19.660 4	0.050 9	10.099 8	198.566 3
23	1.257 2	0.795 4	25.716 3	0.038 9	20.455 8	0.048 9	10.562 6	216.066 0
24	1.269 7	0.787 6	26.973 5	0.037 1	21.243 4	0.047 1	11.023 7	234.180 0
25	1.282 4	0.779 8	28.243 2	0.035 4	22.023 2	0.045 4	11.483 1	252.894 5
26	1.295 3	0.772 0	29.525 6	0.033 9	22.795 2	0.043 9	11.940 9	272.195 7
27	1.308 2	0.764 4	30.820 9	0.032 4	23.559 6	0.042 4	12.397 1	292.070 2
28	1.321 3	0.756 8	32.129 1	0.031 1	24.316 4	0.041 1	12.851 6	312.504 7
29	1.334 5	0.749 3	33.450 4	0.029 9	25.065 8	0.039 9	13.304 4	333.486 3
30	1.347 8	0.741 9	34.784 9	0.028 7	25.807 7	0.038 7	13.755 7	355.002 1
35	1.416 6	0.705 9	41.660 3	0.024 0	29.408 6	0.034 0	15.987 1	470.158 0
40	1.488 9	0.671 7	48.886 4	0.020 5	32.834 7	0.030 5	18.177 6	596.856 1
45	1.564 8	0.639 1	56.481 1	0.017 7	36.094 5	0.027 7	20.327 3	733.703 7
50	1.644 6	0.608 0	64.463 2	0.015 5	39.196 1	0.025 5	22.436 3	879.417 6

$i=2\%$

n	$(F/P, i, n)$	$(P/F, i, n)$	$(F/A, i, n)$	$(A/F, i, n)$	$(P/A, i, n)$	$(A/P, i, n)$	$(A/G, i, n)$	$(P/G, i, n)$
1	1.020 0	0.980 4	1.000 0	1.000 0	0.980 4	1.020 0	0.000 0	0.000 0
2	1.040 4	0.961 2	2.020 0	0.495 0	1.941 6	0.515 0	0.495 0	0.961 2
3	1.061 2	0.942 3	3.060 4	0.326 8	2.883 9	0.346 8	0.986 8	2.845 8
4	1.082 4	0.923 8	4.121 6	0.242 6	3.807 7	0.262 6	1.475 2	5.617 3
5	1.104 1	0.905 7	5.204 0	0.192 2	4.713 5	0.212 2	1.960 4	9.240 3
6	1.126 2	0.888 0	6.308 1	0.158 5	5.601 4	0.178 5	2.442 3	13.680 1
7	1.148 7	0.870 6	7.434 3	0.134 5	6.472 0	0.154 5	2.920 8	18.903 5
8	1.171 7	0.853 5	8.583 0	0.116 5	7.325 5	0.136 5	3.396 1	24.877 9
9	1.195 1	0.836 8	9.754 6	0.102 5	8.162 2	0.122 5	3.868 1	31.572 0
10	1.219 0	0.820 3	10.949 7	0.091 3	8.982 6	0.111 3	4.336 7	38.955 1
11	1.243 4	0.804 3	12.168 7	0.082 2	9.786 8	0.102 2	4.802 1	46.997 7
12	1.268 2	0.788 5	13.412 1	0.074 6	10.575 3	0.094 6	5.264 2	55.671 2
13	1.293 6	0.773 0	14.680 3	0.068 1	11.348 4	0.088 1	5.723 1	64.947 5
14	1.319 5	0.757 9	15.973 9	0.062 6	12.106 2	0.082 6	6.178 6	74.799 9
15	1.345 9	0.743 0	17.293 4	0.057 8	12.849 3	0.077 8	6.630 9	85.202 1
16	1.372 8	0.728 4	18.639 3	0.053 7	13.577 7	0.073 7	7.079 9	96.128 8
17	1.400 2	0.714 2	20.012 1	0.050 0	14.291 9	0.070 0	7.525 6	107.555 4
18	1.428 2	0.700 2	21.412 3	0.046 7	14.992 0	0.066 7	7.968 1	119.458 1
19	1.456 8	0.686 4	22.840 6	0.043 8	15.678 5	0.063 8	8.407 3	131.813 9
20	1.485 9	0.673 0	24.297 4	0.041 2	16.351 4	0.061 2	8.843 3	144.600 3
21	1.515 7	0.659 8	25.783 3	0.038 8	17.011 2	0.058 8	9.276 0	157.795 9
22	1.546 0	0.646 6	27.299 0	0.036 6	17.658 0	0.056 6	9.705 5	171.379 8
23	1.576 9	0.634 2	28.845 0	0.034 7	18.292 2	0.054 7	10.131 7	185.330 9
24	1.608 4	0.621 7	30.421 9	0.032 9	18.913 9	0.052 9	10.554 7	199.630 5
25	1.640 6	0.609 5	32.030 3	0.031 2	19.523 5	0.051 2	10.974 5	214.259 2
26	1.673 4	0.597 6	33.670 9	0.029 7	20.121 0	0.049 7	11.391 0	229.198 7
27	1.706 9	0.585 9	35.344 3	0.028 3	20.706 9	0.048 3	11.804 3	244.431 1
28	1.741 0	0.574 4	37.051 2	0.027 0	21.281 3	0.047 0	12.214 5	259.939 2
29	1.775 8	0.563 1	38.792 2	0.025 8	21.844 4	0.045 8	12.621 4	275.706 4
30	1.811 4	0.552 1	40.568 1	0.024 6	22.396 5	0.044 6	13.025 1	291.716 4
35	1.999 9	0.500 0	49.994 5	0.020 0	24.998 6	0.040 0	14.996 1	374.882 6
40	2.208 0	0.452 9	60.402 0	0.016 6	27.355 5	0.036 6	16.888 5	461.993 1
45	2.437 9	0.410 2	71.892 7	0.013 9	29.490 2	0.033 9	18.703 4	551.565 2
50	2.691 6	0.371 5	84.579 4	0.011 8	31.423 6	0.031 8	20.442 0	642.360 6

附录二 复利系数表

$i=3\%$

n	(F/P, i, n)	(P/F, i, n)	(F/A, i, n)	(A/F, i, n)	(P/A, i, n)	(A/P, i, n)	(A/G, i, n)	(P/G, i, n)
1	1.030 0	0.970 9	1.000 0	1.000 0	0.970 9	1.030 0	0.000 0	0.000 0
2	1.060 9	0.942 6	2.030 0	0.492 6	1.913 5	0.522 6	0.492 6	0.942 6
3	1.092 7	0.915 1	3.090 9	0.323 5	2.828 6	0.353 5	0.980 3	2.772 9
4	1.125 5	0.888 5	4.183 6	0.239 0	3.717 1	0.269 0	1.463 1	5.438 3
5	1.159 3	0.862 6	5.309 1	0.188 4	4.579 7	0.218 4	1.940 9	8.888 8
6	1.194 1	0.837 5	6.468 4	0.154 6	5.417 2	0.184 6	2.413 8	13.076 2
7	1.229 9	0.813 1	7.662 5	0.130 5	6.230 3	0.160 5	2.881 9	17.954 7
8	1.266 8	0.789 4	8.892 3	0.112 5	7.019 7	0.142 5	3.345 0	23.480 6
9	1.304 8	0.766 4	10.159 1	0.098 4	7.786 1	0.128 4	3.803 2	29.611 9
10	1.343 9	0.744 1	11.463 9	0.087 2	8.530 2	0.117 2	4.256 5	36.308 8
11	1.384 2	0.722 4	12.807 8	0.078 1	9.252 6	0.108 1	4.704 9	43.533 0
12	1.425 8	0.701 4	14.192 0	0.070 5	9.954 0	0.100 5	5.148 5	51.248 2
13	1.468 5	0.681 0	15.617 8	0.064 0	10.635 0	0.094 0	5.587 2	59.419 6
14	1.512 6	0.661 1	17.086 3	0.058 5	11.296 1	0.088 5	6.021 0	68.014 1
15	1.558 0	0.641 9	18.598 9	0.053 8	11.937 9	0.083 8	6.450 0	77.000 2
16	1.604 7	0.623 2	20.156 9	0.049 6	12.561 1	0.079 6	6.874 2	86.347 7
17	1.652 8	0.605 0	21.761 6	0.046 0	13.166 1	0.076 0	7.293 6	96.028 0
18	1.702 4	0.587 4	23.414 4	0.042 7	13.753 5	0.072 7	7.708 1	106.013 7
19	1.753 5	0.570 3	25.116 9	0.039 8	14.323 8	0.069 8	8.117 9	116.278 8
20	1.806 1	0.553 7	26.870 4	0.037 2	14.877 5	0.067 2	8.522 9	126.798 7
21	1.860 3	0.537 5	28.676 5	0.034 9	15.415 0	0.064 9	8.923 1	137.549 6
22	1.916 1	0.521 9	30.536 8	0.032 7	15.936 9	0.062 7	9.318 6	148.509 4
23	1.973 6	0.506 7	32.452 9	0.030 8	16.443 6	0.060 8	9.709 3	159.656 6
24	2.032 8	0.491 9	34.426 5	0.029 0	16.935 5	0.059 0	10.095 4	170.971 1
25	2.093 8	0.477 6	36.459 3	0.027 4	17.413 1	0.057 4	10.476 8	182.433 6
26	2.156 6	0.463 7	38.553 0	0.025 9	17.876 8	0.055 9	10.853 5	194.026 0
27	2.221 3	0.450 2	40.709 6	0.024 6	18.327 0	0.054 6	11.225 5	205.730 9
28	2.287 9	0.437 1	42.930 9	0.023 3	18.764 1	0.053 3	11.593 0	217.532 0
29	2.356 6	0.424 3	45.218 9	0.022 1	19.188 5	0.052 1	11.955 8	229.413 7
30	2.427 3	0.412 0	47.575 4	0.021 0	19.600 4	0.051 0	12.314 1	241.361 3
35	2.813 9	0.355 4	60.462 1	0.016 5	21.487 2	0.046 5	14.037 5	301.626 7
40	3.262 0	0.306 6	75.401 3	0.013 3	23.114 8	0.043 3	15.650 2	361.749 9
45	3.781 6	0.264 4	92.719 9	0.010 8	24.518 7	0.040 8	17.155 6	420.632 5
50	4.383 9	0.228 1	112.796 9	0.008 9	25.729 8	0.038 9	18.557 5	477.480 3

$i=4\%$

n	(F/P, i, n)	(P/F, i, n)	(F/A, i, n)	(A/F, i, n)	(P/A, i, n)	(A/P, i, n)	(A/G, i, n)	(P/G, i, n)
1	1.040 0	0.961 5	1.000 0	1.000 0	0.961 5	1.040 0	0.000 0	0.000 0
2	1.081 6	0.924 6	2.040 0	0.490 2	1.886 1	0.530 2	0.490 2	0.924 6
3	1.124 9	0.889 0	3.121 6	0.320 3	2.775 1	0.360 3	0.973 9	2.702 5
4	1.169 9	0.854 8	4.246 5	0.235 5	3.629 9	0.275 5	1.451 0	5.267 0
5	1.216 7	0.821 9	5.416 3	0.184 6	4.451 8	0.224 6	1.921 6	8.554 7
6	1.265 3	0.790 3	6.633 0	0.150 8	5.242 1	0.190 8	2.385 7	12.506 2
7	1.315 9	0.759 9	7.898 3	0.126 6	6.002 1	0.166 6	2.843 3	17.065 7
8	1.368 6	0.730 7	9.214 2	0.108 5	6.732 7	0.148 5	3.294 4	22.180 6
9	1.423 3	0.702 6	10.582 8	0.094 5	7.435 3	0.134 5	3.739 1	27.801 3
10	1.480 2	0.675 6	12.006 1	0.083 3	8.110 9	0.123 3	4.177 3	33.881 4
11	1.539 5	0.649 6	13.486 4	0.074 1	8.760 5	0.114 1	4.609 0	40.377 2
12	1.601 0	0.624 6	15.025 8	0.066 6	9.385 1	0.106 6	5.034 3	47.247 7
13	1.665 1	0.600 6	16.626 8	0.060 1	9.985 6	0.100 1	5.453 3	54.454 6
14	1.731 7	0.577 5	18.291 9	0.054 7	10.563 1	0.094 7	5.865 9	61.961 8
15	1.800 9	0.555 3	20.023 6	0.049 9	11.118 4	0.089 9	6.272 1	69.735 5
16	1.873 0	0.533 9	21.824 5	0.045 8	11.652 3	0.085 8	6.672 0	77.744 1
17	1.947 9	0.513 4	23.697 5	0.042 2	12.165 7	0.082 2	7.065 6	85.958 1
18	2.025 8	0.493 6	25.645 4	0.039 0	12.659 3	0.079 0	7.453 0	94.349 8
19	2.106 8	0.474 6	27.671 2	0.036 1	13.133 9	0.076 1	7.834 2	102.893 3
20	2.191 1	0.456 4	29.778 1	0.033 6	13.590 3	0.073 6	8.209 1	111.564 7
21	2.278 8	0.438 8	31.969 2	0.031 3	14.029 2	0.071 3	8.577 9	120.341 4
22	2.369 9	0.422 0	34.248 0	0.029 2	14.451 1	0.069 2	8.940 7	129.202 4
23	2.464 7	0.405 7	36.617 9	0.027 3	14.856 8	0.067 3	9.297 3	138.128 4
24	2.563 3	0.390 1	39.082 6	0.025 6	15.247 0	0.065 6	9.647 9	147.101 2
25	2.665 8	0.375 1	41.645 9	0.024 0	15.622 1	0.064 0	9.992 5	156.104 0
26	2.772 5	0.360 7	44.311 7	0.022 6	15.982 8	0.062 6	10.331 2	165.121 2
27	2.883 4	0.346 8	47.084 2	0.021 2	16.329 6	0.061 2	10.664 0	174.138 5
28	2.998 7	0.333 5	49.967 6	0.020 0	16.663 1	0.060 0	10.990 9	183.142 4
29	3.118 7	0.320 7	52.966 3	0.018 9	16.983 7	0.058 9	11.312 0	192.120 6
30	3.243 4	0.308 3	56.084 9	0.017 8	17.292 0	0.057 8	11.627 4	201.061 8
35	3.946 1	0.253 4	73.652 2	0.013 6	18.664 6	0.053 6	13.119 8	244.876 8
40	4.801 0	0.208 3	95.025 5	0.010 5	19.792 8	0.050 5	14.476 5	286.530 3
45	5.841 2	0.171 2	121.029 4	0.008 3	20.720 0	0.048 3	15.704 7	325.402 8
50	7.106 7	0.140 7	152.667 1	0.006 6	21.482 2	0.046 6	16.812 2	361.163 8

$i=5\%$

n	$(F/P, i, n)$	$(P/F, i, n)$	$(F/A, i, n)$	$(A/F, i, n)$	$(P/A, i, n)$	$(A/P, i, n)$	$(A/G, i, n)$	$(P/G, i, n)$
1	1.050 0	0.952 4	1.000 0	1.000 0	0.952 4	1.050 0	0.000 0	0.000 0
2	1.102 5	0.907 0	2.050 0	0.487 8	1.859 4	0.537 8	0.487 8	0.907 0
3	1.157 6	0.863 8	3.152 5	0.317 2	2.723 2	0.367 2	0.967 5	2.634 7
4	1.215 5	0.822 7	4.310 1	0.232 0	3.546 0	0.282 0	1.439 1	5.102 8
5	1.276 3	0.783 5	5.525 6	0.181 0	4.329 5	0.231 0	1.902 5	8.236 9
6	1.340 1	0.746 2	6.801 9	0.147 0	5.075 7	0.197 0	2.357 9	11.968 0
7	1.407 1	0.710 7	8.142 0	0.122 8	5.786 4	0.172 8	2.805 2	16.232 1
8	1.477 5	0.676 8	9.549 1	0.104 7	6.463 2	0.154 7	3.244 5	20.970 0
9	1.551 3	0.644 6	11.026 6	0.090 7	7.107 8	0.140 7	3.675 8	26.126 8
10	1.628 9	0.613 9	12.577 9	0.079 5	7.721 7	0.129 5	4.099 1	31.652 0
11	1.710 3	0.584 7	14.206 8	0.070 4	8.306 4	0.120 4	4.514 4	37.498 8
12	1.795 9	0.556 8	15.917 1	0.062 8	8.863 3	0.112 8	4.921 9	43.624 1
13	1.885 6	0.530 3	17.713 0	0.056 5	9.393 6	0.106 5	5.321 5	49.987 9
14	1.979 9	0.505 1	19.598 6	0.051 0	9.898 6	0.101 0	5.713 3	56.553 8
15	2.078 9	0.481 0	21.578 6	0.046 3	10.379 7	0.096 3	6.097 3	63.288 0
16	2.182 9	0.458 1	23.657 5	0.042 3	10.837 8	0.092 3	6.473 6	70.159 7
17	2.292 0	0.436 3	25.840 4	0.038 7	11.274 1	0.088 7	6.842 3	77.140 5
18	2.406 6	0.415 5	28.132 4	0.035 5	11.689 6	0.085 5	7.203 4	84.204 3
19	2.527 0	0.395 7	30.539 0	0.032 7	12.085 3	0.082 7	7.556 9	91.327 5
20	2.653 3	0.376 9	33.066 0	0.030 2	12.462 2	0.080 2	7.903 0	98.488 4
21	2.786 0	0.358 9	35.719 3	0.028 0	12.821 2	0.078 0	8.241 6	105.667 3
22	2.925 3	0.341 8	38.505 2	0.026 0	13.163 0	0.076 0	8.573 0	112.846 1
23	3.071 5	0.325 6	41.430 5	0.024 1	13.488 6	0.074 1	8.897 1	120.008 7
24	3.225 1	0.310 1	44.502 0	0.022 5	13.798 6	0.072 5	9.214 0	127.140 2
25	3.386 4	0.295 3	47.727 1	0.021 0	14.093 9	0.071 0	9.523 8	134.227 5
26	3.555 7	0.281 2	51.113 5	0.019 6	14.375 2	0.069 6	9.826 6	141.258 5
27	3.733 5	0.267 8	54.669 1	0.018 3	14.643 0	0.068 3	10.122 4	148.222 6
28	3.920 1	0.255 1	58.402 6	0.017 1	14.898 1	0.067 1	10.411 4	155.110 1
29	4.116 1	0.242 9	62.322 7	0.016 0	15.141 1	0.066 0	10.693 6	161.912 6
30	4.321 9	0.231 4	66.438 8	0.015 1	15.372 5	0.065 1	10.969 1	168.622 6
35	5.516 0	0.181 3	90.320 3	0.011 1	16.374 2	0.061 1	12.249 8	200.580 7
40	7.040 0	0.142 0	120.799 8	0.008 3	17.159 1	0.058 3	13.377 5	229.545 2
45	8.985 0	0.111 3	159.700 2	0.006 3	17.774 1	0.056 3	14.364 4	255.314 5
50	11.467 4	0.087 2	209.348 0	0.004 8	18.255 9	0.054 8	15.223 3	277.914 8

$i=6\%$

n	(F/P, i, n)	(P/F, i, n)	(F/A, i, n)	(A/F, i, n)	(P/A, i, n)	(A/P, i, n)	(A/G, i, n)	(P/G, i, n)
1	1.060 0	0.943 4	1.000 0	1.000 0	0.943 4	1.060 0	0.000 0	0.000 0
2	1.123 6	0.890 0	2.060 0	0.485 4	1.833 4	0.545 4	0.485 4	0.890 0
3	1.191 0	0.839 6	3.183 6	0.314 1	2.673 0	0.374 1	0.961 2	2.569 2
4	1.262 5	0.792 1	4.374 6	0.228 6	3.465 1	0.288 6	1.427 2	4.945 5
5	1.338 2	0.747 3	5.637 1	0.177 4	4.212 4	0.237 4	1.883 6	7.934 5
6	1.418 5	0.705 0	6.975 3	0.143 4	4.917 3	0.203 4	2.330 4	11.459 4
7	1.503 6	0.665 1	8.393 8	0.119 1	5.582 4	0.179 1	2.767 6	15.449 7
8	1.593 8	0.627 4	9.897 5	0.101 0	6.209 8	0.161 0	3.195 2	19.841 6
9	1.689 5	0.591 9	11.491 3	0.087 0	6.801 7	0.147 0	3.613 3	24.576 8
10	1.790 8	0.558 4	13.180 8	0.075 9	7.360 1	0.135 9	4.022 0	29.602 3
11	1.898 3	0.526 8	14.971 6	0.066 8	7.886 9	0.126 8	4.421 3	34.870 2
12	2.012 2	0.497 0	16.869 9	0.059 3	8.383 8	0.119 3	4.811 3	40.336 9
13	2.132 9	0.468 8	18.882 1	0.053 0	8.852 7	0.113 0	5.192 0	45.962 9
14	2.260 9	0.442 3	21.015 1	0.047 6	9.295 0	0.107 6	5.563 5	51.712 8
15	2.396 6	0.417 3	23.276 0	0.043 0	9.712 2	0.103 0	5.926 0	57.554 6
16	2.540 4	0.393 6	25.672 5	0.039 0	10.105 9	0.099 0	6.279 4	63.459 2
17	2.692 8	0.371 4	28.212 9	0.035 4	10.477 3	0.095 4	6.624 0	69.401 1
18	2.854 3	0.350 3	30.905 7	0.032 4	10.827 6	0.092 4	6.959 7	75.356 9
19	3.025 6	0.330 5	33.760 0	0.029 6	11.158 1	0.089 6	7.286 7	81.306 2
20	3.207 1	0.311 8	36.785 6	0.027 2	11.469 9	0.087 2	7.605 1	87.230 4
21	3.399 6	0.294 2	39.992 7	0.025 0	11.764 1	0.085 0	7.915 1	93.113 6
22	3.603 5	0.277 5	43.392 3	0.023 0	12.041 6	0.083 0	8.216 6	98.941 2
23	3.819 7	0.261 8	46.995 8	0.021 3	12.303 4	0.081 3	8.509 9	104.700 7
24	4.048 9	0.247 0	50.815 6	0.019 7	12.550 4	0.079 7	8.795 1	110.381 2
25	4.291 9	0.233 0	54.864 5	0.018 2	12.783 4	0.078 2	9.072 2	115.973 2
26	4.549 4	0.219 8	59.156 4	0.016 9	13.003 2	0.076 9	9.341 4	121.468 4
27	4.822 3	0.207 4	63.705 8	0.015 7	13.210 5	0.075 7	9.602 9	126.860 0
28	5.111 7	0.195 6	68.528 1	0.014 6	13.406 2	0.074 6	9.856 8	132.142 0
29	5.418 4	0.184 6	73.639 8	0.013 6	13.590 7	0.073 6	10.103 2	137.309 6
30	5.743 5	0.174 1	79.058 2	0.012 6	13.764 8	0.072 6	10.342 2	142.358 8
35	7.686 1	0.130 1	111.434 8	0.009 0	14.498 2	0.069 0	11.431 9	165.742 7
40	10.285 7	0.097 2	154.762 0	0.006 5	15.046 3	0.066 5	12.359 0	185.956 8
45	13.764 6	0.072 7	212.743 5	0.004 7	15.455 8	0.064 7	13.141 3	203.109 6
50	18.420 2	0.054 3	290.335 9	0.003 4	15.761 9	0.063 4	13.796 4	217.457 4

附录二 复利系数表

$i=7\%$

n	(F/P, i, n)	(P/F, i, n)	(F/A, i, n)	(A/F, i, n)	(P/A, i, n)	(A/P, i, n)	(A/G, i, n)	(P/G, i, n)
1	1.070 0	0.934 6	1.000 0	1.000 0	0.934 6	1.070 0	0.000 0	0.000 0
2	1.144 9	0.873 4	2.070 0	0.483 1	1.808 0	0.553 1	0.483 1	0.873 4
3	1.225 0	0.816 3	3.214 9	0.311 1	2.624 3	0.381 1	0.954 9	2.506 0
4	1.310 8	0.762 9	4.439 9	0.225 2	3.387 2	0.295 2	1.415 5	4.794 7
5	1.402 6	0.713 0	5.750 7	0.173 9	4.100 2	0.243 9	1.865 0	7.646 7
6	1.500 7	0.666 3	7.153 3	0.139 8	4.766 5	0.209 8	2.303 2	10.978 4
7	1.605 8	0.622 7	8.654 0	0.115 6	5.389 3	0.185 6	2.730 4	14.714 9
8	1.718 2	0.582 0	10.259 8	0.097 5	5.971 3	0.167 5	3.146 5	18.788 9
9	1.838 5	0.543 9	11.978 0	0.083 5	6.515 2	0.153 5	3.551 7	23.140 4
10	1.967 2	0.508 3	13.816 4	0.072 4	7.023 6	0.142 4	3.946 1	27.715 6
11	2.104 9	0.475 1	15.783 6	0.063 4	7.498 7	0.133 4	4.329 6	32.466 5
12	2.252 2	0.444 0	17.888 5	0.055 9	7.942 7	0.125 9	4.702 5	37.350 6
13	2.409 8	0.415 0	20.140 6	0.049 7	8.357 7	0.119 7	5.064 8	42.330 2
14	2.578 5	0.387 8	22.550 5	0.044 3	8.745 5	0.114 3	5.416 7	47.371 8
15	2.759 0	0.362 4	25.129 0	0.039 8	9.107 9	0.109 8	5.758 3	52.446 1
16	2.952 2	0.338 7	27.888 1	0.035 9	9.446 6	0.105 9	6.089 7	57.527 1
17	3.158 8	0.316 6	30.840 2	0.032 4	9.763 2	0.102 4	6.411 0	62.592 3
18	3.379 9	0.295 9	33.999 0	0.029 4	10.059 1	0.099 4	6.722 5	67.621 9
19	3.616 5	0.276 5	37.379 0	0.026 8	10.335 6	0.096 8	7.024 2	72.599 1
20	3.869 7	0.258 4	40.995 5	0.024 4	10.594 0	0.094 4	7.316 3	77.509 1
21	4.140 6	0.241 5	44.865 2	0.022 3	10.835 5	0.092 3	7.599 0	82.339 3
22	4.430 4	0.225 7	49.005 7	0.020 4	11.061 2	0.090 4	7.872 5	87.079 3
23	4.740 5	0.210 9	53.436 1	0.018 7	11.272 2	0.088 7	8.136 9	91.720 1
24	5.072 4	0.197 1	58.176 7	0.017 2	11.469 3	0.087 2	8.392 3	96.254 5
25	5.427 4	0.184 2	63.249 0	0.015 8	11.653 6	0.085 8	8.639 1	100.676 5
26	5.807 4	0.172 2	68.676 5	0.014 6	11.825 8	0.084 6	8.877 3	104.981 4
27	6.213 9	0.160 9	74.483 8	0.013 4	11.986 7	0.083 4	9.107 2	109.165 6
28	6.648 8	0.150 4	80.697 7	0.012 4	12.137 1	0.082 4	9.328 9	113.226 4
29	7.114 3	0.140 6	87.346 5	0.011 4	12.277 7	0.081 4	9.542 7	117.162 2
30	7.612 3	0.131 4	94.460 8	0.010 6	12.409 0	0.080 6	9.748 7	120.971 8
35	10.676 6	0.093 7	138.236 9	0.007 2	12.947 7	0.077 2	10.668 7	138.135 3
40	14.974 5	0.066 8	199.635 1	0.005 0	13.331 7	0.075 0	11.423 3	152.292 8
45	21.002 5	0.047 6	285.749 3	0.003 5	13.605 5	0.073 5	12.036 0	163.755 9
50	29.457 0	0.033 9	406.528 9	0.002 5	13.800 7	0.072 5	12.528 7	172.905 1

$i=8\%$

n	(F/P, i, n)	(P/F, i, n)	(F/A, i, n)	(A/F, i, n)	(P/A, i, n)	(A/P, i, n)	(A/G, i, n)	(P/G, i, n)
1	1.080 0	0.925 9	1.000 0	1.000 0	0.925 9	1.080 0	0.000 0	0.000 0
2	1.166 4	0.857 3	2.080 0	0.480 8	1.783 3	0.560 8	0.480 8	0.857 3
3	1.259 7	0.793 8	3.246 4	0.308 0	2.577 1	0.388 0	0.948 7	2.445 0
4	1.360 5	0.735 0	4.506 1	0.221 9	3.312 1	0.301 9	1.404 0	4.650 1
5	1.469 3	0.680 6	5.866 6	0.170 5	3.992 7	0.250 5	1.846 5	7.372 4
6	1.586 9	0.630 2	7.335 9	0.136 3	4.622 9	0.216 3	2.276 3	10.523 3
7	1.713 8	0.583 5	8.922 8	0.112 1	5.206 4	0.192 1	2.693 7	14.024 2
8	1.850 9	0.540 3	10.636 6	0.094 0	5.746 6	0.174 0	3.098 5	17.806 1
9	1.999 0	0.500 2	12.487 6	0.080 1	6.246 9	0.160 1	3.491 0	21.808 1
10	2.158 9	0.463 2	14.486 6	0.069 0	6.710 1	0.149 0	3.871 3	25.976 8
11	2.331 6	0.428 9	16.645 5	0.060 1	7.139 0	0.140 1	4.239 5	30.265 7
12	2.518 2	0.397 1	18.977 1	0.052 7	7.536 1	0.132 7	4.595 7	34.633 9
13	2.719 6	0.367 7	21.495 3	0.046 5	7.903 8	0.126 5	4.940 2	39.046 3
14	2.937 2	0.340 5	24.214 9	0.041 3	8.244 2	0.121 3	5.273 1	43.472 3
15	3.172 2	0.315 2	27.152 1	0.036 8	8.559 5	0.116 8	5.594 5	47.885 7
16	3.425 9	0.291 9	30.324 3	0.033 0	8.851 4	0.113 0	5.904 6	52.264 5
17	3.700 0	0.270 3	33.750 2	0.029 6	9.121 6	0.109 6	6.203 7	56.588 3
18	3.996 0	0.250 2	37.450 2	0.026 7	9.371 9	0.106 7	6.492 0	60.842 6
19	4.315 7	0.231 7	41.446 3	0.024 1	9.603 6	0.104 1	6.769 7	65.013 4
20	4.661 0	0.214 5	45.762 0	0.021 9	9.818 1	0.101 9	7.036 9	69.089 8
21	5.033 8	0.198 7	50.422 9	0.019 8	10.016 8	0.099 8	7.294 0	73.062 9
22	5.436 5	0.183 9	55.456 8	0.018 0	10.200 7	0.098 0	7.541 2	76.925 7
23	5.871 5	0.170 3	60.893 3	0.016 4	10.371 1	0.096 4	7.778 6	80.672 6
24	6.341 2	0.157 7	66.764 8	0.015 0	10.528 8	0.095 0	8.006 6	84.299 7
25	6.848 5	0.146 0	73.105 9	0.013 7	10.674 8	0.093 7	8.225 4	87.804 1
26	7.396 4	0.135 2	79.954 4	0.012 5	10.810 0	0.092 5	8.435 2	91.184 2
27	7.988 1	0.125 2	87.350 8	0.011 4	10.935 2	0.091 4	8.636 3	94.439 0
28	8.627 1	0.115 9	95.338 8	0.010 5	11.051 1	0.090 5	8.828 9	97.568 7
29	9.317 3	0.107 2	103.965 9	0.009 6	11.158 4	0.089 6	9.013 3	100.573 8
30	10.062 7	0.099 4	113.283 2	0.008 8	11.257 8	0.088 8	9.189 7	103.455 8
35	14.785 3	0.067 6	172.316 8	0.005 8	11.654 6	0.085 8	9.961 1	116.092 0
40	21.724 5	0.046 0	259.056 5	0.003 9	11.924 6	0.083 9	10.569 9	126.042 2
45	31.920 4	0.031 3	386.505 6	0.002 6	12.108 4	0.082 6	11.044 7	133.733 1
50	46.901 6	0.021 3	573.770 2	0.001 7	12.233 5	0.081 7	11.410 7	139.592 8

$i=9\%$

n	(F/P, i, n)	(P/F, i, n)	(F/A, i, n)	(A/F, i, n)	(P/A, i, n)	(A/P, i, n)	(A/G, i, n)	(P/G, i, n)
1	1.090 0	0.917 4	1.000 0	1.000 0	0.917 4	1.090 0	0.000 0	0.000 0
2	1.188 1	0.841 7	2.090 0	0.478 5	1.759 1	0.568 5	0.478 5	0.841 7
3	1.295 0	0.772 2	3.278 1	0.305 1	2.531 3	0.395 1	0.942 6	2.386 0
4	1.411 6	0.708 4	4.573 1	0.218 7	3.239 7	0.308 7	1.392 5	4.511 3
5	1.538 6	0.649 9	5.984 7	0.167 1	3.889 7	0.257 1	1.828 2	7.111 0
6	1.677 1	0.596 3	7.523 3	0.132 9	4.485 9	0.222 9	2.249 8	10.092 4
7	1.828 0	0.547 0	9.200 4	0.108 7	5.033 0	0.198 7	2.657 4	13.374 6
8	1.992 6	0.501 9	11.028 5	0.090 7	5.534 8	0.180 7	3.051 2	16.887 7
9	2.171 9	0.460 4	13.021 0	0.076 8	5.995 2	0.166 8	3.431 2	20.571 1
10	2.367 4	0.422 4	15.192 9	0.065 8	6.417 7	0.155 8	3.797 8	24.372 8
11	2.580 4	0.387 5	17.560 3	0.056 9	6.805 2	0.146 9	4.151 0	28.248 1
12	2.812 7	0.355 5	20.140 7	0.049 7	7.160 7	0.139 7	4.491 0	32.159 0
13	3.065 8	0.326 2	22.953 4	0.043 6	7.486 9	0.133 6	4.818 2	36.073 1
14	3.341 7	0.299 2	26.019 2	0.038 4	7.786 2	0.128 4	5.132 6	39.963 3
15	3.642 5	0.274 5	29.360 9	0.034 1	8.060 7	0.124 1	5.434 0	43.806 0
16	3.970 3	0.251 9	33.003 4	0.030 3	8.312 6	0.120 3	5.724 5	47.584 9
17	4.327 6	0.231 1	36.973 7	0.027 0	8.543 6	0.117 0	6.002 4	51.282 1
18	4.717 1	0.212 0	41.301 3	0.024 2	8.755 6	0.114 2	6.268 7	54.886 0
19	5.141 7	0.194 5	46.018 5	0.021 7	8.950 1	0.111 7	6.523 5	58.386 8
20	5.604 4	0.178 4	51.160 1	0.019 5	9.128 5	0.109 5	6.767 4	61.777 0
21	6.108 8	0.163 7	56.764 5	0.017 6	9.292 2	0.107 6	7.000 6	65.050 9
22	6.658 6	0.150 2	62.873 3	0.015 9	9.442 4	0.105 9	7.223 2	68.204 8
23	7.257 9	0.137 8	69.531 9	0.014 4	9.580 2	0.104 4	7.435 7	71.235 9
24	7.911 1	0.126 4	76.789 8	0.013 0	9.706 6	0.103 0	7.638 4	74.143 3
25	8.623 1	0.116 0	84.700 9	0.011 8	9.822 6	0.101 8	7.831 6	76.926 5
26	9.399 2	0.106 4	93.324 0	0.010 7	9.929 0	0.100 7	8.015 6	79.586 3
27	10.245 1	0.097 6	102.723 1	0.009 7	10.026 6	0.099 7	8.190 6	82.124 1
28	11.167 1	0.089 5	112.968 2	0.008 9	10.116 1	0.098 9	8.357 1	84.541 9
29	12.172 2	0.082 2	124.135 4	0.008 1	10.198 3	0.098 1	8.515 4	86.842 2
30	13.267 7	0.075 4	136.307 5	0.007 3	10.273 7	0.097 3	8.665 7	89.028 0
35	20.414 0	0.049 0	215.710 8	0.004 6	10.566 8	0.094 6	9.308 3	98.359 0
40	31.409 4	0.031 8	337.882 4	0.003 0	10.757 4	0.093 0	9.795 7	105.376 2
45	48.327 3	0.020 7	525.858 7	0.001 9	10.881 2	0.091 9	10.160 3	110.556 1
50	74.357 5	0.013 4	815.083 6	0.001 2	10.961 7	0.091 2	10.429 5	114.325 1

$i=10\%$

n	(F/P, i, n)	(P/F, i, n)	(F/A, i, n)	(A/F, i, n)	(P/A, i, n)	(A/P, i, n)	(A/G, i, n)	(P/G, i, n)
1	1.1000	0.9091	1.0000	1.0000	0.9091	1.1000	0.0000	0.0000
2	1.2100	0.8264	2.1000	0.4762	1.7355	0.5762	0.4762	0.8264
3	1.3310	0.7513	3.3100	0.3021	2.4869	0.4021	0.9366	2.3291
4	1.4641	0.6830	4.6410	0.2155	3.1699	0.3155	1.3812	4.3781
5	1.6105	0.6209	6.1051	0.1638	3.7908	0.2638	1.8101	6.8618
6	1.7716	0.5645	7.7156	0.1296	4.3553	0.2296	2.2236	9.6842
7	1.9487	0.5132	9.4872	0.1054	4.8684	0.2054	2.6216	12.7631
8	2.1436	0.4665	11.4359	0.0874	5.3349	0.1874	3.0045	16.0287
9	2.3579	0.4241	13.5795	0.0736	5.7590	0.1736	3.3724	19.4215
10	2.5937	0.3855	15.9374	0.0627	6.1446	0.1627	3.7255	22.8913
11	2.8531	0.3505	18.5312	0.0540	6.4951	0.1540	4.0641	26.3963
12	3.1384	0.3186	21.3843	0.0468	6.8137	0.1468	4.3884	29.9012
13	3.4523	0.2897	24.5227	0.0408	7.1034	0.1408	4.6988	33.3772
14	3.7975	0.2633	27.9750	0.0357	7.3667	0.1357	4.9955	36.8005
15	4.1772	0.2394	31.7725	0.0315	7.6061	0.1315	5.2789	40.1520
16	4.5950	0.2176	35.9497	0.0278	7.8237	0.1278	5.5493	43.4164
17	5.0545	0.1978	40.5447	0.0247	8.0216	0.1247	5.8071	46.5819
18	5.5599	0.1799	45.5992	0.0219	8.2014	0.1219	6.0526	49.6395
19	6.1159	0.1635	51.1591	0.0195	8.3649	0.1195	6.2861	52.5827
20	6.7275	0.1486	57.2750	0.0175	8.5136	0.1175	6.5081	55.4069
21	7.4002	0.1351	64.0025	0.0156	8.6487	0.1156	6.7189	58.1095
22	8.1403	0.1228	71.4027	0.0140	8.7715	0.1140	6.9189	60.6899
23	8.9543	0.1117	79.5430	0.0126	8.8832	0.1126	7.1085	63.1462
24	9.8497	0.1015	88.4973	0.0113	8.9847	0.1113	7.2881	65.4813
25	10.8347	0.0923	98.3471	0.0102	9.0770	0.1102	7.4580	67.6964
26	11.9182	0.0839	109.1818	0.0092	9.1609	0.1092	7.6186	69.7940
27	13.1100	0.0763	121.0999	0.0083	9.2372	0.1083	7.7704	71.7773
28	14.4210	0.0693	134.2099	0.0075	9.3066	0.1075	7.9137	73.6495
29	15.8631	0.0630	148.6305	0.0067	9.3696	0.1067	8.0489	75.4146
30	17.4494	0.0573	164.4940	0.0061	9.4269	0.1061	8.1762	77.0766
35	28.1024	0.0356	271.0244	0.0037	9.6442	0.1037	8.7086	83.9872
40	45.2593	0.0221	442.5926	0.0023	9.7791	0.1023	9.0962	88.9525
45	72.8905	0.0137	718.9048	0.0014	9.8628	0.1014	9.3740	92.4544
50	117.3909	0.0085	1163.9085	0.0009	9.9148	0.1009	9.5704	94.8889

$i=12\%$

n	(F/P, i, n)	(P/F, i, n)	(F/A, i, n)	(A/F, i, n)	(P/A, i, n)	(A/P, i, n)	(A/G, i, n)	(P/G, i, n)
1	1.120 0	0.892 9	1.000 0	1.000 0	0.892 9	1.120 0	0.000 0	0.000 0
2	1.254 4	0.797 2	2.120 0	0.471 7	1.690 1	0.591 7	0.471 7	0.797 2
3	1.404 9	0.711 8	3.374 4	0.296 3	2.401 8	0.416 3	0.924 6	2.220 8
4	1.573 5	0.635 5	4.779 3	0.209 2	3.037 3	0.329 2	1.358 9	4.127 3
5	1.762 3	0.567 4	6.352 8	0.157 4	3.604 8	0.277 4	1.774 6	6.397 0
6	1.973 8	0.506 6	8.115 2	0.123 2	4.111 4	0.243 2	2.172 0	8.930 2
7	2.210 7	0.452 3	10.089 0	0.099 1	4.563 8	0.219 1	2.551 5	11.644 3
8	2.476 0	0.403 9	12.299 7	0.081 3	4.967 6	0.201 3	2.913 1	14.471 4
9	2.773 1	0.360 6	14.775 7	0.067 7	5.328 2	0.187 7	3.257 4	17.356 3
10	3.105 8	0.322 0	17.548 7	0.057 0	5.650 2	0.177 0	3.584 7	20.254 1
11	3.478 5	0.287 5	20.654 6	0.048 4	5.937 7	0.168 4	3.895 3	23.128 8
12	3.896 0	0.256 7	24.133 1	0.041 4	6.194 4	0.161 4	4.189 7	25.952 3
13	4.363 5	0.229 2	28.029 1	0.035 7	6.423 5	0.155 7	4.468 3	28.702 4
14	4.887 1	0.204 6	32.392 6	0.030 9	6.628 2	0.150 9	4.731 7	31.362 0
15	5.473 6	0.182 7	37.279 7	0.026 8	6.810 9	0.146 8	4.980 3	33.920 2
16	6.130 4	0.163 1	42.753 3	0.023 4	6.974 0	0.143 4	5.214 7	36.367 0
17	6.866 0	0.145 6	48.883 7	0.020 5	7.119 6	0.140 5	5.435 3	38.697 3
18	7.690 0	0.130 0	55.749 7	0.017 9	7.249 7	0.137 9	5.642 7	40.908 0
19	8.612 8	0.116 1	63.439 7	0.015 8	7.365 8	0.135 8	5.837 5	42.997 9
20	9.646 3	0.103 7	72.052 4	0.013 9	7.469 4	0.133 9	6.020 2	44.967 6
21	10.803 8	0.092 6	81.698 7	0.012 2	7.562 0	0.132 2	6.191 3	46.818 8
22	12.100 3	0.082 6	92.502 6	0.010 8	7.644 6	0.130 8	6.351 4	48.554 3
23	13.552 3	0.073 8	104.602 9	0.009 6	7.718 4	0.129 6	6.501 0	50.177 6
24	15.178 6	0.065 9	118.155 2	0.008 5	7.784 3	0.128 5	6.640 6	51.692 9
25	17.000 1	0.058 8	133.333 9	0.007 5	7.843 1	0.127 5	6.770 8	53.104 6
26	19.040 1	0.052 5	150.333 9	0.006 7	7.895 7	0.126 7	6.892 1	54.417 7
27	21.324 9	0.046 9	169.374 0	0.005 9	7.942 6	0.125 9	7.004 9	55.636 9
28	23.883 9	0.041 9	190.698 9	0.005 2	7.984 4	0.125 2	7.109 8	56.767 4
29	26.749 9	0.037 4	214.582 8	0.004 7	8.021 8	0.124 7	7.207 1	57.814 1
30	29.959 9	0.033 4	241.332 7	0.004 1	8.055 2	0.124 1	7.297 4	58.782 1
35	52.799 6	0.018 9	431.663 5	0.002 3	8.175 5	0.122 3	7.657 7	62.605 2
40	93.051 0	0.010 7	767.091 4	0.001 3	8.243 8	0.121 3	7.898 8	65.115 9
45	163.987 6	0.006 1	1 358.230 0	0.000 7	8.282 5	0.120 7	8.057 2	66.734 2
50	289.002 2	0.003 5	2 400.018 2	0.000 4	8.304 5	0.120 4	8.159 7	67.762 4

$i=15\%$

n	(F/P, i, n)	(P/F, i, n)	(F/A, i, n)	(A/F, i, n)	(P/A, i, n)	(A/P, i, n)	(A/G, i, n)	(P/G, i, n)
1	1.150 0	0.869 6	1.000 0	1.000 0	0.869 6	1.150 0	0.000 0	0.000 0
2	1.322 5	0.756 1	2.150 0	0.465 1	1.625 7	0.615 1	0.465 1	0.756 1
3	1.520 9	0.657 5	3.472 5	0.288 0	2.283 2	0.438 0	0.907 1	2.071 2
4	1.749 0	0.571 8	4.993 4	0.200 3	2.855 0	0.350 3	1.326 3	3.786 4
5	2.011 4	0.497 2	6.742 4	0.148 3	3.352 2	0.298 3	1.722 8	5.775 1
6	2.313 1	0.432 3	8.753 7	0.114 2	3.784 5	0.264 2	2.097 2	7.936 8
7	2.660 0	0.375 9	11.066 8	0.090 4	4.160 4	0.240 4	2.449 8	10.192 4
8	3.059 0	0.326 9	13.726 8	0.072 9	4.487 3	0.222 9	2.781 3	12.480 7
9	3.517 9	0.284 3	16.785 8	0.059 6	4.771 6	0.209 6	3.092 2	14.754 8
10	4.045 6	0.247 2	20.303 7	0.049 3	5.018 8	0.199 3	3.383 2	16.979 5
11	4.652 4	0.214 9	24.349 3	0.041 1	5.233 7	0.191 1	3.654 9	19.128 9
12	5.350 3	0.186 9	29.001 7	0.034 5	5.420 6	0.184 5	3.908 2	21.184 9
13	6.152 8	0.162 5	34.351 9	0.029 1	5.583 1	0.179 1	4.143 8	23.135 2
14	7.075 7	0.141 3	40.504 7	0.024 7	5.724 5	0.174 7	4.362 4	24.972 5
15	8.137 1	0.122 9	47.580 4	0.021 0	5.847 4	0.171 0	4.565 0	26.693 0
16	9.357 6	0.106 9	55.717 5	0.017 9	5.954 2	0.167 9	4.752 2	28.296 0
17	10.761 3	0.092 9	65.075 1	0.015 4	6.047 2	0.165 4	4.925 1	29.782 8
18	12.375 5	0.080 8	75.836 4	0.013 2	6.128 0	0.163 2	5.084 3	31.156 5
19	14.231 8	0.070 3	88.211 8	0.011 3	6.198 2	0.161 3	5.230 7	32.421 3
20	16.366 5	0.061 1	102.443 6	0.009 8	6.259 3	0.159 8	5.365 1	33.582 2
21	18.821 5	0.053 1	118.810 1	0.008 4	6.312 5	0.158 4	5.488 3	34.644 8
22	21.644 7	0.046 2	137.631 6	0.007 3	6.358 7	0.157 3	5.601 0	35.615 0
23	24.891 5	0.040 2	159.276 4	0.006 3	6.398 8	0.156 3	5.704 0	36.498 8
24	28.625 2	0.034 9	184.167 8	0.005 4	6.433 8	0.155 4	5.797 9	37.302 0
25	32.919 0	0.030 4	212.793 0	0.004 7	6.464 1	0.154 7	5.883 4	38.031 4
26	37.856 8	0.026 4	245.712 0	0.004 1	6.490 6	0.154 1	5.961 2	38.691 8
27	43.535 3	0.023 0	283.568 8	0.003 5	6.513 5	0.153 5	6.031 9	39.289 0
28	50.065 6	0.020 0	327.104 1	0.003 1	6.533 5	0.153 1	6.096 0	39.828 3
29	57.575 5	0.017 4	377.169 7	0.002 7	6.550 9	0.152 7	6.154 1	40.314 6
30	66.211 8	0.015 1	434.745 1	0.002 3	6.566 0	0.152 3	6.206 6	40.752 6
35	133.175 5	0.007 5	881.170 2	0.001 1	6.616 6	0.151 1	6.401 9	42.358 6
40	267.863 5	0.003 7	1 779.090 3	0.000 6	6.641 8	0.150 6	6.516 8	43.283 0
45	538.769 3	0.001 9	3 585.128 5	0.000 3	6.654 3	0.150 3	6.583 0	43.805 1
50	1 083.657 4	0.000 9	7 217.716 3	0.000 1	6.660 5	0.150 1	6.620 5	44.095 8

$i=18\%$

n	(F/P, i, n)	(P/F, i, n)	(F/A, i, n)	(A/F, i, n)	(P/A, i, n)	(A/P, i, n)	(A/G, i, n)	(P/G, i, n)
1	1.180 0	0.847 5	1.000 0	1.000 0	0.847 5	1.180 0	0.000 0	0.000 0
2	1.392 4	0.718 2	2.180 0	0.458 7	1.565 6	0.638 7	0.458 7	0.718 2
3	1.643 0	0.608 6	3.572 4	0.279 9	2.174 3	0.459 9	0.890 2	1.935 4
4	1.938 8	0.515 8	5.215 4	0.191 7	2.690 1	0.371 7	1.294 7	3.482 8
5	2.287 8	0.437 1	7.154 2	0.139 8	3.127 2	0.319 8	1.672 8	5.231 2
6	2.699 6	0.370 4	9.442 0	0.105 9	3.497 6	0.285 9	2.025 2	7.083 4
7	3.185 5	0.313 9	12.141 5	0.082 4	3.811 5	0.262 4	2.352 6	8.967 0
8	3.758 9	0.266 0	15.327 0	0.065 2	4.077 6	0.245 2	2.655 8	10.829 2
9	4.435 5	0.225 5	19.085 9	0.052 4	4.303 0	0.232 4	2.935 8	12.632 9
10	5.233 8	0.191 1	23.521 3	0.042 5	4.494 1	0.222 5	3.193 6	14.352 5
11	6.175 9	0.161 9	28.755 1	0.034 8	4.656 0	0.214 8	3.430 3	15.971 6
12	7.287 6	0.137 2	34.931 1	0.028 6	4.793 2	0.208 6	3.647 0	17.481 1
13	8.599 4	0.116 3	42.218 7	0.023 7	4.909 5	0.203 7	3.844 9	18.876 5
14	10.147 2	0.098 5	50.818 0	0.019 7	5.008 1	0.199 7	4.025 0	20.157 6
15	11.973 7	0.083 5	60.965 3	0.016 4	5.091 6	0.196 4	4.188 7	21.320 9
16	14.129 0	0.070 8	72.939 0	0.013 7	5.162 4	0.193 7	4.336 9	22.388 5
17	16.672 2	0.060 0	87.068 0	0.011 5	5.222 3	0.191 5	4.470 8	23.348 2
18	19.673 3	0.050 8	103.740 3	0.009 6	5.273 2	0.189 6	4.591 6	24.212 3
19	23.214 4	0.043 1	123.413 5	0.008 1	5.316 2	0.188 1	4.700 3	24.987 7
20	27.393 0	0.036 5	146.628 0	0.006 8	5.352 7	0.186 8	4.797 8	25.681 3
21	32.323 8	0.030 9	174.021 0	0.005 7	5.383 7	0.185 7	4.885 1	26.300 0
22	38.142 1	0.026 2	206.344 8	0.004 8	5.409 9	0.184 8	4.963 2	26.850 6
23	45.007 6	0.022 2	244.486 8	0.004 1	5.432 1	0.184 1	5.032 9	27.339 4
24	53.109 0	0.018 8	289.494 5	0.003 5	5.450 9	0.183 5	5.095 0	27.772 5
25	62.668 6	0.016 0	342.603 5	0.002 9	5.466 9	0.182 9	5.150 2	28.155 5
26	73.949 0	0.013 5	405.272 1	0.002 5	5.480 4	0.182 5	5.199 1	28.493 5
27	87.259 8	0.011 5	479.221 1	0.002 1	5.491 9	0.182 1	5.242 5	28.791 5
28	102.966 6	0.009 7	566.480 9	0.001 8	5.501 6	0.181 8	5.281 0	29.053 7
29	121.500 5	0.008 2	669.447 5	0.001 5	5.509 8	0.181 5	5.314 0	29.284 5
30	143.370 6	0.007 0	790.948 0	0.001 3	5.516 8	0.181 3	5.344 8	29.486 4
35	327.997 3	0.003 0	1 816.651 6	0.000 6	5.538 6	0.180 6	5.448 5	30.177 3
40	750.378 3	0.001 3	4 163.213 0	0.000 2	5.548 2	0.180 2	5.502 2	30.526 9
45	1 716.683 9	0.000 6	9 531.577 1	0.000 1	5.552 3	0.180 1	5.529 3	30.700 6
50	3 927.356 9	0.000 3	21 813.093 7	0.000 0	5.554 1	0.180 0	5.542 8	30.785 6

$i=20\%$

n	(F/P, i, n)	(P/F, i, n)	(F/A, i, n)	(A/F, i, n)	(P/A, i, n)	(A/P, i, n)	(A/G, i, n)	(P/G, i, n)
1	1.200 0	0.833 3	1.000 0	1.000 0	0.833 3	1.200 0	0.000 0	0.000 0
2	1.440 0	0.694 4	2.200 0	0.454 5	1.527 8	0.654 5	0.454 5	0.694 4
3	1.728 0	0.578 7	3.640 0	0.274 7	2.106 5	0.474 7	0.879 1	1.851 9
4	2.073 6	0.482 3	5.368 0	0.186 3	2.588 7	0.386 3	1.274 2	3.298 6
5	2.488 3	0.401 9	7.441 6	0.134 4	2.990 6	0.334 4	1.640 5	4.906 1
6	2.986 0	0.334 9	9.929 9	0.100 7	3.325 5	0.300 7	1.978 9	6.580 6
7	3.583 2	0.279 1	12.915 9	0.077 4	3.604 6	0.277 4	2.290 2	8.255 1
8	4.299 8	0.232 6	16.499 1	0.060 6	3.837 2	0.260 6	2.575 6	9.883 1
9	5.159 8	0.193 8	20.798 9	0.048 1	4.031 0	0.248 1	2.836 4	11.433 5
10	6.191 7	0.161 5	25.958 7	0.038 5	4.192 5	0.238 5	3.073 9	12.887 1
11	7.430 1	0.134 6	32.150 4	0.031 1	4.327 1	0.231 1	3.289 3	14.233 0
12	8.916 1	0.112 2	39.580 5	0.025 3	4.439 2	0.225 3	3.484 1	15.466 7
13	10.699 3	0.093 5	48.496 6	0.020 6	4.532 7	0.220 6	3.659 7	16.588 3
14	12.839 2	0.077 9	59.195 9	0.016 9	4.610 6	0.216 9	3.817 5	17.600 8
15	15.407 0	0.064 9	72.035 1	0.013 9	4.675 5	0.213 9	3.958 8	18.509 5
16	18.488 4	0.054 1	87.442 1	0.011 4	4.729 6	0.211 4	4.085 1	19.320 8
17	22.186 1	0.045 1	105.930 6	0.009 4	4.774 6	0.209 4	4.197 6	20.041 9
18	26.623 3	0.037 6	128.116 7	0.007 8	4.812 2	0.207 8	4.297 5	20.680 5
19	31.948 0	0.031 3	154.740 0	0.006 5	4.843 5	0.206 5	4.386 1	21.243 9
20	38.337 6	0.026 1	186.688 0	0.005 4	4.869 6	0.205 4	4.464 3	21.739 5
21	46.005 1	0.021 7	225.025 6	0.004 4	4.891 3	0.204 4	4.533 4	22.174 2
22	55.206 1	0.018 1	271.030 7	0.003 7	4.909 4	0.203 7	4.594 1	22.554 6
23	66.247 4	0.015 1	326.236 9	0.003 1	4.924 5	0.203 1	4.647 5	22.886 7
24	79.496 8	0.012 6	392.484 2	0.002 5	4.937 1	0.202 5	4.694 3	23.176 0
25	95.396 2	0.010 5	471.981 1	0.002 1	4.947 6	0.202 1	4.735 2	23.427 6
26	114.475 5	0.008 7	567.377 3	0.001 8	4.956 3	0.201 8	4.770 9	23.646 0
27	137.370 6	0.007 3	681.852 8	0.001 5	4.963 6	0.201 5	4.802 0	23.835 3
28	164.844 7	0.006 1	819.223 3	0.001 2	4.969 7	0.201 2	4.829 1	23.999 1
29	197.813 6	0.005 1	984.068 0	0.001 0	4.974 7	0.201 0	4.852 7	24.140 6
30	237.376 3	0.004 2	1 181.881 6	0.000 8	4.978 9	0.200 8	4.873 1	24.262 8
35	590.668 2	0.001 7	2 948.341 1	0.000 3	4.991 5	0.200 3	4.940 6	24.661 4
40	1 469.771 6	0.000 7	7 343.857 8	0.000 1	4.996 6	0.200 1	4.972 8	24.846 9
45	3 657.262 0	0.000 3	18 281.309 9	0.000 1	4.998 6	0.200 1	4.987 7	24.931 6
50	9 100.438 2	0.000 1	45 497.190 8	0.000 0	4.999 5	0.200 0	4.994 5	24.969 8

附录二 复利系数表

$i=25\%$

n	(F/P, i, n)	(P/F, i, n)	(F/A, i, n)	(A/F, i, n)	(P/A, i, n)	(A/P, i, n)	(A/G, i, n)	(P/G, i, n)
1	1.250 0	0.800 0	1.000 0	1.000 0	0.800 0	1.250 0	0.000 0	0.000 0
2	1.562 5	0.640 0	2.250 0	0.444 4	1.440 0	0.694 4	0.444 4	0.640 0
3	1.953 1	0.512 0	3.812 5	0.262 3	1.952 0	0.512 3	0.852 5	1.664 0
4	2.441 4	0.409 6	5.765 6	0.173 4	2.361 6	0.423 4	1.224 9	2.892 8
5	3.051 8	0.327 7	8.207 0	0.121 8	2.689 3	0.371 8	1.563 1	4.203 5
6	3.814 7	0.262 1	11.258 8	0.088 8	2.951 4	0.338 8	1.868 3	5.514 2
7	4.768 4	0.209 7	15.073 5	0.066 3	3.161 1	0.316 3	2.142 4	6.772 5
8	5.960 5	0.167 8	19.841 9	0.050 4	3.328 9	0.300 4	2.387 2	7.946 9
9	7.450 6	0.134 2	25.802 3	0.038 8	3.463 1	0.288 8	2.604 8	9.020 7
10	9.313 2	0.107 4	33.252 9	0.030 1	3.570 5	0.280 1	2.797 1	9.987 0
11	11.641 5	0.085 9	42.566 1	0.023 5	3.656 4	0.273 5	2.966 3	10.846 0
12	14.551 9	0.068 7	54.207 7	0.018 4	3.725 1	0.268 4	3.114 5	11.602 0
13	18.189 9	0.055 0	68.759 6	0.014 5	3.780 1	0.264 5	3.243 7	12.261 7
14	22.737 4	0.044 0	86.949 5	0.011 5	3.824 1	0.261 5	3.355 9	12.833 4
15	28.421 7	0.035 2	109.686 8	0.009 1	3.859 3	0.259 1	3.453 0	13.326 0
16	35.527 1	0.028 1	138.108 5	0.007 2	3.887 4	0.257 2	3.536 6	13.748 2
17	44.408 9	0.022 5	173.635 7	0.005 8	3.909 9	0.255 8	3.608 4	14.108 5
18	55.511 2	0.018 0	218.044 6	0.004 6	3.927 9	0.254 6	3.669 8	14.414 7
19	69.388 9	0.014 4	273.555 8	0.003 7	3.942 4	0.253 7	3.722 2	14.674 1
20	86.736 2	0.011 5	342.944 7	0.002 9	3.953 9	0.252 9	3.766 7	14.893 2
21	108.420 2	0.009 2	429.680 9	0.002 3	3.963 1	0.252 3	3.804 5	15.077 7
22	135.525 3	0.007 4	538.101 1	0.001 9	3.970 5	0.251 9	3.836 5	15.232 6
23	169.406 6	0.005 9	673.626 4	0.001 5	3.976 4	0.251 5	3.863 4	15.362 5
24	211.758 2	0.004 7	843.032 9	0.001 2	3.981 1	0.251 2	3.886 6	15.471 1
25	264.697 8	0.003 8	1 054.791 2	0.000 9	3.984 9	0.250 9	3.905 2	15.561 8
26	330.872 2	0.003 0	1 319.489 0	0.000 8	3.987 9	0.250 8	3.921 2	15.637 3
27	413.590 3	0.002 4	1 650.361 2	0.000 6	3.990 3	0.250 6	3.934 6	15.700 2
28	516.987 9	0.001 9	2 063.951 5	0.000 5	3.992 3	0.250 5	3.945 7	15.752 4
29	646.234 9	0.001 5	2 580.939 4	0.000 4	3.993 8	0.250 4	3.955 1	15.795 7
30	807.793 6	0.001 2	3 227.174 3	0.000 3	3.995 0	0.250 3	3.962 8	15.831 6
35	2 465.190 3	0.000 4	9 856.761 3	0.000 1	3.998 4	0.250 1	3.985 8	15.936 7
40	7 523.163 8	0.000 1	30 088.655 4	0.000 0	3.999 5	0.250 0	3.994 7	15.976 6
45	22 958.874 0	0.000 0	91 831.496 2	0.000 0	3.999 8	0.250 0	3.998 0	15.991 5
50	70 064.923 2	0.000 0	280 255.692 9	0.000 0	3.999 9	0.250 0	3.999 3	15.996 9

$i=30\%$

n	(F/P, i, n)	(P/F, i, n)	(F/A, i, n)	(A/F, i, n)	(P/A, i, n)	(A/P, i, n)	(A/G, i, n)	(P/G, i, n)
1	1.300 0	0.769 2	1.000 0	1.000 0	0.769 2	1.300 0	0.000 0	0.000 0
2	1.690 0	0.591 7	2.300 0	0.434 8	1.360 9	0.734 8	0.434 8	0.591 7
3	2.197 0	0.455 2	3.990 0	0.250 6	1.816 1	0.550 6	0.827 1	1.502 0
4	2.856 1	0.350 1	6.187 0	0.161 6	2.166 2	0.461 6	1.178 3	2.552 4
5	3.712 9	0.269 3	9.043 1	0.110 6	2.435 6	0.410 6	1.490 3	3.629 7
6	4.826 8	0.207 2	12.756 0	0.078 4	2.642 7	0.378 4	1.765 4	4.665 6
7	6.274 9	0.159 4	17.582 8	0.056 9	2.802 1	0.356 9	2.006 3	5.621 8
8	8.157 3	0.122 6	23.857 7	0.041 9	2.924 7	0.341 9	2.215 6	6.480 0
9	10.604 5	0.094 3	32.015 0	0.031 2	3.019 0	0.331 2	2.396 3	7.234 3
10	13.785 8	0.072 5	42.619 5	0.023 5	3.091 5	0.323 5	2.551 2	7.887 2
11	17.921 6	0.055 8	56.405 3	0.017 7	3.147 3	0.317 7	2.683 3	8.445 2
12	23.298 1	0.042 9	74.327 0	0.013 5	3.190 3	0.313 5	2.795 2	8.917 3
13	30.287 5	0.033 0	97.625 0	0.010 2	3.223 3	0.310 2	2.889 5	9.313 5
14	39.373 8	0.025 4	127.912 5	0.007 8	3.248 7	0.307 8	2.968 5	9.643 7
15	51.185 9	0.019 5	167.286 3	0.006 0	3.268 2	0.306 0	3.034 4	9.917 2
16	66.541 7	0.015 0	218.472 2	0.004 6	3.283 2	0.304 6	3.089 2	10.142 6
17	86.504 2	0.011 6	285.013 9	0.003 5	3.294 8	0.303 5	3.134 5	10.327 6
18	112.455 4	0.008 9	371.518 0	0.002 7	3.303 7	0.302 7	3.171 8	10.478 8
19	146.192 0	0.006 8	483.973 4	0.002 1	3.310 5	0.302 1	3.202 5	10.601 9
20	190.049 6	0.005 3	630.165 5	0.001 6	3.315 8	0.301 6	3.227 5	10.701 9
21	247.064 5	0.004 0	820.215 1	0.001 2	3.319 8	0.301 2	3.248 0	10.782 8
22	321.183 9	0.003 1	1 067.279 6	0.000 9	3.323 0	0.300 9	3.264 6	10.848 2
23	417.539 1	0.002 4	1 388.463 5	0.000 7	3.325 4	0.300 7	3.278 1	10.900 9
24	542.800 8	0.001 8	1 806.002 6	0.000 6	3.327 2	0.300 6	3.289 2	10.943 3
25	705.641 0	0.001 4	2 348.803 3	0.000 4	3.328 6	0.300 4	3.297 9	10.977 3
26	917.333 3	0.001 1	3 054.444 3	0.000 3	3.329 7	0.300 3	3.305 0	11.004 5
27	1 192.533 3	0.000 8	3 971.777 6	0.000 3	3.330 5	0.300 3	3.310 7	11.026 2
28	1 550.293 3	0.000 6	5 164.310 9	0.000 2	3.331 2	0.300 2	3.315 3	11.043 7
29	2 015.381 3	0.000 5	6 714.604 2	0.000 1	3.331 7	0.300 1	3.318 9	11.057 6
30	2 619.995 6	0.000 4	8 729.985 5	0.000 1	3.332 1	0.300 1	3.321 9	11.068 7
35	9 727.860 4	0.000 1	32 422.868 1	0.000 0	3.333 0	0.300 0	3.329 7	11.098 0
40	36 118.864 8	0.000 0	120 392.882 7	0.000 0	3.333 2	0.300 0	3.332 2	11.107 1
45	134 106.816 7	0.000 0	447 019.389 0	0.000 0	3.333 3	0.300 0	3.333 0	11.109 9
50	497 929.223 0	0.000 0	1 659 760.743 3	0.000 0	3.333 3	0.300 0	3.333 2	11.110 8

$i = 35\%$

n	(F/P, i, n)	(P/F, i, n)	(F/A, i, n)	(A/F, i, n)	(P/A, i, n)	(A/P, i, n)	(A/G, i, n)	(P/G, i, n)
1	1.350 0	0.740 7	1.000 0	1.000 0	0.740 7	1.350 0	0.000 0	0.000 0
2	1.822 5	0.548 7	2.350 0	0.425 5	1.289 4	0.775 5	0.425 5	0.548 7
3	2.460 4	0.406 4	4.172 5	0.239 7	1.695 9	0.589 7	0.802 9	1.361 6
4	3.321 5	0.301 1	6.632 9	0.150 8	1.996 9	0.500 8	1.134 1	2.264 8
5	4.484 0	0.223 0	9.954 4	0.100 5	2.220 0	0.450 5	1.422 0	3.156 8
6	6.053 4	0.165 2	14.438 4	0.069 3	2.385 2	0.419 3	1.669 8	3.982 8
7	8.172 2	0.122 4	20.491 9	0.048 8	2.507 5	0.398 8	1.881 1	4.717 0
8	11.032 4	0.090 6	28.664 0	0.034 9	2.598 2	0.384 9	2.059 7	5.351 5
9	14.893 7	0.067 1	39.696 4	0.025 2	2.665 3	0.375 2	2.209 4	5.888 6
10	20.106 6	0.049 7	54.590 2	0.018 3	2.715 0	0.368 3	2.333 8	6.336 3
11	27.143 9	0.036 8	74.696 7	0.013 4	2.751 9	0.363 4	2.436 4	6.704 7
12	36.644 2	0.027 3	101.840 6	0.009 8	2.779 2	0.359 8	2.520 5	7.004 9
13	49.469 7	0.020 2	138.484 8	0.007 2	2.799 4	0.357 2	2.588 9	7.247 4
14	66.784 1	0.015 0	187.954 4	0.005 3	2.814 4	0.355 3	2.644 3	7.442 1
15	90.158 5	0.011 1	254.738 5	0.003 9	2.825 5	0.353 9	2.688 9	7.597 4
16	121.713 9	0.008 2	344.897 0	0.002 9	2.833 7	0.352 9	2.724 6	7.720 6
17	164.313 8	0.006 1	466.610 9	0.002 1	2.839 8	0.352 1	2.753 0	7.818 0
18	221.823 6	0.004 5	630.924 7	0.001 6	2.844 3	0.351 6	2.775 6	7.894 6
19	299.461 9	0.003 3	852.748 3	0.001 2	2.847 6	0.351 2	2.793 5	7.954 7
20	404.273 6	0.002 5	1 152.210 3	0.000 9	2.850 1	0.350 9	2.807 5	8.001 7
21	545.769 3	0.001 8	1 556.483 8	0.000 6	2.851 9	0.350 6	2.818 6	8.038 4
22	736.788 6	0.001 4	2 102.253 2	0.000 5	2.853 3	0.350 5	2.827 5	8.066 9
23	994.664 6	0.001 0	2 839.041 8	0.000 4	2.854 3	0.350 4	2.834 0	8.089 0
24	1 342.797 3	0.000 7	3 833.706 4	0.000 3	2.855 0	0.350 3	2.839 3	8.106 1
25	1 812.776 3	0.000 6	5 176.503 7	0.000 2	2.855 6	0.350 2	2.843 3	8.119 4
26	2 447.248 0	0.000 4	6 989.280 0	0.000 1	2.856 0	0.350 1	2.846 5	8.129 6
27	3 303.784 8	0.000 3	9 436.528 0	0.000 1	2.856 3	0.350 1	2.849 0	8.137 4
28	4 460.109 5	0.000 2	12 740.312 8	0.000 1	2.856 5	0.350 1	2.850 9	8.143 5
29	6 021.147 8	0.000 2	17 200.422 2	0.000 1	2.856 7	0.350 1	2.852 3	8.148 1
30	8 128.549 5	0.000 1	23 221.570 0	0.000 0	2.856 8	0.350 0	2.853 5	8.151 7
35	36 448.687 8	0.000 0	104 136.250 8	0.000 0	2.857 1	0.350 0	2.856 2	8.160 3
40	163 437.134 7	0.000 0	466 960.384 8	0.000 0	2.857 1	0.350 0	2.856 9	8.162 5
45	732 857.576 8	0.000 0	2 093 875.933 8	0.000 0	2.857 1	0.350 0	2.857 1	8.163 1

$i=40\%$

n	(F/P, i, n)	(P/F, i, n)	(F/A, i, n)	(A/F, i, n)	(P/A, i, n)	(A/P, i, n)	(A/G, i, n)	(P/G, i, n)
1	1.400 0	0.714 3	1.000 0	1.000 0	0.714 3	1.400 0	0.000 0	0.000 0
2	1.960 0	0.510 2	2.400 0	0.416 7	1.224 5	0.816 7	0.416 7	0.510 2
3	2.744 0	0.364 4	4.360 0	0.229 4	1.588 9	0.629 4	0.779 8	1.239 1
4	3.841 6	0.260 3	7.104 0	0.140 8	1.849 2	0.540 8	1.092 3	2.020 0
5	5.378 2	0.185 9	10.945 6	0.091 4	2.035 2	0.491 4	1.358 0	2.763 7
6	7.529 5	0.132 8	16.323 8	0.061 3	2.168 0	0.461 3	1.581 1	3.427 8
7	10.541 4	0.094 9	23.853 4	0.041 9	2.262 8	0.441 9	1.766 4	3.997 0
8	14.757 9	0.067 8	34.394 7	0.029 1	2.330 6	0.429 1	1.918 5	4.471 3
9	20.661 0	0.048 4	49.152 6	0.020 3	2.379 0	0.420 3	2.042 2	4.858 5
10	28.925 5	0.034 6	69.813 7	0.014 3	2.413 6	0.414 3	2.141 9	5.169 6
11	40.495 7	0.024 7	98.739 1	0.010 1	2.438 3	0.410 1	2.221 5	5.416 6
12	56.693 9	0.017 6	139.234 8	0.007 2	2.455 9	0.407 2	2.284 5	5.610 6
13	79.371 5	0.012 6	195.928 7	0.005 1	2.468 5	0.405 1	2.334 1	5.761 8
14	111.120 1	0.009 0	275.300 2	0.003 6	2.477 5	0.403 6	2.372 9	5.878 8
15	155.568 1	0.006 4	386.420 2	0.002 6	2.483 9	0.402 6	2.403 0	5.968 8
16	217.795 3	0.004 6	541.988 3	0.001 8	2.488 5	0.401 8	2.426 2	6.037 6
17	304.913 5	0.003 3	759.783 7	0.001 3	2.491 8	0.401 3	2.444 1	6.090 1
18	426.878 9	0.002 3	1 064.697 1	0.000 9	2.494 1	0.400 9	2.457 7	6.129 9
19	597.630 4	0.001 7	1 491.576 0	0.000 7	2.495 8	0.400 7	2.468 2	6.160 1
20	836.682 6	0.001 2	2 089.206 4	0.000 5	2.497 0	0.400 5	2.476 1	6.182 8
21	1 171.355 6	0.000 9	2925.888 9	0.000 3	2.497 9	0.400 3	2.482 1	6.199 8
22	1 639.897 8	0.000 6	4 097.244 5	0.000 2	2.498 5	0.400 2	2.486 6	6.212 7
23	2 295.856 9	0.000 4	5 737.142 3	0.000 2	2.498 9	0.400 2	2.490 0	6.222 2
24	3 214.199 7	0.000 3	8 032.999 3	0.000 1	2.499 2	0.400 1	2.492 5	6.229 4
25	4 499.879 6	0.000 2	11 247.199 0	0.000 1	2.499 4	0.400 1	2.494 4	6.234 7
26	6 299.831 4	0.000 2	15 747.078 5	0.000 1	2.499 6	0.400 1	2.495 9	6.238 7
27	8 819.764 0	0.000 1	22 046.909 9	0.000 0	2.499 7	0.400 0	2.496 9	6.241 7
28	12 347.669 6	0.000 1	30 866.673 9	0.000 0	2.499 8	0.400 0	2.497 7	6.243 8
29	17 286.737 4	0.000 1	43 214.343 3	0.000 0	2.499 9	0.400 0	2.498 3	6.245 4
30	24 201.432 4	0.000 0	60 501.080 9	0.000 0	2.499 9	0.400 0	2.498 8	6.246 6
35	130 161.111 6	0.000 0	325 400.278 9	0.000 0	2.500 0	0.400 0	2.499 7	6.249 3
40	700 037.696 6	0.000 0	1 750 091.741 5	0.000 0	2.500 0	0.400 0	2.499 9	6.249 8
45	3 764 970.741 3	0.000 0	9 412 424.353 3	0.000 0	2.500 0	0.400 0	2.500 0	6.250 0
50	20 248 916.239 8	0.000 0	50 622 288.099 4	0.000 0	2.500 0	0.400 0	2.500 0	6.250 0

$i=45\%$

n	(F/P, i, n)	(P/F, i, n)	(F/A, i, n)	(A/F, i, n)	(P/A, i, n)	(A/P, i, n)	(A/G, i, n)	(P/G, i, n)
1	1.450 0	0.689 7	1.000 0	1.000 0	0.689 7	1.450 0	0.000 0	0.000 0
2	2.102 5	0.475 6	2.450 0	0.408 2	1.165 3	0.858 2	0.408 2	0.475 6
3	3.048 6	0.328 0	4.552 5	0.219 7	1.493 3	0.669 7	0.757 8	1.131 7
4	4.420 5	0.226 2	7.601 1	0.131 6	1.719 9	0.581 6	1.052 8	1.810 3
5	6.409 7	0.156 0	12.021 6	0.083 2	1.875 5	0.533 2	1.298 0	2.434 4
6	9.294 1	0.107 6	18.431 4	0.054 3	1.983 1	0.504 3	1.498 8	2.972 3
7	13.476 5	0.074 2	27.725 5	0.036 1	2.057 3	0.486 1	1.661 2	3.417 6
8	19.540 9	0.051 2	41.201 9	0.024 3	2.108 5	0.474 3	1.790 7	3.775 8
9	28.334 3	0.035 3	60.742 8	0.016 5	2.143 8	0.466 5	1.893 0	4.058 1
10	41.084 7	0.024 3	89.077 1	0.011 2	2.168 1	0.461 2	1.972 8	4.277 2
11	59.572 8	0.016 8	130.161 8	0.007 7	2.184 9	0.457 7	2.034 4	4.445 0
12	86.380 6	0.011 6	189.734 6	0.005 3	2.196 5	0.455 3	2.081 7	4.572 4
13	125.251 8	0.008 0	276.115 1	0.003 6	2.204 5	0.453 6	2.117 6	4.668 2
14	181.615 1	0.005 5	401.367 0	0.002 5	2.210 0	0.452 5	2.144 7	4.739 8
15	263.341 9	0.003 8	582.982 1	0.001 7	2.213 8	0.451 7	2.165 0	4.792 0
16	381.845 8	0.002 6	846.324 0	0.001 2	2.216 4	0.451 2	2.180 2	4.832 2
17	553.676 4	0.001 8	1 228.169 9	0.000 8	2.218 2	0.450 8	2.191 5	4.861 1
18	802.830 8	0.001 2	1 781.846 3	0.000 6	2.219 5	0.450 6	2.199 8	4.882 3
19	1 164.104 7	0.000 9	2 584.677 1	0.000 4	2.220 3	0.450 4	2.205 9	4.897 8
20	1 687.951 8	0.000 6	3 748.781 8	0.000 3	2.220 9	0.450 3	2.210 4	4.909 0
21	2 447.530 1	0.000 4	5 436.733 6	0.000 2	2.221 3	0.450 2	2.213 6	4.917 2
22	3 548.918 7	0.000 3	7 884.263 8	0.000 1	2.221 6	0.450 1	2.216 0	4.923 1
23	5 145.932 1	0.000 2	11 433.182 4	0.000 1	2.221 8	0.450 1	2.217 8	4.927 4
24	7 461.601 5	0.000 1	16 579.114 5	0.000 1	2.221 9	0.450 0	2.219 1	4.930 5
25	10 819.322 2	0.000 1	24 040.716 1	0.000 0	2.222 0	0.450 0	2.219 9	4.932 7
26	15 688.017 2	0.000 1	34 860.038 3	0.000 0	2.222 1	0.450 0	2.220 6	4.934 3
27	22 747.625 0	0.000 0	50 548.055 6	0.000 0	2.222 1	0.450 0	2.221 0	4.935 4
28	32 984.056 3	0.000 0	73 295.680 6	0.000 0	2.222 2	0.450 0	2.221 4	4.936 2
29	47 826.881 6	0.000 0	106 279.736 9	0.000 0	2.222 2	0.450 0	2.221 6	4.936 8
30	69 348.978 3	0.000 0	154 106.618 4	0.000 0	2.222 2	0.450 0	2.221 8	4.937 2
35	444 508.508 3	0.000 0	987 794.463 0	0.000 0	2.222 2	0.450 0	2.222 1	4.938 1
40	2 849 181.327 0	0.000 0	6 331 511.837 8	0.000 0	2.222 2	0.450 0	2.222 2	4.938 2
45	18 262 494.602 0	0.000 0	40 583 319.115 5	0.000 0	2.222 2	0.450 0	2.222 2	4.938 3
50	117 057 733.716 6	0.000 0	260 128 294.925 7	0.000 0	2.222 2	0.450 0	2.222 2	4.938 3

$i=50\%$

n	(F/P, i, n)	(P/F, i, n)	(F/A, i, n)	(A/F, i, n)	(P/A, i, n)	(A/P, i, n)	(A/G, i, n)	(P/G, i, n)
1	1.500 0	0.666 7	1.000 0	1.000 0	0.666 7	1.500 0	0.000 0	0.000 0
2	2.250 0	0.444 4	2.500 0	0.400 0	1.111 1	0.900 0	0.400 0	0.444 4
3	3.375 0	0.296 3	4.750 0	0.210 5	1.407 4	0.710 5	0.736 8	1.037 0
4	5.062 5	0.197 5	8.125 0	0.123 1	1.604 9	0.623 1	1.015 4	1.629 6
5	7.593 8	0.131 7	13.187 5	0.075 8	1.736 6	0.575 8	1.241 7	2.156 4
6	11.390 6	0.087 8	20.781 3	0.048 1	1.824 4	0.548 1	1.422 6	2.595 3
7	17.085 9	0.058 5	32.171 9	0.031 1	1.882 9	0.531 1	1.564 8	2.946 5
8	25.628 9	0.039 0	49.257 8	0.020 3	1.922 0	0.520 3	1.675 2	3.219 6
9	38.443 4	0.026 0	74.886 7	0.013 4	1.948 0	0.513 4	1.759 6	3.427 7
10	57.665 0	0.017 3	113.330 1	0.008 8	1.965 3	0.508 8	1.823 5	3.583 8
11	86.497 6	0.011 6	170.995 1	0.005 8	1.976 9	0.505 8	1.871 3	3.699 4
12	129.746 3	0.007 7	257.492 7	0.003 9	1.984 6	0.503 9	1.906 8	3.784 2
13	194.619 5	0.005 1	387.239 0	0.002 6	1.989 7	0.502 6	1.932 9	3.845 9
14	291.929 3	0.003 4	581.858 5	0.001 7	1.993 1	0.501 7	1.951 9	3.890 4
15	437.893 9	0.002 3	873.787 8	0.001 1	1.995 4	0.501 1	1.965 7	3.922 4
16	656.840 8	0.001 5	1 311.681 7	0.000 8	1.997 0	0.500 8	1.975 6	3.945 2
17	985.261 3	0.001 0	1 968.522 5	0.000 5	1.998 0	0.500 5	1.982 7	3.961 4
18	1 477.891 9	0.000 7	2 953.783 8	0.000 3	1.998 6	0.500 3	1.987 8	3.972 9
19	2 216.837 8	0.000 5	4 431.675 6	0.000 2	1.999 1	0.500 2	1.991 4	3.981 1
20	3 325.256 7	0.000 3	6 648.513 5	0.000 2	1.999 4	0.500 2	1.994 0	3.986 8
21	4 987.885 1	0.000 2	9 973.770 2	0.000 1	1.999 6	0.500 1	1.995 8	3.990 8
22	7 481.827 6	0.000 1	14 961.655 3	0.000 1	1.999 7	0.500 1	1.997 1	3.993 6
23	11 222.741 5	0.000 1	22 443.482 9	0.000 0	1.999 8	0.500 0	1.998 0	3.995 5
24	16 834.112 2	0.000 1	33 666.224 4	0.000 0	1.999 9	0.500 0	1.998 6	3.996 9
25	25 251.168 3	0.000 0	50 500.336 6	0.000 0	1.999 9	0.500 0	1.999 0	3.997 9
26	37 876.752 4	0.000 0	75 751.504 9	0.000 0	1.999 9	0.500 0	1.999 3	3.998 5
27	56 815.128 7	0.000 0	113 628.257 3	0.000 0	2.000 0	0.500 0	1.999 5	3.999 0
28	85 222.693 0	0.000 0	170 443.386 0	0.000 0	2.000 0	0.500 0	1.999 7	3.999 3
29	127 834.039 5	0.000 0	255 666.079 0	0.000 0	2.000 0	0.500 0	1.999 8	3.999 5
30	191 751.059 2	0.000 0	383 500.118 5	0.000 0	2.000 0	0.500 0	1.999 8	3.999 7
35	1 456 109.606 0	0.000 0	2 912 217.212 1	0.000 0	2.000 0	0.500 0	2.000 0	3.999 9
40	11 057 332.320 9	0.000 0	22 114 662.641 9	0.000 0	2.000 0	0.500 0	2.000 0	4.000 0
45	83 966 617.312 1	0.000 0	167 933 232.624 3	0.000 0	2.000 0	0.500 0	2.000 0	4.000 0
50	637 621 500.214 1	0.000 0	1 275 242 998.428 1	0.000 0	2.000 0	0.500 0	2.000 0	4.000 0

附录三 部分行业建设项目财务评价参数

序号	行业名称	财务基准收益率（融资前税前）	财务基准收益率（资本金税后）	资产负债率(%)	利息备付率(%)	偿债备付率(%)	流动比率(%)	速动比率(%)
1	农业（种植业、畜牧业、渔业、农副食品加工）	6%~8%	6%~9%	30~50	2	1.3	1.0~2.3	1.1~1.3
2	林业（林产加工、森林工业、林纸化工、营造林）	8%~12%	9%~13%	40~80	2	1.3	1.0~2.0	0.6~1.2
3	建材（水泥制造业、玻璃制造业）	11%~13%	12%~14%	40~70	2	1.3	1.0~2.0	0.6~1.2
4	石油（海陆汽油田开采、原油存储设施、长距离输油输气管道）	12%~13%	13%~15%	40~70	2	1.3	1.0~2.0	0.6~1.5
5	石化（原油加工、石油制品制造、初级形态塑料反合成树脂制造、合成纤维制造、乙烯联合装置、纤维素原料制造）	12%~14%	13%~15%	40~60	2	1.3	1.5~3.0	1.0~2.0
6	化工（氯碱、橡胶、化学原料、化肥、农药、化工新型材料、专用化学品等的制造）	9%~13%	9%~15%	30~70	2	1.3	1.5~2.5	0.7~1.3
7	信息产业（固定通信、邮政通信）	3%~5%	3%~5%	45~60 20~50	2	1.3	0.45~0.55 1.0~2.0	0.4~0.5 0.9~1.8
8	信息产业（移动通信、卫星通信、数据通信、电子计算机制造、电子元器件制造、互联网）	9%~12%	12%~13%	40~60	2	1.3	1.0~1.2	0.6~1.2
9	电源工程（火力、天然气、核能、风力、垃圾和其他能源发电、热电站、抽水蓄能电站）	5%~9%	8%~12%	40~80	2	1.3	1.0~2.0	0.6~1.2

(续)

序号	行业名称	财务基准收益率（融资前税前）	财务基准收益率（资本金税后）	资产负债率(%)	利息备付率(%)	偿债备付率(%)	流动比率(%)	速动比率(%)
10	电网工程（送电、联网、城网、农网、省内电网等工程）	6%~7%	9%~10%	40~70	2	1.3	1.0~2.0	0.6~1.2
11	水利（水库发电、调水供水工程）	5%~7%	6%~9%	40~70	2	1.3	1.0~2.0	0.6~1.2
12	铁路新线工程、改造工程		3%、6%	40~60	2	1.3	1.0~2.0	0.6~1.2
13	民航	5%	4%	30~50	2	1.3	1.0~2.0	0.6~1.2
14	煤炭（煤炭采选、煤气生产）	12%~13%	13%~15%	40~60	2	1.3	1.0~2.0	0.6~1.2
15	黑色金属（铁矿采选、钢铁冶炼加工、炼焦）	12%~13%	13%~15%	40~60	2	1.3	1.0~2.0	0.6~1.2
16	有色金属（金属矿采选、冶炼、加工）	12%~13%	13%~15%	40~60	2	1.3	1.0~2.0	0.6~1.2
17	轻工（卷烟、制盐、家电制造、变性燃料乙醇、纸和纸浆制造、家具制造、塑料品制造、日用化学品制造）	10%~16%	12%~18% 卷烟制造18%	40~60	2	1.3	1.0~2.0	0.6~1.2
18	纺织业（棉、毛、麻、丝、绢、化纤等制造）	12%~13%	13%~15%	40~60	2	1.3	1.0~2.0	0.6~1.2
19	医药（药品药剂制造、生物生化制品制造、医用材料制造）	15%~18%	16%~20%	40~60	2	1.3	1.0~2.0	0.6~1.2
20	机械设备（金属制品、设备制造、汽车制造）	12%	13%	40~60	2	1.3	1.0~2.0	0.6~1.2
21	市政（城市轨道、供水、排水、供热、燃气、垃圾处理）	4%~8%	4%~10% 排水 4%	40~60	2	1.3	1.0~2.0	0.6~1.2
22	公路与水运交通（公路、桥梁、隧道、泊位、航道、港口等建设）	4%~8%航道 4%	6%~8%	35~65	2	1.3	1.0~2.0	0.6~1.2
23	房地产开发项目	12%	13%	20~50	2	1.3	1.0~2.0	0.6~1.2
24	商业性卫生项目	10%	12%	20~50	2	1.3	1.0~2.0	0.6~1.2
25	商业性教育项目	10%	12%	20~50	2	1.3	1.0~2.0	0.6~1.2
26	商业文化娱乐项目	12%	13%	20~50	2	1.3	1.0~2.0	0.6~1.2

参 考 文 献

[1] 付晓灵. 工程经济学 [M]. 北京：中国计划出版社，2007.
[2] 邹祖序. 工程造价 [M]. 北京：中国计划出版社，2007.
[3] 邵颖红，黄渝详. 工程经济学概论 [M]. 北京：电子工业出版社，2003.
[4] 中华人民共和国住房和城乡建设部. 建设项目评价方法与参数 [M]. 3版. 北京：中国计划出版社，2006.
[5] 傅家骥，仝允桓. 工业技术经济学 [M]. 3版. 北京：清华大学出版社，1996.
[6] 黄渝祥，邢爱芳. 工程经济学 [M]. 3版. 上海：同济大学出版社，2005.
[7] 傅家骥，仝允桓. 工业技术经济学 [M]. 3版. 北京：清华大学出版社，1996.
[8] 谭大璐，赵世强. 工程经济学 [M]. 3版. 武汉：武汉理工大学出版社，2008.
[9] 姜伟新，张三力. 投资项目后评价 [M]. 北京：中国石化出版社，2002.
[10] 刘晓君. 工程经济学 [M]. 2版. 北京：中国建筑工业出版社，2008.
[11] 邵颖红. 工程经济学 [M]. 4版. 上海：同济大学出版社，2009.